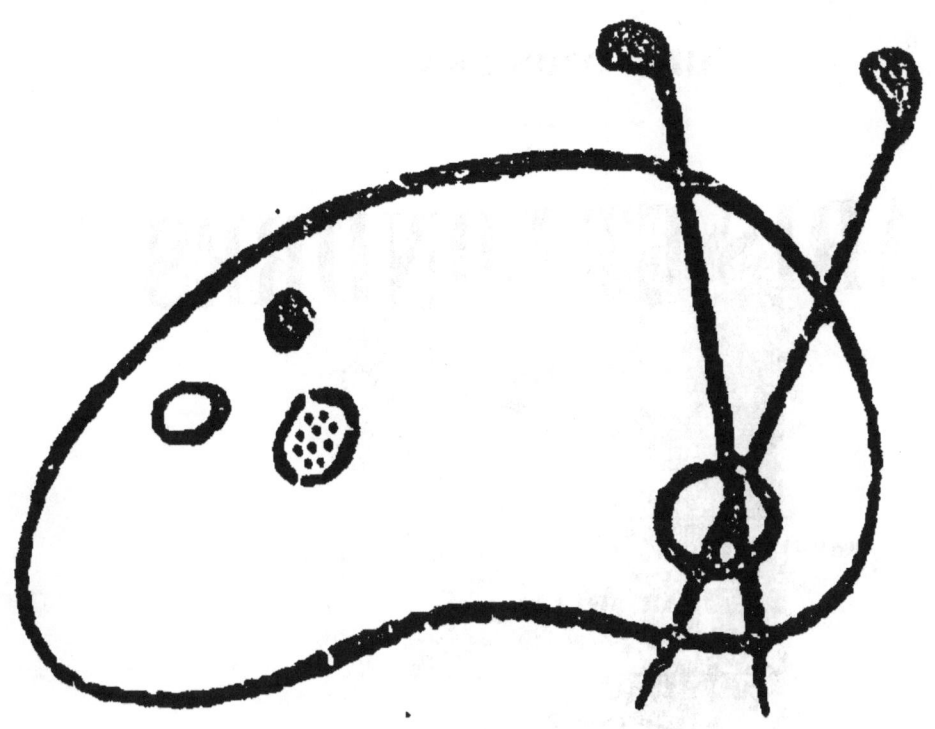

Couvertures supérieure et inférieure en couleur

CH. DICKENS

PARIS ET LONDRES

EN 1793

ROMAN ANGLAIS

TRADUIT AVEC AUTORISATION DE L'AUTEUR

PAR M. LOREAU

PARIS
LIBRAIRIE HACHETTE ET Cie
79, BOULEVARD SAINT-GERMAIN, 79

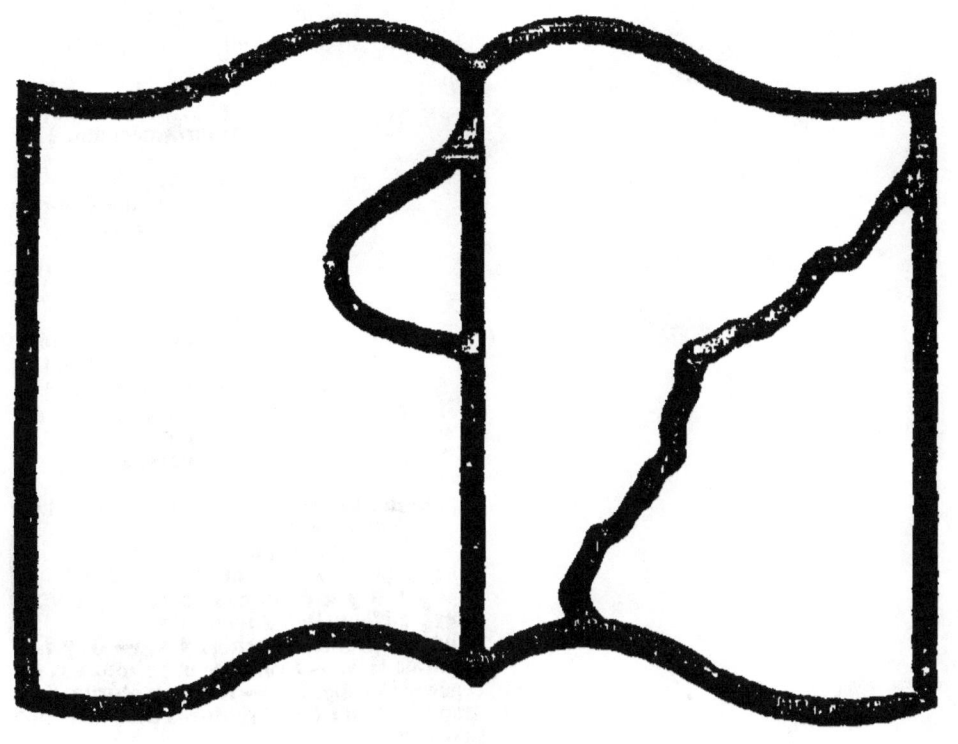

Texte détérioré — reliure défectueuse
NF Z 43-120-11

VOLUME

...ERS

...d et Sud). 2 v. —
...oureux de Sylvia. 1 v.

...onnets 1 v. — Les
... 1 v. — Aventures
... en Amérique. 1 v.

...ba. 1 v.
...) : Le Jeune Brown.
... noir. 2 v.
... et Comptoir. 1 v. —
...eur. 1 v. — La Vie
4 séries.
...
...s de la Vie maritime.
... et de la Terre ferme. 1 v.
... 1 vol. — Lichtenstein. 1 v.
...horne (N.) : La Lettre rouge. 1 v. — La
...son aux sept pignons. 1 v.
...g (L.) : Nouvelles danoises. 1 v.
...h : L'Esclave blanc. 1 v.
...mann : Les Paysans de Westphalie. 1 v.
...: Leonora d'Orco. 1 v.
... (Mrs) : Qui casse paie. 1 v.
...gd (J.) : Tuteur et Pupille. 2 v.
...oy : Il y a deux ans. 2 v.
...ert : Nouvelles Juives. 1 v.
...rence : Maurice Dering. 1 v. — Guy Li-
...ngstone. 1 v. — Frontière et prison. 1 v.
...pée et la Robe. 1 v. — Honneur stérile. 2 v.
...nop (J. Von) : Les Aventures de Ferdinand
...Rych. 2 v.
...ér (Ch.) : Harry Lorrequer. 2 v. — L'Homme
...du jour. 1 v.
...ngfellow : Drames et Poésies. 1 v.
...dwig (O.) : Entre ciel et terre. 1 v.
...ayne-Reid : La Piste de guerre. 1 v. — La
...Quarteronne. 1 v. — Le Doigt du Destin.
...1 v. — Le Roi des Séminoles. 1 v.
Melville (G. J. Whyte) : Les Gladiateurs. 1 v.
— Katerfelto. 1 v.
Mügge (Th.) : Afraja. 2 v.
Pouchkine : La Fille du Capitaine. 1 v.
Smith (J.-F.) : L'Héritage (Dick Tarleton). 3 v.
Stephens (miss A.-S.) : Opulence et Misère. 1 v.
Thackeray : Œuvres. 9 vol. — Henry Esmond.
...— Histoire de Pendennis. 3 v. — La
...Foire aux vanités. 2 v. — Le Livre des Snobs.
...1 v. — Mémoires de Barry Lyndon. 1 v.
Tourgueneff : Mém. d'un seigneur russe. 2 v.
Trollope (A.) : Le Domaine de Belton. 1 v.
Trollope (Mrs) : La Pupille. 1 v.
Wilkie Collins : Le Secret. 1 v. — La Pierre
...de lune. 2 v. — Mademoiselle ou Madame?
...1 v. — Mari et Femme. 2 v. — La Morte
vivante. 1 vol. — La Piste du crime. 2 v.
— Pauvre Lucile! 2 v. — Cache-Cache. 2 v.
Wood (Mrs H.) : Les Filles de lord Oakburn. 2 v.
Zschokke : Addrich des Mousses. 1 v. — Le
Château d'Aarau. 1 v.

PARIS ET LONDRES

EN 1793

OUVRAGES DU MÊME AUTEUR

QUI SE VENDENT A LA MÊME LIBRAIRIE

Œuvres de Charles Dickens, traduites de l'anglais, sous la direction de P. Lorain. 28 vol.

Aventures de M. Pickwick. 2 vol.
Barnabé Rudge. 2 vol.
Bleak-House. 2 vol.
Contes de Noël. 1 vol.
David Copperfield. 2 vol.
Dombey et fils. 3 vol.
La petite Dorrit. 2 vol.
Le Magasin d'antiquités. 2 vol.
Les Temps difficiles. 1 vol.
Nicolas Nickleby. 2 vol.
Olivier Twist. 1 vol.
Vie et aventures de Martin Chuzzlewit. 2 vol.
Les grandes Espérances. 2 vol.
L'Ami commun. 2 vol.
Le Mystère d'Edwin Drood. 1 vol.

Dickens et Collins : L'Abîme, traduit de l'anglais, par Mme Judith. 1 vol.

COULOMMIERS. — Typog. PAUL BRODARD.

CH. DICKENS

PARIS ET LONDRES
EN 1793

ROMAN ANGLAIS

TRADUIT AVEC L'AUTORISATION DE L'AUTEUR

PAR Mme LOREAU

―――――

PARIS

LIBRAIRIE HACHETTE ET Cie
79, BOULEVARD SAINT-GERMAIN, 79

1881
Droits de reproduction réservés.

LE MARQUIS DE SAINT-ÉVREMONT

ou

PARIS ET LONDRES EN 1793.

LIVRE I.

RÉSURRECTION.

CHAPITRE I.

En 1775.

C'était le meilleur et le pire de tous les temps, le siècle de la folie et celui de la sagesse ; une époque de foi et d'incrédulité; une période de lumières et de ténèbres, d'espérance et de désespoir, où l'on avait devant soi l'horizon le plus brillant, la nuit la plus profonde ; où l'on allait droit au ciel et tout droit à l'enfer.

Bref, c'était un siècle si différent du nôtre, que, suivant l'opinion des autorités les plus marquantes, on ne peut en parler qu'au superlatif, soit en bien, soit en mal.

En ce temps-là, un roi pourvu d'une forte mâchoire, et une reine ayant un laid visage, régnaient en Angleterre, pendant qu'un roi pourvu d'une mâchoire non moins forte, et une reine ayant un beau visage, occupaient le trône de France.

Dans l'un et dans l'autre pays, il était plus clair que le cristal, pour tous les grands de l'État, que le miracle de la multiplication des pains se renouvelait tous les jours, et que l'ordre des choses établi ne devait jamais changer.

A cette époque favorisée du ciel, des révélations de l'autre monde étaient, comme aujourd'hui, concédées à la Grande-Bretagne.

Un prophète, simple garde du corps, avait annoncé que le jour où mistress Southcott accomplirait sa vingt-cinquième année, un gouffre, déjà prêt à s'ouvrir, engloutirait Londres et Westminster; et c'est tout au plus s'il y avait douze ans que l'esprit de Cock-Lane avait frappé ses messages, absolument comme les esprits de l'année dernière (entièrement dépourvus d'originalité) nous ont frappé les leurs.

De simples nouvelles, d'un ordre beaucoup plus terrestre, étaient parvenues depuis peu en Angleterre, relativement à un congrès formé en Amérique par des sujets de la Grande-Bretagne; nouvelles qui, chose étrange, acquirent plus d'importance pour les humains que toutes les communications transmises par la race des *médiums*.

La France, moins favorisée en matière de spiritisme, roulait avec quiétude sur une pente d'une douceur infinie. Elle faisait du papier-monnaie qu'elle se hâtait de dépenser; et, sous la conduite de ses pasteurs chrétiens, se divertissait à des actes remplis d'humanité, par exemple, à brûler vif un jeune homme, après lui avoir coupé les mains et arraché la langue, pour ne pas s'être agenouillé, sous la pluie, en l'honneur d'une procession de moines crasseux, qui passait à cinquante mètres de l'endroit où il se trouvait.

Le jour de ce martyre, il poussait dans les grands bois de France et de Norvége des arbres que le Destin, puissant bûcheron, avait déjà marqués pour être abattus, afin que de leurs madriers on pût construire un échafaudage mobile, pourvu d'un couteau et d'un sac, et dont l'histoire devait garder un terrible souvenir.

Ce jour-là, sous les hangars de quelques-uns des laboureurs qui cultivaient les terres des environs de Paris, s'abritaient de grossières charrettes couvertes de boue, flairées par les cochons et servant de perchoir aux volailles, que la Mort, fermière universelle, avait déjà choisies pour en faire les pourvoyeuses de la hache révolutionnaire.

Mais, bien qu'ils agissent sans cesse, le Destin et la Mort ne travaillent qu'en silence, et personne n'entendait le bruit étouffé de leurs pas, d'autant plus qu'il suffisait de soupçonner leur éveil, pour se faire accuser de traîtrise et d'athéisme.

En Angleterre, c'est à peine s'il y avait assez d'ordre, et si la vie et les biens des habitants étaient suffisamment protégés pour justifier la jactance nationale. Des vols à main armée, d'audacieuses effractions, avaient lieu chaque nuit au sein même de la capitale. Les familles étaient publiquement averties de ne pas quitter la ville sans avoir déposé leurs meubles chez le tapissier, afin d'être plus sûres de les retrouver à leur retour. Le brigand nocturne se transformait, à la clarté du soleil, en marchand de la Cité; reconnu et défié par son confrère, il l'arrêtait en vertu de son titre de capitaine, lui cassait galamment la tête, et s'enfuyait à cheval.

Le courrier tombait dans une embuscade où l'attendaient sept voleurs; trois de ceux-ci étaient tués par le garde qui accompagnait les dépêches, et qui, manquant de munitions, était tué à son tour par le quatrième bandit; après quoi la malle était pillée à loisir.

Le lord-maire de Londres, ce puissant potentat, se voyait contraint d'obéir à un détrousseur qui lui demandait la bourse ou la vie, et qui dépouillait l'illustre personnage, en présence de ses nombreux laquais.

Les prisonniers se battaient avec la geôle, et la loi, dans sa majesté, déchargeait à bout portant ses espingoles sur les mutins.

Des filous enlevaient les croix de diamant sur la poitrine des nobles lords, jusque dans les salons de la cour. Des mousquetaires allaient au quartier Saint-Giles pour y saisir des marchandises de contrebande; la canaille tirait sur les mousquetaires, les mousquetaires sur la canaille, et personne ne s'inquiétait d'un fait qui s'éloignait peu de la voie commune.

Au milieu de tout cela le bourreau, fort occupé, était mis sans cesse en réquisition. Tantôt il pendait en longues rangées des criminels de toute espèce; tantôt il étranglait le samedi un briseur de volets arrêté le mardi précédent; le matin il marquait à Newgate les gens à la douzaine, et le soir il brûlait des pamphlets à la porte de Westminster. Aujourd'hui, c'était la vie d'un horrible assassin qu'il allait prendre; demain, celle d'un misérable qui avait volé douze sous à l'enfant d'un fermier.

Tout cela se passait en France et en Angleterre en l'an de grâce 1775; et dans ce milieu, tandis que le Destin et la Mort travaillaient inaperçus, les deux rois à la forte mâchoire, et les deux reines, l'une belle, l'autre laide, marchaient avec fracas, portant leur droit divin d'une main haute et ferme. Ainsi, disons-nous, cette bonne vieille année 1775 conduisait leurs grandeurs, et des myriades d'infimes créatures, sur les divers chemins qu'elles avaient à parcourir.

CHAPITRE II.

La malle-poste.

C'était la route de Douvres qui, un vendredi soir de la fin de novembre, se déployait devant le premier personnage à qui notre histoire ait affaire.

Entre cet individu et l'horizon était la malle-poste, qui gravissait péniblement la côte escarpée de Shooter.

Notre homme barbotait dans la boue, ainsi que les autres voyageurs ; non pas qu'en pareille circonstance la marche leur fût agréable ; mais parce que les harnais étaient si pesants, la montée si rapide, la malle si lourde et la boue si épaisse, que les chevaux s'étaient arrêtés déjà trois fois, avec la pensée subversive de retourner à leur écurie. Néanmoins, l'action combinée des rênes, du fouet, du garde et du conducteur, s'étant opposée, en vertu des lois de la guerre, à ce dessein, qui prouvait que les animaux sont doués de raison, l'attelage, forcé de capituler, était rentré dans le devoir.

La tête baissée, la queue frémissante, les quatre chevaux enfonçaient dans la boue, se débattaient, glissaient, tombaient lourdement, et menaçaient de se mettre en pièces.

Toutes les fois qu'après une halte prudente le conducteur les forçait à repartir, le cheval de devant, qui se trouvait à côté du fouet, secouait violemment la tête et semblait nier que la voiture pût jamais parvenir au sommet de la montagne.

Chacune de ces bruyantes dénégations faisait tressaillir notre voyageur, et lui troublait l'esprit. Un brouillard fumeux emplissait tous les bas-fonds, et rampait sur la colline, ainsi qu'une âme en peine qui cherche à se reposer ; brouillard froid et gluant, qui s'élevait avec lenteur et poussait péniblement dans l'air ses vagues épaisses et fétides.

La lumière projetée par les lanternes de la voiture, enfermée dans un cercle de brume, éclairait à peine quelques mètres de la route, et la vapeur qui s'élevait des chevaux en nage se confondait avec le brouillard dont ils étaient environnés.

Deux autres voyageurs marchaient à côté de la voiture. Enveloppés jusqu'aux sourcils, et portant des bottes fortes, aucun de ces trois hommes, d'après ce qu'il en voyait, n'aurait pu soupçonner la figure de son voisin ; et ce qu'il pensait n'était pas moins caché à l'esprit des deux autres, que sa personne aux yeux de ses compagnons.

A cette époque, on ne savait trop se défier des gens qu'on rencontrait en route ; chacun d'eux pouvait être un bandit, ou tout au moins affilié à des voleurs. Rien n'était plus ordinaire que de trouver dans chaque maison située au bord des chemins, auberge ou cabaret, depuis le maître de poste jusqu'au garçon d'écurie, quelque sacripant soldé par un Mandarin quelconque.

C'est à cela que pensait le garde qui accompagnait la malle de Douvres, ce vendredi soir du mois de novembre 1775, tandis que, perché derrière la voiture, il battait des pieds la paille qui lui servait de tapis, et avait l'œil et la main sur un coffre où un tromblon chargé jusqu'à la gueule reposait sur huit pistolets de fontes, également chargés à balle et couchés sur un lit d'armes blanches.

Comme il arrivait chaque soir, le garde suspectait les voyageurs, qui se soupçonnaient mutuellement, ainsi que le garde et le cocher, qui à son tour ne répondait que de ses chevaux et aurait juré en conscience, sur les deux Testaments, que les pauvres bêtes n'étaient pas de force à faire une pareille corvée.

« Allons ! hue ! s'écria le conducteur ; un dernier coup de collier, et vous serez au bout de vos peines, damnées rosses que vous êtes ! j'aurai eu assez de mal à vous faire arriver.... Joé ! quelle heure est-il ?

— Onze heures dix minutes, répondit le garde.

— Miséricorde ! s'écria le cocher avec impatience. Onze heures dix ! et pas en haut de la montagne. Psitt ! hue ! vieilles rosses ! »

Le cheval de tête, arrêté par un violent coup de fouet au milieu de ses plus vives dénégations, fit un nouvel effort, entraîna le reste de l'attelage, et la malle-poste de Douvres se remit en marche, escortée des trois voyageurs qui barbotaient dans la boue.

Ils s'étaient arrêtés chaque fois que s'arrêtait la voiture, et ils s'en écartaient le moins possible. Celui d'entre eux qui aurait eu l'audace de proposer à son voisin d'aller un peu en avant, au milieu du brouillard et des ténèbres, se serait fait prendre pour un voleur et mis en position de recevoir une balle dans le corps.

On était enfin au sommet de la montagne ; les chevaux reprenaient haleine, le garde avait quitté son siége afin d'enrayer pour la descente, et d'ouvrir la portière aux voyageurs qui allaient remonter en voiture.

« Psitt ! Joé ! » cria le cocher en regardant au bas de son siége. Et tous les deux écoutèrent.

« Un cheval monte la côte au galop, Joé.

— Au grand galop, Tom, reprit le garde en sautant sur son siége. Gentleman, ajouta-t-il, après avoir armé son tromblon, au nom du roi, je réclame votre assistance. »

Le voyageur qui fait partie de notre histoire allait entrer dans la voiture, où les deux autres se disposaient à le suivre ; il resta sur le marchepied, et ses deux compagnons, derrière lui, sur la route.

Tous les trois regardaient tour à tour le garde et le conducteur. Ceux-ci tournaient la tête en arrière, et le cheval aux vives dénégations dressait les oreilles en regardant derrière lui sans qu'on l'en empêchât.

L'immobilité qui succédait tout à coup au roulement pénible de la malle-poste ajoutait au silence de la nuit, dont elle augmentait le calme funèbre. Le souffle haletant des chevaux communiquait une sorte de frisson à la voiture, et peut-être le cœur des trois compagnons de voyage battait-il assez fort pour qu'on pût en compter les battements. Dans tous les cas, c'était le silence d'individus hors d'haleine, qui n'osent pas respirer, et dont le pouls est précipité par l'attente.

Un cheval franchissait la montagne d'un galop rapide, et approchait de plus en plus.

« Holà ! cria le garde de toute la puissance de ses poumons, arrêtez ou je fais feu ! »

Il fut immédiatement obéi, et du fond du brouillard une voix enrouée s'écria :

« Est-ce la malle-poste de Douvres ?

— Peu vous importe ! répondit le garde.

— Est-ce la malle-poste de Douvres ?

— Qu'avez-vous besoin de le savoir ?

— J'ai affaire à un voyageur

— De qui voulez-vous parler ?

— De M. Jarvis Lorry. »

L'individu qui était sur le marchepied de la voiture fit un

mouvement, et sembla dire que c'était de lui qu'il s'agissait. Le cocher, le garde et les deux autres le regardèrent avec défiance.

« Restez où vous êtes, ou sans cela vous êtes mort, répondit le garde à la voix qui sortait du brouillard. Voyageur du nom de Lorry, veuillez répondre avec franchise.

— Qu'est-ce que c'est? demanda celui-ci d'une voix douce et vibrante. Qui a besoin de me parler? Est-ce vous, Jerry?

— Je n'aime pas la voix de ce Jerry, murmura le garde entre ses dents; elle est plus enrouée que de raison.

— Oui, monsieur Lorry, je vous apporte une lettre de chez Tellsone.

— Je connais ce messager, » dit le gentleman en s'adressant au garde, et en mettant pied à terre, assisté avec plus de hâte que de politesse par les deux autres voyageurs, qui s'élancèrent dans la voiture, dont ils s'empressèrent de fermer la portière et de relever les glaces.

« Vous pouvez lui permettre d'approcher, continua M. Lorry, vous n'avez rien à craindre.

— C'est possible, mais tout le monde n'en est pas convaincu, répondit le garde en se parlant à lui-même. Holà! eh!

— Eh bien? demanda Jerry, plus enroué qu'auparavant.

— Écoutez-moi : avancez, mais au pas; et si par hasard il y a des fontes à la selle qui vous porte, n'y glissez pas la main; je suis diablement prompt à la méprise, et quand je me trompe, mon erreur prend la forme d'une balle. Maintenant que vous êtes averti, montrez-nous votre figure. »

La silhouette d'un cheval et de son cavalier se dessina vaguement à travers le brouillard, et s'approcha de la malle-poste. Arrivé auprès de M. Lorry, le messager arrêta sa monture et tendit un papier au voyageur.

Le cheval était hors d'haleine, et tous deux étaient couverts de boue, depuis le sabot de la bête jusqu'au chapeau du cavalier.

« Garde, reprit le voyageur avec calme, je vous répète que vous n'avez rien à craindre. J'appartiens à la banque Tellsone et Cie, — vous devez connaître la maison Tellsone, de Londres, — je vais à Paris pour affaires. Ai-je le temps de lire ce billet? Il y aura une couronne pour boire.

— Cela dépend de sa longueur.... Si vous ne devez pas.... »

M. Lorry s'approcha de la lanterne, ouvrit la lettre qu'il tenait à la main, et lut à haute voix la phrase suivante :

« *Attendez mademoiselle à Douvres!* »

« Ce n'est pas long, comme vous voyez, dit-il au garde ; et

s'adressant à l'émissaire : Vous direz à la maison que je vous ai répondu par le mot : *Ressuscité.*

— Quelle singulière réponse ! s'écria Jerry de sa voix la plus rauque.

— Portez-la néanmoins à ces messieurs, ils auront ainsi la preuve que j'ai reçu leur billet. Bonsoir, Jerry, bonsoir ; retournez là-bas le plus vite possible. »

En disant ces mots, le gentleman ouvrit la portière et monta dans la voiture, sans être, cette fois, assisté par ses compagnons de voyage. Ceux-ci avaient caché d'une manière expéditive leurs bourses et leurs montres dans leurs grandes bottes, et faisaient semblant d'être plongés dans le plus profond sommeil, afin de se dispenser d'agir.

La portière refermée, la malle-poste s'ébranla, et, descendant la côte, s'enfonça dans un brouillard de plus en plus épais.

Le garde, qui avait fini par remettre son tromblon à sa place, examina les pistolets qu'il portait à la ceinture, et jeta un coup d'œil sur une petite caisse où étaient renfermés quelques outils de maréchal, une couple de torches, un briquet et de l'amadou. Si les lanternes de la voiture avaient été soufflées et brisées, comme il arrivait de temps à autre, il n'avait qu'à s'enfermer dans l'intérieur, et à battre le briquet avec courage, pour obtenir de la lumière au bout de cinq minutes, en supposant qu'il eût de la chance.

« Tom ! dit le garde à voix basse par-dessus la voiture.

— Qu'est-ce que c'est, Joé ?

— As-tu entendu ce message ?

— Oui.

— Qu'en penses-tu ?

— Rien du tout.

— Ni moi non plus, » répondit le garde, tout surpris de cette coïncidence d'opinion entre lui et le cocher.

Une fois seul, au milieu du brouillard et des ténèbres, Jerry avait mis pied à terre, non-seulement pour soulager sa bête, mais encore pour essuyer la boue qui lui couvrait le visage, et pour secouer son chapeau, dont les retroussis pouvaient contenir environ deux litres d'eau.

Lorsqu'il eut terminé cette double opération, il se retourna du côté de Londres, et, tenant son cheval par la bride, il se mit à descendre la montagne.

« Après une pareille course, ma vieille, dit-il à sa monture, je ne me fierai à vos quatre jambes que lorsque nous serons en plaine. Oui, ma vieille. *Ressuscité!* Quelle singulière réponse ! Cela ne serait pas ton affaire ; non, Jerry, non, tu serais dans une fâcheuse position, si la mode allait prendre de revenir ici-bas. »

CHAPITRE III.
Les ombres de la nuit.

Chose étonnante, pour qui veut y réfléchir, que tous les hommes soient constitués de façon à être les uns pour les autres un mystère impénétrable. Lorsque j'entre dans une grande ville pendant la nuit, c'est pour moi une considération grave que de penser que chacune de ces maisons groupées dans l'ombre a des secrets qui lui appartiennent ; que chacune des chambres qu'elles renferment a son propre secret, et que chacun des cœurs qui battent dans ces milliers de poitrines est un secret pour le cœur qui lui est le plus cher et le plus proche !

Il y a dans ce mystère quelque chose qui ajoute à ce que la mort a de terrible et de poignant. Je ne pourrai plus tourner le feuillet de ce livre aimé que j'espérais vainement lire jusqu'au bout. Je ne sonderai plus du regard cette eau profonde où, à la lueur des éclairs, j'ai aperçu un trésor. Il était écrit que le livre se fermerait pour toujours, aussitôt que j'en aurais déchiffré la première feuille. Il était dit que l'onde, où je plongeais mes yeux avides, se couvrirait d'une glace éternelle, au moment où la lumière se jouait à sa surface, et que je resterais sur le rivage, dans mon ignorance des richesses qui s'y trouvaient contenues.

Mon voisin, mon ami est mort ; celle que j'aimais, qui était la oie et le bonheur de mon âme, a cessé de vivre. C'est l'inexorable continuité du secret qui fut toujours au fond de leur âme, comme il en est un en moi que j'emporterai dans la tombe. Y a-t-il, dans les cimetières de cette cité que je traverse, un dormeur plus impénétrable que ne le sont, pour moi, dans leur for intérieur, les habitants affairés de ses rues les plus vivantes, ou que moi-même je ne le suis pour eux tous ?

Le pauvre messager de Tellsone avait à cet égard, en sa qualité d'homme, exactement la même puissance que le roi, le premier ministre de l'État, ou le plus riche marchand de la capitale. Ainsi des trois voyageurs enfermés dans la malle-poste de

Douvres ; chacun était pour les deux autres un mystère aussi complet que s'il avait été dans son carrosse à quatre ou à six chevaux, et que le territoire d'un ou deux comtés l'eût séparé de son voisin.

L'émissaire de la banque trottinait du côté de Londres ; il s'arrêtait presque à chaque taverne, mais il se tenait à l'écart, ne disait rien, et portait son chapeau enfoncé jusqu'aux sourcils. Les yeux du pauvre homme se trouvaient, du reste, parfaitement en rapport avec ces mesures de prudence : noirs à la surface, mais sans profondeur aucune, ils se rapprochaient l'un de l'autre, comme s'ils avaient craint, en se séparant, d'être surpris, chacun de son côté, dans quelque besogne compromettante. Le regard qu'ils jetaient sous les bords retroussés d'un vieux chapeau, ressemblant à un crachoir à trois cornes, et par-dessus l'immense cache-nez, qui de la paupière descendait jusqu'aux genoux, avait une expression sinistre. Voulait-il boire, l'émissaire de Tellsone se découvrait la bouche, y versait la liqueur qu'il tenait de la main droite, et laissait retomber l'immense cache-nez dès que l'opération était faite.

« Non, Jerry, non, se disait-il pendant qu'il trottinait sur la route, en ruminant la réponse qu'il rapportait à ces messieurs, Non, Jerry, ce ne serait pas ton affaire. *Ressuscité!* Corps de mon âme ! je suppose, Dieu me pardonne ! que le gentleman avait bu ! »

Cette réponse lui causait de telles perplexités, qu'à diverses reprises il avait ôté son chapeau pour se gratter la tête. Excepté sur le sommet du crâne, où il était misérablement chauve, le messager de Tellsone avait des cheveux noirs et roides, inégalement répartis, et vaguant dans toutes les directions, depuis la base de l'occiput jusque, pour ainsi dire, à l'origine d'un nez large et camard. Ces cheveux hérissés rappelaient tellement les broussailles de fer qui garnissent la crête de certains murs, que les plus habiles sauteurs n'auraient pas accepté notre homme au cheval fondu, en raison de cette chevelure menaçante.

Tandis qu'il revenait à Londres, rapportant le message qu'il devait délivrer au watchman[1] établi à la porte de Tellsone, afin que celui-ci pût, à son tour, le transmettre à qui de droit, les ombres de la nuit formaient à ses yeux des contours bizarres, suscités par le message dont il était porteur ; et à ceux de la vieille jument certaines formes qui naissaient des inquiétudes

---

1. Agent de police, veilleur de nuit.

de la pauvre bête, inquiétudes nombreuses, si l'on en juge par les écarts que faisait la maigre haquenée pour s'éloigner des fantômes qu'elle voyait sur la route.

La malle-poste de Douvres, pendant ce temps-là, roulait pesamment, grinçait, tintait, raclait, bondissait et cahotait les trois individus mystérieux que renfermait son intérieur. Il est probable que les ombres de la nuit se révélaient à ces messieurs, ainsi qu'à l'émissaire et à sa bête, sous la forme que leur suggéraient leurs préoccupations, et leurs paupières gonflées par le sommeil.

Parmi celles qui hantaient la malle-poste de Douvres était la maison Tellsone. M. Lorry, un bras dans la courroie qui l'empêchait de tomber sur son voisin, et le retenait à sa place quand la voiture faisait un bond trop fort, se penchait en avant et balançait la tête, les yeux à demi fermés; bientôt les lanternes, qui scintillaient obscurément à travers les vitres brumeuses, le corps massif du voyageur qui était en face de lui, se transformèrent en maison de banque et firent un nombre prodigieux d'affaires. Le tintement des harnais fut le cliquetis des écus; et, en moins de cinq minutes, il fut payé plus de bons et de lettres de change que Tellsone et Cie, malgré leurs immenses relations, n'en payaient en un jour. Puis les caveaux de la Banque, remplis de valeurs et de secrets importants, s'ouvrirent devant M. Lorry, qui les parcourut, tenant d'une main une chandelle fumeuse, de l'autre un paquet d'énormes clefs, et qui les trouva précisément dans le même état qu'à sa dernière inspection.

Mais, bien qu'il fût toujours chez Tellsone, et qu'il n'eût pas quitté la voiture, dont il sentait vaguement la présence, comme on a le souvenir d'une plaie couverte d'opium, il ne cessa pendant toute la nuit d'être sous l'impression de cette idée qu'il allait à Paris pour déterrer un mort et le sortir du tombeau.

Parmi cette multitude de faces livides qui surgissaient devant lui, quelle était celle du revenant qu'il allait déterrer?

Rien ne le lui indiquait. Tous ces visages étaient celui d'un homme de quarante-cinq ans, et ne différaient entre eux que par les passions qu'ils exprimaient, et par l'aspect plus ou moins effrayant de leur masque décharné. L'orgueil, le mépris, la colère, le soupçon, l'entêtement, la stupidité, la faiblesse et le désespoir passaient devant ses yeux tour à tour, ainsi qu'une variété de joues osseuses, de teints cadavéreux, de mains amaigries, de squelettes desséchés. Mais au fond, c'était toujours la même figure, la même tête prématurément blanchie.

Pour la centième fois, notre voyageur adressa au spectre la question suivante :

« Combien y a-t-il que vous êtes enterré ?

— Bientôt dix-huit ans ! répondit le spectre, qui cent fois lui avait dit la même chose.

— N'aviez-vous pas renoncé à l'espérance de revoir le jour ?

— Depuis longtemps.

— Vous savez que vous êtes rappelé à la vie ?

— On m'en a prévenu.

— Êtes-vous content de revivre ?

— Je ne sais pas.

— Faut-il que je vous l'amène, ou viendrez-vous la chercher ? »

A cette question, les réponses étaient contradictoires ; parfois le spectre murmurait d'une voix brisée :

« Il faut attendre ; sa présence me tuerait, si vous l'ameniez trop tôt. »

Parfois il disait avec amour et en fondant en larmes :

« Conduisez-moi près d'elle. »

Ou bien il s'écriait d'un air égaré :

« Que voulez-vous dire ? je ne connais personne, et je ne vous comprends pas. »

Après ce dialogue imaginaire, M. Lorry, toujours en pensée, creusait, creusait, creusait, tantôt avec une bêche, tantôt avec une grosse clef, tantôt avec ses ongles, pour délivrer le malheureux qu'il devait rendre au jour. Le spectre finissait par être tiré de sa fosse, la figure et les cheveux remplis de terre sépulcrale, et retombait tout à coup, ne laissant qu'un peu de cendres à la place qu'il occupait.

Le gentleman se réveillait en sursaut, et baissait la glace, afin de se replonger dans la réalité, en sentant la pluie et le brouillard lui mouiller le front et les joues.

Mais les yeux ouverts, regardant tour à tour le ciel brumeux, la lueur mouvante qui s'échappait des lanternes, la haie dont le chemin était bordé, M. Lorry voyait au dehors les mêmes formes que celles dont il était assailli à l'intérieur. La maison Tellsone, les affaires du jour précédent, les caveaux de la Banque et leurs mystères, le billet qu'il avait reçu, la réponse qu'il avait faite à Jerry : tout cela était dans le brouillard ; et du milieu de ces images, à la fois confuses et d'une incroyable réalité, s'élevait un spectre livide qu'il interrogeait de nouveau :

« Combien y a-t-il que vous êtes enterré ?

— Bientôt dix-huit ans.
— Êtes-vous satisfait de revivre?
— Je ne sais pas. »

Et il creusait, creusait, creusait encore, jusqu'à ce qu'un voyageur, faisant un mouvement d'impatience, lui dit sèchement de fermer la glace.

Il remettait son bras dans la courroie, se demandait quels pouvaient être ses compagnons de voyage; et, de conjecture en conjecture, il en arrivait à retrouver dans les deux masses endormies la maison de banque, le spectre aux yeux caves, et se reprenait à dire :

« Combien y a-t-il que vous êtes enterré?
— Bientôt dix-huit ans.
— N'aviez-vous pas renoncé à l'espérance de revoir le jour?
— Depuis longtemps. »

Ces derniers mots vibraient encore à son oreille, aussi distinctement que les paroles les plus nettes qu'on lui eût jamais dites, lorsqu'il s'éveilla tout à coup et vit s'enfuir les ombres de la nuit, que chassait la venue du jour.

Il mit la tête à la portière et dirigea ses regards vers le soleil levant. Un sillon, où le laboureur avait laissé la charrue, frappa ses yeux; plus loin on voyait un jeune bois, dont les branches avaient conservé de nombreuses feuilles d'un rouge vif et d'un jaune d'or. La terre était humide et froide; mais le ciel était pur, et le soleil répandait partout sa lumière féconde et brillante.

« Dix-huit ans! murmura M. Lorry, en contemplant le soleil. O divin créateur du jour! être enterré vivant pendant dix-huit années! »

CHAPITRE IV.

Préliminaires.

Lorsque, dans le courant de l'après-midi, la malle-poste fut arrivée sans encombre au terme de son voyage, le premier garçon de l'hôtel du Roi-George ouvrit la portière de la voiture, ainsi qu'il en avait l'habitude. Il le fit avec un certain respect; car, à cette époque, venir de Londres, en hiver, par le courrier, passait pour une action aventureuse, et l'on félicitait le voyageur assez courageux pour l'entreprendre.

De nos trois personnages, un seul restait à complimenter de son audace ; les deux autres étaient descendus sur la route pour se rendre à leur destination respective.

L'intérieur de la malle, avec sa paille humide et fangeuse, sa mauvaise odeur et son obscurité, pouvait passer pour un chenil ; et celui qui l'occupait, se secouant au milieu de sa litière, enveloppé d'un manteau à longs poils, couvert d'une casquette à oreilles ballantes, et crotté jusqu'à l'échine, offrait assez de ressemblance avec un chien de grande espèce.

« Garçon, demanda M. Lorry, n'y a-t-il pas un paquebot qui part demain pour Calais ?

— Oui, monsieur ; si le temps se soutient et que le vent ne soit pas contraire, la marée sera favorable, et l'on en profitera vers deux heures de l'après-midi. Faut-il préparer le lit de monsieur ?

— Je ne me coucherai pas à présent ; mais donnez-moi une chambre, et faites venir un barbier.

— Monsieur déjeune, alors ? Fort bien. Par ici, monsieur ; conduisez monsieur à la Concorde. La valise de monsieur et de l'eau chaude à la Concorde ! Monsieur trouvera un bon feu. Accompagnez monsieur et tirez-lui ses bottes. Allez chercher le barbier, et faites-le monter à la Concorde. »

Toujours donnée aux voyageurs qui arrivaient par la malleposte, et ceux-ci ne manquant jamais d'être enveloppés jusqu'aux oreilles, la chambre dite de la Concorde présentait cette particularité bizarre qu'on n'y voyait entrer qu'une seule espèce d'individus, et qu'il en sortait les types les plus divers. Conséquemment, un autre garçon, deux porteurs, plusieurs filles et l'hôtesse allaient et venaient de l'office, de la cuisine, de la lingerie à la chambre en question, lorsqu'un personnage ayant la soixantaine, vêtu d'un habillement complet en drap marron, un peu usé, mais d'une propreté rigoureuse, d'une excellente coupe, et mis selon toutes les règles, sortit de la Concorde pour se rendre à la salle à manger.

Celle-ci était déserte. Une petite table, évidemment préparée pour l'homme vêtu de marron, se trouvait mise auprès de la cheminée. Le gentleman s'en approcha, s'assit au coin du feu et demeura dans une immobilité aussi complète que s'il avait posé pour qu'on fît son portrait. C'était un homme méthodique et rangé, du moins il en avait l'air ; une main sur chaque genou, semblant prêter l'oreille au tic-tac sonore de la grosse montre qui, sous son gilet à basques, mesurait la fuite du temps, il paraissait opposer son âge, et sa gravité, aux caprices et à la nature éphémère de la flamme.

Il avait la jambe bien faite, le pied mince et cambré, ce dont, je crois, il était fier, car ses bas de soie marron, d'une fraîcheur irréprochable et d'une extrême finesse, étaient tirés avec soin et collaient sur la peau ; les souliers ne montraient pas moins de recherche, et si les boucles en étaient simples, elles ne manquaient pas d'élégance. Son linge, bien qu'il ne fût pas d'une finesse en rapport avec la qualité des bas, était d'une blancheur aussi pure que celle de la crête des vagues. Il était coiffé d'une petite perruque blonde, frisée, luisante et juste à la tête, qui avait la prétention de représenter des cheveux, et qu'on aurait prise pour de la soie, ou pour du verre filé. Sous cette jolie petite perruque, un visage, habituellement impassible, était néanmoins éclairé par des yeux brillants et humides, qui avaient dû coûter jadis bien de la peine à leur propriétaire pour acquérir le calme et la réserve exigés par Tellsone. Les joues avaient la fraîcheur de la santé, et la figure, bien qu'elle portât des rides, ne laissait voir aucune trace d'inquiétudes. Peut-être les vieux célibataires, employés confidentiels de Tellsone et Cie, n'avaient-ils que les soucis des autres ; et il est possible que les anxiétés de seconde main ne soient pas de plus longue durée que les habits de hasard.

M. Lorry, pour compléter sa ressemblance avec un homme qui fait faire son portrait et qui pose, ne tarda pas à s'endormir. Il se réveilla lorsqu'on apporta son déjeuner, et dit au garçon, en se tournant vers la table :

« Vous direz que l'on fasse tous les préparatifs nécessaires pour recevoir une jeune femme qui arrivera dans la soirée. Elle demandera M. Jarvis Lorry, ou peut-être l'agent de la maison Tellsone. Vous me préviendrez aussitôt.

— Oui, monsieur ; la banque Tellsone, de Londres ?

— Certes.

— Fort bien, monsieur ; nous avons souvent l'honneur de traiter ces messieurs lorsqu'ils vont de Paris à Londres, et réciproquement ; on voyage beaucoup dans la maison Tellsone.

— Oui ; nous avons en France un comptoir tout aussi important que notre maison d'Angleterre.

— Monsieur voyage rarement. Il me semble que je n'ai pas eu l'honneur de le voir aussi souvent que les autres.

— En effet, mon dernier voyage en France remonte à quinze années.

— Vraiment! monsieur. Je n'étais pas encore ici, et depuis cette époque l'hôtel a changé de mains.

— Je le croirais volontiers.

— Mais je parie tout ce qu'on voudra, monsieur, que la maison Tellsone était déjà prospère, il y a au moins, je ne dis pas quinze ans, mais cinquante.

— Vous pourriez tripler votre chiffre, mettre plus d'un siècle et demi, et ne pas approcher de la vérité.

— Ah bah! »

Le garçon arrondit la bouche et les yeux, fit un pas en arrière, jeta sous le bras gauche la serviette qu'il tenait de la main droite, et se posant carrément, regarda le voyageur boire et manger, comme s'il avait été au sommet d'un beffroi ou d'un observatoire.

Lorsque M. Lorry eut fini de déjeûner, il alla faire un tour sur le rivage.

La petite ville de Douvres, tortueuse et repliée sur elle-même, paraissait fuir la mer, et cacher sa tête dans la falaise, comme une autruche effrayée. La baie offrait aux yeux l'aspect d'un désert de vagues où les flots, livrés à leurs caprices, n'agissaient que pour détruire; ils se précipitaient vers la ville en rugissant, assaillaient la côte avec fureur, et dispersaient au hasard les débris qu'ils enlevaient aux rochers.

L'air qui circulait autour des maisons situées près du rivage avait une odeur de marée tellement forte, qu'on aurait pu supposer que les poissons malades venaient s'y baigner, comme en été les gens débiles vont se plonger dans la mer.

Le port de Douvres, où la pêche se faisait alors sur une assez petite échelle, était vers le soir un lieu de promenade assez fréquenté, surtout à l'heure de la marée montante. On y voyait de petits négociants, ne faisant nulle part aucune affaire, réaliser parfois d'immenses fortunes, dont l'origine demeurait inexplicable; et, chose digne de remarque, personne dans le voisinage ne pouvait souffrir les allumeurs de réverbères.

Quand, au déclin du jour, l'atmosphère, qui par intervalle avait permis d'entrevoir les côtes de France, se chargea de nouveau d'un épais brouillard, les pensées de M. Lorry parurent également s'assombrir; et, lorsque le soleil fut couché, notre voyageur, qui se retrouvait dans la grande salle de l'hôtel, attendant son repas du soir, comme il y avait attendu son déjeû nor, se remit à creuser, creuser, creuser, en esprit, la masse de charbons ardents qu'il avait sous les yeux.

Après le dîner, une bouteille d'excellent vin de Bordeaux ayant produit son effet habituel, qui est de faire oublier les préoccupations du jour, M. Lorry avait suspendu son travail imaginaire, et se reposait dans une entière quiétude. Il y avait déjà longtemps qu'il savourait cette oisiveté pleine de charmes, et il finissait de se verser un dernier verre de vin avec autant de satisfaction qu'en éprouva jamais un homme au teint fleuri, et d'un certain âge, qui arrive au fond de la bouteille, lorsque le bruit d'une voiture résonna sur le pavé, et s'arrêta devant la porte du Roi-George.

« C'est elle! » dit M. Jarvis Lorry, en posant son verre sans y avoir touché.

Cinq minutes après, le garçon vint annoncer que miss Manette arrivait de Londres, et qu'elle faisait demander le gentleman de la maison Tellsone.

« Déjà! » répondit celui-ci, qui hasarda quelques observations.

Mais la jeune miss avait dîné en route, elle ne voulait rien prendre, et témoignait le plus vif désir de voir immédiatement le représentant de Tellsone et Cie, si la chose était possible.

M. Lorry ne pouvait que se résigner et obéir; il vida son verre, ajusta sa petite perruque, et suivit le garçon chez miss Manette.

Il entra dans une vaste pièce garnie d'un mobilier funèbre, recouvert de crin noir, et encombrée de tables d'un aspect lugubre. Celle qui occupait le milieu de la chambre, et où étaient posés deux flambeaux, avait été si souvent frottée d'huile, que les deux bougies, dont elle réfléchissait obscurément la lumière, paraissaient brûler au fond d'un tombeau d'acajou, et devoir être exhumées de la tombe, si l'on voulait en obtenir le plus léger service. Il était si difficile de rien reconnaître, au milieu de cette vague obscurité, que M. Lorry, cherchant en tâtonnant son chemin sur le tapis râpé, supposa que miss Manette se trouvait dans la chambre voisine.

Toutefois, quand il eut dépassé les deux bougies, il aperçut auprès du feu, entre la table et la cheminée, une jeune fille de dix-sept ans, couverte d'un manteau de voyage, et tenant à la main le chapeau qu'elle venait d'ôter.

Comme il regardait cette jo   taille, petite et mince, cette profusion de cheveux d'un blond doré, ces yeux bleus qui l'interrogeaient avec ardeur, ce front pur, doué d'une faculté singulière de se contracter vivement, et dont l'expression actuelle participait à la fois de la surprise, de l'embarras, de la crainte et de la curiosité, M. Lorry vit passer tout à coup l'image d'une enfant qu'il avait jadis tenue dans ses bras, de Calais à Douvres, par une froide journée où la grêle tombait avec force et où la mer était orageuse.

L'image s'effaça comme un souffle qui aurait effleuré la glace placée derrière la jeune fille : un trumeau encadré d'une guirlande de petits cupidons noirs, plus ou moins endommagés, qui présentaient des fruits à de noires divinités du sexe féminin.

M. Lorry fit à miss Manette un salut dans toutes les règles.

« Veuillez vous asseoir, monsieur, dit une voix fraîche et douce avec un faible accent étranger.

— Je vous baise les mains, répondit M. Lorry, qui fit un second salut d'un air respectueux, et prit le siège qui lui était offert.

— Monsieur, reprit la jeune fille, j'ai reçu hier, de la banque, une lettre où l'on m'apprend que des nouvelles.... une découverte....

— Le mot importe peu à la chose, mademoiselle; l'un et l'autre, d'ailleurs, peuvent également convenir.

— C'est au sujet de la petite fortune que m'a laissée mon père.... Pauvre père, je ne l'ai jamais connu; il y a si longtemps qu'il est mort !... »

M. Lorry s'agita sur sa chaise, et lança un regard troublé aux petits cupidons noirs qui entouraient la glace, comme s'il y avait eu dans les paniers de ceux-ci quelque chose qui pût lui venir en aide.

« D'après les termes de cette lettre, il faut me rendre à Paris, où je dois trouver un représentant de la maison Tellsone, que ces messieurs ont été assez bons pour y envoyer à mon sujet.

— C'est moi-même.
— Je m'en doutais, monsieur. »

Elle le salua profondément (les jeunes filles, à cette époque, faisaient la révérence), elle le salua, disons-nous, avec le désir de lui exprimer tout le respect dont elle était pénétrée pour son âge et ses lumières.

Le voyageur s'inclina pour la troisième fois.

« J'ai répondu à ces messieurs, qui m'ont toujours témoigné tant de bonté, poursuivit miss Manette, que, puisqu'il était nécessaire que je me rendisse en France, je m'estimerais bien heureuse, moi qui suis orpheline et qui n'ai personne qui puisse m'accompagner, s'il m'était permis de me placer sous la protection de ce digne gentleman. Celui-ci avait déjà quitté Londres ; mais on lui a dépêché une estafette pour le prier de m'attendre ici.

— Je me trouvais déjà fort honoré de la mission qui m'avait été confiée, répliqua M. Lorry ; je me trouve maintenant fort heureux d'avoir à la remplir.

— Merci mille fois, monsieur ; je vous suis bien reconnaissante…. On me disait encore, dans cette lettre, que la personne en question me communiquerait les détails de cette affaire, et que je devais m'attendre à ce qu'ils fussent de la nature la plus surprenante. Je me suis préparée, du mieux que j'ai pu, à recevoir ces détails, et j'ai le plus vif désir de les connaître.

— Assurément ! dit M. Lorry, vous savez que je dois d'abord…. »

Il ajusta de nouveau sa petite perruque, et dit, après un instant de silence :

« C'est une affaire très-difficile à entamer. »

Dans son trouble, et ne sachant comment il entrerait en matière, le gentleman arrêta son regard sur la figure de miss Manette. Le front de la jeune fille avait cette expression caractéristique dont nous avons parlé plus haut, et qui, pour être singulière, n'en était pas moins charmante.

« Vous ne m'êtes pas complétement étranger, monsieur, dit miss Manette, en allongeant la main comme pour saisir une ombre au passage.

— Croyez-vous ? » répondit M. Lorry avec un sourire, et les deux bras tendus vers elle.

La ligne expressive qui se dessinait entre les sourcils, au-dessus d'un petit nez féminin d'une extrême délicatesse, devint encore plus profonde, et miss Manette, qui jusqu'alors s'était tenue debout près de son fauteuil, s'assit d'un air rêveur.

Le vieillard la contempla en silence, et reprenant la parole dès qu'elle se tourna vers lui :

« Je crois, lui dit-il, ne pas pouvoir mieux faire, tant que nous serons dans votre patrie adoptive, que de vous parler comme si vous étiez Anglaise.

— Je vous serai obligée, monsieur.

— Je suis un homme d'affaires, miss Manette, et la mission que j'ai à remplir n'est elle-même qu'une affaire. Veuillez donc me considérer, je vous prie, comme une simple machine parlante ; je ne suis vraiment pas autre chose. Ceci bien établi, je vais, si vous le permettez, vous raconter l'histoire de l'un des clients de notre maison.

— L'histoire de.... » interrompit miss Manette.

M. Lorry fit semblant de se méprendre sur le sens de cette interruption.

« Oui, reprit-il en toute hâte, de l'un de nos clients ; c'est ainsi, qu'en matière de banque, nous appelons les personnes avec qui nous sommes en relation. C'était un Français, un homme de science, un docteur en médecine fort distingué....

— Natif de Beauvais ?

— Mon Dieu ! oui, comme monsieur votre père, et jouissant, ainsi que le docteur Manette, d'une très-grande réputation à Paris, où il était venu s'établir. C'est dans cette dernière ville, que j'ai eu l'honneur de le connaître ; nos relations étaient de simples relations d'affaires, mais confidentielles. Je me trouvais alors attaché à notre maison de Paris....

— Puis-je vous demander à quelle époque, monsieur ?

— Il y a vingt ans, mis Manette. Ce docteur était marié ; il avait épousé une Anglaise, et j'étais chargé de ses affaires et de sa procuration. Toute sa fortune était, comme celle de beaucoup de Français, dans les mains de Tellsons et Cⁱᵉ, d'où il résulte que j'ai été son fondé de pouvoir, comme celui de beaucoup d'autres clients. De simples relations d'affaires, miss, où le sentiment n'avait rien à démêler. J'ai passé de l'une à l'autre, dans tout le cours de ma vie, comme je le fais à l'égard des personnes qui viennent toucher le montant d'une lettre de change, ou déposer des fonds. (Je n'ai aucun sentiment, je ne suis qu'une vraie machine.) Ce docteur....

— Mais c'est l'histoire de mon père ! s'écria mis Manette en se levant ; et je crois me rappeler, monsieur, qu'à la mort de ma mère, c'est vous qui m'avez conduite à Londres, j'en ai la presque certitude. »

M. Lorry s'empara de la main tremblante qui s'avançait vers la sienne, et, l'ayant porté à ses lèvres avec une grâce cérémonieuse, il fit rasseoir la jeune fille, posa la main gauche sur le fauteuil de cette dernière, et se servit de sa main droite pour se frotter le menton, ajuster sa petite perruque, ou pour appuyer ses paroles du mouvement de son index.

« Vous avez raison, c'était moi, dit-il en regardant miss Manette, qui levait les yeux vers lui, vous voyez combien j'étais dans le vrai lorsque j'affirmais tout à l'heure que je n'ai pas le

moindre sentiment, et que les seules relations que je garde
avec mes semblables ne sont que des rapports d'affaires; sans
cela je vous aurais revue depuis cette époque. Depuis lors, vous
avez bien été pupille de la maison Tellsone; mais j'étais chargé
d'une autre ligne d'opérations. Des sentiments! je n'ai pas le
temps, pas la chance d'en avoir: je passe toute ma vie à défri-
cher des broussailles pécuniaires. »

Après avoir ainsi caractérisé l'emploi de ses jours, M. Lorry
porta les deux mains à sa tête pour aplatir sa petite perruque,
chose complétement inutile, et reprit l'attitude qu'il avait auparavant.

« Ainsi que vous l'avez remarqué, miss, poursuivit-il, cette
histoire est celle de monsieur votre père. Supposez maintenant
que le docteur ne soit pas mort à l'époque.... calmez-vous, je
vous en prie! Comme vous voilà tremblante!... »

Elle avait saisi le poignet de M. Lorry, et s'y cramponnait
d'une façon convulsive.

« Voyons, dit le gentleman d'une voix douce, en retirant sa
main gauche du fauteuil pour la poser sur les doigts suppliants
qui le serraient avec force, voyons, chère miss, un peu de
calme, nous parlons d'affaires. Je vous disais donc.... »

Il s'arrêta déconcerté par le regard de la jeune fille.

« Supposons, comme je le disais tout à l'heure, reprit-il en
faisant un effort sur lui-même, supposons que M. Manette, au
lieu de mourir, ait seulement disparu; qu'il ait été impossible
de le retrouver, bien qu'on ait eu quelque soupçon de l'affreux
endroit où il pouvait être captif; supposons qu'il ait eu pour
ennemi l'un de ces hommes qui, de l'autre côté du détroit,
jouissent d'un privilége, dont les plus téméraires ne parlent qu'à
voix basse, tel que celui de remplir quelque blanc seing, en
vertu duquel un malheureux est jeté en prison, où il s'éteint
dans le désespoir et l'oubli; supposons que la femme de ce malheureux ait vainement supplié le roi et la reine, les ministres,
la magistrature et le clergé, de lui permettre d'avoir des nouvelles de son mari, l'histoire de monsieur votre père serait exactement celle du docteur de Beauvais.

— Je vous en supplie, monsieur, continuez.

— Certainement, je vais tout dire. Vous aurez la force de
l'entendre?

— Je veux tout supporter, si ce n'est l'incertitude.

— A merveille! Vous avez plus de sang-froid, vous vous possédez mieux. (L'accent de M. Lorry démentait ses paroles.) Une

simple affaire ! ne le considérez pas autrement ; une affaire qu'il faut terminer. Je continue : si la femme du docteur en avait conçu tant de chagrin avant la naissance....

— De sa fille, monsieur.

— Précisément. Il s'agit d'une simple affaire, miss, ne vous désolez pas. Si la femme du docteur, voulant épargner à sa fille les angoisses que lui faisaient subir les tortures du captif, avait dit à l'enfant, dès qu'elle put la comprendre, que son père était mort !... Au nom du ciel pourquoi vous mettre à genoux.

— Pour que vous me disiez la vérité ; je vous en prie, monsieur, vous êtes si bon !

— Une simple affaire, miss, vous me confondez ; comment pourrai-je traiter la chose, si vous me troublez ainsi ? Il faut conserver notre sang-froid. Si vous étiez assez bonne pour me dire quel est le total de neuf pouce, multipliés par neuf ; ou combien trente guinées contiennent de shillings, je serais beaucoup plus à mon aise, plus rassuré à votre égard. »

Miss Manette, sans répondre directement à cette question, reprit assez d'empire sur elle-même pour calmer à son tour M. Lorry.

« C'est très-bien, reprit l'homme de banque, très-bien, chère demoiselle ; du courage ! c'est une affaire sérieuse. Madame votre mère prit donc la résolution de vous cacher l'emprisonnement du docteur ; et, lorsqu'elle mourut de chagrin, sans avoir pu obtenir les moindres nouvelles de son mari, elle vous laissa un avenir calme et paisible qui vous permit de croître en beauté, sans que votre jeunesse fût assombrie par l'inquiétude dévorante qui lui avait brisé le cœur. »

En disant ces mots, il abaissa un regard ému sur les cheveux ondoyants de miss Manette, qu'il se représentait blanchis avant l'âge par une douleur sans espoir.

« Le docteur et sa femme, poursuivit-il, n'avaient qu'une fortune médiocre, et vous possédez aujourd'hui tout ce qui leur a jamais appartenu. Nous n'avons rien découvert à cet égard ; il ne s'agit nullement pour vous ni d'une somme ni d'une propriété quelconque.... »

Il sentit les doigts de la jeune fille lui serrer plus fortement le poignet, et s'arrêter court. Les lignes expressives du front de miss Manette, qui avaient si vivement frappé M. Lorry, témoignaient d'une souffrance et d'une horreur profondes.

« On l'a retrouvé, balbutia le digne homme ; il vit encore. Il est bien changé, bien vieilli ; ce n'est plus qu'une ombre ; mais enfin il est vivant. Un ancien serviteur qui habite Paris lui a donné asile, et c'est à ce propos que nous nous rendons en France, moi pour établir son identité, s'il est possible de le reconnaître, et vous, chère demoiselle, pour le rappeler à la vie, et l'entourer de soins et d'amour. »

Un frisson parcourut tous les membres de la jeune fille.

« Ce n'est pas lui que je vais trouver, dit-elle à demi-voix, c'est un spectre.

— Allons, chère miss, interrompit M. Lorry, en frappant sur les mains de sa compagne ; vous savez tout maintenant, vous n'avez rien à craindre. Nous partons pour la France, où nous attend monsieur votre père ; le temps est beau ; la marée favorable ; notre voyage ne sera ni long ni difficile.

— J'étais libre, j'étais heureuse, continua miss Manette parlant toujours comme en rêve ; et son ombre ne m'est jamais apparue pour me reprocher ma joie !

— Encore une chose, reprit M. Lorry, qui appuya sur ses paroles, dans l'espérance d'attirer l'attention de la jeune fille ; le docteur ne porte plus son nom. Il est inutile de se demander pourquoi ; inutile de rechercher si on l'avait oublié dans son cachot, ou si la détention qu'il devait subir avait une longueur déterminée. La moindre enquête à son égard serait non-seulement une chose vaine, mais elle pourrait être dangereuse ; il est beaucoup plus sage de n'en dire mot à personne, et de revenir immédiatement à Londres avec l'ancien prisonnier. Moi-même, qui suis couvert par ma double qualité d'Anglais et d'agent d'une maison fort importante pour le crédit de la France, je crois devoir éviter de faire allusion à cette affaire. Je n'ai pas un seul écrit où le fait soit mentionné ; mes lettres de créance, les papiers qui doivent m'ouvrir certaines portes, les paroles que je dois répondre, tout est compris dans ce simple mot : *Ressuscité !* Mais elle ne m'entend pas ! Qu'est-ce que c'est, miss Manette ?... »

Complétement immobile, ne s'étant pas même renversée dans son fauteuil, les yeux ouverts et la terreur sur le front, la jeune fille avait perdu connaissance. Elle serrait toujours avec tant de force le bras du gentleman, que celui-ci, n'osant pas s'arracher à son étreinte, de peur de la blesser, appela du secours, sans bouger de place.

Une femme tout effarée, dont M. Lorry, malgré son émotion, remarqua les cheveux rouges, la figure colorée, la robe étroite, la coiffure ébouriffée, couronnée d'un chapeau ressemblant à un boisseau, accourut dans la chambre, arracha prestement le représentant de Tellsone aux doigts crispés de la jeune fille, et l'envoya, d'un revers de main, tomber contre le mur.

« Elle était faite pour être un homme, pensa M. Lorry en touchant la muraille.

— Que faites-vous là, vous autres? mugit cette virago en s'adressant aux gens de l'hôtel. Pourquoi n'allez-vous pas chercher du vinaigre au lieu de me regarder comme une bête curieuse? Je ne suis pas quelque chose de si beau à voir. Vite, un flacon, des sels, de l'eau froide! »

Tandis que chacun s'enfuyait à la recherche de ces réconfortants, la femme au chapeau bizarre étendait miss Manette sur le canapé, et la soignait avec autant de douceur que d'adresse.

« Ma toute belle! ma fauvette! murmurait cette femme, d'une voix émue, en déployant avec orgueil la chevelure de la jeune fille. Et vous, l'homme en brun! s'écria-t-elle en se retournant vers M. Lorry, ne pouviez-vous pas lui faire part de vos nouvelles sans la mettre dans cet état-là? Voyez-vous sa pâleur, ses mains froides, ses yeux morts! Est-ce le fait d'un banquier, je vous le demande? »

Excessivement embarrassé de répondre à cette question, M. Lorry détourna les yeux d'un air humble et contrit, pendant que la forte femme, ayant chassé de nouveau les gens de l'hôtel par un : « Vous allez voir! » qui les menaçait d'une correction quelconque, ramenait peu à peu la jeune fille à elle-même, et arrivait, par ses caresses, à lui faire poser la tête sur sa vigoureuse épaule.

« J'espère qu'elle est remise tout à fait, murmura M. Lorry.

— Ce n'est pas de votre faute, l'homme en brun, si la chose n'est pas plus grave. Pauvre jolie mignonne!

— Accompagnez-vous miss Manette à Paris? demanda le gentleman après un nouveau silence.

— Ah vraiment! riposta la forte femme, si j'étais destinée à traverser la mer, croyez-vous que la Providence m'eût fait naître dans une île? »

Cette seconde question n'étant pas moins embarrassante que la première, M. Lorry se retira dans sa chambre afin d'y réfléchir.

CHAPITRE V.

La boutique du marchand de vin.

Une énorme pièce de vin s'était brisée dans la rue; c'était en déchargeant la voiture que l'accident était arrivé : la barrique avait roulé jusqu'à terre, les cercles s'étaient rompus, et les débris du tonneau gisaient sur le pavé, au seuil de la porte d'une boutique de marchand de vin.

Tous les gens du voisinage avaient suspendu leur travail ou leur oisiveté, pour accourir sur le théâtre de l'accident, et pour boire le vin qui s'y trouvait répandu.

Les pavés inégaux, faisant saillie dans toutes les directions, comme si, en les jetant au hasard, on n'avait eu d'autre but que d'estropier les passants, avaient retenu la liqueur divisée par petites flaques. Chacune de ces flaques était entourée d'un groupe d'individus, plus ou moins nombreux, qui se bousculaient à l'envi. Quelques hommes agenouillés, faisant une écuelle de leurs deux mains, puisaient le précieux liquide et s'empressaient de le boire, ou le défendaient contre les femmes qui, penchées sur leurs épaules, essayaient de humer la liqueur avant qu'elle eût filé entre leurs doigts.

D'autres individus, hommes et femmes, plongeaient dans les flaques vineuses de petits gobelets de terre ébréchés, ou les mouchoirs qui leur servaient de marmottes, et les mères en exprimaient ensuite le contenu dans la bouche des enfants. Ceux-ci faisaient en toute hâte de petites chaussées de boue afin de retenir le vin qui fuyait entre les pierres, ou, dirigés par des spectateurs placés aux fenêtres, couraient dans tous les sens pour arrêter les rigoles qui se formaient dans de nouvelles directions. Un certain nombre s'était emparé des éclats du tonneau, couverts de lie et de fange, et les suçaient, les mâchaient avec délices.

Bientôt la portion du pavé qui s'étendait devant le cabaret fut, non-seulement à sec, mais la boue en avait été si bien ramassée, qu'on l'aurait attribué au passage d'un balayeur soigneux, si quelqu'un, parmi les habitants du quartier, avait pu croire à la présence de ce fonctionnaire, inconnu dans le faubourg.

Un bruit perçant d'éclats de rire et de voix joyeuses, voix

d'hommes, de femmes et d'enfants, retentissait dans la rue où cette buvette avait lieu. Un peu de rudesse et beaucoup d'enjouement caractérisaient le plaisir de cette foule ; un esprit de sociabilité particulière se faisait remarquer dans tous les groupes, ainsi qu'un entraînement visible de chacun à se rapprocher des autres, qui, chez les moins malheureux, ou chez les plus réjouis, se traduisait par des embrassements folâtres, des toasts, des poignées de main et des rondes animées.

Lorsque le vin eut entièrement disparu, laissant entre les pavés les mille rigoles qu'y avaient tracées les buveurs, ces démonstrations cessèrent tout à coup, ainsi qu'elles avaient commencé ; le scieur de bois, dont la scie était plantée dans une bûche, alla se remettre à la besogne ; la femme, qui avait laissé sur le pas de sa porte le *gueux* rempli de cendres chaudes où elle essayait de réchauffer ses pieds, ses mains et son enfant amaigri, se dirigea vers sa demeure.

Les ouvriers aux bras nus, aux cheveux emmêlés et poudreux, à la face cadavéreuse, qui, du fond des caves, étaient apparus à la clarté de ce jour d'hiver, redescendirent à leurs ateliers respectifs, et une sombre tristesse plana de nouveau sur ces lieux où elle sembla moins déplacée que le soleil et la joie.

C'était du vin rouge qui avait coulé dans cette rue obscure du faubourg Saint-Antoine, et qui avait taché les pavés, taché ces mains, ces visages, ces pieds nus. Le scieur de bois laissait des marques rouges sur les bûches qu'il prenait. La femme, qui allaitait son enfant, portait au front des taches rouges que lui avaient faites le haillon replacé autour de sa tête. Ceux qui avaient mâché les douelles rougies de la barrique avaient autour de la bouche les traces qu'on voit aux lèvres des tigres, et l'un de ces hommes d'humeur plaisante, la tête sortie presque en entier d'un sale bonnet de coton flottant sur son épaule, trempa son doigt dans la bourbe vineuse, et griffonna sur la muraille le mot : SANG.

Un jour devait venir où le sang coulerait sur le pavé des rues, et laisserait des taches rouges au front et aux mains de la plupart de ceux qui se trouvaient là.

Depuis que le nuage, écarté un instant par un rayon furtif, assombrissait de nouveau la physionomie de Saint-Antoine, d'épaisses ténèbres enveloppaient tout le faubourg. Le froid, la crasse, l'ignorance, la maladie et la misère formaient le cortége du bienheureux patron : de puissants seigneurs, surtout la faim, qui les domine tous.

Des individus, sans cesse broyés entre des meules inexorables, frissonnaient dans tous les coins, entraient dans les maisons, débouchaient des allées, regardaient aux portes, aux fenêtres, grelotaient dans chaque guenille agitée par le vent. La meule impitoyable, qui les broyait de la sorte, n'est pas celle du moulin fabuleux qui transforme les vieillards en jeunes gens, mais bien les jeunes gens en vieillards. L'enfance, elle-même, avait la figure vieille, la voix creuse ; et dans les rides précoces de son visage, ainsi qu'au masque sillonné de ses pères, la faim avait gravé sa signature.

On la retrouvait partout : dans les haillons étendus sur les cordes et flottant aux perches qui sortaient de chaque fenêtre ; dans la paille, les chiffons, les menus copeaux qui, à l'intérieur, garnissaient les paillasses. La faim répétait son nom dans chaque fragment de bûchette que débitait le scieur de bois ; elle regardait les passants du haut des cheminées froides et vides, et surgissait de la rue fangeuse, dont les ordures ne renfermaient pas un seul débris d'un seul objet qui se mange.

La faim se montrait sur les tablettes du boulanger, sur chaque mauvais pain de sa fournée peu abondante ; elle se voyait dans le fromage et les saucisses de chien mort que vendait le charcutier. On entendait bruire ses os décharnés parmi les marrons qui étaient secoués sur le feu, et dans les quelques gouttes d'huile, mises à regret au fond de la poêle, où crépitaient de menues tranches de pommes de terre.

La faim était logée dans tous les replis de cette rue tortueuse, encombrée d'immondices, où aboutissaient d'autres rues, également tortueuses, sales et puantes, peuplées de bonnets de coton, et de guenilles sentant la crasse, et où chaque objet visible, pâle, maladif ou sordide, paraissait un présage de malheur.

On entrevoyait dans ces physionomies d'animal traqué sans repos ni trêve, que la bête fauve pourrait bien un jour faire volte-face et répondre aux abois. Parmi ces spectres abattus, qui fuyaient d'un air craintif, il se trouvait des yeux remplis d'éclairs, des lèvres serrées, pâlies par la rage, et des fronts contractés, où les rides tordues et noueuses ressemblaient à des cordes, au souvenir de la potence qu'ils pouvaient subir et peut-être infliger.

On retrouvait l'image de la faim dans les enseignes des boutiques, dans les maigres lambeaux de viande peints au-dessus de la porte du boucher, dans l'ombre du pain sec et noir qui indiquait la boulangerie, dans les buveurs qui, barbouillés sur la porte du cabaret, grimaçaient au-dessus de leurs verres de petit vin frelaté, et qui, l'œil en feu, se penchaient l'un vers l'autre pour se faire de mutuelles confidences.

Tout ce qui s'offrait à la vue était chétif et pauvre, excepté les outils et les armes ; le tranchant des couteaux et des haches était brillant et affilé, les marteaux du forgeron étaient lourds, et les fusils nombreux dans la boutique de l'armurier.

La voie publique n'avait pas de trottoirs, et le pavé boiteux, avec ses flaques de boue et d'eau fangeuse, arrivait jusqu'aux murailles. Par contre, le ruisseau coulait au milieu de la rue, quand toutefois il venait à couler, ce qui n'arrivait qu'après une forte averse ; et prenant alors des allures excentriques, il inondait les rez-de-chaussée et les caves.

Au-dessus du ruisseau, en travers de la rue, pendaient, de loin en loin, de grossières lanternes, attachées à une corde ; et le soir, quand l'allumeur les avait descendues, éclairées et remontées, un certain nombre de lumignons fumeux se balançaient au-dessus de vous d'une façon maladive, comme s'ils avaient été sur les flots. Ils s'agitaient, il est vrai, au-dessus d'une mer orageuse, et le navire et l'équipage étaient menacés par la tempête. Un jour devait venir où les épouvantails décharnés qui peuplaient cette région auraient, dans leur oisiveté et leur faim, regardé si longtemps l'allumeur de réverbères, qu'ils songeraient à se servir de ses poulies et de ses cordes pour hisser des hommes à côté de ses lanternes, afin d'éclairer d'une lueur plus vive les ténèbres de leur affreuse condition. Mais ce jour était loin encore ; et les vents qui passaient sur la France secouaient en vain les guenilles, de ces épouvantails : les oiseaux, à la voix douce et au riche plumage, n'y voyaient aucun avertissement.

La boutique du marchand de vin, au seuil de laquelle s'était brisée la barrique, faisait le coin de la rue, et paraissait moins pauvre que la plupart de ses voisines. Sur le pas de la porte se tenait le cabaretier qui, vêtu d'une culotte verte et d'un gilet jaune, avait regardé la foule se disputer le vin répandu.

« Cela m'est égal, dit-il en haussant les épaules, quand la dernière goutte fut essuyée. Qui casse les verres les paye ; ceux qui ont été cause de l'accident me donneront une autre pièce. Eh ! Gaspard ! s'écria-t-il en s'adressant à l'homme qui écrivait le mot sang sur la muraille, qu'est-ce que tu fais donc là ? »

Gaspard montra du doigt le mot qu'il venait de tracer, et mit dans son geste une expression significative, ainsi qu'il arrive souvent aux gens du peuple ; mais il manqua son but, et produisit un effet contraire à celui qu'il attendait, comme il arrive souvent encore aux personnes de sa classe.

« Est-ce que tu as perdu la tête? lui demanda le marchand de vin, qui traversa la rue, prit une poignée de boue, et effaça la plaisanterie de Gaspard. A quoi bon l'écrire en public, je te le demande? Est-ce qu'il n' a pas d'autres endroits où l'on puisse graver de pareils mots? »

En terminant cette phrase, le marchand de vin, peut-être sans y penser, peut-être avec intention, posa la main gauche sur le cœur de l'artisan. Celui-ci pressa la main du cabaretier, fit un saut prodigieux, retomba dans une attitude fantastique, en rattrapant son soulier rougi, qu'il avait jeté en l'air, et s'arrêta ferme sur la pointe du pied. Plaisant railleur, qui paraissait tout disposé à mettre ses railleries en pratique.

« Rechausse-toi, dit l'autre, appelle du vin ce qui est du vin, et que tout cela soit fini. »

Le cabaretier essuya sa main boueuse sur l'épaule de Gaspard avec autant de sang-froid que s'il l'avait salie à cette intention; retraversa la rue, et rentra dans sa boutique. Il pouvait avoir trente et quelques années; son encolure était celle d'un taureau, il avait l'air martial, et sans doute beaucoup de chaleur naturelle; car, bien que le froid fût assez vif, il portait sa veste sur son épaule; ses manches de chemise étaient relevées, ses bras nus jusqu'au coude, et pour toute coiffure il n'avait que ses cheveux noirs et crépus, coupés autour de la tête. Sa peau était brune, ses yeux étaient grands, pleins de franchise et largement écartés. En somme, il paraissait un garçon de belle humeur, mais sa colère devait être implacable. Évidemment c'était un homme résolu, qu'il ne fallait pas rencontrer sur un chemin étroit, bordé d'un précipice, car rien au monde ne devait le déranger de sa route.

Mme Defarge, son épouse, était assise au comptoir lorsqu'il rentra dans la boutique. C'était une femme vigoureusement taillée, à peu près du même âge que son mari, et dont le regard vigilant ne paraissait rien voir de ce qui se passait autour d'elle. Une grande et belle main, chargée de bagues pesantes, un visage impassible, des traits fortement accusés, un sang-froid imperturbable la caractérisaient tout d'abord, et quelque chose en elle vous faisait prédire qu'elle se trompait rarement à son préjudice, dans les comptes dont elle était chargée.

Très-sensible au froid, Mme Defarge était enveloppée de fourrures, et avait autour de la tête un fichu de couleur éclatante qui, néanmoins, laissait à découvert d'énormes boucles d'oreille. Elle avait près d'elle son tricot, et venait de le poser pour se curer les dents. Le coude droit soutenu par la main gauche, la cabaretière ne fit pas un geste, ne détourna pas même les yeux lorsqu'entra son mari ; mais elle toussa légèrement, sans changer d'attitude. Ce léger accès de toux, joint à un mouvement imperceptible des sourcils noirs et bien marqués de la dame, suggéra au mari l'idée de chercher dans la boutique, si pendant son absence il n'était pas entré de nouveaux buveurs. Il promena son regard autour de la salle, et l'arrêta sur un homme d'un certain âge, et sur une jeune fille qui étaient assis dans un coin.

Deux individus jouaient aux cartes, deux autres finissaient une partie de dominos ; trois grands gaillards étaient debout près du comptoir, où ils faisaient durer le plus possible un tout petit verre de vin. M. Defarge, au moment où il passa derrière eux, observa que le monsieur d'un certain âge adressait à sa compagne un regard qui signifiait : « Voilà notre homme ! »

« Eh ! que diable venez-vous faire dans cette galère ? » se demanda M. Defarge.

Il ne sembla pas néanmoins faire attention aux deux étrangers, et se mit à causer avec les trois camarades qui se tenaient près du comptoir.

« Jacques, lui demanda l'un des trois buveurs, est-ce qu'ils ont tout ramassé ?

— Jusqu'à la dernière goutte, Jacques. »

Après cet échange de noms de baptême, Mme Defarge, qui continuait à faire usage de son cure-dents, toussa de nouveau et releva les sourcils.

« Il est si rare que ces pauvres diables connaissent le goût du vin ! reprit le second buveur, en s'adressant au cabaretier ; la plupart d'entre eux n'ont jamais, leur vie durant, que celui du pain noir, et celui de la mort à la fin de leurs jours.

— Très-vrai, Jacques, répondit encore M. Defarge. »

Après ce second échange de noms de baptême, la femme du marchand de vin, se servant toujours de son cure-dents avec le même sang-froid, toussa et releva les sourcils.

« C'est une rude existence que la vie du pauvre monde, Jacques !

— Il n'en connaît que l'amertume, dit le troisième buveur, en posant son verre sur le comptoir et en faisant claquer ses lèvres.

— Tu as raison, Jacques, » répondit toujours le cabaretier.

Au moment où avait lieu ce troisième échange de noms de baptême, Mme Defarge mit son cure-dents de côté, releva les sourcils et s'agita légèrement sur sa chaise.

« C'est vrai. Chut! murmura le mari, c'est ma femme, messieurs. »

Les trois buveurs ôtèrent leurs chapeaux et saluèrent Mme Defarge. Elle répondit à leurs hommages en inclinant la tête, et en leur adressant un regard rapide; puis elle jeta les yeux comme par hasard autour de la boutique, reprit son tricot, avec le plus grand calme, et parut donner à son ouvrage toute l'attention dont elle était susceptible.

« Je vous souhaite le bonjour, messieurs, dit le mari aux trois Jacques, sans quitter sa femme du regard. La chambre garnie que vous désirez voir, et dont vous me parliez tout à l'heure, au moment où je suis allé dans la rue, est au sixième, l'escalier à gauche, au fond de la petite cour, par ici; mais je me rappelle que l'un de vous l'a déjà visitée, il pourra vous montrer le chemin. Au revoir, messieurs. »

Les trois camarades payèrent, et sortirent de la boutique.

M. Defarge, appuyé sur le comptoir, paraissait étudier l'ouvrage de sa femme, qui tricotait toujours, lorsque le monsieur d'un certain âge s'étant avancé, lui demanda s'il pouvait lui dire un mot.

« Très-certainement, monsieur, » et le marchand de vin se dirigea vers la porte, avec son interlocuteur.

La conversation fut brève; à la première parole le cabaretier fit un mouvement de surprise, et manifesta la plus vif intérêt; la seconde phrase était à peine achevée, que d'un signe il engagea l'inconnu à le suivre, ainsi que la jeune fille qui l'avait accompagné, et tous les trois s'éloignèrent.

Quant à Mme Defarge, le front calme, les yeux baissés, elle tricotait rapidement, et ne vit rien de ce qui se passait au seuil de la boutique.

M. Lorry et miss Manette furent conduits par le marchand de vin à l'escalier que venaient de prendre les trois Jacques. Il fallait, pour y arriver, traverser une petite cour humide et puante, commune à plusieurs maisons habitées par un nombre considérable de locataires. Dès qu'il eut pénétré sous la voûte obscure où débouchait l'escalier, M. Defarge s'agenouilla devant la fille de son ancien maître, et lui baisa la main. Une transformation complète s'était opérée chez le cabaretier : ce n'était plus le bon vivant, à la figure ouverte et riante, mais un homme grave, discret et menaçant.

« Ne vous pressez pas, c'est un peu haut, et l'escalier est très-roide, dit-il d'une voix sombre, en s'adressant à M. Lorry.

— Il est seul? murmura le gentleman.

— Bonté divine! Qui donc serait auprès de lui? répliqua le marchand de vin, également à voix basse.

— Il est toujours seul?

— Toujours!

— Est-il bien changé?

— S'il est changé! »

Le marchand de vin s'arrêta pour frapper la muraille, et proféra entre les dents une imprécation effroyable. Nulle réponse ne pouvait être plus significative, et M. Lorry s'attrista de plus en plus à mesure qu'ils avançaient.

L'escalier d'une maison de pareil ordre, avec ses accessoires, est encore actuellement, dans les anciens quartiers de Paris, une chose assez révoltante; mais, à cette époque, il était difficile, à quiconque n'y était pas habitué, d'en supporter la vue et l'odeur. Chaque appartement, ou plutôt chaque pièce de cette ruche à six étages, déposait ses ordures sur le carré, et jetait le reste par la fenêtre. Cette masse de débris en décomposition aurait été plus que suffisante pour vicier l'air le plus vif, alors même que la misère n'y aurait pas ajouté ses effluves; et ces deux sources combinées l'empêchaient d'être respirable.

C'est au milieu de cette atmosphère empoisonnée que se dressait la voie sombre et fangeuse, suivie par le marchand de vin et ses deux compagnons. M. Lorry s'était reposé trois fois, par besoin personnel et par pitié pour miss Manette, dont l'agitation devenait de plus en plus vive. Chacune de ces pauses avait eu lieu près d'un jour de souffrance, dont les barreaux laissaient échapper la partie la moins corrompue de l'atmosphère, tandis que les miasmes empestés rampaient à l'intérieur, où ils s'accumulaient sans cesse. A travers cette grille, couverte de sanie dégoûtante, on avait l'avant-goût, plutôt que la vue, d'une masse confuse de maisons voisines; et, à l'exception du sommet des tours de Notre-Dame, on n'apercevait rien qui rappelât une vie saine ou des aspirations honnêtes.

Nos amis gagnèrent enfin la dernière marche de l'escalier, où ils se reposèrent une quatrième fois. Un second escalier, encore plus roide et plus étroit, à vrai dire une échelle, conduisait au grenier.

Le marchand de vin, toujours un peu en avant, et toujours du côté de M. Lorry, comme s'il avait redouté les questions de la jeune fille, s'arrêta, fouilla dans la poche de la veste qu'il portait sur son épaule, et en tira une clef.

« Est-ce qu'il est enfermé? demanda M. Lorry avec surprise.

— Comme vous dites, répliqua M. Defarge.

— Vous croyez que c'est nécessaire?

— Indispensable.

— Pourquoi?

— Parce qu'il a vécu trop longtemps sous les verrous, et qu'il aurait peur, qu'il se tuerait, ferait je ne sais quelle extravagance, s'il trouvait sa porte ouverte.

— Est-il possible! s'écria M. Lorry.

— Certes, répondit le cabaretier avec amertume. L'heureux monde que celui où pareille chose est non-seulement possible, mais où, comme tant d'autres faits qui lui sont analogues, elle se passe chaque jour à la face du ciel! Mais continuons. »

Ce dialogue avait eu lieu à voix basse, et la jeune fille n'en avait rien entendu; toutefois son émotion était si vive, sa terreur si profonde, que M. Lorry crut devoir lui adresser quelques mots.

« Chère miss, du courage! lui dit-il; une affaire importante.... le plus cruel est de franchir la porte, et puis tout sera fini. Pensez aux consolations, au bonheur que vous lui apportez. Chère enfant, laissez-vous soutenir par cet excellent Defarge. Très-bien, mon cher ami; allons, enfant, du courage, c'est une affaire.... une affaire.... »

L'échelle était courte; ils arrivèrent bientôt à son extrémité. L'espèce de corridor où ils débouchèrent faisait un brusque détour, et ils se virent en face de trois hommes qui, rapprochés les uns des autres, avaient les yeux collés à une fente de la muraille, et regardaient avec une extrême attention. Ces hommes se retournèrent en entendant marcher auprès d'eux, et M. Lorry reconnut les trois buveurs qui un instant auparavant étaient à côté de Mme Defarge.

« Votre visite m'a tellement surpris que je les avais oubliés, dit le marchand de vin. Laissez-nous, camarades, nous avons affaire ici. »

Les trois hommes s'éloignèrent et disparurent en silence. Dès qu'ils furent passés, le cabaretier se dirigea vers la seule porte qu'on aperçut dans le corridor.

« Faites-vous de M. Manette un objet de curiosité? lui demanda tout bas M. Lorry, avec une certaine irritation.

— Je le montre seulement à quelques élus.

— Croyez-vous que ce soit bien?

— Je le pense.

— Quels sont les gens a qui vous le montrez ainsi?

— Des gens de cœur, des hommes qui portent mon nom (je m'appelle Jacques), et pour qui ce spectacle est salutaire. Vous êtes Anglais, vous, c'est autre chose. »

M. Defarge se baissa, mit un œil à la crevasse de la muraille; puis s'étant redressé, frappa deux ou trois coups à la porte, sans autre intention que de faire un bruit quelconque; c'est pour le même motif qu'il fit grincer la clef dans la serrure.

La porte s'ouvrit avec lenteur, le cabaretier avança la tête, il proféra certaines paroles auxquelles répondit une voix faible; et se retournant du côté de M. Lorry et de miss Manette, il leur fit signe de venir. M. Lorry sentit chanceler la jeune fille, et la soutint dans ses bras au moment où elle allait tomber.

« Du courage, enfant! balbutia-t-il, le front trempé d'une moiteur qui n'avait rien de commun avec les affaires, du courage! vous voyez bien qu'il faut entrer!

— J'ai peur, répondit-elle en frissonnant.

— Peur de quoi, chère miss?

— De lui, de mon père! »

Effrayé de l'état où il voyait sa compagne, et troublé par les signes que lui faisait le marchand de vin, M. Lorry prit un parti désespéré; il souleva la jeune fille et se précipita avec elle dans la mansarde, où, la faisant asseoir, il continua de la soutenir.

Defarge, après avoir fermé la porte à double tour, retira la clef de la serrure, et la conserva dans la main. Tout cela méthodiquement et avec bruit. Enfin, il alla d'un pas mesuré jusqu'à la fenêtre, et se retourna du côté des visiteurs.

Le galetas où ils venaient d'entrer, construit pour y mettre du bois, était complètement sombre; la fenêtre, c'est-à-dire ce que nous avons nommé ainsi, n'était qu'une brèche à la toiture, close par une porte, non vitrée, que surmontait une grosse poulie au moyen de laquelle étaient hissés les fagots et tous les gros objets qu'on voulait mettre au grenier. Les deux battants de cette porte, à peine entr'ouverts, sans doute à cause du froid, laissaient pénétrer si peu de jour dans ce taudis, qu'il fallait une bien longue habitude de l'obscurité pour y faire une besogne exigeant un peu de soin.

Quelqu'un cependant y travaillait avec application ; la figure tournée vers la fenêtre, près de laquelle le marchand de vin se tenait debout, un vieillard, assis sur un escabeau, la tête penchée sur son ouvrage, faisait une paire de souliers qui l'absorbait entièrement.

CHAPITRE VI.
Le cordonnier.

« Bonjour ! dit M. Defarge en s'adressant au vieillard.
— Bonjour ! lui répondit une voix tellement affaiblie qu'on l'aurait prise pour un écho lointain.
— Vous êtes toujours ferme à l'ouvrage ? » continua le cabaretier.
Après un instant de silence, la tête blanchie se releva, deux yeux hagards se fixèrent sur M. Defarge, et la voix murmura faiblement :
« Oui.... je travaille. »
Cette voix avait quelque chose de poignant et d'horrible ; ce n'était pas la faiblesse qui résulte de l'appauvrissement physique, bien que cependant la souffrance y eût contribué sans aucun doute ; c'était celle qui est contractée dans la solitude, et qui vient du manque d'usage Cette parole éteinte, d'où la vie était absente, et qui n'avait plus rien des vibrations de la voix humaine, produisait le même effet qu'une riche couleur, effacée par le temps, et qui n'est plus qu'une tache pâle et fanée, sans rapport avec la nuance qu'elle avait autrefois. On aurait dit, tant cette voix était creuse, qu'elle s'échappait d'un souterrain, et son accent expressif était celui dont un voyageur, mourant de soif au désert, se lamente en se rappelant la patrie et les êtres aimés qu'il ne reverra jamais.
Lorsqu'il eut travaillé en silence pendant quelques minutes, l'homme aux cheveux blancs releva de nouveau les yeux, non par intérêt ou par curiosité, mais sous l'influence d'une perception toute machinale : parce que l'endroit où il avait aperçu M. Defarge, le seul des trois visiteurs qu'il eût découvert, était toujours occupé.
« Je voudrais y voir davantage, dit le marchand de vin, qui

ne le quittait pas du regard, pouvez-vous supporter une lumière un peu plus vive ? »

Le cordonnier détourna la tête, jeta les yeux sur le plancher, à droite et à gauche, en prêtant l'oreille d'un air distrait; puis il regarda M. Defarge.

« Qu'avez-vous dit? murmura-t-il.

— J'ai demandé si vous supporteriez sans souffrir une lumière un peu plus vive.

— Il faudra bien que je la supporte, si vous le voulez. »

L'ombre d'une intention avait fait timidement ressortir ce dernier membre de phrase.

M. Defarge poussa l'un des volets, qu'il assujettit; dans la position où il venait de le placer, un vif rayon de lumière entra subitement et permit de voir le cordonnier qui, sa forme sur ses genoux, avait suspendu son travail.

Il était entouré de ses outils et de quelques lambeaux de cuir. Sa barbe blanche, inégalement coupée, n'était pas très-longue, mais sa figure était décharnée. Ses yeux, dont l'éclat excessif brillait sous deux sourcils restés noirs, et sous une masse confuse de cheveux blancs, paraissaient d'une grandeur surnaturelle. Une guenille jaune, qui lui servait de chemise, était ouverte sur sa poitrine, et laissait voir un corps flétri et usé. Toute sa personne, aussi bien que sa vieille blouse de grosse toile, ses bas trop larges et ses haillons, étaient devenus, par la privation de jour et d'air, d'une couleur de parchemin tellement uniforme, qu'il aurait été difficile d'en reconnaître la nuance primitive, et de deviner ce qu'ils avaient été jadis.

Il avait mis une de ses mains devant la lumière pour se préserver la vue, et non-seulement ses muscles, mais ses os, paraissaient diaphanes. Les yeux fixés dans le vide, il ne répondait au marchand de vin qu'après avoir regardé à plusieurs reprises autour de lui, comme s'il avait perdu l'habitude de rattacher les sons au lieu de leur origine, et qu'il eût cherché d'où provenaient les paroles dont son oreille était frappée.

« Finirez-vous aujourd'hui cette paire de souliers? lui demanda M. Defarge, en faisant signe à l'Anglais de venir se mettre à côté de lui.

— Qu'est-ce que vous dites?

— Je demande si vous avez l'intention de finir ces souliers aujourd'hui même.

— Je ne peux pas dire que j'en ai l'intention.... je le suppose.... je n'en sais rien.... »

Ces paroles lui rappelèrent son ouvrage et il se remit au travail. Cependant, lorsqu'il y eut environ deux minutes que M. Lorry fut à côté de Defarge, le cordonnier releva ses yeux hagards. Il ne témoigna aucune surprise en voyant une seconde personne devant lui; mais il porta ses doigts tremblants à ses lèvres, qui avaient la même pâleur que ses ongles, et reprit de nouveau sa besogne.

« On vous fait une visite, vous le voyez, » dit le marchand de vin.

Le cordonnier regarda autour de lui sans quitter son ouvrage.

« Allons, poursuivit Defarge, voilà un monsieur qui se connaît en chaussures, montrez-lui votre soulier, il verra qu'il est bien cousu. »

Le vieillard obéit machinalement.

« Dites à monsieur comment on appelle cette chaussure, et quel est le nom de celui qui l'a faite, » poursuivit le cabaretier.

La réponse se fit attendre plus longtemps qu'à l'ordinaire.

« Vous me demandiez quelque chose? dit enfin l'ouvrier. Qu'est-ce que c'était? Je n'en sais plus rien.

— Je vous prie d'expliquer à monsieur de quel genre est le soulier que vous venez de faire.

— C'est un soulier de femme, un soulier de promenade; on les fait comme cela maintenant. Je n'ai pas vu la mode, mais j'ai eu un modèle, » ajouta-t-il en regardant son ouvrage avec une nuance de satisfaction et d'orgueil.

Depuis qu'il avait remis son soulier à M. Lorry, il passait le dos de sa main droite dans le creux de sa main gauche, et réciproquement, les portait l'une après l'autre à son menton, dont il faisait le tour, et ainsi de suite, avec régularité et sans interruption. Il fallait, pour le tirer de l'absence où il retombait immédiatement après avoir parlé, se donner autant de peine que pour faire revenir une personne évanouie, ou pour ranimer un agonisant, dans l'espoir d'en obtenir une confidence.

« Ne m'avez-vous pas demandé mon nom? reprit-il d'un air distrait.

— Oui.

— 105, tour du Nord.

— Est-ce tout?

— 105, tour du Nord. »

Il articula faiblement un son qui, sans être un gémissement ou un soupir, exprimait la fatigue, et il reprit son travail jusqu'à ce qu'on lui adressât de nouveau la parole.

« Vous n'avez pas toujours été cordonnier? » lui demanda M. Lorry, en le regardant fixement.

Ses yeux hagards se tournèrent vers Defarge, comme pour lui transférer la question qui lui était faite; mais voyant que celui-ci restait silencieux, il finit par regarder le gentleman, après avoir cherché où il pouvait être.

« Si j'ai toujours été cordonnier? lui dit-il, non! Ce n'était pas mon état. C'est ici que j'ai commencé, j'ai appris tout seul. J'avais demandé.... »

Il s'arrêta brusquement, parut avoir oublié son interlocuteur, et se remit à poser ses mains l'une dans l'autre avec une régularité machinale. Au bout de quelques minutes, ses yeux rencontrèrent de nouveau la figure de l'Anglais; il tressaillit comme un homme qui se réveille en sursaut, et continua la phrase qu'il avait commencée.

« J'avais demandé la permission d'apprendre un état.... j'ai eu bien de la peine.... j'ai été bien longtemps à l'obtenir.... mais depuis lors j'ai toujours fait des souliers.

— Docteur Manette, lui dit M. Lorry en lui rendant son ouvrage, ne vous souvenez-vous pas de m'avoir vu? »

Il laissa tomber le soulier qu'il avait repris, et regarda fixement le gentleman.

« Docteur Manette, continua celui-ci en posant la main sur le bras de M. Defarge, cet homme ne vous rappelle-t-il aucun souvenir? regardez-le bien, regardez-moi. N'y a-t-il pas un vieux banquier.... un ancien serviteur.... d'anciennes affaires.... tout un passé qui vous revienne à la mémoire?... »

Tandis que ses yeux se fixaient alternativement sur son ancien ami et sur le marchand de vin, quelques signes d'une vive intelligence percèrent le nuage qui couvrait son esprit, et reparurent un instant dans les plis de son front pâle. Ils s'affaiblirent presque aussitôt et s'effacèrent; mais ils se retrouvaient avec une telle ressemblance sur le front de la jeune fille, qui tendait vers lui ses bras tremblants, qu'on aurait pu croire qu'ils avaient passé de l'un à l'autre, ainsi que le reflet d'une lumière mouvante.

Replongé dans l'ombre, il regarda ses deux visiteurs d'un air de plus en plus distrait, promena autour de lui ses yeux, dont le regard était absent, poussa un long soupir, ramassa le soulier auquel il travaillait, et se remit à l'ouvrage.

« Avez-vous reconnu monsieur? lui demanda Defarge à voix basse.

— Oui. J'ai cru d'abord que je ne le pourrais pas; mais je suis sûr d'avoir vu, pendant un instant, une personne que j'ai connue autrefois.... Chut!... reculons-nous un peu.... Chut!... »

Sa fille s'était lentement approchée de son escabeau; elle aurait pu lui mettre la main sur l'épaule, mais lui, qui ne savait même pas qu'elle existât, ne se doutait point de sa présence, et, courbé sur sa forme, il travaillait activement.

Pas un mot, pas un son.

Elle était debout auprès de lui, comme un bon ange; et, les yeux attachés sur son ouvrage, il avait oublié qu'il n'était pas seul. Il arriva cependant qu'il eut besoin de son tranchet; cet instrument était à ses pieds; il le ramassa, et, comme il allait s'en servir, il aperçut le bord d'une robe, leva les yeux et vit la jeune fille.

M. Lorry et le cabaretier s'avancèrent dans la crainte qu'il ne la frappât de son outil; mais elle n'avait pas peur et les éloigna d'un geste. L'ancien captif arrêta sur elle un regard effrayé; ses lèvres s'agitèrent sans produire aucun son; puis, à travers sa respiration haletante, il finit par articuler ces mots :

« Qui est-elle? »

La figure baignée de larmes, elle porta les deux mains à ses lèvres, lui envoya un baiser, et croisa ses bras sur sa poitrine, comme si elle eût serré sur son cœur la tête blanchie du captif.

« Êtes-vous la fille du geôlier? lui demanda-t-il.

— Non.

— Qui êtes-vous, alors? »

N'osant pas s'en rapporter à sa voix, elle alla s'asseoir auprès de lui sur le banc qui lui servait de siége et de table. Il voulut reculer, mais elle lui posa la main sur le bras. Un frisson parcourut tous ses membres lorsqu'il sentit cet attouchement; il posa son tranchet et regarda la jeune fille.

Les cheveux dorés de cette dernière, rejetés de côté, formaient des grappes épaisses de longues boucles soyeuses. Il leva la main, l'avança par degrés, saisit l'une de ces mèches blondes et la contempla pendant quelques instants; comme il la tenait toujours, il rentra peu à peu dans l'état d'absence qui lui était ordinaire et, poussant un profond soupir, il se remit à l'ouvrage.

Mais ce ne fut pas pour longtemps. Après avoir, à deux ou trois reprises différentes, jeté un regard incertain sur la jeune fille, comme pour s'assurer qu'elle était toujours là, il suspendit son travail, porta sa main droite à sa poitrine et en retira un cordon noirci auquel était suspendu un chiffon plié. Ce chiffon, qu'il ouvrit soigneusement sur son genou, renfermait deux longs cheveux d'un blond doré qu'il avait jadis roulés autour de son doigt. Il prit de nouveau dans sa main l'une des boucles de la jeune fille, en approcha les cheveux et les regarda pendant quelque temps.

« Ce sont les mêmes, dit-il; comment cela peut-il être? Quand ai-je pu les avoir? De quelle manière me les suis-je procurés? »

Tandis que l'intelligence reparaissait sur son front, il sembla reconnaître sur le visage de sa fille les lignes qui se formaient sur le sien, et la tournant en pleine lumière, il la considéra plus attentivement qu'il n'avait fait jusqu'alors.

« Elle avait posé la tête sur mon épaule.... reprit-il comme se parlant à lui-même, c'était la nuit.... on était venu me demander.... Elle avait peur et ne voulait pas me laisser partir; moi je ne craignais rien. Lorsque je fus dans la tour du Nord, ils les ont trouvés sur ma manche : « Voulez-vous me les laisser? « leur ai-je dit; ils ne peuvent pas faire que mon corps vous « échappe, mais ils permettront à mon esprit de fuir quelquefois « ces murs! » J'ai dit cela, je me le rappelle très-bien. »

Il avait articulé des lèvres, à plusieurs reprises, chacun des mots qu'il voulait dire, avant de pouvoir les proférer d'une manière perceptible; mais une fois qu'il était parvenu à les faire entendre, il les avait répétés avec intelligence, bien qu'avec une extrême lenteur.

« Comment cela se fait-il? *Est-ce que c'était vous?* »

Les deux spectateurs s'avancèrent de nouveau, tant ils furent effrayés de la manière dont ces paroles avaient été prononcées, et du mouvement rapide qui les accompagna. Mais elle leur fit signe de rester à leur place.

« Je vous en prie, dit-elle, mes bons messieurs, n'appelez pas, ne dites rien, laissez-nous.

— Écoutez!.... s'écria l'ancien captif, quelle est cette voix?.... »

Il porta les mains à ses cheveux blancs, et les arracha dans un accès de frénésie; puis son émotion passa comme une lueur fugitive.

Il renferma les deux cheveux blonds dans le lambeau de toile qui leur servait d'enveloppe, et les remit dans sa poitrine; mais il ne cessait de regarder la jeune fille, et hochant la tête d'un air sombre :

« Non.... murmura-t-il, non.... Vous êtes trop jeune, trop fraîche. Cela ne se peut pas!... Voyez ce qu'est devenu le prisonnier... Ce ne sont pas là les mains, la figure, la voix qu'elle connaissait!... Non! Elle et lui vivaient, il y a longtemps, bien longtemps!... Avant ces longues années passées à la tour du Nord.... Comment vous appelez-vous, mon bel ange?...

— Je vous le dirai plus tard, répondit miss Manette en s'agenouillant devant son père et en étendant vers lui ses mains jointes; vous saurez quels ont été mes parents et comment il s'est fait que je n'ai pas connu leur histoire.... Aujourd'hui, c'est impossible.... Tout ce que je peux actuellement, c'est de vous prier de me bénir.... de m'embrasser.... Je vous en supplie.... embrassez-moi!... »

Le captif inclina la tête, et mêla ses cheveux blancs à la chevelure rayonnante de sa fille, qui l'entoura d'une auréole.

« Si dans ma voix, poursuivit-elle, vous reconnaissez la voix que vous aimiez jadis, laissez couler vos larmes.... Si en touchant mes cheveux vous vous rappelez la tête chérie qui s'appuyait sur vous, lorsque vous étiez libre, pleurez, mon père; si, vous parlant des soins dont vous entourera mon amour, si j'éveille dans votre âme le souvenir du foyer où l'on a tant gémi de votre absence.... pleurez.... pleurez encore!... »

Elle le pressa sur sa poitrine et le berça comme un enfant.

« Cher! oh! bien cher père! si en vous disant que je suis venue vous chercher pour vous donner le repos, je vous fais songer à votre existence qui pouvait être si utile, et qui s'est perdue dans l'inaction et la douleur; si, en vous disant que je vous conduis en Angleterre, je vous fais penser à la France, qui s'est montrée si cruelle envers vous, pleurez, pleurez sans crainte. Il me reste à vous parler de celle qui n'est plus, à vous dire que je me mets aux genoux de mon père, afin qu'il me pardonne ma vie heureuse et tranquille.... à moi, qui devais nuit et jour songer à ses tortures et hâter sa délivrance. Pleurez sur elle, pleurez sur moi.... Mes bons messieurs, je viens de sentir ses larmes sacrées. »

Ses sanglots soulevèrent sa poitrine.

« Oh! voyez donc! Soyez béni! mon Dieu! soyez béni! »

La tête appuyée sur le cœur de la jeune fille, il s'abandonnait aux deux bras qui l'avaient entouré. Spectacle si touchant que les deux spectateurs se couvrirent le visage.

Lorsque cette crise violente eut suivi toutes ses phases, et que le calme profond qui, chez l'homme ainsi que dans la nature, succède aux orages, se fut emparé de l'ancien captif, le gentleman et le cabaretier allèrent relever celui-ci, qui gisait sur le plancher, tandis que sa fille lui soutenait la tête, et lui faisait de ses cheveux un rideau, qui le préservait du jour.

M. Lorry, après s'être mouché à diverses reprises, se pencha auprès de miss Manette.

« Si l'on pouvait tout préparer, lui dit-elle, de manière à ne sortir d'ici que pour retourner en Angleterre?

— Est-il capable de supporter le voyage? demanda M. Lorry.

— Plus que de rester dans cette ville, dont le séjour lui est odieux.

— Mademoiselle a raison, dit le cabaretier, qui s'était mis à genoux pour mieux l'entendre; j'ai d'ailleurs de bons motifs pour désirer que M. Manette quitte la France le plus tôt possible. Faut-il que j'aille commander les chevaux de poste?

— Ceci rentre dans les affaires, et par conséquent est de mon ressort, répliqua le gentleman en reprenant aussitôt ses allures méthodiques.

— Soyez assez bon pour me laisser avec lui, dit miss Manette d'une voix pressante. Vous voyez comme il est calme.... Ne redoutez rien; que pourrais-je craindre? Si vous avez peur qu'un étranger ne vienne ici, fermez la porte à clef. Je prendrai soin de lui pendant que vous n'y serez pas, et à votre retour vous le trouverez aussi paisible qu'à votre départ. »

M. Lorry et M. Defarge, moins confiants que miss Manette, inclinaient pour que l'un d'eux restât près d'elle; mais comme, en outre des chevaux et de la voiture, il fallait des passe-ports, que la journée s'avançait, et qu'il n'y avait pas de temps à perdre, ils se décidèrent à se partager la besogne.

Lorsque ces messieurs furent partis, la jeune fille se coucha près de son père et le regarda dormir. L'ombre se répandit peu à peu; elle devint plus épaisse, et bientôt la nuit fut complète. Tous deux restèrent immobiles jusqu'au moment où la clarté d'une lampe pénétra dans le grenier par les crevasses de la muraille. M. Lorry et M. Defarge rapportaient non-seulement les papiers nécessaires, mais des manteaux, des couvertures, du pain, de la viande, du café et du vin. La lampe et les vivres furent déposés sur le petit banc qui, avec un grabat, formait tout l'ameublement du taudis; et se faisant assister par le gentleman, M. Defarge réveilla M. Manette et le remit sur ses pieds.

Il n'est personne qui, en voyant la figure du captif, où la crainte se mêlait à la surprise, eût pu deviner les pensées mystérieuses qui agitaient son esprit. Avait-il conscience de ce qui s'était passé? Se souvenait-il des paroles qu'on lui avait dites? Comprenait-il surtout que la liberté lui était rendue? Autant de questions que la sagacité la plus grande n'aurait pas pu résoudre.

Le représentant de Tellsone et le marchand de vin lui adressèrent la parole; mais ses yeux étaient si égarés, ses réponses tellement vagues et lentes, qu'ils craignirent d'augmenter son trouble, et convinrent de le laisser à lui-même. De temps à autre, il se pressait la tête à deux mains, et la serrait d'un air étrange qu'on ne lui avait pas vu jusqu'alors. Cependant la voix de sa fille lui causait une satisfaction évidente, et il se tournait invariablement du côté de miss Manette chaque fois qu'elle venait à parler. Habitué depuis longtemps à une obéissance passive, il but et mangea tout ce qu'on voulut, et ne fit aucune observation quand on le pria d'endosser les habits et le manteau que Defarge avait apportés; mais il parut mettre un certain empressement à recevoir le bras de la jeune fille, et lui prit la main, qu'il conserva dans les siennes.

Nos amis n'avaient plus qu'à partir. M. Defarge prit la lumière, passa le premier, et ce fut M. Lorry qui ferma le petit cortége.

Ils avaient à peine descendu quelques marches de l'escalier principal, lorsque M. Manette s'arrêta et fixa des yeux étonnés sur le plafond et sur les murs.

« Vous vous rappelez cet escalier, mon père? Vous vous souvenez d'être venu par ici?

— Que dites-vous? » murmura le captif.

Mais il n'attendit pas, pour lui répondre, qu'elle eût répété sa question.

« Me rappeler! balbutia-t-il; non, je ne me rappelle plus.... Il y a si longtemps!... si longtemps!... »

Sa translation de la Bastille au galetas qu'il venait de quitter ne lui avait, à ce qu'il paraît, laissé aucun souvenir. On l'entendait murmurer tout bas: « 105! Tour du Nord! »

Et lorsqu'il regardait autour de lui, c'était évidemment pour chercher les murailles épaisses de la forteresse où il avait passé dix-huit ans. Arrivé dans la cour, il modifia sa marche; et quand, au lieu du pont-levis qu'il s'attendait à franchir, il aperçut la voiture en pleine rue, il quitta la main de sa fille, et se pressa de nouveau la tête, sous l'empire d'un étonnement qui approchait du vertige.

Il n'y avait personne autour de la maison; personne à aucune des nombreuses fenêtres du voisinage ; pas même des passants dans la rue. Un silence peu naturel planait sur ces lieux abandonnés, le seul être qu'on aperçut était Mme Defarge qui, appuyée contre la porte de la boutique, et les yeux sur son ouvrage, tricotait sans rien voir.

« A la barrière ! » dit le marchand de vin, en montant sur le siége.

Le postillon fit claquer son fouet, et la voiture les emporta immédiatement. D'abord sous la faible lueur des réverbères fumeux, sous la lumière de plus en plus vive des beaux quartiers, près des riches magasins, des théâtres, des cafés resplendissants, à travers la foule joyeuse, puis sous les réverbères de plus en plus rares, sous la lueur de plus en plus pâle des faubourgs, enfin à l'une des portes de la ville. Ici, un corps de garde, des soldats, des lanternes, un officier qui s'avance.

« Vos papiers, messieurs !

— Les voilà, répond Defarge, qui est descendu, et qui prend l'officier à part. Voici le passe-port du monsieur à cheveux blancs que vous trouverez dans la voiture. »

Il baisse la voix, l'officier fait un signe, les lanternes s'ébranlent, l'une d'elles est introduite dans la voiture par un bras en uniforme; deux yeux, qui suivent la lanterne, jettent sur le voyageur à tête blanche, un regard qu'ils n'ont pas tous les jours.

« C'est bien, passez ! dit l'uniforme.

— Adieu ! » s'écrie Defarge.

Et la voiture les emporte sous la lueur de quelques réverbères, qui se balancent dans la nuit; enfin sous la voûte profonde, tout émaillée d'étoiles, flambeaux éternels, si éloignés de nos regards, qu'il en est dont les rayons n'ont pas encore découver notre petit globe, ce point imperceptible de l'espace, où l'on souffre tout ce que l'on peut souffrir.

Les ténèbres étaient épaisses, la nuit froide; et jusqu'au point du jour M. Lorry, placé en face de l'homme qu'il avait tiré de la tombe, et se demandant quelle somme de puissance vitale le ressuscité pourrait recouvrer dans l'avenir, entendit plus d'une fois les ombres nocturnes murmurer ces paroles :

« Êtes-vous satisfait d'être rendu à la vie ? »

Et, lui répondre, comme dans la malle de Douvres :

« Je ne sais pas ! »

LIVRE II.

LE FIL D'OR.

CHAPITRE I.

Cinq ans plus tard.

La banque Tellsone occupait, dans le voisinage de Temple-Bar, une maison qui, déjà fort ancienne en 1780, était très-petite, très-sombre, très-incommode. Il y avait d'autant moins d'espérance de la voir participer aux avantages des constructions nouvelles, que MM. Tellsone et Cie étaient fiers de sa petitesse, de sa laideur, de ses inconvénients, et allaient même jusqu'à s'enorgueillir de la supériorité qu'elle possédait sur ces différents points. Ils demeuraient persuadés que leur maison eût été moins respectable si l'on avait eu moins de reproches à lui faire; et ce n'était pas là une conviction passive, mais une arme puissante qu'ils dirigeaient sans cesse contre les banques mieux installées que la leur.

« La maison Tellsone, disaient-ils, n'a pas besoin d'espace, de lumière, encore moins d'embellissements; cela peut être indispensable à Snooks frères, ou à Noakes et Bridge, mais pas à Tellsone et Cie, grâces à Dieu ! »

Il n'est pas un des associés qui n'eût déshérité son fils unique, si le malheureux avait parlé de rebâtir la maison. Le pays, il est vrai, suit, à l'égard de ses enfants, le même principe que Tellsone, et déshérite ceux qui ont le tort de rêver la transformation de vieilles lois et de vieilles coutumes, reconnues mauvaises depuis longtemps, et qui par cela même n'en sont que plus respectables.

On avait donc fini par admettre que la maison Tellsone était le triomphe de l'incommodité. Après avoir forcé une porte opiniâtre, qui s'ouvrait en grinçant, vous tombiez en bas de deux marches, et vous repreniez vos sens dans un misérable petit bureau, meublé de deux comptoirs, où les plus vieux de tous les hommes faisaient trembler dans leurs doigts vos billets à ordre, tandis qu'ils en examinaient la signature, près de fenêtres crasseuses, qu'obscurcissaient encore d'énormes barreaux de fer, et l'ombre épaisse de Temple-Bar.

S'il vous fallait nécessairement parler au chef de la maison, on vous conduisait dans une espèce d'arrière-cachot, où vous méditiez sur les erreurs d'une vie dissipée, jusqu'au moment où l'un de ces messieurs, les mains dans les poches, vous apparaissait à la clarté douteuse d'un jour crépusculaire.

Votre argent sortait de vieux tiroirs qui, chaque fois qu'on les ouvrait et les fermait, vous envoyaient au nez et dans la gorge quelques parcelles de leur bois vermoulu. Vos billets de banque sentaient le moisi et paraissaient tomber en décomposition.

Votre argenterie, serrée au milieu des citernes du voisinage, perdait en un jour son poli et sa couleur.

Vos titres, placés dans une chambre fortifiée qui servait autrefois de cuisine et de lavoir, se recroquevillaient, et répandaient dans l'air toute la graisse de leurs parchemins.

Les boîtes qui renfermaient vos papiers de famille allaient au premier étage, dans une salle à manger dont la table n'avait jamais porté ni plats ni bouteilles, et où les premières lettres de vos petits-enfants ou de vos anciennes amours venaient à peine, en 1780, d'être délivrées du regard des têtes sanglantes que l'on exposait à Temple-Bar avec une férocité digne des Abyssiniens ou des Cafres.

Il est vrai qu'à cette époque la peine capitale jouissait d'une grande faveur auprès des honnêtes gens, et Tellsone et Cie la tenaient en grande estime. La mort est un remède souverain, que la nature applique à tous les êtres; pourquoi la loi n'en ferait-elle pas autant?

Il résultait de ce principe que le faussaire était mis à mort, l'émetteur de faux billets de banque mis à mort, celui qui ouvrait une lettre, non à lui adressée, mis à mort, le voleur de deux guinées[1] mis à mort; le faux-monnayeur, n'eût-il fait qu'un seul shilling, le pauvre diable qui gardait le cheval d'un cava-

---

[1] 150 francs.

lier, montait sur la bête et fuyait avec elle, mis à mort! mis à mort! mis à mort!

Les trois quarts des notes qui composent la gamme du crime étaient punies du billot ou de la corde. Non pas que cela produisît le moindre effet préventif. C'était justement le contraire, la chose est digne de remarque ; mais ce procédé avait l'avantage de trancher la question, d'éviter aux magistrats la peine d'étudier les causes qui leur étaient soumises, et de faire que, plus tard, on n'avait pas à s'occuper des individus, plus ou moins embarrassants, que l'on dépêchait dans l'autre monde.

Comme tous les grands centres d'affaires de cette époque, la maison Tellsone avait fait supprimer tant d'existences que, si toutes les têtes abattues devant ses murs avaient été rangées sur Temple-Bar [1], il est probable qu'elles auraient obstrué le peu de lumière qui pénétrait au rez-de-chaussée.

Casés dans toutes sortes d'armoires et de cages ténébreuses, les vieux commis de Tellsone conduisaient gravement les affaires. Quand, par aventure, ces messieurs prenaient un jeune homme, ils le cachaient quelque part en attendant qu'il eût vieilli, et le conservaient, comme le fromage, dans un endroit humide et sombre jusqu'à ce qu'il eût acquis le fumet et la saveur inhérents à la maison Tellsone. On lui permettait alors de se laisser voir, la tête penchée, l'œil attentif sur de gros livres de comptes, et d'ajouter ses lunettes, sa calotte et ses guêtres, au poids général qu'avait l'établissement.

En dehors de la porte, jamais à l'intérieur, à moins qu'on ne l'y appelât, se tenait un homme de peine, commissionnaire à l'occasion, et qui servait pour ainsi dire d'enseigne vivante à nos banquiers. Toujours là, pendant l'heure des affaires, il ne s'absentait que pour courir où ces messieurs l'envoyaient, et se faisait alors représenter par son fils, un gamin ratatiné de douze ans, qui était sa propre image.

Ceux qui voyaient cet homme comprenaient tout de suite que Tellsone et Cie, dans leur munificence, toléraient ce commissionnaire. La maison avait toujours toléré à sa porte quelqu'un en qualité de messager, et les vents et les flots avaient conduit notre homme à cette position peu avantageuse. Il se nommait Cruncher, et lorsque, dans son premier âge, il avait re-

1. Porte bâtie sur les limites de la Cité, de 1670 à 1672 : on y exposait autrefois les têtes des criminels. C'est encore à cette porte que, dans certaines circonstances, la Corporation de Londres vient recevoir la famille royale, les édits de la reine promulgués par le héraut, et les grands personnages qui visitent la Cité. (*Note du traducteur.*)

noncé, par procuration, à satan, à ses pompes et à ses œuvre on l'avait baptisé du nom de Jerry.

Transportons-nous au domicile privé de M. Cruncher, passage de l'Épée-Suspendue, quartier de Withe-Friars ; il est sept heures et demie du matin, et nous sommes en mars, *anno Domini* 1780 M. Cruncher désigne toujours l'année dont il parle sous le nom d'anno Domino, étant bien persuadé que l'ère chrétienne date de l'invention d'un certain jeu populaire par une certaine lady Anna Dominoes, qui lui a donné son nom.

L'appartement de Jerry n'est pas situé en bonne odeur ; il se compose de deux chambres, si toutefois on veut bien compter pour une pièce un cabinet dont la fenêtre se compose d'un seul carreau ; mais c'est un logis fort bien tenu. Même à l'heure où nous sommes, par cette matinée venteuse de mars, la chambre, où notre commissionnaire se trouve encore au lit, est déjà balayée, et les tasses, disposées sur une table de sapin, laissent voir entre elles une nappe d'une blancheur irréprochable.

M. Cruncher repose sous un couvre-pieds à carreaux en losanges, comme un arlequin dans sa souquenille ; tout à l'heure il dormait d'un sommeil profond et sonore ; mais il commence à s'agiter dans son lit, dont les couvertures se soulèvent et moutonnent, jusqu'à ce que, s'éveillant tout à fait, il surgisse enfin, et, les cheveux hérissés, jette un regard autour de lui.

« Corps de mon âme ! s'écrie-t-il avec exaspération, je t'y prendrai donc toujours ! »

Une femme à l'air propre et laborieux, agenouillée dans un coin, se lève précipitamment, et de façon à prouver que c'est à elle que s'adressent ces paroles.

« Je t'y prends encore ! tu ne diras pas non, cette fois, » continue le mari, en se penchant hors de sa couverture, pour chercher une de ses bottes.

Après avoir inauguré la journée par cette apostrophe, M. Cruncher, ayant trouvé la botte qu'il cherchait, la lance d'une main vigoureuse à la tête de sa femme.

A propos de cette botte, excessivement crottée, mentionnons un détail bizarre de la vie privée du commissionnaire : quelle que fût la propreté de sa chaussure quand il rentrait chez lui après sa journée faite, il lui arrivait le lendemain matin de retrouver ces mêmes bottes couvertes de terre jusque par-dessus l'empeigne.

« Dis-moi, poursuit notre homme qui vient de manquer son but, dis-moi ce que tu faisais dans ce coin-là.

— J'y disais mes prières.

— Tes prières! La bonne épouse! A quoi penses-tu, de te flanquer à genoux pour armer le ciel contre moi?

— C'est pour toi que je priais.

— Tu en as menti; je ne veux pas d'ailleurs que tu prennes cette liberté. Jarry! tu as une mère qui demande au Seigneur, l'excellente femme! de faire manquer les entreprises de ton père. Oh! la bonne mère, la pieuse mère que tu as là, mon fils! Une mère qui invoque le ciel pour qu'il retire le pain de la bouche de ses enfants! »

Le marmot, qui est en chemise, prend la chose en mauvaise part, et, se tournant vers sa mère, proteste énergiquement contre les manœuvres religieuses ou autres qui peuvent tendre à diminuer ses vivres.

« Quelle valeur, je te le demande, reprend le mari avec une inconséquence dont il ne s'aperçoit pas, quelle valeur imagines-tu que puissent avoir tes prières? dis-moi le prix que tu y attaches, femme présomptueuse.

— Elles viennent du cœur, Jarry, voilà tout le prix qu'elles peuvent avoir.

— Elles n'en ont pas beaucoup, dans ce cas-là; mais peu importe; je ne veux pas qu'on prie pour moi; tu m'entends, je m'y oppose. Je n'ai pas besoin que tu me portes malheur avec tes génuflexions. Si tu veux absolument te jeter la face sur le carreau, fais-le en faveur de ton mari et de tes enfants, non à leur préjudice. Si je n'avais pas une femme dénaturée, j'aurais gagné de l'argent la semaine dernière, au lieu d'être contrecarré, contreminé, circonvenu religieusement dans un guignon sans pareil. Corps de mon âme! continue M. Cruncher en mettant sa culotte, corps de mon âme! la piété par-ci, une chose ou l'autre par-là, et j'ai plus de malheur qu'il n'en arriva jamais à un honnête commerçant. Habille-toi, mon fils, et pendant que je nettoierai mes bottes, veille à ce que ta mère ne se remette pas à genoux; car, je te le répète, dit-il en se tournant vers sa femme, je ne souffrirai pas que tu conspires contre moi. Je suis aussi éreinté qu'un cheval de louage, plus endormi qu'une fiole de laudanum; sans les douleurs que j'ai dans les membres, je ne saurais plus s'ils m'appartiennent ou s'ils sont à un autre, et je n'en suis pas plus riche.... quand on prie nuit et jour pour m'empêcher de réussir! »

M. Cruncher, tout en exhalant sa mauvaise humeur, et en lançant à sa femme les traits de son indignation, s'était remis à nettoyer ses bottes et à faire les préparatifs de son départ quotidien. Pendant ce temps-là, son fils, dont les jeunes yeux, à l'instar des yeux paternels, semblaient avoir peur de s'éloigner l'un de l'autre, surveillait sa mère, d'après la recommandation qui lui avait été faite, et, s'élançant du cabinet où il était en train de s'habiller, s'écriait de temps en temps :

« Papa, la voilà qui recommence. »

Puis faisant une grimace, il rentrait dans sa niche après cette fausse alarme.

M. Cruncher, d'une humeur de plus en plus massacrante lorsqu'il se mit à table, s'irrita d'une façon toute spéciale contre le *Benedicite* que murmurait son épouse.

« Encore! s'écria-t-il exaspéré, maudite créature! Qu'est-ce que tu nous bredouilles?

— Je demande au Seigneur de bénir notre repas! répondit la pauvre femme.

— Je te le défends, répliqua l'époux en regardant autour de lui, comme s'il se fût attendu à voir disparaître son déjeuner. Je ne veux pas être béni et ruiné, sans feu ni lieu, sans pain, pour le reste de mes jours. Ainsi, reste tranquille, je te le dis une fois pour toutes. »

Les yeux excessivement rouges, la figure tirée comme un homme qui a passé la nuit à une besogne peu réjouissante, Jerry Cruncher dévora son déjeuner, en grognant au-dessus de son assiette, à la façon des quadrupèdes les moins apprivoisés. Vers neuf heures, il calma son visage, prit l'air le plus respectable dont il lui fut possible de masquer sa nature, et sortit pour se rendre à ses occupations.

En dépit du titre d'honnête commerçant qu'il aimait à se donner, il nous est difficile de voir un négoce dans le travail quotidien auquel se livrait Cruncher. Un tabouret de bois, provenant d'une chaise cassée dont on avait scié le dos, et que le petit Jerry, trottinant sur les talons paternels, portait chaque jour sous les fenêtres de Tellsone, composait le fonds de commerce du prétendu négociant. Campé sur cet escabeau, les pieds sur une poignée de paille que laissait tomber la première charrette qui passait, M. Cruncher n'était pas moins connu dans tout le quartier que la porte de Temple-Bar, dont il avait l'aspect maussade et maladif. Arrivé à neuf heures moins cinq, juste au bon moment pour soulever son tricorne en l'honneur des vieux employés qui entraient à la banque, notre homme s'installa comme à l'ordinaire, ayant à côté de lui son fils, qui ne s'éloignait que pour infliger une correction aux marmots dont la faiblesse lui permettait d'accomplir sans crainte cet aimable dessein. Aussi près l'un de l'autre que leurs yeux l'étaient dans leurs visages, ayant les mêmes cheveux, les mêmes traits, la même posture, et guettant la pratique en silence, le père et le fils ressemblaient énormément à deux singes; et cela d'autant plus, que Jerry l'aîné mordillait un brin de paille, dont il recrachait les morceaux, pendant que les yeux clignotant du jeune homme l'épiaient avec non moins de malice qu'ils regardaient tout ce qui se passait d'un bout à l'autre de la rue.

Tout à coup l'un des messagers intérieurs de Tellsone mit la tête à la porte et jeta ces paroles d'un ton bref:

« Commissionnaire, on vous demande.

— Bravo! papa, la journée commence bien. »

Après cette félicitation, le petit Jerry grimpa sur le tabouret, s'enfonça dans la paille, que son père mordillait tout à l'heure, et se mit à réfléchir.

« Toujours les doigts tachés de rouille! murmura-t-il entre ses dents. Toujours! toujours! Où peut-il prendre toute cette rouille? Ce n'est pourtant pas ici. »

CHAPITRE II.

Spectacle.

« Vous connaissez Old-Bailey? dit au commissionnaire l'un des vieux employés de Tellsone et Cie.

— Oui, monsieur, répondit notre homme d'un ton un peu bourru.

— Très-bien! Vous connaissez également M. Lorry?

— Beaucoup mieux qu'un honnête commerçant, tel que moi, ne peut connaître Old-Bailey.

— A merveille! Rendez-vous à la porte des témoins, et montrez ce billet au concierge, il vous laissera entrer.

— Dans la salle où se tient la cour?

— Précisément. »

Les yeux de M. Cruncher parurent se rapprocher plus que jamais, et s'adresser l'un à l'autre cette question embarrassante:

« Qu'en penses-tu?

— Dois-je attendre la réponse? demanda le messager, comme

si cette phrase eût résulté de la conférence que venaient d'avoir ses yeux.

— Je vais vous le dire. Le concierge fera passer le billet à M. Lorry, dont vous attirerez l'attention par vos gestes, afin qu'il sache où vous êtes ; et vous resterez à la même place jusqu'à ce qu'il ait besoin de vous.

— Est-ce tout, monsieur ?

— Complétement. Il désire avoir un commissionnaire sous la main, et ce billet a pour but de l'avertir de votre présence. »

Le vieux commis plia soigneusement son billet, y mit l'adresse, et au moment où il le passait dans son buvard, il entendit la phrase suivante :

« On juge probablement un faux en écriture publique ? demandait M. Cruncher.

— Un crime de haute trahison.

— Le supplice de l'écartellement, dit le messager ; quelle barbarie !

— C'est la loi, objecta l'homme de banque en tournant ses lunettes étonnées sur le commissionnaire ; c'est la loi.

— Une loi cruelle, monsieur ; il est bien assez dur de tuer un homme, sans lui arracher les membres, répliqua Jerry.

— Du tout ! riposta l'employé, cela ne suffit pas. Quant à vous, mon brave, je vous conseille de traiter la loi avec un peu plus de respect. Soignez votre poitrine, économisez vos paroles ; croyez-moi, laissez à la justice le soin de faire ce qui la regarde, et de le faire comme elle l'entend.

— C'est l'humidité, monsieur, qui me tombe sur la poitrine et qui m'enroue ; si vous saviez de quelle façon humide je gagne ma vie ! retourna le commissionnaire.

— Bien ! bien ! rétorqua le vieil employé ; nous gagnons tous notre vie d'une manière ou d'une autre. Voici la lettre ; partez vite, et ne vous amusez pas. »

Jerry prit le billet et dit en lui-même, avec moins de respect qu'il n'en laissa paraître :

« Si je suis enroué, vous êtes diablement maigre, vous. »

Il salua le commis, informa son fils, en passant, de l'endroit où il allait, et se dirigea vers la cour d'assises.

A cette époque c'est à Tyburn que l'on pendait, et la rue de Newgate n'avait pas cette infâme notoriété qui depuis lors s'est attachée à son nom ; mais la vieille geôle n'en était pas moins un lieu abominable, où l'on pratiquait tous les genres de débauche et de scélératesse, et où il s'engendrait d'horribles maladies qui, se ruant au dehors, atteignaient jusqu'au chef de la justice, et l'arrachaient de son banc pour le jeter dans la fosse¹.

Il est arrivé plus d'une fois que le juge qui présidait aux débats d'une affaire criminelle recevait son arrêt de mort en même temps que le coupable et souvent mourait le premier. Old-Bailey avait, du reste, plus d'un titre à la célébrité : c'était la cour d'une hôtellerie meurtrière, d'où sortaient sans cesse de pâles voyageurs qui, soit en carrosse, soit en charrette, partaient violemment pour l'autre monde, et qui arrivaient au but fatal, après une traversée d'environ deux milles sur la voie publique, où ils faisaient rougir quelques bons citoyens, ce qui toutefois était rare, tant l'usage est puissant, et tant il est désirable qu'il soit bon dès l'origine.

C'est à Old-Bailey qu'était placé le pilori, institution antique et sage, qui infligeait un châtiment dont personne ne pouvait prévoir l'étendue. On y trouvait également le poteau où l'on attachait ceux qui devaient subir le fouet, autre ancienne institution, dont la vue était bien faite pour adoucir le caractère du spectateur et pour lui inspirer des sentiments d'humanité. C'était encore dans ces lieux maudits que se traitait le prix du sang, transaction infâme, réglée par la sagesse de nos ancêtres, et qui conduisait systématiquement aux crimes mercenaires, les plus effroyables que l'on commette sous le ciel.

Bref, Old-Bailey à cette époque était un précieux commentaire de l'opinion qui veut que tout ce qui est soit équitable et bien ; l'opinion décisive, aussi satisfaisante pour la conscience qu'agréable pour la paresse, si elle n'impliquait pas cette conséquence embarrassante et forcée : que rien de ce qui fut a jamais été mal.

Se frayant un passage à travers les groupes qui encombraient cet affreux théâtre d'actions hideuses, le commissionnaire trouva bientôt la porte des témoins, et remit sa lettre au concierge par un guichet de recette ; car on payait alors pour voir la pièce que l'on jouait à Old-Bailey, ainsi que pour assister à celle qui se représentait à Bedlam². Seulement le premier de ces deux spectacles était beaucoup plus cher que l'autre ; c'est pourquoi toutes les portes de la geôle étaient fermées et gardées, à l'ex-

1. En 1750, une affreuse maladie pestilentielle décima non-seulement les prisonniers, mais atteignit les juges qui siégeaient dans la salle des tribunaux. Le lord maire, un échevin, le sous-shérif, l'un des premiers magistrats de la cour, plusieurs personnes marquantes, un certain nombre d'avocats, et presque tous les jurés, furent victimes du fléau. (*Note du traducteur.*)
2. Hôpital des aliénés.

ception toutefois de celle par où entraient les prévenus, et qui était toujours grande ouverte.

Après une assez longue hésitation, la porte, à laquelle avait frappé Jerry, s'entre-bâilla en grinçant, et permit au commissionnaire de pénétrer jusque dans la salle des assises.

« Où en est la cause? demanda tout bas Cruncher à son voisin.

— On n'a rien fait encore.

— Qu'est-ce qui va venir?

— Un cas de haute trahison.

— Coupé en quatre, hein!

— Oui, répondit l'homme d'un air affriandé ; il sera traîné sur une claie, ensuite à demi pendu ; puis on le détachera de la potence, on l'écorchera vif sur la poitrine, le ventre, les cuisses et les côtes, on lui enlèvera les chairs, qu'on brûlera sous ses yeux, on lui tranchera la tête, et enfin on le coupera par quartiers : c'est la sentence.

— Si toutefois il est reconnu coupable, ajouta Jerry provisionnellement.

— Oh! n'ayez pas peur, dit l'autre, il sera condamné pour sûr. »

Ici l'attention du commissionnaire fut détournée par le concierge, qui se dirigeait vers M. Lorry, tenant à la main le billet qu'il devait remettre à ce dernier.

Le gentleman entouré d'avocats portant perruque, était assis devant une table, non loin du conseil de l'accusé, et presque en face d'un autre avocat, également à perruque, ainsi que les précités, et qui, les mains dans les poches, regardait le plafond d'un air méditatif.

Après avoir toussé à diverses reprises, agité la main et s'être frotté le menton, Cruncher parvint à se faire remarquer de M. Lorry, qui, debout, le cherchait du regard, et qui, l'ayant aperçu, lui fit un léger signe de tête et se rassit immédiatement.

« Quel rapport ce monsieur a-t-il avec la cause? demanda au commissionnaire l'homme avec qui celui-ci avait entamé la conversation.

— Que je sois pendu si je le sais, dit Jerry.

— Et vous-même, qu'est-ce que vous êtes dans l'affaire, pourrait-on le savoir? continua le voisin d'un air de vif intérêt.

— Je ne le sais pas davantage, » répliqua le messager.

L'arrivée du juge et le tumulte qui s'ensuivit interrompirent ce dialogue. Tous les regards se fixèrent aussitôt sur la porte qui communiquait avec la prison. Deux geôliers, qu'on voyait là depuis l'entrée du public, disparurent un instant et ramenèrent l'accusé, qui fut conduit à la barre.

Toutes les personnes présentes, à la seule exception de l'avocat dont les mains étaient dans les poches, ouvrirent de grands yeux et les attachèrent sur le prévenu. Le souffle de toutes les poitrines roula vers lui comme une onde entraînée par le courant; des figures avides se tendirent avec effort autour des piliers, dans les coins, dans l'embrasure des fenêtres, afin de l'apercevoir; les gens qui étaient dans l'amphithéâtre se levèrent pour ne pas perdre un détail de cette vue intéressante; ceux qui étaient de niveau avec la cour placèrent leurs mains sur les épaules des personnes qui étaient devant eux, et restèrent sur la pointe du pied ; les autres grimpèrent sur leur siége, sur le rebord des lambris, sur presque rien, pour contempler le héros du drame qui allait s'ouvrir.

Parmi ces derniers, et fort en évidence, était Jerry, plus hérissé que jamais, et dont l'haleine, chargée d'un pot de bière qu'il avait bu en chemin, se mêlait aux vagues d'ale, de porter, de gin, de thé, de café, de tout au monde, qui se précipitaient vers l'accusé, vagues impures qui déjà se déposaient en brouillard méphitique sur les carreaux des grandes fenêtres situées derrière le prévenu.

Le point de mire de tous ces regards était un jeune homme d'environ vingt-cinq ans, ayant une belle taille, de beaux traits, l'air noble et distingué, l'œil brun, la peau hâlée par le soleil. Il était simplement vêtu de gris et de noir, et ses longs cheveux châtains étaient rattachés derrière le cou par un ruban, destiné à les retenir d'une façon commode plutôt qu'à servir de parure. Comme l'esprit révèle toujours ce qu'il ressent, malgré l'épaisseur du masque dont on couvre le visage, l'émotion du prévenu se trahissait par la pâleur qui perçait à travers le brun de ses joues. Du reste, il était calme, et s'assit tranquillement, après avoir salué le juge avec aisance et dignité.

Le genre d'intérêt qu'il inspirait à la foule, et qui tenait tous ses yeux ouverts, toutes ces poitrines haletantes, n'était pas dû à l'un des sentiments qui honorent l'humanité, et qui l'élèvent. L'espèce de fascination que ce malheureux jeune homme exerçait sur les spectateurs venait de l'effroyable arrêt dont il était menacé; elle eût perdu de sa force en raison des chances qu'il aurait eues d'échapper aux détails du supplice. Le corps qu'allait être si affreusement mutilé formait le spectacle des yeux, et les tortures que devait subir cet être immortel, dont les chairs et les membres allaient être arrachés, fournissaient l'émotion.

Quel que fût le vernis que, suivant leur plus ou moins d'habileté dans l'art de se tromper soi-même, les spectateurs de ce drame honteux parvinssent à étendre sur les motifs qui les y avaient amenés, l'intérêt qu'ils y prenaient avait sa source dans un instinct féroce, un appétit sauvage.

« Silence devant la cour ! L'acte d'accusation a dénoncé hier Charles Darnay comme s'étant rendu coupable de trahison envers le très-puissant, très-célèbre, très-excellent, très-auguste prince, Sa Majesté le roi de la Grande-Bretagne ; comme ayant, à diverses reprises et par des moyens frauduleux, prêté son concours au roi de France dans la guerre que fait celui-ci audit prince très-célèbre, très-excellent, etc. ; comme ayant fait des voyages multipliés des États de son auguste et puissante Majesté Britannique, à ceux dudit roi de France, à cette fin de révéler méchamment, faussement, traîtreusement (et autres injures en *ment*), audit roi de France, quelles sont les forces que notredit prince très-célèbre, très-puissant, très-excellent, etc., se dispose à envoyer dans le nord de l'Amérique, ce dont le prévenu susnommé a refusé hier de se reconnaître coupable. »

Après avoir suivi tous les détours de cet extrait de l'acte d'accusation, Jerry, de plus en plus hérissé, à mesure que la loi multipliait les adverbes et les superlatifs, découvrit avec joie que le procès du susdit Charles Darnay allait enfin commencer, que tous les membres du jury avaient prêté serment, et que M. l'attorney général était sur le point de prendre la parole.

L'accusé, qui était déjà pendu, écorché, décapité mentalement par chacun des spectateurs, et qui ne l'ignorait pas, resta ferme et digne, sans qu'il y eût néanmoins d'affectation dans sa pose et dans sa physionomie. L'air grave et attentif, il suivait avec un sérieux intérêt l'ouverture des débats, et se possédait assez pour n'avoir pas même dérangé l'un des brins d'herbe qui couvraient la tablette où reposaient ses deux mains. Toute la salle était jonchée de plantes aromatiques, et on l'avait aspergée de vinaigre, afin de combattre les effluves de la geôle, et de se prémunir contre les atteintes de la fièvre de prison. Vis-à-vis du banc des prévenus était un miroir, destiné à rabattre la lumière sur la tête de l'accusé. Que de misérables avaient été réfléchis par ce trumeau, et dont l'image avait disparu de la terre en même temps qu'elle s'était effacée du miroir! Quelle armée de spectres eût visité ces lieux abominables, si la glace avait rendu tous les visages qui s'y étaient reproduits, comme un jour l'Océan doit rejeter tous les morts qu'ont engloutis les flots !

Peut-être la pensée du déshonneur qui attendait sa mémoire, peut-être l'idée du supplice traversa-t-elle l'esprit de l'accusé, je l'ignore ; toujours est-il que Charles Darnay fit un mouvement, et qu'en changeant d'attitude, il leva les yeux pour voir d'où sortait la lumière qui lui frappait la figure.

Le sang lui monta au visage quand il aperçut la glace qui était placée devant lui, et sa main écarta vivement les brins d'herbe. Voulant éviter le miroir, il tourna la tête vers la cour, qui se trouvait à sa gauche. Au niveau de ces yeux, près de l'endroit où siégeait le juge, étaient assises deux personnes qui arrêtèrent son regard, et cela d'une manière si soudaine, et en produisant chez lui une impression tellement vive, que tous les yeux, dont il était le point de mire, se dirigèrent aussitôt vers ces individus. On aperçut alors une jeune fille de vingt et quelques années, et un vieillard, évidemment son père. Celui-ci vous frappait à première vue par ses cheveux d'un blanc de neige et par l'expression indescriptible de son visage, reflet d'un esprit peu actif, mais d'une profondeur, d'une puissance méditative extraordinaires. Quand cet homme se renfermait en lui-même, ce qui paraissait lui être habituel, vous auriez dit qu'il était vieux ; mais quand il s'animait, comme à l'instant dont nous parlons, il était vraiment beau et semblait dans toute la force de l'âge.

La jeune fille, bien qu'elle fût assise, avait croisé ses deux mains sur le bras de son père, dont elle se rapprochait le plus possible, dans l'effroi que lui inspiraient les débats. Il était facile de comprendre qu'elle ne voyait que le péril de l'accusé. Son front pâle exprimait tant d'alarmes, sa compassion était si visible, si touchante, que les spectateurs, qui n'avaient pas eu pitié de lui, se laissèrent toucher par elle, et chacun demanda tout bas quelles étaient ces deux personnes.

Jerry, qui de son côté les observait, tout en suçant la rouille dont ses doigts étaient couverts, allongea le cou pour mieux entendre ce qu'on disait autour de lui.

« Qui sont-ils ? avait-on répété de bouche en bouche dans la foule, jusqu'à ce que la question fût arrivée à un huissier de la cour ; et la réponse de celui-ci revenait à ceux qui l'avaient provoquée, mais avec plus de lenteur. A la fin cependant elle atteignit la place où était le commissionnaire.

« Ce sont des témoins.

— De quel côté ?
— A charge. »

Le juge, qui avait cédé à l'impulsion commune, rappela ses yeux à son banc, s'appuya au dossier de son fauteuil, et fixa un regard ferme sur l'homme dont il tenait la vie dans ses mains ; tandis que l'attorney général se levait pour filer la corde, aiguiser la hache, et dresser l'échafaud.

CHAPITRE III.

Débats.

M. l'attorney général avait à dire au jury : Que le prévenu, bien qu'il fût jeune par son âge, était déjà vieux dans la pratique de la trahison, crime capital qui entraîne la peine de mort. Que les relations de l'accusé avec l'ennemi public ne dataient pas d'aujourd'hui, pas d'hier, pas même de l'année passée, non plus que de l'année précédente ; qu'il était certain que depuis déjà longtemps Charles Darnay allait et venait sans cesse de Paris à Londres, et réciproquement, au sujet d'affaires secrètes, dont il n'avait pu donner une explication satisfaisante. Que s'il était permis au criminel de réussir dans ses coupables entreprises (ce qui heureusement ne peut arriver), la profonde scélératesse de l'accusé n'aurait jamais été reconnue, tant il y avait d'infâme habileté dans les manœuvres auxquelles Charles Darnay avait eu recours ; mais que la Providence avait inspiré au cœur d'un homme de bien, sans reproches comme sans crainte, la pensée de chercher à découvrir les plans du traître, et que, frappé d'horreur, il était venu faire part de sa découverte au premier ministre de Sa Majesté. Que cet homme pur et loyal, dont la conduite et l'attitude n'avaient pas cessé un instant d'être sublimes, serait produit comme témoin. Que cet homme d'honneur avait été l'ami du prévenu ; mais qu'en un jour, à la fois propice et douloureux, acquérant la certitude de la culpabilité de celui qui avait son affection, il avait résolu d'immoler sur l'autel sacré de la patrie, l'infâme qu'il ne pouvait plus ni estimer ni chérir. Que si des statues étaient élevées en Angleterre, comme autrefois en Grèce et à Rome, aux bienfaiteurs publics, il en serait évidemment érigé une à la gloire de ce grand citoyen. Que puisque telle n'est pas la coutume anglaise, il était probable que cet excellent patriote ne recevrait aucune récompense. Que la vertu, ainsi que de grands poëtes l'ont proclamé dans maints passages, passages que le jury tout entier (M. l'attorney général n'en doutait pas) avait textuellement dans la mémoire, que la vertu est contagieuse, surtout cette vertu éclatante qui porte le nom de patriotisme, c'est-à-dire amour de la patrie ; que le sublime exemple du témoin immaculé, sur la parole infaillible duquel s'appuyait l'organe de la loi, avait éveillé chez le domestique du prévenu la sainte détermination de fouiller dans les poches, dans les tiroirs de son maître, et d'examiner avec soin les papiers secrets de ce dernier. Que lui, attorney général, était préparé au blâme que de mauvais citoyens ne manqueraient pas de jeter sur la conduite de cet admirable serviteur ; mais que, personnellement, il le préférait en quelque sorte à ses plus proches parents, et le tenait en plus grande estime que son propre père ; qu'il n'attendait pas moins du jury, et qu'il se reposait avec confiance sur le sentiment de justice et d'équité, dont il ne manquerait pas de donner la preuve en cette occasion solennelle. Que le témoignage de l'ancien ami, et de l'ancien valet du prévenu, joint aux documents qui prouvaient leur découverte, produits devant la cour, établirait d'une manière incontestable que l'accusé avait entre les mains la liste des forces de Sa Majesté Britannique, les plans de campagne qui devaient être suivis par les armées anglaises, tant sur mer que sur terre, et ne permettrait pas de révoquer en doute que l'accusé n'eût l'intention, et même l'habitude, de transmettre ces précieux détails au chef du peuple ennemi. Qu'il n'était pas possible d'établir que ces notes fussent écrites de la main du prévenu, mais que cela n'empêchait pas la gravité du fait ; que c'était au contraire une preuve de la scélératesse qui avait présidé à toutes ces machinations infâmes ; que les débats montreraient de la manière la plus évidente que ces pratiques frauduleuses et traîtresses dataient déjà de cinq années, c'est-à-dire qu'elles remontaient à l'époque du premier combat qui avait eu lieu entre les Américains et les troupes du roi d'Angleterre ; que par tous ces motifs, les jurés, étant des hommes loyaux entre tous, devaient nécessairement déclarer le prévenu coupable du crime dont on l'accusait, quelle que fût d'ailleurs la répugnance qu'ils eussent à faire appliquer la peine appliquée par la loi ; qu'ils ne pourraient plus goûter de repos, qu'ils ne pourraient plus souffrir la pensée que leurs femmes sont endormies, que leurs enfants sont plongés dans un sommeil paisible, bref, qu'il n'y aurait plus moyen pour eux ni pour leurs familles de poser la tête sur l'oreiller, à moins que celle de l'accusé ne tombât sous la hache du bourreau. Cette tête, M. l'attorney général la leur demandait au nom de tout ce que pouvait lui fournir une période arrondie, une phrase retentissante, et il conclut en affirmant, de la manière la plus solennelle, qu'il regardait le coupable comme ayant déjà subi la peine de mort.

Lorsque le dernier mot de cette harangue eut été prononcé, un bourdonnement s'éleva de tous les points de l'auditoire, comme si des nuées de mouches bleues s'étaient réunies autour du prévenu, par anticipation de ce qu'il allait devenir; puis le bourdonnement cessant quand le silence fut rétabli, le patriote immaculé apparut comme témoin.

M. le sollicitor général, marchant sur les traces de son chef de file, interrogea le patriote :

« Votre nom ?

— John Barsad, etc.... »

L'histoire de son âme pure et de sa conduite sublime fut exactement la même que celle dont M. l'attorney général avait édifié son auditoire. Le seul défaut qu'on pût lui reprocher, si toutefois elle en avait un, fut de rappeler trop littéralement la version précédente.

Après avoir déchargé sa noble poitrine du fardeau qui l'oppressait, l'éminent citoyen se serait modestement retiré, si l'avocat du prévenu, placé dans le voisinage de M. Lorry, ne lui avait, à son tour, posé plusieurs questions.

(L'avocat en perruque, dont les yeux étaient fixés au plafond, n'avait pas changé d'attitude.)

« Le témoin a-t-il lui-même espionné le prévenu ?

— Grands dieux ! cette vile insinuation ne fait qu'exciter son mépris.

— Quels sont les moyens d'existence du témoin ?

— Il a des propriétés.

— A quel endroit sont-elles situées ?

— Il ne pourrait le dire actuellement, le nom lui échappe.

— De quelle nature sont ces propriétés ?

— Cela ne regarde personne.

— Les a-t-il achetées, ou lui viennent-elles de succession ?

— Il les a eues par héritage.

— De qui ?

— D'un parent éloigné.

— Le témoin n'a-t-il jamais été en prison ?

— Miséricorde !
— En prison pour dettes ?
— Il ne voit pas quel rapport cela peut avoir....
— Le témoin n'a pas été en prison pour dettes ?
— Pourquoi cette insistance ?
— Jamais ? persiste l'avocat.
— Eh bien ! oui.
— Combien de fois ?
— Une ou deux.
— N'est-ce pas cinq ou six ?
— Peut-être.
— Quelle est la profession du témoin ?
— Gentleman.
— Le témoin n'a jamais reçu de coups de pied
— C'est possible.
— Fréquemment ?
— Pas du tout.
— On ne l'a jamais jeté du haut en bas de l'escalier ?
— Certes non : une fois il était au premier étage, on l'a poussé un peu fort, mais s'il a roulé jusqu'en bas, c'est de son propre mouvement.
— N'était-ce pas pour avoir joué avec des dés pipés ?
— Quelque chose d'analogue a été dit par l'impudent qui a causé la chute du témoin ; mais rien n'était plus faux.
— Le témoin en jurerait-il ?
— Assurément.
— Est-ce que le témoin n'est pas un joueur de profession ?
— Pas plus qu'un autre.
— Il n'a jamais emprunté d'argent à l'accusé ?
— Si.
— Le lui a-t-il rendu ?
— Non.
— Ses relations avec l'accusé ne se bornaient-elles pas à un emprunt perpétuel, sous forme de frais de voitures, d'auberge, de paquebots, etc. ?
— Pas précisément.
— Le témoin est-il bien sûr d'avoir vu les listes dont il s'agit entre les mains du prévenu ?
— Très-sûr.
— Peut-il en dire davantage à l'égard de ces papiers ?
— Non.
— N'est-ce pas lui qui se les serait procurés ?

— Non.
— Combien croit-il que lui sera payé son témoignage ?
— Bonté divine !
— N'espère-t-il pas recevoir du gouvernement des fonctions salariées, par exemple celles d'agent provocateur ?
— Oh ciel !
— Une autre place du même genre ?
— Miséricorde !
— Le témoin l'affirmerait-il sous la foi du serment ?
— Sur tout ce qu'il y a de plus sacré ; le patriotisme le plus pur lui a seul inspiré sa conduite. »

Cet interrogatoire est suffisant ; le témoin se retire.

L'ancien et vertueux domestique du prévenu jure à son tour, et multiplie les serments avec chaleur et volubilité.

Il s'appelle Roger Cly ; c'est un honnête homme, qui, dans sa bonne foi, s'est mis il y a quatre ans au service de l'accusé.

« N'a-t-il pas supplié qu'on le prît par charité ?
— Jamais. Il a demandé au prévenu, qu'il rencontra sur le paquebot de Calais, si par hasard il n'aurait pas besoin d'un serviteur intelligent et probe ; c'est ainsi qu'il est entré au service de l'accusé. Diverses circonstances éveillèrent ses soupçons, et il résolut d'avoir l'œil sur son maître. Il a trouvé maintes fois, dans les poches du prévenu, des papiers absolument pareils à ceux qu'on lui présente. Les listes que la cour a sous les yeux ont été prises par lui dans le secrétaire de son maître. Il a surpris l'accusé montrant ces mêmes listes à des Français, tant à Calais qu'à Boulogne. Rempli d'amour pour son pays, le témoin n'a pu voir de pareilles menées sans une vive indignation, et s'est empressé d'en informer la justice.

— N'a-t-on pas accusé Roger Cly d'avoir volé une théière en argent ?

— Pas du tout ; on l'a calomnié au sujet d'un pot à moutarde qui, en fin de compte, n'a jamais été que plaqué.

— Roger Cly n'est-il pas en relations avec le dernier témoin depuis sept à huit ans ?

— C'est une simple coïncidence. On ne saurait s'étonner de ce qu'elle peut avoir d'étrange : toutes les coïncidences sont plus ou moins singulières ; et c'est encore par hasard que le seul motif qui l'ait animé dans tout ceci, est comme chez le précédent témoin, le patriotisme le plus ardent ; c'est un loyal Anglais, et il espère que les citoyens de son espèce sont nombreux dans le pays. »

Les mouches bleues recommencent à bourdonner. Le silence rétabli dans l'auditoire, l'attorney général appelle M. Jarvis Lorry.

« N'êtes-vous pas employé à la banque Tellsone ?
— Oui.
— Un vendredi soir du mois de novembre 1775, n'avez-vous pas fait un voyage pour les affaires de la maison, et n'êtes-vous pas allé à Douvres par la malle-poste ?
— Oui.
— Étiez-vous seul dans la voiture ?
— Non ; il y avait avec moi deux autres voyageurs.
— Ne sont-ils pas descendus sur la route, bien avant le point du jour ?
— Oui.
— Veuillez regarder l'accusé, et nous dire s'il n'était pas l'un de vos compagnons de voyage ?
— Il me serait impossible de vous répondre.
— Est-ce qu'il ne ressemble pas à l'un ou à l'autre des deux voyageurs en question ?
— Ces voyageurs étaient si complétement enveloppés, la nuit était si noire, que je ne me fais pas même une idée de leur extérieur.
— Regardez l'accusé de nouveau, monsieur Lorry ; supposez-le complétement enveloppé, ainsi que les deux voyageurs dont nous parlons, et voyez s'il n'y aurait pas dans sa taille, dans son ensemble, quelque chose qui pût rendre probable qu'il était l'un de vos deux compagnons de route.
— Je ne puis vraiment pas vous répondre.
— Affirmeriez-vous sous la foi du serment qu'il n'était pas dans la voiture ?
— Non.
— Ainsi, vous reconnaissez qu'il pouvait être l'un de ces deux voyageurs.
— Ce ne serait pas impossible ; je dirai néanmoins que les deux personnes dont il s'agit avaient une crainte excessive des voleurs, crainte que je partageais moi-même, et que l'accusé ne paraît pas être un homme à craindre quoi que ce soit.
— Êtes-vous sûr de n'avoir jamais rencontré l'accusé ?
— Je l'ai vu très-certainement.
— Dans quelle occasion ?
— Je revenais de Paris quelques jours après m'être embarqué Douvres ; l'accusé était sur le paquebot, et nous avons fait nsemble la traversée.

— A quelle heure vint-il à bord?

— Un peu après minuit.

— Au plus fort des ténèbres. Y eut-il d'autres passagers qui vinrent à la même heure?

— Le hasard voulut....

— N'employez pas cette expression dubitative, monsieur Lorry. L'accusé, ici présent, fut-il le seul qui s'embarqua à cette heure avancée?

— Oui.

— Vous-même, étiez-vous seul?

— Non : j'étais accompagné d'un vieil ami et de sa fille. Tous les deux sont ici comme témoins.

— Êtes-vous entré en conversation avec l'accusé?

— Nous avons à peine échangé quelques paroles ; la mer était orageuse, la traversée fut longue et pénible, et je restai couché sur un canapé jusqu'à notre arrivée à Douvres.

— C'est bien. Miss Manette ! »

La jeune fille, sur qui tous les regards avaient été fixés un instant auparavant, et qui les attira de nouveau, se leva de son siége ; elle resta debout sans changer de place, et continua à s'appuyer sur le bras de son père, qui s'était levé en même temps qu'elle.

« Miss Manette, regardez l'accusé. »

Tant de compassion dans le regard, tant d'âme et tant de beauté, soumirent Charles Darnay à une épreuve bien autrement difficile que toutes celles qu'il avait subies depuis qu'il était devant ses juges. Bien qu'au bord de la tombe, et malgré les yeux avides qui s'attachaient sur lui, malgré la force d'âme qu'il avait montrée jusque-là, il fut impossible au prévenu de rester calme sous le regard plein de pitié de la jeune fille. Ses mains groupèrent convulsivement les brins d'herbe qui étaient devant lui, comme pour en former un bouquet de fleurs imaginaires ; et ses efforts, pour maîtriser sa respiration haletante, firent trembler ses lèvres, d'où le sang reflua vers son cœur.

« Miss Manette, avez-vous déjà vu le prisonnier?

— Oui, monsieur.

— Où cela?

— A bord du paquebot de Calais à Douvres, et dans les circonstances dont il vient d'être question.

— Vous étiez avec le témoin qu'on vient d'entendre?

— Oui, monsieur ; oh! bien malheureusement. »

Les sons plaintifs de sa voix harmonieuse furent couverts par la voix beaucoup moins musicale du juge, qui lui dit d'un ton bref :

« Répondez sans commentaires aux questions qui vous sont faites : Avez-vous causé avec le prévenu, lors de cette traversée?

— Oui, monsieur.

— Rappelez la conversation que vous avez eue ensemble.

— Lorsque monsieur fut à bord.... commença-t-elle, d'une voix faible, au milieu du plus profond silence.

— Est-ce du prévenu que vous parlez, miss Manette? lui demanda le juge en fronçant les sourcils.

— Oui, milord.

— Dans ce cas, dites l'accusé.

— Lorsque l'accusé fut à bord du paquebot, il remarqua la faiblesse de mon père. Celui-ci était si malade que je n'osais pas le faire descendre, de peur que l'air ne vînt à lui manquer. Je lui avais organisé un lit sur le pont, à côté des marches qui conduisaient aux cabines, et je m'étais installée auprès de lui. Le paquebot n'avait pas d'autres passagers que nous quatre. L'accusé fut assez bon pour me donner ses conseils, et pour m'aider à mieux abriter mon père que je ne l'avais fait, ne sachant pas de quel côté soufflerait le vent, quand nous aurions quitté le port. Il se donna beaucoup de peine pour nous être utile, le fit avec une extrême douceur, et témoigna pour l'affreux état de mon père une compassion profonde, qu'il sentait réellement, j'en suis sûre. C'est ainsi que la conversation commença entre nous.

— L'accusé était-il seul au moment où il s'est rendu à bord?

— Non, monsieur.

— Combien y avait-il de personnes avec lui?

— Deux Français.

— Ont-ils parlé d'affaires, et l'entretien a-t-il été de longue durée?

— Ils ont causé ensemble jusqu'au moment où les Français ont dû quitter le paquebot.

— N'ont-ils point échangé entre eux des listes pareilles à celle-ci?

— Ils tenaient des papiers, mais je ne sais pas quel en était le contenu.

— Ces papiers avaient-ils la dimension et la forme de ceux-ci?

— Je l'ignore.

— Que disaient ces messieurs?

— Je ne le sais pas davantage. Ils étaient bien sur la dernière marche de l'escalier, pour être plus près de la lampe, qui éclairait à peine, mais ils parlaient à voix basse, et d'ailleurs je ne les écoutais pas.

— Que vous a dit l'accusé?

— Il s'est montré pour moi aussi confiant qu'il était doux et attentif pour mon père. Dieu sait, poursuivit la jeune fille en fondant en larmes, combien je voudrais ne pas répondre aux bontés qu'il a eues pour moi en disant quelque chose qui pourrait tourner contre lui. »

Bourdonnement dans la salle.

« Miss Manette, reprit le juge, si l'accusé n'a pas déjà compris que vous répondez avec une extrême répugnance aux questions qui vous sont posées, il est certainement le seul dans l'auditoire qui puisse le mettre en doute. Veuillez continuer, miss Manette.

— Il me raconta qu'il voyageait pour affaires, qu'il avait à remplir une mission tellement épineuse qu'il avait dû changer de nom pour ne pas compromettre sa famille. Il ajouta que cette affaire le ramènerait en France avant peu, et l'obligerait pendant longtemps à traverser fréquemment le détroit.

— Ne vous a-t-il rien dit au sujet de l'Amérique? Précisez votre réponse, rappelez-vous toutes les paroles de l'accusé.

— Il essaya, autant que je puis le croire, de me faire comprendre les motifs de la querelle qui venait d'éclater, entre les colons et la métropole; mais il est possible que je me trompe. Il ajouta, sous forme de plaisanterie, que le nom de George Washington serait peut-être un jour aussi célèbre que celui de Sa Majesté George III; mais je répète qu'il le disait en riant, sans y penser, comme il aurait dit autre chose. »

L'expression gravée sur les traits d'un acteur, qui excite au plus haut degré l'intérêt de son auditoire, se reflète en général sur le visage des individus qu'il captive, sans même que ceux-ci en aient conscience. Il en résulta que le juge, qui s'était penché pour écrire la réponse de la jeune fille, retrouva chez la plupart des spectateurs l'horrible anxiété qu'on voyait peinte sur le front du témoin, lorsqu'il releva la tête avec surprise en entendant cette effroyable hérésie, touchant la gloire future de George Washington.

M. l'attorney général ayant représenté à milord qu'il serait bon d'interroger le père de la jeune fille, ne fût-ce que pour la forme, le docteur Manette fut appelé comme témoin.

« Docteur Manette, avez-vous déjà vu l'accusé?

— Une fois, lorsqu'il vint me faire une visite; il y a de cela trois ou quatre ans.

— Reconnaissez-vous en lui le compagnon de voyage que vous avez eu en venant en Angleterre, et pouvez-vous dire quelques mots de l'entretien qu'il eut avec votre fille?

— Cela me serait complétement impossible.

— Avez-vous quelque raison spéciale qui vous empêche de répondre à cette question?

— Oui, monsieur.

— Est-ce vrai, docteur Manette, que vous avez eu le malheur d'être incarcéré sans jugement, dans votre pays natal, et pendant de longues années?

— Oh! oui, de bien longues années, répond le témoin d'une voix qui émeut tous les cœurs.

— Vous étiez libre depuis peu de temps, n'est-ce pas, lors du voyage dont nous parlons?

— On me l'a dit.

— Avez-vous quelque souvenir de la traversée?

— Aucun; il y a dans mon esprit un vide complet à partir de l'époque — je ne sais même pas laquelle — où, dans ma prison, j'ai commencé à faire des souliers, jusqu'au moment où je me suis trouvé à Londres avec ma fille. La présence de cette chère enfant m'était devenue familière, quand un Dieu plein de miséricorde a permis que je retrouvasse mes facultés; mais je ne me rends pas compte de la manière dont je m'étais familiarisé avec ce nouveau genre de vie; et je ne saurais dire comment j'en étais arrivé à reconnaître ma fille, ou plutôt à avoir conscience de sa tendresse et des soins qu'elle me prodiguait. »

M. l'attorney général s'assied.

M. Manette et sa fille reprennent également leurs siéges.

Il s'agit toujours de prouver que ce vendredi soir du mois de novembre 1775, l'accusé était parti de Londres, par la malle-poste de Douvres, avec l'un de ses complices, dont on n'avait pu retrouver la trace; que tous les deux, quittant la voiture, bien avant le jour, étaient descendus à un endroit qu'ils avaient choisi pour donner le change, et où ils ne devaient point séjourner; qu'ils firent alors une douzaine de milles en revenant sur leurs pas, et arrivèrent à une ville de garnison et d'ateliers maritimes, où ils se procurèrent les renseignements frauduleux qu'ils étaient chargés de prendre.

Un témoin est appelé à ce sujet; sa déposition fait naître un curieux incident.

Suivant le témoin, l'accusé était précisément à l'heure voulue dans la salle à manger d'un hôtel de cette ville de garnison et d'arsenal maritime, où il attendait quelqu'un qui vint peu de temps après.

Le défenseur pose à son tour différentes questions au témoin, sans rien pouvoir en obtenir, si ce n'est qu'il n'a jamais vu l'accusé que cette fois-là, mais qu'il l'a fort bien vu.

L'avocat dont les yeux n'ont pas quitté le plafond depuis le commencement de la séance, écrit alors deux ou trois mots sur un chiffon de papier qu'il jette au défenseur.

Celui-ci reçoit le papier et, l'ayant ouvert, regarde le prévenu avec une extrême attention.

« Vous êtes bien sûr que c'était l'accusé? dit-il au témoin.

— Très-sûr.

— Vous n'avez jamais vu personne qui ressemblât au prévenu?

— Jamais, ou du moins qui lui ressemblât de manière à s'y méprendre.

— Veuillez regarder mon savant collègue, poursuit le défenseur en désignant l'avocat qui lui a lancé le billet; fort bien ! Regardez maintenant l'accusé. Qu'en dites-vous? N'y a-t-il pas entre eux une ressemblance parfaite ? »

Il est certain qu'à part l'indolence qui caractérise le savant collègue, sa tenue peu soignée, un certain air de fatigue, pour ne pas dire de débauche, il y a entre lui et l'accusé une assez grande ressemblance pour que chacun en soit surpris, dès que l'attention est appelée sur ce point.

Milord est prié de requérir le savant collègue d'ôter un instant sa perruque, prière à laquelle milord condescend de fort mauvaise grâce, et la ressemblance devient frappante.

« M. Stryver, demande le juge à l'avocat du prévenu, auriez-vous l'intention de mettre en cause la loyauté de M. Cartone (le savant collègue) et de l'accuser de haute trahison? »

M. Stryver est bien loin d'avoir cette pensée. Il demande seulement à MM. les jurés si le fait qui vient de se produire devant la cour, ne peut pas avoir eu lieu dans une autre circonstance; et il suppose qu'après cet incident, le témoin sentira de lui-même ce qu'il y a de téméraire à reconnaître dans l'accusé une personne qu'il n'a fait qu'entrevoir dans un hôtel.

Il résulte de cet incident que le témoin est pulvérisé, et devient pour la cause un débris inutile.

Jerry, qui pendant les dépositions a eu le temps de sucer toute la rouille de ses doigts, est loin de toucher au dénoûment de la pièce dont il est spectateur. Il lui faut encore suivre le plaidoyer de M. Stryver, qui reprend le réquisitoire de l'attorney général, et qui, le retournant comme un habit, montre aux jurés « que le patriote Barsad est un espion à gages, un vil calomniateur, qui trafique du sang des malheureux qu'il dénonce, l'un des traîtres les plus éhontés qu'on ait vus depuis Judas, dont il a certainement la figure ; et que le vertueux Roger Cly est son complice depuis plus de dix années. Il montre comment ces deux hommes, à la fois parjures et faussaires, ont jeté les yeux sur l'accusé pour en faire leur victime ; comment celui-ci, ayant des affaires de famille qui l'appelaient continuellement en France, son pays natal, a fourni des preuves apparentes au crime dont il est accusé, preuves qu'ont exploitées avec une infâme adresse les faux témoins, qui, après avoir vécu à ses dépens, avaient intérêt à se défaire de sa personne. Comment la déposition arrachée à miss Manette, dont chacun a pu voir les angoisses, établit simplement que l'accusé a mis dans sa conduite, à l'égard de cette jeune personne, la politesse et les attentions galantes que tout jeune homme bien élevé aurait eues certainement en pareille circonstance ; que leur entretien n'a été qu'un innocent badinage, si on en excepte les paroles qui auraient été dites, par l'accusé, au sujet de la gloire de Washington, et qui sont tellement extravagantes qu'il est impossible d'y voir autre chose qu'une monstrueuse plaisanterie. Le défenseur ajoute que ce serait une faiblesse indigne du gouvernement que de profiter d'une pareille cause pour chercher à se rendre populaire, en flattant les antipathies et les terreurs nationales les moins motivées et les plus basses ; que malgré le zèle de M. l'attorney général, malgré l'importance que celui-ci s'est efforcé de donner à cette affaire, elle ne repose absolument sur rien, car elle n'a d'autre base que ces témoignages dont le caractère infâme salit trop souvent de pareilles causes, et qu'on retrouve dans tous les procès politiques de la Grande-Bretagne. »

Ici, milord interrompt l'avocat en prenant un air grave, comme si tout cela était faux, et dit qu'il ne souffrira pas de semblables allusions, tant qu'il aura l'honneur de siéger sur le banc qu'il occupe.

M. Stryver produit ses quelques témoins à décharge.

Notre messager, après les avoir entendus, est contraint de subir la réplique de M. l'attorney général, qui, remettant à l'envers l'habit que le défenseur vient de tailler aux jurés, prouve que Barsard et Cly sont infiniment plus honorables, et le prévenu cent fois plus perfide qu'il ne l'avait cru d'abord.

Enfin le juge reprenant l'habit, dont il montre tour à tour et l'endroit et l'envers, lui donne décidément la coupe qu'il doit avoir, et en fait un linceul qu'il destine à l'accusé.

Les membres du jury commencent leur délibération, et les mouches bleues se remettent à bourdonner avec une force nouvelle.

M. Stryver, l'éloquent défenseur, rassemble les papiers qui sont devant lui, chuchote avec ses voisins, et jette de temps en temps un coup d'œil inquiet sur les jurés.

Milord quitte son siége, se promène sur son estrade, poursuivi par l'idée qu'il y a quelque chose de putride dans l'atmosphère, idée qui tourmente plusieurs membres de la cour.

Seul, dans tout l'auditoire, le docte collègue de M. Stryver est assis, les deux mains dans ses poches, la robe à demi tombante, la perruque de travers et les yeux au plafond. Il y a chez lui une paresse, un abandon de lui-même qui diminuent tellement sa ressemblance avec le prévenu, surtout celle qu'il avait au moment où l'on a comparé les deux visages, qu'un certain nombre de spectateurs se communiquent la surprise qu'ils en rouvent, et ne comprennent pas comment il se peut qu'il soit si différent de l'accusé, dont il a néanmoins la figure.

Cruncher en fait la remarque à son voisin :

« Je parierais une demi-guinée, ajoute-t-il, que c'est un avocat sans cause ; jamais un homme occupé n'a eu cette tournure-là. »

Cependant M. Cartone saisit beaucoup mieux les détails de la scène que le commissionnaire ne paraît le supposer ; car, il est le premier à s'apercevoir que la tête de miss Manette vient de s'incliner sur l'épaule du docteur, et il s'écrie d'une voix forte :

« Huissier, rendez-vous auprès de ce vieillard, aidez-le à transporter sa fille au dehors ; ne voyez-vous pas qu'elle se trouve mal ? »

Le docteur et miss Manette excitent la plus vive sympathie parmi les assistants. M. Manette a évidemment beaucoup souffert quand on lui a parlé du passé, et le nuage qui l'assombrit parfois, et lui donne l'aspect d'un vieillard, n'a pas cessé depuis lors de couvrir sa figure.

Au moment où le père et la fille traversaient l'auditoire, le président du jury adresse la parole au président de la cour :

« MM. les jurés, dit-il, ne peuvent s'entendre, et désirent se retirer dans la salle des délibérations. »

Milord, qui a toujours sur le cœur la gloire future de Washington, est très-surpris que MM. les jurés ne soient pas d'accord sur un fait aussi simple ; mais il consent avec plaisir à ce qu'ils aillent délibérer dans la pièce voisine ; lui-même profite de la circonstance pour sortir de la salle.

La nuit approche ; tandis qu'on allume les quinquets, le bruit circule parmi la foule que MM. les jurés en ont encore pour longtemps avant de s'être entendus. Les spectateurs sortent presque tous pour aller prendre quelques rafraîchissements, et l'accusé va s'asseoir près de la porte qui conduit à la prison. M. Lorry, qui avait accompagné le docteur et sa fille, reparaît dans la salle, et fait signe au commissionnaire d'approcher.

« Si vous avez besoin de prendre quelque chose, vous pouvez sortir, lui dit-il. Seulement ne vous éloignez pas trop ; soyez là quand le verdict sera prononcé, j'aurai besoin de vous pour le porter à la banque. Vous êtes le messager le plus rapide que je connaisse, et vous serez à Temple-Bar beaucoup plus vite que moi. »

Jerry a tout juste assez de front pour se le toucher de l'index, en reconnaissance du shilling qui accompagne cet ordre. Au même instant M. Cartone se présente et, posant la main sur le bras de M. Lorry :

« Comment va la jeune fille ? demande-t-il à l'associé de Tellsone.

— Elle est très-malheureuse de tout ce qui s'est passé ; mais elle va beaucoup mieux depuis qu'elle est au grand air.

— Restez-là, je vais en faire part au prévenu. Il ne serait pas convenable qu'un homme de votre caractère, un homme qui occupe une certaine position dans la banque, parlât en public à un prisonnier quelconque. »

Le gentleman rougit, comme s'il avait conscience d'avoir pensé à commettre cette énormité, et M. Cartone se dirige vers l'extérieur de la barre.

« Monsieur Darnay, dit-il, vous désirez savoir comment va miss Manette, la chose est naturelle. Je viens d'apprendre que son agitation commence à se calmer et qu'elle est beaucoup mieux.

— Je suis désolé d'avoir été la cause de son malaise ; seriez-vous assez bon pour le lui dire de ma part, et pour lui porter l'expression de ma profonde gratitude ?

— Je ne demande pas mieux, si vous y tenez, répondit M. Cartone d'un ton indifférent qui frisait l'insolence.

— J'y tiens beaucoup, et je vous remercie mille fois.

— Qu'attendez-vous du jury, monsieur Darnay? reprit Cartone, qui appuyé sur la barre, se tourna vers l'accusé.

— Ma condamnation, répliqua celui-ci.

— C'est ce qu'il y a de mieux à faire, d'autant plus que la chose est probable; toutefois le désaccord des jurés vous donne des chances de succès. »

Jerry, qui avait écouté ce dialogue, n'en entendit pas davantage, et laissa les deux interlocuteurs, si ressemblants de figure, si différents au moral, debout à côté l'un de l'autre, et réfléchis tous deux par le trumeau qui dominait le banc des accusés.

Une heure et demie se traîna lentement jusqu'à la rentrée de la cour; et, malgré les pâtés de mouton et les pots d'ale qui lui prêtèrent leur assistance, elle parut boiteuse aux gens de toute espèce qui remplissaient les couloirs du rez-de-chaussée.

Notre commissionnaire, après avoir bu et mangé d'une manière satisfaisante, était allé se mettre sur un banc, où il était en train de faire un somme, lorsqu'il fut réveillé par un puissant murmure et porté jusqu'en haut de l'escalier par le courant qui se précipitait dans la salle des assises.

« Jerry! Jerry! s'écriait le gentleman, qu'il trouva près de la porte dès qu'il arriva?

— Me voilà, monsieur, me voilà! il faudra se battre pour sortir.

— Partez bien vite, reprit le banquier en lui tendant un billet au milieu de la foule. Le tenez-vous, Jerry! Partez et ne vous amusez pas.

— Oui, monsieur. »

Le papier que tenait le commissionnaire ne renfermait qu'un seul mot :

Acquitté.

« Cette fois, murmura Cruncher en s'en allant, si vous aviez mis *Ressuscité*, je l'aurais parfaitement compris. »

Il n'eut pas le temps d'en penser davantage; car il fut obligé de courir pour n'être pas débordé par la foule qui se répandait au dehors, et dont le bourdonnement ruisselait dans la rue, comme si les mouches bleues, déçues dans leur espoir, se fussent précipitées à la recherche d'un autre cadavre.

CHAPITRE IV.

Félicitations.

Tandis que s'écoulait le dernier sédiment de l'étuvée humaine qui bouillait depuis le matin dans la salle des assises, Lucie Manette et son père, l'avocat et l'avoué de M. Darnay, s'étaient rassemblés autour de celui-ci, et le félicitaient d'avoir échappé à la mort. Il eût été difficile, même à une clarté plus brillante, de reconnaître dans le docteur au visage intelligent, à la démarche pleine de noblesse, le cordonnier du faubourg Saint-Antoine.

Cependant il n'était personne qui, l'ayant regardé une fois, ne le regardât de nouveau, alors même qu'on n'avait point eu l'occasion de remarquer le timbre douloureux de sa voix grave, et l'air distrait qui, par instant, voilait tout à coup sa figure. Non-seulement une cause extérieure, un mot relatif à ses années d'agonie, évoquaient des profondeurs de son âme cet état d'abstraction, mais il arrivait aussi que le nuage se formait de lui-même, et répandait sur les traits de l'ancien captif une obscurité aussi incompréhensible aux spectateurs qui ne savaient pas son histoire, que si, par un ciel pur, ils avaient vu la Bastille projeter son ombre sur lui, malgré les trois cents milles dont il en était séparé.

Sa fille avait seule le pouvoir de dissiper ces nuages. Elle était le fil d'or qui, pour lui, rattachait ses beaux jours au calme dont il jouissait après sa misère. La voix, le regard, l'attouchement de Lucie, avaient sur l'ancien prisonnier une souveraine influence. Pourtant elle se rappelait qu'en certaines occasions, sa tendresse était restée sans effet; mais ces occasions étaient rares, et chaque jour elle acquérait plus de certitude de ne pas les voir se reproduire.

M. Darnay baisa la main de Lucie Manette avec ferveur, puis se retourna vers M. Stryver, qu'il remercia chaudement. Celui-ci avait à peine trente et quelques années, et paraissait en avoir près de cinquante. Il était gras et court, avait la voix haute, les manières brusques, les cheveux roux, le teint fleuri, une absence complète de délicatesse, et une certaine manière de se pousser au milieu d'une société ou d'une conversation, en se donnant à lui-même un coup d'épaule, qui faisait bien augurer du chemin qu'il ferait dans le monde.

Ayant encore sa perruque et sa robe, ledit avocat se poussa en face de son client avec une telle violence, qu'il écrasa l'innocent M. Lorry, et le chassa du groupe, où il s'installa carrément.

« Je suis heureux de vous avoir fait sortir de ce mauvais pas, monsieur Darnay, s'écria-t-il ; c'était une poursuite infâme, ignoble, mais qui par cela même n'en devait que mieux réussir.

— C'est un service que je me rappellerai toute ma vie, répondit le jeune homme avec chaleur.

— J'ai fait tout mon possible, monsieur Darnay, et je crois que tout mon possible vaut bien celui d'un autre. »

Il incombait à quelqu'un d'ajouter : « Beaucoup mieux ! »

Ce fut M. Lorry qui s'en chargea, peut-être avec l'intention de reprendre une petite place à côté de celle qu'il occupait tout à l'heure.

« Est-ce bien votre façon de penser ? demanda M. Stryver, j'en serais fort aise. Vous avez assisté aux débats, et vous devez vous y connaître. Vous êtes un homme d'affaires, un homme sérieux, un homme grave.

— En cette qualité, répliqua M. Lorry, qu'un petit coup d'épaule du légiste avait rejeté dans le groupe, je fais appel au docteur pour qu'il rompe cette conférence et nous ordonne le départ. Miss Lucie est très-pâle, M. Darnay a subi une journée terrible, et nous sommes tous sur les dents.

— Parlez pour vous, dit l'avocat, parlez pour vous, lorsqu'il s'agit de repos ; quant à moi, j'ai à travailler toute la nuit.

— C'est surtout pour miss Manette et pour M. Darnay, répliqua le gentleman. Ne pensez-vous pas, miss, que je peux même parler pour nous tous, ajouta-t-il en désignant du regard le docteur. »

La figure de celui-ci, dont les yeux étaient rivés sur Charles Darnay, avait une expression particulière, qui, de plus en plus marquée, annonçait une défiance et une aversion mêlées de crainte.

« Mon père, dit miss Manette en lui posant la main sur le bras. »

Il secoua l'ombre sinistre qui était sur son visage, et se tourna vers sa fille.

« Rentrons-nous ?

— Oui, dit-il en poussant un long soupir. »

On venait d'éteindre les quinquets des couloirs, de fermer les grilles pesantes, qui s'étaient closes avec fracas, et l'affreux théâtre allait rester désert jusqu'à ce que le puissant intérêt qu'éveillaient la potence, le pilori, la marque et le fouet, le repeuplât au point du jour.

Lucie Manette, donnant le bras à son père et accompagnée de M. Darnay, qui marchait à côté d'elle, se trouva dans la rue, monta dans une voiture de louage et disparut avec le docteur. Quant à l'avocat, il les avait laissés dans le couloir pour aller au vestiaire.

Pas un de ceux qui avaient assisté aux débats ne s'était aperçu de la part qu'y avait prise le collègue de M. Stryver. M. Darnay lui-même ne s'en était pas douté.

L'insouciant Cartone, qui, depuis la fin de la séance, avait quitté sa robe et sa perruque, et dont l'aspect n'y avait rien gagné, ne s'était pas joint à ceux qui avaient félicité le prévenu; il s'était appuyé contre la muraille, à l'endroit le plus sombre du couloir, et n'avait rien dit à personne; puis il avait suivi le docteur et sa fille, toujours en silence, et les avait regardés jusqu'au moment où ils étaient montés en voiture.

Après leur départ il s'approcha de M. Darnay, qui causait avec M. Lorry.

« Il paraît, dit-il à ce dernier, qu'on peut maintenant, sans se compromettre, adresser la parole au prévenu. Si vous aviez pu voir, monsieur Darnay, la lutte qui se passe dans l'esprit d'un homme respectable, lorsqu'il est partagé entre le besoin de céder à l'impulsion d'un bon cœur et la nécessité de garder les apparences que lui imposent les affaires, vous vous seriez bien amusé.

— Monsieur, dit le banquier en rougissant, et avec une certaine chaleur, vous avez déjà mentionné le fait; mais permettez-moi de vous faire observer que les gens qui sont au service d'une maison importante ne s'appartiennent en aucune occasion, et qu'ils doivent penser aux intérêts dont ils sont chargés beaucoup plus qu'à leurs propres désirs.

— Je le sais, répondit Cartone avec indifférence. Ne vous fâchez pas, monsieur Lorry, vous êtes aussi bon qu'un autre; je suis même persuadé que vous êtes meilleur.

— En vérité, monsieur, reprit le gentleman, que ces paroles n'avaient point calmé, je ne comprends pas l'intérêt que vous prenez à ma conduite. Excusez-moi, si, en ma qualité de vieillard, je me permets de vous donner un conseil, mais je crois

que vous feriez beaucoup mieux de vous occuper de vos affaires
— Je n'en ai pas, répondit l'avocat.
— Tant pis ! monsieur, tant pis ! c'est extrêmement regrettable.
— Je suis entièrement de votre avis.
— Si vous en aviez, poursuivit le gentleman, vous en prendriez soin, et....
— Il est probable que non, interrompit M. Cartone.
— Vous auriez tort, monsieur, s'écria l'ardent vieillard exaspéré par tant d'indifférence ; les affaires sont une excellente chose, et rien n'est plus respectable que le travail qu'elles nécessitent. M. Darnay a trop d'intelligence pour ne pas comprendre ma situation, et je le sais trop généreux pour craindre un instant qu'il m'en veuille de la contrainte que je me suis imposée à son égard.... Bonsoir, monsieur Darnay, j'espère que c'est pour jouir d'une heureuse existence que vous nous avez été conservé ; je vous en renouvelle mes compliments bien sincères. Ici, porteurs ! »

M. Lorry, qui s'en voulait à lui-même autant qu'à l'avocat, de ce mouvement d'impatience, monta dans sa chaise, et fut transporté chez Tellsone et Cie.

« N'est-ce pas un singulier hasard que celui qui nous rassemble, monsieur Darnay, dit en riant Sydney Cartone, lorsque le gentleman les eut quittés. Cela doit vous sembler étrange d'être ce soir dans la rue, seul avec votre sosie.

— C'est à peine si je me crois encore de ce monde ! répondit Charles.

— Cela ne m'étonne pas, il y a si peu de temps que vous étiez sur le point d'aller dans l'autre ! Mais vous paraissez fatigué.

— En effet, je me sens très-faible.

— Pourquoi diable ne dînez-vous pas ? Moi, j'ai mangé pendant qu'on se demandait à quel monde vous deviez appartenir. Laissez-moi vous mener dans la plus proche taverne où puisse dîner un honnête homme. »

Sydney Cartone, prenant le bras de Charles Darnay, entraîna celui-ci jusqu'au bas de Lugdate, puis dans Fleet-street, et, après lui avoir fait traverser plusieurs rues, le conduisit dans une taverne située au bout d'un passage. Arrivés là, ils furent introduits dans une petite pièce où Charles eut bientôt recouvré ses forces au moyen d'un repas confortable, arrosé d'un bon vin, tandis que Cartone, assis en face de lui, dégustait sa bouteille de porto de son air moitié indolent, moitié impertinent.

« Commencez-vous à sentir que vous êtes encore de ce monde ? demanda-t-il à M. Darnay.

— Je commence à le comprendre, mais je suis tellement brouillé avec les lieux, que je ne sais plus où je me trouve.

— Cela doit être une immense satisfaction, reprit Cartone avec amertume, et en remplissant son verre. Quant à moi, je n'ai pas d'autre désir que d'oublier que j'en fais partie. Excepté le vin de Porto, la terre, où je suis complétement inutile, ne me présente aucun bien. De ce côté-là nous sommes loin de nous ressembler ; à vrai dire, je crois qu'il est fort peu de côtés sous lesquels, vous et moi, nous nous ressemblions au moral. Qu'en pensez-vous ? »

Troublé par les émotions du jour, et croyant rêver en voyant en face de lui sa propre image revêtir un caractère si différent du sien, Charles Darnay, fort embarrassé de la question, résolut de n'y pas répondre.

« Maintenant que vous avez mangé, poursuivit l'avocat, pourquoi ne portez-vous pas un toast ?

— Quel toast voulez-vous que je porte ?

— Vous l'avez sur le bout de la langue.

— A miss Manette ?

— J'en étais sûr ; cela devait être ; à miss Manette ! »

Tout en buvant à la santé de la jeune fille, M. Cartone regarda fixement M. Darnay, puis il brisa son verre, et sonna pour qu'on lui en rendît un autre.

« C'est une jolie femme ; il doit être doux de la conduire à sa voiture par la main et dans l'ombre, reprit l'avocat en remplissant le verre qu'on venait de lui apporter.

— Oui ! dit le jeune homme, d'un ton bref.

— Une jolie femme dont il est doux d'exciter la pitié et les larmes. Quelle impression cela fait-il ? Est-ce trop payer la sympathie d'une aussi charmante personne que de risquer d'être condamné à mort, monsieur Darnay ? »

Celui-ci garda le silence.

« Elle a été bien heureuse en écoutant les paroles que vous m'aviez chargé de lui dire ; non pas qu'elle l'ait fait voir, mais j'en ai la certitude. »

Cette allusion rappela fort à propos à Charles Darnay que l'insolent personnage avait fait preuve de générosité envers lui au moment de sa détresse, et il en profita pour détourner l'entretien, en remerciant M. Cartone de la bonté qu'il avait eue.

« Je ne mérite pas vos remerciments, répondit l'avocat ; le

chose était facile, et je l'ai faite sans y songer. Permettez-moi seulement de vous poser une question.

— Volontiers, je voudrais pouvoir vous accorder davantage en retour de vos bons offices.

— Pensez-vous que je vous aime ?

— A dire vrai, monsieur, répondit l'autre, singulièrement déconcerté, c'est une question que je ne me suis jamais faite.

— Adressez-vous-la maintenant.

— Vous vous êtes conduit à mon égard en véritable ami, et cependant je ne crois pas que vous m'aimiez.

— Ni moi non plus, dit l'avocat ; votre réponse me donne de votre jugement une opinion très-favorable.

— Néanmoins, poursuivit Darnay en se levant, je suppose qu'il n'y a dans vos sentiments pour moi rien qui puisse m'empêcher de payer la carte ; et j'espère que nous nous séparerons sans aigreur, ni d'un côté ni de l'autre.

— Assurément, répondit Cartone ; est-ce que vous avez l'intention de payer toute la dépense ?

— Si vous le permettez, répliqua Darnay.

— Dans ce cas-là, dit l'homme de loi au garçon, apportez une seconde bouteille du même, et ne manquez pas de m'éveiller à dix heures. »

Après avoir payé la carte, Charles Darnay se leva et souhaita le bonsoir à M. Cartone, qui, se levant à son tour, lui dit avec un air de défi :

« Un dernier mot, monsieur Darnay : vous pensez que je suis ivre ?

— Je pense que vous avez bu.

— Vous faites plus que de le penser, vous en êtes sûr.

— En effet, M. Cartone.

— Sachez-en donc la raison : je suis un misérable goujat, sans position aucune ; je ne me soucie de personne, et personne ne se soucie de moi.

— Je le déplore, monsieur, vous pourriez faire de votre intelligence un bien meilleur usage.

— Quoi qu'il en soit, monsieur Darnay, si vous m'êtes supérieur, n'en tirez pas vanité : qui peut savoir ce que renferme l'avenir ? »

Quand il fut seul, Cartone prit la chandelle, s'approcha du miroir qui pendait à la muraille, et s'examina d'un air attentif.

« As-tu de l'affection pour cet homme ? murmura-t-il à sa propre image. Pourquoi l'aimerais-tu ? Parce qu'il te ressemble ?

Mais que peut-on aimer en toi ? Rien ; tu le sais depuis longtemps. Que le diable te confonde ! Quel changement s'est opéré dans ton âme ! Est-ce une raison pour s'attacher à un homme parce qu'il vous montre ce que vous auriez pu être, et vous fait comprendre la grandeur de votre chute ! Si tu avais été à sa place, tu aurais eu le regard que ces yeux bleus ont attaché sur lui, tu aurais fait naître l'émotion qui agitait ce visage. Allons, dis-le franchement, tu le détestes. »

Il retourna près de sa bouteille, y chercher une consolation ; la vida tout entière, et s'endormit, la figure appuyée sur ses bras, ses cheveux épars couvrant la table, et la chandelle coulant sur lui.

CHAPITRE V.

Le chacal.

A cette époque la plupart des hommes buvaient tellement, et il y a eu sous ce rapport un progrès si notable dans les mœurs, que, de nos jours, quiconque citerait la quantité de liqueur enivrante qu'un gentleman engouffrait alors sans porter la plus légère atteinte à sa réputation d'homme bien élevé, serait taxé d'exagération ridicule.

A l'égard de ces habitudes bachiques, le barreau n'était certes pas en arrière des autres professions savantes, et M. Stryver, qui avait déjà fait un chemin rapide vers une clientèle aussi lucrative qu'étendue, rivalisait de tout point avec les praticiens les plus célèbres, qu'il s'agît de la bouteille ou des parties arides de la chicane. Très en faveur à la cour criminelle, et qui plus est aux cours civiles, cet habile homme commençait à élaguer avec prudence les degrés inférieurs de l'échelle qu'il continuait à gravir. Non-seulement Old-Bailey, mais la cour du banc du roi [1], tendaient les bras à leur favori, et l'on voyait M. Stryver, se poussant d'un vigoureux coup d'épaule en face du grand juge, montrer au-dessus d'une plate-bande de perruques sa figure épanouie, qu'il faisait virer, comme un tournesol, vers l'astre éclatant du jour.

1. Tribunal d'une autorité fort étendue, qui tire son nom de ce que le souverain est censé le présider en personne ou par son représentant, et qui se compose du lord chief-justice, de trois autres juges, et du king's-bench. *Note du traducteur.*)

On avait souvent remarqué, dans le barreau, que si M. Stryver était doué d'une parole facile, d'un caractère peu scrupuleux, d'un esprit plein d'audace et prompt à la réplique, il n'avait pas cette faculté de grouper les faits et d'en extraire la quintessence, qui est l'un des talents les plus indispensables à l'avocat. Mais, depuis quelque temps, il avait fait à cet égard un pas immense; plus il avait d'affaires, plus il paraissait les creuser et en saisir les points saillants avec une pénétration qu'on ne lui soupçonnait pas. Quelle que fût la débauche qu'il eût faite la nuit précédente, le lendemain matin il possédait sa cause sur le bout du doigt, et savait en tirer des moyens d'attaque ou de défense tout à fait imprévus.

Sydney Cartone, le plus paresseux des êtres, et celui de tous qui promettait le moins, était l'allié, l'inséparable du légiste; on aurait mis à flot un vaisseau du roi avec ce qu'ils buvaient ensemble depuis la Saint-Hilaire jusqu'à la Saint-Michel.

Jamais l'habile avocat ne plaidait quelque part sans que l'ami Cartone ne fût présent, les mains dans ses poches et les yeux au plafond. Ils faisaient tous deux les mêmes *circuits*[1], se livraient en province au mêmes orgies qu'à Londres, et les prolongeaient tellement, qu'on prétendait avoir vu Cartone rentrer chez lui, au grand jour, d'un pas furtif et chancelant, comme un chat dissipé.

Bref, le bruit commençait à courir, parmi ceux qui avaient intérêt à la chose, que, s'il n'était pas un lion, Cartone faisait un merveilleux chacal, et en remplissait l'office auprès dudit Stryver.

« Il est dix heures! monsieur, vint dire à Sydney Cartone le garçon de taverne qu'il avait chargé de l'éveiller.

— Que me voulez-vous?

— J'avertis, monsieur, qu'il est dix heures.

— Dix heures du soir?

— Oui, monsieur. Votre Honneur m'a recommandé de l'appeler?

— Très-bien! très-bien! je me le rappelle. »

Après avoir fait quelques efforts pour se rendormir, efforts que le garçon de taverne combattit avec adresse, en attisant le feu bruyamment, Cartone se leva, mit son chapeau et sortit. Il se dirigea vers le Temple, parcourut deux fois le trottoir de la

---

1. Sortes d'assises; tournées que les juges d'Angleterre font dans les provinces pour y administrer la justice. (*Note du traducteur.*)

promenade de King's-Bench, afin de secouer sa torpeur, et alla frapper au cabinet de M. Stryver.

Le clerc de ce dernier, qui n'assistait jamais à ces conférences nocturnes, était rentré chez lui, et ce fut l'avocat lui-même qui ouvrit la porte à son collègue. Il était en pantoufles, en robe de chambre flottante, et avait ôté sa perruque et sa cravate pour être plus à l'aise. Le tour de ses yeux présentait cet éraillement enflammé qu'on observe chez tous les francs buveurs, depuis Jeffries[1] jusqu'à nos jours, et qui se retrouve, en dépit des artifices de l'art, dans tous les portraits des siècles bachiques.

« Tu es en retard, Mnémosin, dit l'avocat.

— D'un quart d'heure tout au plus, » répondit Sydney.

Ils entrèrent dans une pièce enfumée dont les murs disparaissaient derrière un amas de livres et le parquet sous des monceaux de paperasses. Une bouilloire fumait à côté de la grille, pleine de charbon flambant, et au milieu de ces papiers, faisant litière, brillait une table chargée de vin, d'eau-de-vie, de rhum, de sucre et de citrons.

« Tu as déjà bu ta bouteille, Sydney, je m'en aperçois, dit l'avocat.

— Je crois que j'en ai bu deux, répondit Cartone; j'ai dîné ce soir avec le client du jour, ou plutôt je l'ai vu dîner, ce qui est la même chose au fond.

— Tu as eu là une idée rare, Sydney, de te faire confronter avec le prévenu. Comment diable y as-tu songé? Quand est-ce que tu as été frappé de ta ressemblance avec M. Darnay?

— Je l'ai trouvé beau garçon, et j'ai pensé que j'aurais été comme lui, si j'avais eu de la chance.

— La chance et toi, mon pauvre ami! vous avez toujours été brouillés, dit l'avocat en riant de manière à secouer son ventre précoce. Mais à l'ouvrage, Sydney, à l'ouvrage! »

Le chacal défit sa cravate et son habit d'un air sombre, alla dans une chambre voisine, et en rapporta une jarre d'eau froide, un bassin et deux serviettes; il trempa les deux serviettes dans l'eau, les tordit légèrement, s'en coiffa, et s'asseyant auprès de la table :

« Maintenant, je suis prêt, dit-il à l'avocat.

---

[1]. Membre du barreau d'Angleterre qui, sous le règne de Charles II, fut élevé à la dignité de grand chancelier. Le juge Jeffries, comme on l'appelle vulgairement, rendit sa mémoire odieuse par les actes de cruauté qu'il conseilla au roi, lors de la révolution de 1688. Il essaya d'échapper à la haine du peuple en quittant l'Angleterre; mais il fut arrêté dans sa fuite et conduit à la Tour de Londres, où il mourut en 1689. (*Note du traducteur.*)

— Il n'y a pas grand'chose, répondit Stryver d'un ton jovial, en fouillant dans les paperasses.

— Combien d'affaires ?

— Deux seulement.

— Donne-moi la plus difficile d'abord.

— Les voilà, Sydney ; fais tout ce que tu voudras, mais vite à l'œuvre, et mets-y toutes tes lumières. »

Après avoir dit ces paroles d'un ton superbe, le lion s'étendi sur un sofa placé à portée des bouteilles, pendant que le chacal s'installait devant une espèce de mauvais bureau, couvert de dossiers, et d'où l'on pouvait également s'abreuver aux bouteilles qui se trouvaient sur la table.

Les deux camarades y puisaient sans réserve, mais chacun d'une manière différente. Le lion, étendu nonchalamment, une main dans la ceinture, regardait le feu et jouait de temps à autre avec un léger feuillet. Le chacal, les sourcils froncés, la figure attentive, était si profondément absorbé par sa tâche, que ses yeux ne suivaient même pas la main qu'il allongeait pour prendre son verre. Quand la besogne devenait trop épineuse, le travailleur se levait pour aller retremper ses deux serviettes, et se remettait immédiatement à l'œuvre, le chef orné d'une coiffure indescriptible, que son air grave et soucieux rendait encore plus excentrique. Ayant enfin complété le repas du maître, le chacal se mit en mesure de le lui offrir. Le lion voulut bien étendre la main pour recevoir ce qu'on lui présentait, fit choix de ce qui lui parut convenable, et en discuta le mérite, toujours avec l'assistance de son très-humble serviteur. Puis, le repas dégusté, il fourra ses deux mains dans sa ceinture et se recoucha d'un air méditatif.

Le chacal puisa de nouvelles forces dans une rasade de porto, réimbiba ses deux serviettes, et s'occupa des éléments d'un second repas. Cette nouvelle proie fut servie de la même façon que la précédente, et, lorsqu'elle fut complétement expédiée, trois heures sonnèrent aux horloges de la ville.

« Maintenant que la besogne est terminée, fais-nous un bol d punch, Sydney, » dit l'avocat.

Sydney enleva les serviettes fumantes qui lui couvraient la tête, se secoua, bâilla, frissonna, et obéit à l'ordre qui lui était donné.

« Sais-tu, Sydney, que tu as été fort judicieux à propos de ce témoin à charge? Toutes les questions que tu avais prévues ont été faites.

— Est-ce que cela n'arrive pas tous les jours?

— Je ne dis pas le contraire. Mais sur quelle herbe as-tu marché? Avale-moi du punch pour adoucir ton humeur. »

Le chacal obéit en grommelant.

« Toujours le même, l'ancien Sydney de l'école de Shrewsbury, continua l'homme de loi, en regardant son ancien camarade de collége; toujours Sydney la Navette : en haut maintenant, une minute après tout en bas; radieux à midi, et le soir désespéré.

— Oui! toujours le même et toujours la même chance, répondit Cartone avec amertume. Déjà dans ce temps-là, je faisais les devoirs des autres, jamais les miens.

— Pourquoi cela?

— Dieu seul pourrait le dire; c'était sans doute ma destinée. »

Il était assis, les deux mains dans ses poches, les jambes allongées, et regardait le feu d'un air distrait.

« Cartone, lui dit l'avocat en se posant carrément devant lui, d'un air d'importance, comme si la grille flamboyante du foyer eût été la fournaise où l'on forgeât les efforts soutenus qui donnent le succès, et que l'ancien camarade de Shrewsbury n'eût pas eu autre chose à faire que de l'y pousser vigoureusement, Cartone, reprit l'avocat, ta destinée a toujours été et sera toujours boiteuse; tu n'as aucune énergie, aucune application au travail. Regarde-moi et tâche de m'imiter.

— Miséricorde! s'écria Sydney avec un éclat de rire plein de bonne humeur, vas-tu devenir moraliste?

— Comment ai-je fait tout ce que j'ai fait? poursuivit l'avocat sur le même ton. Comment fais-je encore aujourd'hui tout ce que le public me voit faire?

— En me payant pour que je t'aide, ou plutôt pour que je le fasse moi-même, répliqua Sydney. Mais cela ne vaut pas la peine de m'apostropher de la sorte, et d'un air aussi grave; tu as la faculté de prendre la place qui te convient, d'où il résulte que tu es toujours devant, et moi derrière; voilà tout.

— Si j'occupe la première place, ne m'a-t-il pas fallu la conquérir? Ignores-tu que je n'y suis pas né, Sydney?

— Je n'en sais rien, je n'étais pas présent à la cérémonie, répondit Cartone. Je ne sais qu'une chose, c'est qu'avant d'aller au collège, tu avais déjà pris ta place et moi la mienne, et que depuis lors nous avons conservé chacun la nôtre. Même à Paris, quand nous habitions le quartier latin, où nous cherchions à ramasser quelques bribes de français, de droit civil, etc., toutes choses dont tu n'as guère profité, soit dit en passant, tu étais toujours partout, et moi nulle part.

— A qui la faute?

— Sur mon âme! je crois que c'est la tienne. Tu étais sans cesse occupé à t'ouvrir un chemin quelconque; toujours prêt à fendre la foule, à presser, à pousser, à t'insinuer. Tu accaparais le mouvement, il ne me restait que le repos. Mais il est triste de revenir sur le passé lorsque le jour va paraître; avant que je parte, donne à mon esprit une autre direction.

— Je ne demande pas mieux, Sydney. A la santé du charmant témoin, dit l'avocat. As-tu maintenant une perspective plus agréable? »

Apparemment non, car son visage devint encore plus sombre.

« Le charmant témoin! murmura-t-il en regardant au fond de son verre; j'en ai vu de toute espèce; de qui veux-tu parler?

— De la jolie fille du docteur, de miss Manette.

— Elle! jolie!

— Est-ce qu'elle ne l'est pas?

— Non.

— A quoi penses-tu? Elle a fait l'admiration de toute la cour.

— Foin de ce jugement-là! Qui a jamais reconnu la compétence d'Old-Bailey en matière de beauté? C'est une poupée à cheveux d'or.

— Eh bien! Sydney, reprit M. Stryver, qui attacha sur son camarade un regard pénétrant, et se caressa le menton avec lenteur, je m'étais imaginé que tu éprouvais une vive sympathie pour cette poupée à cheveux d'or; et il m'avait semblé que tu avais mis une promptitude extrême à t'apercevoir de ce qui lui arrivait.

— Quand une jeune fille, poupée ou non, s'évanouit sous le nez d'un homme, il n'a pas besoin d'un télescope pour le voir, répondit Cartone. Je veux bien te faire raison et vider mon verre à sa santé, mais je nie formellement qu'elle soit jolie. Et maintenant je ne bois plus; adieu! je vais me coucher. »

Lorsque Sydney sortit de chez l'avocat, le jour regardait froidement l'escalier à travers les vitres crasseuses; au dehors l'air était froid et glacial, le ciel triste et nuageux, l'eau du fleuve épaisse et noirâtre, la ville silencieuse et morne. Des nuées de poussière couraient en se tordant, chassées par le vent de mars, comme si l'Afrique eût envoyé ses flots de sable pour engloutir la cité endormie.

Seul au milieu de ce désert, ayant en lui-même le vide qu'y avaient laissé tant de forces perdues, Carton s'arrêta au bord d'une terrasse, et contempla pendant quelques instants un mirage où brillaient l'amour du bien, l'oubli de soi-même, la persévérance, la dignité, le noble usage de l'esprit et du cœur. Dans cette vision éblouissante, les amours et les grâces se penchaient vers lui du haut des colonades aériennes, et lui montraient des jardins où mûrissaient les fruits de la vie, et où l'espérance faisait jaillir des sources enchantées.

L'instant d'après le mirage avait disparu ; Carton avait gagné sa chambre, située au faîte d'un groupe de maisons noires et humides, et se jetait, tout habillé, sur un lit en désordre, qu'il mouillait de larmes aussi amères qu'inutiles.

Le soleil se leva tristement, bien tristement au sein de la brume, et n'éclaira pas d'objet plus douloureux à voir que cet homme doué de facultés solides et brillantes, rempli de sentiments généreux, susceptible d'émotions vives et pures, mais incapable d'en diriger l'emploi, de se suffire à lui-même, de rien faire pour son propre bonheur, et qui, pleurant son existence perdue, s'abandonne à celui qui le dévore.

CHAPITRE VI.

Par centaines.

Le docteur Manette habitait, dans le voisinage de Soho-Square, une maison paisible qui faisait le coin d'une rue peu fréquentée. Il y avait à peu près quatre mois que le procès de haute trahison avait été jugé, et le public en avait déjà perdu le souvenir, quand un dimanche, par une belle après-midi de juillet, M. Jarvis Lorry, franchissant les rues brûlantes de Clerkenwell, se dirigea vers la maison du docteur, où il allait dîner.

Après être retombé plusieurs fois dans l'indifférence prétendue où le plongeaient les affaires, M. Lorry avait cédé à l'affection que lui inspiraient le docteur et sa fille, et le quartier paisible où demeuraient ses amis était devenu le point lumineux de son existence.

Le jour dont nous parlons, M. Lorry s'était mis en route de bonne heure, et cela par trois motifs: d'abord, parce que le dimanche, quand le temps était beau, il avait l'habitude d'aller avant le dîner, faire un tour de promenade avec le docteur et sa fille. Secondement, parce que toutes les fois qu'il faisait mauvais, ou qu'une autre raison mettait obstacle à la promenade, il s'installait chez les Manette, causait en famille, prenait un livre ou regardait par la fenêtre, et se trouvait beaucoup mieux que s'il eût été chez lui. Troisièmement, enfin, parce qu'il avait quelques doutes à éclaircir, et qu'il connaissait assez l'intérieur de ses amis pour savoir qu'à ce moment-là du jour il aurait sans doute l'occasion de satisfaire sa curiosité.

On n'aurait pas trouvé dans toute la ville de Londres un plus charmant endroit que celui qu'habitait le docteur ; il était peu fréquenté, ainsi que nous l'avons dit plus haut, et des fenêtres de M. Manette l'œil suivait une rue spacieuse, ouverte à l'air et au soleil, et dont l'aspect tranquille invitait au recueillement.

De grands arbres élevaient leur feuillage touffu de l'autre côté d'Oxford-Road, sur un terrain couvert de fleurs sauvages et d'aubépine, où l'on ne voit plus aujourd'hui qu'un amas de briques, sillonné de rues bruyantes ; il en résultait, qu'à cette époque, les brises de la campagne circulaient avec vigueur autour de Soho-Square, au lieu d'y pénétrer languissamment comme des pauvres échappés de leurs paroisses, et qu'il y avait dans le voisinage du docteur de nombreux espaliers exposés au midi, où les pêches mûrissaient en leur saison.

Le soleil frappait brillamment le coin des Manette pendant toute la matinée ; il le laissait dans l'ombre au moment où la chaleur allait devenir un peu trop vive, sans toutefois s'éloigner assez pour qu'on perdît de vue sa lumière éclatante.

C'était un coin béni ; tiède en hiver, frais en été, paisible sans tristesse, et merveilleux par ses échos : un véritable port situé à la sortie des rues, où le bruit et le mouvement faisaient rage.

Le docteur occupait une partie d'une grande maison qui renfermait plusieurs ateliers, dont les divers travaux cessaient tous à la nuit. Au fond de la cour, où murmurait le feuillage d'un magnifique platane, on fabriquait des orgues d'église ; à côté on cisèlait des métaux, et, un peu plus loin, l'or était battu par quelque géant mystérieux, dont le bras doré sortait de la muraille, et semblait menacer les passants de les convertir en son précieux métal.

C'est à peine si l'on entrevoyait les individus qui appartenaient à ces divers ateliers, non plus qu'un célibataire qui, disait-on, habitait le dernier étage, et un tapissier pour voitures, qui, d'après la voix publique, avait un comptoir dans l'une des pièces du rez-de-chaussée.

Mais, si les habitants de la maison étaient silencieux au point de faire douter de leur existence, les moineaux du platane et les échos du quartier, dont l'appartement du docteur paraissait être le centre, babillaient et résonnaient librement depuis le dimanche matin jusqu'au samedi soir.

Le docteur Manette donnait chez lui des consultations, que lui attiraient son mérite, et plus encore le souvenir de sa captivité, dont l'histoire se disait à l'oreille et passait de bouche en bouche. Il devait en outre à ses connaissances profondes, aux soins assidus qu'il prodiguait à ses malades, et à l'habileté dont il avait fait preuve au sujet d'expériences intéressantes, une clientèle sérieuse qui lui donnait largement de quoi satisfaire à ses besoins.

Tout cela était présent à la pensée de M. Lorry quand il sonna chez le docteur, ce fameux dimanche dont il est question.

« Le docteur Manette y est-il, demanda le gentleman.

— Non, mais il va rentrer.

— Miss Lucie?

— Elle est avec son père.

— Et miss Pross?

— Il est probable qu'elle est chez elle, mais on ne sait pas si elle est visible.

— Peu importe, dit M. Lorry, je monte au salon. »

Bien que la fille du docteur eût quitté la France en bas âge, elle n'en devait pas moins à son pays natal la faculté de faire beaucoup avec peu de ressources, faculté précieuse qui est l'un des traits caractéristiques les plus utiles et les plus agréables des Français, chez qui elle paraît innée. Les meubles, très-simples en eux-mêmes, étaient relevés par des ornements si gracieux, malgré leur peu de valeur, qu'ils produisaient un effet charmant. La disposition de chaque objet, depuis celui qui avait le plus d'importance jusqu'à la moindre bagatelle, l'harmonie des couleurs; l'élégante variété, l'heureux contraste, obtenu par des mains délicates, des yeux pleins de finesse et de pénétration, unis au bon sens et au bon goût, formaient un délicieux ensemble, et rappelaient tellement celle qui en était l'auteur, que les chaises et les tables semblaient demander à M. Lorry, avec cette expression particulière qui lui était si connue:

« Trouvez-vous que ce soit bien? »

Le gentleman ne se lassait pas de regarder autour de lui, et souriait, d'un air d'approbation, en découvrant partout la main habile qui avait groupé tous ces riens avec tant de caprice et tant d'art. Il avait traversé les trois pièces qui, au premier étage, formaient l'appartement du docteur, et dont les portes en enfilade étaient ouvertes pour que l'air circulât librement.

Il s'était arrêté d'abord dans un charmant salon où étaient les oiseaux de Lucie Manette, ses fleurs, ses livres, son pupitre, sa table à ouvrage et sa boîte d'aquarelle; puis il avait passé dans le cabinet des consultations, qui servait en même temps de salle à manger, et se trouvait enfin dans une pièce remplie d'ombre mouvante qu'y répandaient les feuilles agitées du platane, car elle donnait sur la cour. C'était la chambre à coucher du docteur, et l'on y voyait dans un coin le vieux banc et la sébille renfermant les outils du cordonnier, tels que nous les avons vus dans le galetas de Saint-Antoine.

« Je suis toujours étonné, dit M. Lorry en regardant la sébille, que M. Manette ait conservé ce triste souvenir de ses années de douleur !

— Et pourquoi vous étonner? demanda brusquement une voix qui fit tressaillir M. Lorry. »

Cette question était faite par miss Pross, la forte femme aux cheveux roux, à la main leste, dont le gentleman avait fait connaissance à l'hôtel du Roi George, connaissance qui depuis lors était devenue plus intime.

« J'aurai pensé.... commença M. Lorry.

— Ah! bah! » dit miss Pross en l'interrompant.

M. Lorry laissa tomber la conversation.

« Et comment vous portez-vous? reprit la dame d'un ton bref, mais de manière à prouver au gentleman qu'elle ne lui en voulait pas.

— Assez bien, je vous remercie, répondit l'homme d'affaires avec douceur; et vous, miss Pross, êtes-vous contente de votre santé ?

— Il n'y a pas de quoi, répliqua la dame.

— Vraiment!

— Comment voulez-vous que je me porte bien? je suis continuellement à l'envers au sujet de ma fauvette.

— Vraiment!

— Ah! pour l'amour de Dieu! dites-moi autre chose, ou vous me ferez mourir en me portant sur les nerfs.

— En vérité! dit M. Lorry sous forme d'amendement.

— En vérité n'est pas meilleur; mais c'est égal, cela change un peu, riposta la vieille fille. Je vous disais donc que j'étais sans cesse hors des gonds.

— Puis-je vous en demander la cause ?

— Elle est facile à dire : je suis vexée que des gens tout à fait indignes de ma fauvette aient l'impudence de venir ici, par douzaines, pour la regarder sous le nez.

— On vient ici par douzaines pour regarder miss Lucie ?

— Par centaines, » ajouta miss Pross.

L'un des traits caractéristiques de cette brave dame (ainsi que de beaucoup d'autres qui l'ont précédée ou suivie) était de renchérir sur la proposition qu'elle venait d'émettre, lorsque celle-ci était révoquée en doute.

« Bonté divine ! s'écria M. Lorry.

— J'ai vécu avec cette chère mignonne, poursuivit miss Pross, ou plutôt c'est elle qui me paye depuis quinze ans pour vivre avec moi, ce que je n'aurais jamais souffert (qu'elle me payât, comprenez bien), si j'avais pu suffire aux dépenses communes, et c'est vraiment très-dur, convenez-en. »

M. Lorry, qui ne savait pas quelle était cette chose si dure, se contenta de hocher la tête.

« Voilà toutes sortes d'individus qui ne sont pas dignes de dénouer les cordons de ses souliers, et qui s'en viennent de tous les bouts du monde.... C'est vous qui avez commencé.

— Moi ? dit le gentleman avec surprise.

— Est-ce que ce n'est pas vous qui avez déterré son père ?

— Certainement ! Et si tel est ce que vous appelez commencer....

— Ce n'était pas la fin, il me semble, et c'était déjà bien assez dur ; non pas que j'aie quelque chose à reprocher à M. Manette, excepté qu'il n'est pas digne d'avoir une pareille fille, soit dit sans l'attaquer ; et il est archidur de voir une foule de gens venir après lui, me chasser du cœur de ma fauvette. »

M. Lorry connaissait d'avance la jalousie de la vieille fille, mais il savait également que sous cette rude enveloppe se trouvait l'un de ces êtres dévoués qui se rencontrent seulement parmi les femmes ; créatures excellentes qui, sous l'influence de l'admiration et de l'amour le plus pur, se font les esclaves volontaires de la jeunesse qu'elles ont perdue, de la beauté qu'elles n'eurent jamais, des talents qu'elles n'ont pu acquérir, et qui saluent pour les autres les brillantes espérances dont leur vie froide et sombre fut toujours déshéritée.

Le gentleman avait assez vécu pour savoir combien le service d'un cœur fidèle est précieux ; et, dans son respect pour cet humble dévouement, aussi désintéressé qu'infatigable, il casait miss Pross (chacun a ses idées en matière de justice distributive), il casait miss Pross, disons-nous, infiniment plus près des anges que maintes et maintes ladies beaucoup plus favorisées de la nature, beaucoup moins étrangères aux arts de toute espèce, et qui avaient chez Tellson des comptes d'un total imposant.

« Il n'y a jamais eu qu'un homme qui ait été digne de ma fauvette, continua l'excellente femme : c'était mon frère Salomon, avant l'erreur qu'il a commise. »

M. Lorry savait depuis longtemps que miss Pross avait eu pour frère un coquin fieffé, qui, après l'avoir dépouillée sans vergogne de tout ce qu'elle possédait, l'avait abandonnée sans remords à la misère la plus profonde. C'était de ce garnement sans âme que venait de parler miss Pross, et l'affection qu'elle conservait pour ce frère dénaturé, sa persistance à ne voir qu'une erreur dans la conduite de cet odieux coquin, ajoutait encore à la bonne opinion qu'avait d'elle M. Lorry.

« Puisque nous voilà seuls et que nous sommes des gens sérieux, dit cet excellent homme, permettez-moi de vous adresser une question : le docteur, en causant avec sa fille, a-t-il quelquefois rappelé l'époque où il faisait des souliers ?

— Non.

— Il conserve néanmoins ses outils et son banc.

— Mais je n'ai pas dit qu'il n'y pensait jamais, répondit miss Pross en hochant lentement la tête.

— Croyez-vous qu'il y pense beaucoup ?

— J'en suis sûre.

— Imaginez-vous que....

— Je n'ai point la moindre imagination, interrompit miss Pross.

— Supposez-vous, dirai-je alors.... Vous supposez bien quelquefois ?

— De temps en temps.

— Supposez-vous, continua le gentleman, que le docteur ait conservé quelque soupçon à l'égard du motif qui l'a fait emprisonner ? Croyez-vous qu'il connaisse le nom de ses ennemis ?

— Je ne suppose rien ; je ne sais à cet égard-là que ce qui m'a été dit par ma fauvette.

— Et qu'en pense-t-elle ?

— Qu'il sait tout !

— Ne vous fâchez pas de mes questions, je suis ennuyeux

comme un homme d'affaires. Vous, également, vous êtes une femme....

— Ennuyeuse ? demanda miss Pross avec placidité.

— Assurément non ; vous êtes une femme d'un esprit positif, pratique, c'est là ce que je voulais dire ; mais revenons à notre affaire. N'est-il pas singulier que le docteur Manette, dont l'innocence est incontestable pour tout le monde, évite avec autant de soin de parler de son incarcération ? Je ne dis pas avec moi, bien que nous ayons ensemble des rapports d'affaires depuis nombre d'années, et qu'aujourd'hui je sois son ami intime ; mais avec sa charmante fille, avec Lucie qu'il aime tant, et qui lui est si dévouée. Si j'aborde cette question, veuillez être convaincue, miss Pross, que c'est par intérêt pour le docteur, non par curiosité.

— Autant que je puis le comprendre, et vous savez que cela ne va pas loin, répliqua la vieille fille très-adoucie par le ton du gentleman, c'est un sujet dont M. Manette a peur.

— Comment cela ?

— La chose est naturelle ; pourquoi voulez-vous, qu'en revenant sur les tortures qui lui ont fait perdre la raison, il coure le risque d'ébranler son esprit, et peut-être de retomber en démence ? d'autant plus que c'est un souvenir qui n'a rien d'agréable. »

Cette remarque était plus profonde que le banquier ne s'y attendait.

« Vous avez raison, dit-il, et c'est affreux à penser ; toutefois je me demande s'il est bon pour le docteur de renfermer de pareils souvenirs en lui-même ; c'est précisément le doute que j'ai à cet égard, et l'inquiétude qu'il me cause, qui m'a fait entamer cette conversation.

— Nous n'y pouvons rien, dit miss Pross en tournant la tête d'un air triste. Chaque fois qu'on touche à cette corde, il change d'une manière effrayante ; je crois qu'il vaut mieux n'en pas parler ; je suis sûre d'ailleurs, qu'il ne répondrait pas à ce qu'on pourrait lui dire. Il lui arrive quelquefois de se lever pendant la nuit et d'arpenter sa chambre de long en large ; nous l'entendons, nous qui sommes au-dessus de sa tête. Miss Manette a fini par comprendre que dans ces moments-là son esprit est dans le passé, et qu'il croit parcourir sa prison comme il le faisait jadis. Elle va aussitôt le rejoindre, et tous les deux marchent.... marchent.... marchent de long en large, jusqu'à ce que la présence de sa fille l'ait rappelé à lui-même. Il s'arrête alors ; non-seulement il est de sang-froid, mais il possède toute sa présence d'esprit; cependant, il cache à Lucie le motif de son agitation, et la chère enfant est persuadée qu'il vaut mieux ne pas réveiller ce souvenir. »

La manière dont miss Pross, en répétant ces mots : « ils marchent.... marchent.... de long en large, » avait exprimé la pénible monotonie d'une pensée qui vous obsède, prouvait, bien qu'elle n'en voulût pas convenir, qu'elle n'était pas dépourvue de toute imagination.

Nous avons dit que l'appartement du docteur était situé dans un endroit merveilleux pour les échos; tandis que miss Pross racontait les allées et venues de M. Manette et de sa fille, le banquier aurait pu croire qu'il entendait la promenade du captif, en écoutant le bruit des pas qui retentissaient à son oreille, s'il n'avait pas su quelle en était l'origine.

« Les voilà, dit la gouvernante en se levant pour rompre la conférence, les voilà; et bientôt les autres vont arriver en foule. »

C'était un endroit si curieux pour ses propriétés acoustiques, une sorte d'oreille où tous les sons convergeaient d'une manière si étrange, que M. Lorry, penché à la fenêtre, crut un instant ne voir jamais apparaître le docteur et Lucie, qu'il entendait marcher. Puis c'était un bruit confus, celui d'une foule plus ou moins nombreuse, dont les pas s'éteignaient au moment où l'on pensait qu'elle allait être en sa présence.

Néanmoins le père et la fille se montrèrent, et miss Pross courut immédiatement à la porte de la rue, où elle les attendit.

En dépit de son extérieur, de sa grande taille, de sa robe étroite et de son visage écarlate, il fut touchant de lui voir prendre le chapeau de miss Manette, l'épousseter avec le coin de son mouchoir, et lisser les beaux cheveux de la jeune fille d'un air aussi fier que si cette chevelure opulente lui avait appartenu, et qu'elle eût été la plus vaine, la plus coquette des femmes.

Il fut charmant de voir la jeune fille la remercier, l'embrasser avec effusion, et protester contre la peine que l'on se donnait pour elle, ce qu'elle fut obligée de dire en riant, pour ne pas blesser sa gouvernante, qui en aurait eu les larmes aux yeux. Il fut touchant de voir le docteur regarder l'une et l'autre, gronder miss Pross de ce qu'elle gâtait Lucie, et prouver par son accent et par ses yeux qu'il l'aurait gâtée plus encore, si la chose avait été possible.

Enfin, il n'était pas moins doux de contempler M. Lorry qui, tout rayonnant sous sa petite perruque, remerciait son étoile célibataire de lui avoir donné dans sa vieillesse toutes les joies du foyer domestique.

Mais il ne vint personne pour jouir du tableau que présentait la famille ; et M. Lorry attendit vainement la foule qu'avait annoncée la gouvernante : le dîner arriva, mais pas une seule visite.

Miss Pross, qui, dans la maison, était chargée du ménage, s'en acquittait d'une façon merveilleuse ; ses repas, toujours simples en eux-mêmes, étaient si bien servis, la table d'une propreté si engageante, la cuisine mi-anglaise, mi-française, tellement parfaite, qu'on n'imaginait pas qu'il y eût des mets plus recherchés. Sans cesse occupée du bien-être de ceux qu'elle servait avec amour, l'excellente femme avait fouillé tout le voisinage pour découvrir de pauvres Français qui, tentés par ses demi-couronnes, lui avaient fait part de tous leurs secrets culinaires ; et le talent qu'elle avait su acquérir auprès de ces enfants de la Gaule était si prodigieux, que les deux servantes placées sous ses ordres la tenaient pour une sorcière ou pour une fée, capable de prendre un poulet, un lapin, un légume quelconque, et de les transformer en ce que bon lui semblait.

Le dimanche miss Pross dînait à la table du docteur ; mais en semaine, elle prenait ses repas à une heure inconnue, soit dans les basses régions où était située la cuisine, soit dans la chambre bleue qu'elle occupait au second étage, et où personne, excepté Lucie, ne mettait jamais les pieds.

Le jour dont nous parlons, elle se dérida complètement pour répondre aux attentions dont la comblait miss Manette ; et le dîner fut des plus agréables.

Après le dessert (il faisait une chaleur étouffante), Lucie proposa d'aller s'asseoir à l'ombre du platane. Comme ses moindres désirs étaient des ordres pour tous ceux qui l'entouraient, chacun se leva immédiatement ; elle prit la bouteille, à l'intention de M. Lorry, dont elle était l'Hébé, et nos convives s'installèrent dans la cour.

Des murailles et des toits mystérieux les regardaient sourire en causant, tandis que les branches du platane murmuraient au-dessus de leurs têtes. Bientôt M. Darnay vint augmenter le petit cercle de famille ; mais cela ne faisait qu'une personne ; et les centaines d'individus annoncés par miss Pross étaient toujours absents.

Le docteur Manette et sa fille accueillirent Charles avec un empressement affectueux. Quant à la gouvernante, elle fut prise d'inquiétudes dans les membres qui l'obligèrent de rentrer; malaise auquel miss Pross était sujette, et qu'elle appelait sa crise de nerfs.

Jamais le père de Lucie n'avait été en meilleure disposition; il avait surtout un air de jeunesse qui rendait encore plus frappante la ressemblance que sa fille avait avec lui, et l'on retrouvait avec plaisir la même expression de bonheur sur des deux visages, alors rapprochés l'un de l'autre.

La tête de Lucie était appuyée sur l'épaule de M. Manette, dont le bras était posé sur le dos de la chaise de sa fille; on parlait d'anciens édifices, et le docteur prenait part à la conversation avec un entrain qui ne lui était pas ordinaire, quand M. Darnay lui demanda s'il avait vu la Tour de Londres.

« J'y suis allé un jour avec Lucie, répondit-il, et seulement en passant; mais cela nous a suffi pour comprendre l'immense intérêt qu'elle éveille.

— J'y ai séjourné davantage; vous vous le rappelez, continua M. Darnay avec un sourire un peu amer, et, malgré cela, je n'en sais pas plus que vous à cet égard. Toutefois on m'a raconté un incident assez curieux qui s'est passé pendant que je m'y trouvais. Les ouvriers avaient été mis dans un ancien cachot pour y faire un changement, ou une réparation, je ne sais lequel; toujours est-il que parmi les dates, les noms, les plaintes, les prières dont les parois de ce cachot étaient couvertes, on remarqua dans un coin trois lettres majuscules, gravées d'une main tremblante, et sans doute au moyen d'un très-mauvais instrument. On prit d'abord ces trois lettres pour les initiales D. J. C., mais en y regardant de plus près, on vit que la dernière était un G. Or, comme ces initiales ne se rapportaient nullement aux prisonniers qui avaient habité la cellule, on finit par comprendre qu'elles formaient, non pas un chiffre, mais un mot, et que ce mot était DIG[1]. Dès qu'on eut fait cette découverte, on examina l'endroit du carrelage qui se trouvait directement sous l'inscription, et après avoir levé une pierre ou un carreau, on trouva un chiffon de papier réduit en pourriture, au milieu des débris d'un portefeuille et d'un petit sac de cuir. Il fut impossible de savoir ce qu'avait écrit le prisonnier; mais il est évident qu'il avait écrit quelque chose, et qu'il l'avait caché là pour le dérober aux recherches de ses gardiens.

1. Creusez.

« Êtes-vous malade ! mon père ? » s'écria Lucie avec effroi.

Le docteur s'était levé subitement, avait porté ses deux mains à sa tête, et promenait autour de lui un regard qui les effraya tous.

Néanmoins, se remettant presque aussitôt :

« Non chère enfant, dit-il ; je me porte à merveille. Ce sont des gouttes de pluie qui, en me tombant sur le front, m'ont causé une impression désagréable. Je crois que nous ferons bien de rentrer. »

La pluie tombait réellement en larges gouttes, et M. Manette montra que sa main était mouillée ; mais il ne dit pas un mot de l'épisode dont il venait d'être question ; et pendant toute la soirée M. Lorry crut découvrir sur la figure du docteur, chaque fois qu'elle rencontrait celle de M. Darnay, l'étrange expression de défiance, mêlée de haine, qu'il avait remarquée au moment où chacun félicitait le jeune homme d'avoir échappé à la mort. M. Manette avait néanmoins recouvré tout son sang-froid ; il était si calme, il avait dans les manières tant de grâce et d'aisance, que M. Lorry douta de ses yeux, et mit sur le compte d'un souvenir importun la singulière physionomie que, par instants, il croyait voir au docteur.

C'était le moment de faire le thé ; miss Pross s'en acquitta avec un talent habituel, en dépit d'une nouvelle crise nerveuse. Pourtant la foule qu'elle redoutait n'arrivait pas ; on venait, il est vrai, d'introduire M. Cartone dans le salon, mais cela ne faisait jamais que deux personnes étrangères, ce qui était loin de plusieurs centaines.

Jamais l'air n'avait été plus orageux, la chaleur plus accablante. Dès qu'on eut fini de prendre le thé, chacun s'approcha des fenêtres et plongea ses regards dans les ténèbres, qui s'épaississaient de plus en plus. Miss Manette était à côté de son père, M. Darnay auprès d'elle, et M. Cartone appuyé au balcon de la fenêtre voisine. Le vent d'orage, qui entrait dans le salon par bouffées violentes, suivies des éclats du tonnerre, gonflait les rideaux blancs, et les faisait flotter comme les ailes diaphanes d'une ombre séraphique.

« Les gouttes de pluie sont toujours larges et rares, dit M. Manette. Comme cet orage vient lentement !

— Et sûrement, » ajouta M. Cartone.

Ils parlaient à voix basse, comme la plupart des gens qui sont dans les ténèbres, comme tous ceux qui attendent à la lueur des éclairs. On se pressait dans les rues voisines, pour chercher un abri contre l'orage ; et, l'écho merveilleux multipliant le bruit des pas, on eût dit qu'une foule immense allait et venait sous les fenêtres, où cependant il ne passait personne.

« Le bruit de la multitude, et néanmoins l'isolement ! dit Charles Darnay en prêtant l'oreille à l'écho.

— Est-ce que cela ne vous fait pas une vive impression ? demanda Lucie. Quant à moi, lorsque le soir, je suis assise à côté de cette fenêtre.... mais je ferais mieux de me taire.... je frissonne rien que d'y songer.... Cette nuit est si obscure, si imposante !

— Dites toujours, miss Manette ; nous frissonnerons avec vous, répondit M. Darnay.

— Il est possible que cela ne vous fasse rien, reprit la jeune fille ; les folles idées qui nous traversent l'esprit doivent toute leur influence à notre propre nature, et l'émotion qu'elles nous font ressentir ne peut pas se communiquer. Jugez-en par vous-même : lorsque le soir je reste, dis-je, à côté de cette fenêtre, il me semble que toutes ces allées et venues, dont l'écho m'apporte le bruit, sont les pas de gens qui s'approchent dans l'ombre pour se mêler à notre existence.

— S'il en est ainsi, la foule qui doit un jour se trouver sur notre chemin sera bien considérable, » dit M. Cartone d'une voix indifférente.

Les pas devenaient de plus en plus nombreux, de plus en plus rapides. En les répétant, l'écho éveillait d'autres échos. Un piétinement précipité résonnait dans tous les sens ; on entendait la foule se ruer sous les fenêtres, se presser dans le salon, aller et venir, s'arrêter, courir au loin, assiéger les rues voisines ; et l'œil ne découvrait personne.

« Tous ces pas doivent-ils nous rejoindre en masse, ou se diviser pour suivre chacun de nous, miss Manette ?

— Je l'ignore, monsieur Darnay. C'est une folle idée qui ne vaut pas qu'on la discute. Lorsqu'elle m'est venue, j'étais seule, et je me suis imaginée, comme je le disais tout à l'heure, que c'étaient les pas d'individus qui, un jour, doivent entrer dans ma vie et dans celle de mon père.

— Que tous viennent me trouver, dit Cartone ; je ne sais pas de restriction, je ne réclame ni ne stipule rien. Une grande foule s'ébranle et se dirige vers nous tous, miss Manette, je la vois à la lueur des éclairs. »

Une vive clarté remplit le salon comme il disait ces mots, et le montra négligemment appuyé contre la fenêtre.

« Je l'entends, poursuivit Cartone, après un effroyable coup de tonnerre, elle vient rapide et furieuse. »

Il faisait allusion à la tempête et aux nuées qui fuyaient sous un ciel noir; la pluie qui tomba subitement couvrit sa voix e chacun garda le silence.

Jamais ils n'avaient vu d'orage aussi affreux. Pas le moindre intervalle entre les détonations de la foudre; s'entre-croisant dans la nuit, elles roulaient au milieu des éclairs et des nappes d'eau torrentielles qui se déversaient avec fracas.

Malgré sa violence, l'orage fut de longue durée. La grande cloche de Saint-Paul venait de sonner une heure dans l'air calme et pur, lorsque M. Lorry, escorté de Cruncher, qui portait une lanterne, s'achemina vers son logis.

Pour se rendre de Soho-Square à Clerkenwell, on avait à franchir certains endroits solitaires, et l'agent de Tellsone, qui pensait toujours aux voleurs, ne manquait jamais de se faire accompagner d'une lanterne portée par Jerry, bien qu'ordinairement il sortît de chez les Manette avant onze heures.

« Quel effroyable temps, Jerry, dit le gentleman; un temps à faire sortir les morts de leurs tombeaux.

— Je ne sais pas, monsieur, répondit le commissionnaire; je n'ai jamais vu, et j'espère bien ne jamais les voir ressusciter.

— Bonsoir, monsieur Cartone, dit l'homme d'affaires. Bonsoir, monsieur Darnay. Quel orage!... Y en aura-t-il jamais de pareil, et le verrons-nous ensemble?

— Peut-être, » répondit Sydney Cartone.

. . . .

Peut-être verront-ils fondre sur eux la foule rapide et mugissante.

CHAPITRE VII.

M. le marquis à la ville.

Monseigneur, l'un des hommes les plus influents de la cour de France, l'un des grands de l'État qui tenaient alors le pouvoir, recevait deux fois par mois, dans le magnifique hôtel qu'il habitait à Paris, et c'était son jour de réception. Tandis que la foule idolâtre, pour laquelle il était le Saint des saints, se pressait dans ses salons, Monseigneur, retiré dans un somptueux boudoir qui lui servait de sanctuaire, prenait son chocolat.

Sa Seigneurie pouvait sans peine engloutir nombre de choses ; de méchants cerveaux pensaient même qu'elle absorbait rapidement les trésors de la France ; mais son chocolat ne pouvait atteindre son noble gosier qu'avec l'aide de quatre hommes vigoureux, sans compter le cuisinier qui l'avait fait. Mon Dieu! oui, pour que ce bienheureux chocolat arrivât aux lèvres de Monseigneur, il fallait quatre hommes dans toute la force de l'âge, galonnés sur toutes les coutures, et dont le chef, rivalisant avec son noble et chaste maître, ne pouvait exister sans avoir au moins deux montres. L'un de ces valets apportait la chocolatière en présence de Sa Seigneurie ; le second faisait mousser le chocolat avec le petit instrument destiné à cet usage, instrument dont il avait la charge ; le troisième présentait la serviette ; le quatrième, l'homme aux deux montres, versait le chocolat dans la tasse.

Ces quatre valets étaient indispensables à Monseigneur pour soutenir le rang qu'il occupait sous les cieux, inclinés devant lui. C'eût été pour son écusson une tache indélébile si le chocolat qu'il prenait tous les matins lui avait été ignoblement servi par trois valets. Il n'aurait eu qu'à mourir, s'il n'y en avait eu que deux!

Monseigneur avait assisté la nuit dernière à un petit souper, où la Comédie et l'Opéra étaient représentés d'une façon ravissante. Il lui arrivait fréquemment de souper en ville, et presque toujours avec une société délicieuse. Monseigneur avait tant de délicatesse dans l'esprit, de sensibilité dans l'âme, que les intérêts de la Comédie et de l'Opéra le touchaient bien autrement que les besoins de la nation ; circonstance heureuse pour la France, comme pour tous les royaumes qui jouissent du même privilége, ainsi qu'il arriva pour l'Angleterre, à l'époque regrettée où l'un des Stuarts la vendit.

Monseigneur possédait, relativement aux affaires générales qui concernent le public, une noble théorie, à savoir : qu'il faut laisser aller les choses comme bon leur semble. Quant aux affaires privées de l'État, il pensait, non moins noblement, qu'elles devaient aller comme bon lui semblait, c'est-à-dire enfler sa poche et augmenter sa puissance.

Monseigneur avait encore cette idée vraiment noble, que le monde était fait pour contribuer à ses plaisirs. « La terre, et tout ce qu'elle renferme, est à moi, » disait-il, prenant pour devise le texte sacré, dont il ne changeait que le pronom possessif.

Néanmoins il avait fini par découvrir que de vulgaires embarras s'étaient glissés dans ses affaires, à la fois publiques et privées; et contraint par la force des choses, il s'était allié à un fermier général. Deux raisons lui avaient fait prendre ce parti désespéré : la première, c'est que, ne pouvant rien pour les finances de l'État, mieux valait en faire l'abandon à quelqu'un de plus habile ; la seconde, c'est que les fermiers généraux étaient riches, et qu'après le luxe héréditaire des générations précédentes, Monseigneur, qui ne dépensait pas moins que ses aïeux, allait s'appauvrissant de jour en jour.

Il avait donc été chercher sa sœur au couvent, où elle devait bientôt prendre le voile (l'habit le moins cher qu'elle pût revêtir), et avait donné la jeune fille à un fermier général, aussi pauvre de naissance qu'il était riche d'écus. Celui-ci, ayant à la main la canne traditionnelle à pomme d'or, se trouvait parmi la foule dans les salons de son beau-frère, où il était l'objet du culte des mortels, à l'exception toutefois des gens de très-noble race qui, sa femme comprise, le regardaient avec un suprême dédain.

C'était un homme somptueux que ce fermier général : trente chevaux dans ses écuries, vingt-quatre valets dans ses antichambres, et six femmes au service de son épouse. Connu pour ne faire autre chose que de fourrager et de piller en toute occasion et en tout lieu, M. le fermier général était, au fond, ce qu'il passait pour être, et parmi les gens qui se pressaient chez Monseigneur, c'était le seul qui fût un personnage réel. Car, en dépit de leur éclat et de leur nombre, ces magnifiques salons, encombrés des merveilles que l'art et le goût du temps pouvaient produire, étaient bien peu solides; et c'eût été matière à une extrême inquiétude, si quelqu'un avait pensé, en face de leur fragilité, aux épouvantails en guenilles et en bonnets de coton qui habitaient à l'autre bout de la ville, assez près de l'hôtel, néanmoins, pour que les tours de Notre-Dame fussent placées à égale distance des deux faubourgs.

Mais qui trouvait-on, chez Monseigneur, qui pût avoir souci d'une aussi basse réalité? des officiers dépourvus de toute connaissance militaire, des marins ne sachant pas ce que c'était qu'un vaisseau, des administrateurs ignorant les lois et l'administration, des prêtres effrontés, du pire de tous les mondes, aux yeux lascifs, aux paroles scandaleuses, aux mœurs dissolues; tous complétement incapables de remplir leurs offices, tous faisant un horrible mensonge en prenant le titre des fonctions qu'ils prétendaient occuper, mais tous appartenant, de près ou de loin, à la caste de Monseigneur, et, par ce motif, pourvus de tous les emplois où il y avait quelque chose à gagner.

D'autres individus, n'ayant aucune parenté avec les précédents, et ne se rattachant pas davantage au côté grave et utile de la vie, n'étaient pas moins nombreux dans ces nobles salons.

D'habiles médecins, faisant fortune avec les drogues friandes qu'ils prescrivaient pour des maux imaginaires, souriaient dans les antichambres à leur noble clientèle ; des faiseurs, ayant trouvé maint expédient pour fermer les plaies de l'État, excepté celui de se mettre à l'œuvre et de déraciner les abus, versaient leurs élucubrations dans les oreilles qu'ils pouvaient accaparer ; des philosophes sans foi, qui repétrissaient le monde avec des phrases creuses, et faisaient des châteaux de cartes pour escalader le ciel, causaient avec des chimistes sans conscience, uniquement préoccupés de la pierre philosophale ; des gens d'une exquise délicatesse, dont l'éducation parfaite se révélait alors, comme de nos jours, par une profonde indifférence pour tout ce qui est sérieux, montraient leur ennui et leur épuisement exemplaires à l'hôtel de Monseigneur.

Et chose digne de remarque, c'est que les espions, qui formaient la bonne moitié de cette excellente compagnie, auraient eu mille peines à découvrir, au milieu de ce noble monde, une seule femme qui, par ses allures et son aspect, confessât qu'elle était mère. A vrai dire, si l'on en excepte l'action pure et simple de mettre au monde une créature gênante, il était bien peu de ces nobles dames qui connussent la maternité ; des paysannes conservaient auprès d'elles ces marmots importuns, qui n'étaient pas encore de mode ; et leurs charmantes grand'mères, ayant passé la cinquantaine, s'habillaient et soupaient comme à vingt ans.

La lèpre du mensonge et du factice défigurait chacun des personnages qui se pressaient chez Monseigneur. Néanmoins dans la première antichambre se trouvaient cinq ou six individus exceptionnels, qui depuis quelques années pressentaient vaguement que la chose publique allait de travers. Dans l'espérance de la remettre dans la bonne voie, la moitié de cette demi-douzaine de pessimistes s'étaient fait recevoir membres d'une secte de convulsionnaires, et se demandaient alors s'ils ne feraient pas bien d'écumer, de rugir, de se catalepsiser, séance tenante, afin d'avertir Monseigneur de la fausse direction qu'il avait prise.

Les trois autres, ne partageant pas la foi de ces derviches, prétendaient sauver l'État par un certain jargon mystico-philosophique ; suivant eux, l'homme s'était éloigné du centre de la vérité, ce qui n'avait pas besoin de démonstration ; mais il n'était pas sorti de la circonférence ; et pour l'y maintenir et faire qu'il se rapprochât du centre, il fallait jeûner et se mettre en communication avec les purs esprits. Cette dernière partie du programme se réalisa immédiatement, sans que les affaires générales en retirassent le moindre bénéfice.

Mais, ce qu'il y avait de consolant chez Monseigneur, c'est que toutes les personnes qui s'y trouvaient réunies étaient mises à ravir. Des cheveux si bien crêpés, frisés, poudrés, et portés avec tant de grâce ; des teints si délicats, réparés ou conservés avec tant d'art ; des épées si galantes, au service d'un honneur si chatouilleux sur l'article des parfums, devaient conserver à jamais l'état de choses existant.

Chaque fois que ces messieurs, d'une tenue si parfaite, se retournaient avec lenteur, ils agitaient les bijoux qui pendaient à leurs montres ; et l'air embaumé qui accompagnait le cliquetis des breloques, des colliers et des aiguillettes, le frôlement des jupes de soie et des habits de brocart, le chiffonnement de la dentelle et du linon, chassaient bien loin l'idée de saint Antoine et de sa faim dévorante.

La parure était le charme suprême, le talisman infaillible que la société d'alors employait pour se maintenir. Chacun était paré pour un bal travesti qui, suivant l'opinion commune, devait durer toujours. Depuis Versailles, en passant par Monseigneur et la cour, les gens d'épée, les magistrats, la bourgeoisie, petite et grande, tout le monde concourait à cette précieuse mascarade ; jusqu'à l'exécuteur des hautes œuvres, qui, pour aider à l'effet du charme, était requis d'officier en grande tenue : « cheveux crêpés et poudrés, habit galonné d'or, escarpins et bas de soie blancs. » C'est dans cette toilette que monsieur de Paris, suivant la formule épiscopale dont ses collègues, messieurs d'Orléans, de Bordeaux et autres lieux, faisaient usage pour se désigner, c'est dans cette toilette, disons-nous, qu'il rouait et qu'il pendait. Il était rare qu'il employât la hache.

Qui donc, parmi les gens qui se trouvaient chez Monseigneur, en l'an de grâce 1780, aurait pu mettre en doute qu'un système appuyé sur un bourreau poudré, galonné d'or, chaussé d'escarpins, et en bas de soie blancs, ne dût survivre à la chute des étoiles ?

Monseigneur ayant délivré ses quatre hommes de leur fardeau, et pris son chocolat, donna l'ordre d'ouvrir les portes à deux battants, et quitta son sanctuaire. Quelle servilité rampante ! quelle profonde abjection ! C'est probablement parce qu'ils se courbaient si bas devant sa personne, que les adorateurs du ministre ne trouvaient plus moyen de s'incliner devant Dieu.

Accordant ici un geste, là-bas un signe de tête, plus loin un sourire, parfois un mot aux plus favorisés, Monseigneur passa d'un air affable, de salon en salon, jusqu'aux régions lointaines où se tenaient les partisans de la circonférence véridique. Une fois arrivé là, il revint sur ses pas, regagna son sanctuaire, et disparut aux yeux de la foule charmée. La réception finie, le souffle embaumé qui voltigeait dans les salons se transforma en petit ouragan, et les précieuses breloques tintèrent jusqu'en bas de l'escalier.

Bientôt il ne resta plus de la foule qu'un seul individu. Celui-ci, le chapeau sous le bras, et la boîte d'or à la main, passa lentement au milieu des salons déserts. Lorsqu'il fut à la porte de l'antichambre, il se retourna vers le sanctuaire du ministre, et d'un ton glacial, où perçait l'amertume :

« Soyez maudit, Monseigneur, » dit-il en secouant le tabac qui lui restait aux doigts, comme on secoue la poussière de ses pieds au moment de quitter des lieux où l'on ne veut plus revenir.

C'était un homme d'environ soixante ans, mis avec une extrême élégance, ayant les manières hautaines, et pour visage un masque d'une pâleur transparente, dont les traits délicats et nettement dessinés étaient d'un calme impassible. Le seul changement de physionomie qu'on pût saisir parfois sur ce masque de pierre résidait au-dessus des narines, dans une légère dépression du nez, dont la forme était d'ailleurs admirable. On y remarquait, en certaines circonstances, une rougeur imperceptible et fugitive, ou de faibles pulsations, qui donnaient quelque chose de cruel et de fourbe à tout le reste du visage. Quand alors on examinait celui-ci d'un œil attentif, on retrouvait cette expression de fourberie et de cruauté dans la bouche et dans l'orbite des yeux, dont les lignes étaient trop minces et trop horizontales. Néanmoins l'ensemble en était frappant et d'une suprême distinction.

Le possesseur de cette figure remarquable descendit tranquillement l'escalier, traversa la cour et monta dans son carrosse. A la réception qui venait d'avoir lieu, Monseigneur lui avait témoigné peu d'intérêt, et peu de personnes lui avaient adressé la parole; aussi était-il dans un état d'irritation qui lui faisait prendre plaisir à voir la canaille se disperser devant ses chevaux. Le cocher conduisait comme s'il avait eu à charger l'ennemi, et sa fougue insensée n'amenait aucune réprimande sur les lèvres du maître.

Bien qu'en général, dans cette ville sourde, la masse du peuple fût muette, on se plaignait souvent, même assez haut, de la rapidité avec laquelle les nobles traversaient les rues étroites, où leurs équipages estropiaient les manants de la façon la plus cruelle; mais l'instant d'après, les auteurs de ces accidents les avaient oubliés; et les vilains, dans cette occasion, ainsi que dans tant d'autres, se tiraient d'affaire comme ils pouvaient.

Le carrosse du marquis volait avec fracas au milieu des rues sans trottoirs, chassant devant lui des femmes effarées et des hommes qui, dans leur fuite, saisissaient les enfants pour les arracher aux pieds des chevaux. Tout à coup, au détour d'une rue populeuse, dont le coin était occupé par une fontaine, l'une des roues heurta quelque chose; un cri s'échappa de la bouche des spectateurs, et les chevaux reculèrent en se cabrant.

Sans cette dernière circonstance, il est probable que l'équipage eût continué sa route. Il arrivait souvent à ses pareils de laisser derrière eux leurs victimes; mais cette fois l'un des laquais, dans sa frayeur, avait sauté par terre, et vingt poignets vigoureux avaient pris les chevaux à la bride.

« Qu'est-ce que c'est? » demanda le possesseur du carrosse, en mettant la tête à la portière.

Un homme de grande taille, coiffé d'un bonnet de coton, avait retiré d'entre les jambes des chevaux un paquet de hardes sanglantes; il l'avait déposé sur le soubassement de la fontaine, et le couvrait de caresses, en hurlant comme un animal sauvage.

« Pardon, monsieur le marquis! dit avec humilité un homme en guenilles, c'est un enfant....

— Pourquoi ce misérable fait-il ce bruit affreux? Est-ce que c'est à lui l'enfant?

— Oui, monsieur le marquis; faites excuse, mais c'est une grande pitié. »

La rue, en cet endroit, formait une petite place d'environ douze mètres de large; et la fontaine, située au coin opposé à la voiture, s'en trouvait à une certaine distance. Soudain l'homme au bonnet de coton, se relevant de la fange où il était à genoux, s'élança vers le carrosse d'un air tellement farouche, que M. le marquis porta la main à la garde de son épée.

« Il est mort ! » s'écria le malheureux père avec désespoir, et en levant les bras au ciel.

La foule entoura l'équipage et attacha sur le gentilhomme un regard avide ; mais rien dans les yeux des assistants n'exprima la menace ou la colère ; après avoir jeté un cri d'effroi, que leur avait arraché la terreur, ils avaient gardé le silence ; et la voix humble et soumise de l'homme en haillons, dont nous avons cité les paroles, était la seule qui s'était fait entendre.

M. le marquis promena sur eux tous un regard froid et dédaigneux, comme s'ils avaient été de simples rats sortis du ruisseau ; et prenant sa bourse :

« Je ne comprends pas, dit-il, que vous autres, gens du peuple, ayez si peu de soin de vos enfants et de vos personnes ; on vous trouve toujours sous les roues des voitures, ou dans les jambes des chevaux. Je ne sais même pas si l'un des miens n'est point blessé. Vois-y, Jean, dit-il à son laquais, et donne-lui ça. »

Toutes les têtes s'avancèrent pour voir ce qu'il jetait au valet, et Jean ramassa un louis.

« Mais il est mort ! » répéta d'une voix déchirante le père du petit enfant.

Un homme robuste arrivait d'un pas rapide, et la foule s'écarta pour lui livrer passage ; il s'approcha du pauvre père, qui se jeta sur son épaule en sanglotant, et lui montra du doigt la fontaine, où des femmes, inclinées sur le paquet de hardes sanglantes, remuaient doucement le petit cadavre.

« Je sais tout, dit le nouvel arrivé, je sais tout. Aie du courage ; console-toi, mon pauvre Gaspard ; cela vaut mieux pour ton enfant que d'avoir vécu. Il n'a pas souffert pour mourir ; et dans la vie aurait-il été une heure sans endurer quelque souffrance ?

— Tu es philosophe, mon brave, dit le marquis en souriant. Comment t'appelle-t-on ?

— Je me nomme Defarge.

— Quel est ton état ?

— Marchand de vin, monsieur le marquis.

— Tiens, cabaretier philosophe, dit le gentilhomme en jetant une nouvelle pièce d'or, fais-en ce qu'il te plaira. Les chevaux n'ont rien, Jean ? »

M. le marquis se renfonça dans sa voiture, sans regarder une seconde fois cette vile canaille; et il s'éloignait de l'air d'un homme qui, par hasard, a brisé quelque objet dont il a payé la valeur, quand sa quiétude fut troublée subitement par une pièce d'or, lancée avec adresse, et qui roula sur le tapis du carrosse.

« Arrêtez! s'écria-t-il, arrêtez! »

Il jeta les yeux à l'endroit où il venait de parler au marchand de vin; mais il n'aperçut que le pauvre Gaspard, qui se roulait dans la boue en sanglotant; et à côté de ce malheureux, la grande taille et le visage sombre d'une femme qui tricotait.

« Misérables! dit tranquillement le gentilhomme, dont toutefois les narines étaient frémissantes; j'écraserais volontiers jusqu'au dernier rejeton de votre méchante race, pour qu'elle disparût de la terre. Si je connaissais le maraud qui a jeté cela dans ma voiture, j'aurais du plaisir à le broyer sous mes roues. »

Leur condition était si abjecte, ils avaient une si longue expérience de ce que pouvait leur infliger un pareil homme, en dehors de la légalité, et même sans en sortir, que pas un regard ne se leva pour répondre à ces paroles insultantes, si ce n'est toutefois celui de la tricoteuse, dont les yeux ne quittèrent pas la figure du gentilhomme.

Il était au-dessous de la dignité du marquis de s'en apercevoir, et promenant sur elle, comme sur tous les autres, un coup d'œil méprisant, il se rejeta au fond du carrosse, en ordonnant de partir.

Le marquis avait disparu; mais de nombreux équipages se succédaient rapidement dans la direction qu'il avait prise. Le ministre, le fermier général, le docteur, l'avocat, l'ecclésiastique, l'Opéra, la Comédie, tous les masques du bal travesti avaient passé comme de brillants météores.

Les rats étaient restés dans la rue pour regarder l'élégant tourbillon. A différents intervalles, des soldats et des agents de police s'étaient placés entre les carrosses et la foule; mais celle-ci, rejetée en arrière, avait fait des trouées dans la haie qui se déployait devant elle, et n'avait rien perdu de la mascarade.

Il y avait longtemps que le malheureux père était parti, chargé du cadavre mutilé de son fils; les femmes, qui avaient cherché à ranimer le pauvre enfant, regardaient toujours couler la fontaine et rouler les voitures, tandis que la tricoteuse poursuivait sa tâche avec l'impassibilité du destin.

L'eau de la fontaine allait au ruisseau, le ruisseau vers le fleuve. Le fleuve se précipitait vers la mer, le jour vers le soir, l'existence vers la mort : le temps et les flots n'attendent pas.

Les rats dormaient entassés dans leurs trous obscurs; les gens du bal soupaient inondés de lumière.

Chaque chose suivait son cours, chacun sa destinée.

CHAPITRE VIII.

M. le marquis à la campagne.

Malgré la beauté réelle du paysage, la campagne était triste : çà et là quelques champs de blé, malheureusement trop rares; de grandes pièces de seigle chétif, de petits carrés de pois malingres, de pauvres haricots, de misérables choux, y remplaçaient le froment. Les produits de la terre, ainsi que les hommes et les femmes qui les cultivaient, avaient une tendance maladive à se flétrir. On eût dit que les uns et les autres végétaient malgré eux, et ne demandaient qu'à cesser de vivre.

M. le marquis, étendu au fond d'un lourd carrosse attelé de quatre chevaux conduits par deux postillons, gravissait péniblement une côte escarpée. La rougeur dont sa figure était couverte ne le faisait nullement déroger à sa parfaite éducation; elle ne provenait d'aucun trouble moral, et n'avait rien qui lui fût personnel : c'était le reflet du couchant.

Le soleil frappait d'un éclat si vif l'intérieur de la pesante voiture que le gentilhomme, lorsqu'il fut au sommet de la côte, se trouva plongé dans des flots de pourpre.

« Cela ne durera pas, » dit le marquis en jetant les yeux sur ses mains.

En effet, tandis que le carrosse enrayé glissait sur la colline, au milieu d'un nuage de poussière, la lueur rougeâtre s'efface rapidement, et, le soleil et le marquis descendant à la fois, tout rayon avait disparu quand le sabot eut été remis à sa place. Mais il restait au bas de la côte une campagne froide et nue, un petit village, un clocher, un moulin, un coteau bornant la plaine, une vaste forêt consacrée à la chasse, un énorme rocher, et sur ce rocher une forteresse, qui depuis longtemps servait de prison.

Le village avait une pauvre rue, une pauvre tannerie, un

pauvre cabaret, une pauvre auberge, où s'abritaient les chevaux de poste, une pauvre fontaine et de pauvres habitants.

Des femmes, accroupies devant leur porte, épluchaient quelques oignons pour le souper de la famille, tandis que les autres lavaient à la fontaine quelques feuilles de chou, d'herbe quelconque, de salade ou de plante sauvage. La cause de leur misère se révélait d'elle-même : des taxes pour l'État, pour l'église, pour le seigneur, taxes locales et générales, devaient être payées ici, payées là, payées partout, suivant les inscriptions placardées à chaque pas. Il y avait à s'étonner de ce que le village lui-même n'eût pas disparu, avec la substance de sa population.

On y voyait peu d'enfants, et l'on n'y trouvait pas un chien. Quant aux adultes, ils n'avaient qu'à choisir entre ces deux perspectives : la faim dans les masures qui rampaient au bas de la colline, ou la captivité et la mort dans la prison qui dominait la plaine.

Précédé par un courrier galonné d'or, annoncé par le claquement des fouets, qui se tordaient au-dessus de la tête des postillons, comme s'il eût été conduit par les furies vengeresses, le noble voyageur s'arrêta devant l'auberge où était la poste aux chevaux. C'était près de la fontaine, et les villageois se réunirent pour le regarder.

Il tourna les yeux vers le groupe de paysans, et vit, sans la reconnaître, l'œuvre sûre et lente de la faim, qui a rendu la maigreur des Français proverbiale en Angleterre, où elle est restée à l'état de préjugé plus d'un demi-siècle après avoir cessé d'être réelle.

M. le marquis promenait un regard indifférent sur les malheureux qui s'inclinaient devant lui, comme ses pareils s'étaient inclinés devant le ministre, avec la seule différence que les uns baissaient la tête par humilité, et que les autres l'avaient courbée par ambition.

Au même instant, un homme d'un affreux aspect, ayant pour état de réparer les chemins, et que pour ce motif nous qualifierons de cantonnier[1], s'approcha de la fontaine.

« Fais approcher ce rustaud, » dit le gentilhomme à son courrier.

---

1. Le texte porte *Mender of roads*; nous avons cru pouvoir le traduire par cantonnier, pour éviter une périphrase, bien que cette qualification, qui date de 1816, constitue un véritable anachronisme, relativement à notre histoire. (*Note du traducteur*).

Le rustre fut amené près de la voiture, son bonnet à la main; il fut suivi de tous les autres, qui entourèrent le carrosse pour voir, et pour entendre ce qui allait se passer.

« Ne t'ai-je pas rencontré sur la route? lui demanda M. le marquis.

— Oui, monseigneur.

— Que regardais-tu d'un air si attentif?

— Monseigneur, je regardais l'homme. »

Il se baissa en disant ces mots, et de son bonnet bleu, tout en loques, désigna le dessous de la voiture. Ses camarades se baissèrent avec lui, pour regarder sous le carrosse.

« De qui parles-tu, imbécile; et que voyez-vous sous la voiture?

— Monseigneur, c'est qu'il était pendu à la chaîne du sabot.

— Qui cela?

— Monseigneur, c'était l'homme.

— Que la peste l'étouffe. Qu'est-ce qui était pendu?

— Faites excuse, monseigneur, il n'est pas de notre endroit, et je ne sais pas son nom. Je ne l'ai jamais vu, ni de ma vie ni de mes jours.

— Est-ce qu'il s'est étranglé?

— Avec votre permission, monseigneur, c'est ce qu'il y a d'étonnant; car il était comme ça! »

Le cantonnier s'appuya contre le carrosse, les pieds en avant, la tête penchée sur la poitrine; puis il se retourna et fit un salut, en tortillant son bonnet bleu.

« Mais, comment était cet homme?

— Plus blanc que le meunier, monseigneur, tout couvert de poussière, et grand et pâle, comme un spectre. »

Ce portrait fit une immense impression dans l'auditoire, et tous les yeux s'attachèrent sur le marquis, peut-être pour regarder s'il n'avait pas un spectre sur la conscience.

« Crois-tu avoir bien fait, quand tu as vu ce misérable accompagner ma voiture, de n'en pas ouvrir la bouche? Mais bah! dit le marquis, en se félicitant de n'avoir pas à s'inquiéter d'une semblable vermine, éloignez ce maraud Gabelle. »

M. Gabelle cumulait les fonctions de maître de poste et celles de collecteur des taxes. Il s'était approché de la voiture pour assister à l'interrogatoire du cantonnier, qu'il avait tenu par la manche d'une manière tout officielle.

« Arrière! animal, dit-il en jetant son homme de côté.

— Ne manquez pas, Gabelle, de mettre la main sur cet étranger, si par hasard il entrait dans le village, reprit le gentilhomme, et assurez-vous de ses intentions.

— Monseigneur, je serai toujours flatté d'obéir à vos ordres

— Cet imbécile qui était là, tout à l'heure, où est-il passé ? »

L'imbécile était sous la voiture avec une douzaine d'amis intimes, et leur montrait la chaîne à laquelle le spectre était pendu. D'autres amis, non moins intimes, l'appelèrent immédiatement, et le présentèrent tout essoufflé à M. le marquis.

« Dis-moi un peu, grand benêt, l'homme en question s'est donc sauvé lorsqu'on a enrayé la voiture ?

— Monseigneur, il a couru sur le bas côté de la route, et a dévallé dans le bois, comme qui se jette à l'eau.

— Ayez l'œil sur lui, Gabelle. Partez, postillon ! »

La demi-douzaine d'amis qui regardaient la chaîne à laquelle le spectre était pendu était toujours au milieu des roues, comme les moutons ; et le carrosse partit si brusquement qu'ils furent bien heureux de sauver leur peau ; s'ils avaient possédé autre chose, il est probable qu'ils auraient eu moins de bonheur.

Lorsque après avoir traversé la vallée, il fallut gravir la pente qui en formait l'autre versant, l'allure du carrosse se ralentit peu à peu, et c'est au pas du maigre attelage qu'il avait pris chez Gabelle, que M. le marquis, bercé dans sa pesante machine, monta la dernière côte qu'il avait à franchir.

Les postillons, couronnés d'un cercle de cousins, raccommodaient tranquillement la mèche de leurs fouets, tandis que le valet de pied marchait à côté des chevaux, et qu'on entendait le courrier qui trottait dans le lointain.

A l'endroit le plus escarpé de la côte, il y avait un humble cimetière, précédé d'une croix, où l'on voyait, en bois peint, l'image du Christ, aussi grande que nature ; c'était l'œuvre d'un ciseau peu expérimenté ; mais le statuaire avait pris modèle sur le vif, peut-être sur lui-même, et le divin crucifié était d'une maigreur effroyable.

Au pied de ce déchirant emblème d'une misère qui s'accroissait tous les jours, une femme était agenouillée ; elle tourna la tête, quand la voiture passa près d'elle, se leva rapidement et courut à la portière.

« Oh ! c'est vous, monseigneur !... Prenez ma pétition, » dit-elle d'une voix suppliante.

Le marquis avança la tête avec impatience, mais sans changer de visage.

« Toujours des pétitions ! dit-il. Que demandez-vous ?

— Monseigneur, pour l'amour du bon Dieu !... C'est au sujet de mon pauvre homme, le forestier....

— Qu'est-ce qu'il a, votre pauvre homme ? C'est toujours la même chose, il n'a pas payé ce qu'il doit ?

— Au contraire, mon bon seigneur, il a tout payé, puisqu'il est mort.

— Eh bien ! il est tranquille ; est-ce que je peux le ressusciter ?

— Hélas ! non, monseigneur ! c'est qu'il est là-bas, sous un petit monceau d'herbe....

— Après ?

— Monseigneur ! il y en a tant de ces monceaux d'herbe, et qui sont tous pareils....

— Que voulez-vous que j'y fasse ? »

On l'aurait prise pour une vieille femme, cependant elle était jeune. Dans sa douleur passionnée, elle joignait ses mains amaigries, où les posait doucement sur la portière de la voiture, comme si la pesante machine avait eu quelque chose d'humain, et pouvait être sensible à ses caresses.

« Monseigneur.... écoutez-moi.... lisez ma pétition !... Mon mari est mort de misère, comme tant d'autres.... il y en a tant qui jeûnent....

— Est-ce que je peux les nourrir ?

— Le bon Dieu le sait, monseigneur, mais ce n'est pas là ce que je demande ; c'est une croix de bois, avec le nom de mon pauvre homme, afin qu'on le mette sur sa fosse, pour savoir où il est ; autrement la place sera bien vite oubliée, on ne la trouvera plus quand je serai morte ; ce qui ne tardera guère — la faim, cela ne pardonne pas — et l'on m'enterrera sous un autre monceau d'herbe ; il y en a tant, monseigneur ! les morts sont nombreux, la misère est si grande ! Je vous en prie, monseigneur !... je vous en supplie ! »

Le laquais l'avait chassée de la portière ; le carrosse, dont les postillons accéléraient la marche, s'éloignait rapidement, et le noble personnage, conduit de nouveau par les furies, voyait diminuer de minute en minute la distance qui le séparait de son château.

Les parfums du soir s'élevaient sur sa route, et se répandaient, avec la même impartialité que la pluie, sur le groupe d'affamés poudreux et couverts de haillons, qui entouraient la fontaine. Ceux-ci écoutaient toujours l'histoire du spectre, dont le cantonnier, son bonnet à la main, leur répétait les détails. Ils se dispersèrent enfin, et chacun rentra chez soi ; des lueurs tremblantes apparurent aux lucarnes du village ; puis les lucarnes s'obscurcirent, au moment où les étoiles commencèrent à paraître, et l'on eût dit qu'au lieu de s'éteindre, la clarté des chaumières avaient gagné les cieux.

Pendant ce temps-là, une vaste demeure, dont les toits s'élevaient au-dessus d'une épaisse ramée, couvrait de son ombre le carrosse du marquis. Un flambeau dissipa les ténèbres, on ouvrit la grande porte, et le seigneur du village entra dans son château.

« M. Charles est-il arrivé d'Angleterre, demanda le gentilhomme.

— Non, monseigneur, pas encore. »

CHAPITRE IX.

La tête de Méduse.

C'était un vaste bâtiment, aux proportions massives, que le château de M. le marquis ; un amas de pierres devant lequel s'étendait une immense cour d'honneur, entourée de pierres de taille ; dans cette cour, deux grands escaliers de pierre, se rejoignaient en fer à cheval, sur une terrasse en pierre, où s'ouvrait la porte du château.

De la pierre partout : des urnes, des balustrades, des fleurs de pierre, des faces de lion, des têtes d'hommes et d'animaux dans tous les coins, et toujours en pierre. On eût dit que vers la fin du seizième siècle, au moment où l'on venait de terminer l'édifice, la tête de Méduse y avait promené son regard.

Précédé d'un flambeau, qui troublait suffisamment les ténèbres pour exciter les plaintes d'un hibou logé sous le vieux toit d'une ancienne remise, le marquis monta les grandes marches qui conduisaient à la terrasse. L'air était d'un calme si profond, qu'il n'agitait pas même la flamme portée devant Monseigneur, ni celle qui l'attendait à la porte du château.

Excepté la voix du hibou et le m___re d'une fontaine s'écoulant dans un bassin de pierre, aucun son ne se faisait entendre ; c'était l'une de ces nuits ténébreuses qui retiennent leur souffle haletant, et poussant de loin en loin un soupir, aussitôt réprimé.

La grande porte se referma bruyamment, et Monseigneur se trouva dans une grande salle garnie d'anciens épieux, de lourdes épées, de nombreux couteaux de chasse, et que rendaient horrible à voir certaines cravaches pesantes, certains fouets aux lanières de cuir dont maint paysan avait éprouvé les coups, avant d'avoir été rejoindre la Mort, son unique bienfaitrice.

Évitant les salons où il n'y avait pas de lumière, le marquis se rendit au premier étage, franchit une porte qui s'ouvrait dans un corridor et entra dans ses appartements privés: de grandes pièces étincelantes de dorure, ainsi que, dans un siècle et dans un pays de luxe, il convenait à la position de Monseigneur.

Le style du temps de Louis XIV prédominait dans le riche ameublement, diversifié toutefois par une quantité d'objets précieux, dont l'origine se rattachait aux anciennes pages de l'histoire de France.

Deux couverts étaient mis dans la dernière pièce de cet appartement, petite rotonde occupant l'une des tourelles, coiffées d'un éteignoir, qui se trouvaient suspendues aux quatre angles du château. La fenêtre était ouverte, mais les persiennes étaient fermées, et la nuit se révélait seulement par les raies noires qui alternaient avec les planchettes grises.

« On m'avait dit que mon neveu n'était pas arrivé, dit le marquis en jetant un coup d'œil sur la table.

— On l'attendait avec monseigneur.

— Il n'est pas probable qu'il vienne ce soir ; laissez néanmoins son couvert. Je serai prêt dans vingt minutes. »

A peine les vingt minutes étaient-elles écoulées que Monseigneur s'asseyait devant un souper délicat et somptueusement servi. Le potage venait d'être enlevé. M. le marquis tenait à la main son verre de vin de Bordeaux, mais au lieu de le porter à ses lèvres, il le reposa sur la table.

« Qu'est-ce qui vient de passer ? demanda-t-il, en regardant la fenêtre qui se trouvait en face de lui.

— Où cela, monseigneur ?

— Dehors; ouvrez les persiennes.

— Je ne vois rien, monseigneur ; il n'y a dehors que la nuit et les arbres.

— C'est bon, fermez. »

Les persiennes furent closes, et Monseigneur continua son repas. Il était au rôti, lorsque de nouveau il s'arrêta le verre à la main, en entendant le bruit d'une voiture.

« Demandez qui arrive, » dit-il.

C'était le neveu de M. le marquis. Il avait fait tous ses efforts pour rejoindre le carrosse de son oncle, mais il n'avait pu atteindre la dernière poste qu'au moment où M. le marquis arrivait au château.

Monseigneur, lui dit-on, le faisait prévenir que le souper était servi, et qu'il était attendu. L'instant après le neveu du marquis entrait dans la petite pièce de la tourelle. Nous avons fait connaissance avec lui en Angleterre, où il portait le nom de Charles Darnay.

M. le marquis le reçut avec grâce, mais ne lui tendit pas la main.

« C'est hier que vous avez quitté Paris, monsieur? demanda le jeune homme en se mettant à table.

— Hier matin. Et vous, monsieur?

— Je suis venu directement.

— De Londres?

— Oui, monsieur.

— Vous avez été bien long à venir, dit le marquis en souriant.

— Au contraire, je ne me suis pas arrêté une heure.

— Je ne parle pas du temps que vous avez pu mettre à faire le voyage, mais du peu d'empressement que vous avez mis à l'entreprendre.

— J'ai été retenu par.... différentes affaires, répondit le jeune homme avec hésitation.

— Je n'en doute pas, » répliqua le marquis avec une grâce parfaite.

Ils ne dirent point autre chose, tant que le domestique fut présent. Mais lorsqu'ils se trouvèrent seuls après qu'on leur eut servi le café, Charles leva les yeux sur son oncle, et entama la conversation.

« Je suis revenu, dit-il, ainsi que vous le devinez sans doute, avec l'intention de poursuivre le projet qui m'a fait aller en Angleterre. La persistance que j'ai mise à tout cela m'a jeté dans un péril aussi grand qu'inattendu. Néanmoins je continuerai cette œuvre, qui pour moi est sacrée; si elle me conduit à la mort, j'espère que le sentiment qui me l'inspire me soutiendra jusqu'à la fin.

— Pourquoi dire à la mort? c'est une exagération.

— En supposant que je n'aie point exagéré, monsieur, je vous demande, si au moment fatal, vous m'auriez tendu la main pour me secourir. »

L'oncle protesta de son dévouement à son neveu par un geste plein de grâce, mais il était si évident que cette protestation n'était qu'une simple formule de politesse, qu'elle n'avait rien de rassurant.

« Je vais plus loin, poursuivit le jeune homme : autant que j'ai pu le savoir, il paraîtrait que vous avez contribué à rendre suspectes les circonstances fâcheuses où je me trouvais placé.

— Non, du tout, dit le marquis d'un air aimable.

— Quoi qu'il en soit, reprit le neveu en regardant son oncle avec méfiance, je sais que vous ferez tout votre possible pour m'empêcher de réussir ; et vous n'avez jamais été scrupuleux quant au choix des moyens.

— Je vous ai prévenu depuis longtemps, répondit Monseigneur, dont les narines étaient frémissantes ; faites-moi la grâce de vous le rappeler, mon cher neveu.

— Je ne l'ai point oublié.

— Je vous en suis reconnaissant. »

La voix du marquis laissait dans l'air une vibration prolongée, comme celle d'un instrument harmonieux.

« Je crois, en effet, continua le jeune homme, que c'est à ma bonne étoile, et plus encore à votre mauvaise fortune, que je dois de ne pas être enfermé dans quelque prison française.

— Je ne vous comprends pas, dit l'oncle en sirotant son café, oserai-je vous demander un mot d'explication ?

— Je veux dire que si vous n'étiez pas si mal en cour, et si vous n'en aviez pas tant abusé, une lettre de cachet m'aurait envoyé dans une forteresse quelconque pour un temps indéfini.

— C'est possible, dit le marquis avec le plus grand calme ; j'aurais pu aller jusque-là pour sauver l'honneur de la famille ; je vous en fais bien mes excuses.

— Il est fort heureux pour moi que la réception d'avant-hier ait été, comme toujours, d'une froideur excessive, fit observer le jeune homme.

— Je ne suis pas sûr, mon cher ami, qu'on ait à vous en féliciter, répondit l'oncle avec une exquise politesse; les avantages de la solitude, l'occasion qui vous eût été fournie de réfléchir sérieusement, auraient pu influer sur votre avenir d'une manière plus favorable que vous ne l'imaginez. Mais il est inutile de discuter à cet égard ; je suis, comme vous dites, assez mal en cour. On n'accorde plus aujourd'hui qu'à l'intérêt et à l'importunité les instruments de correction qui venaient autrefois en aide aux familles pour affermir leur pouvoir et conserver leur honneur. Il y a tant de demandes, que le nombre des favorisés est relativement fort restreint. Ce n'était pas comme cela jadis ; mais tout est changé en France. Nos ancêtres avaient droit de vie et de mort sur les manants des environs. Combien de ces rustres sont sortis de ce château pour être pendus ! Il est à votre connaissance que dans la pièce voisine, qui est ma chambre à coucher, l'un de ces maroufles a été poignardé pour l'insolente délicatesse dont il faisait parade à l'égard de sa fille. Sa fille ! Nous perdons chaque jour de nos privilèges. Une nouvelle philosophie est à la mode ; et soutenir son rang est aujourd'hui d'une difficulté réelle. Cela va mal, très-mal. »

Le marquis, en disant ces mots, puisa dans sa tabatière avec une suprême élégance, et hocha la tête d'un air inquiet, sans toutefois désespérer de la régénération d'un pays qui avait l'avantage de le posséder.

« Nous avons si bien soutenu le rang de notre famille depuis des siècles, dit le neveu d'une voix sourde, que je ne crois pas qu'il y ait en France de nom plus détesté que le nôtre.

— Je l'espère bien, répondit l'oncle : la haine que l'on porte aux grands est, de la part du peuple, un hommage involontaire.

— Dans tout le voisinage, poursuivit le jeune homme sur le même ton, il n'y a pas un seul être qui ne me regarde avec la crainte et la bassesse d'un esclave.

— C'est un compliment à la famille, un éloge mérité par la manière dont elle a soutenu sa grandeur. »

Le marquis aspira lentement une nouvelle prise de tabac, et se croisa les jambes. Mais lorsque le jeune homme, le coude appuyé sur la table, eut porté la main à son front, et s'en fut couvert les yeux, le regard fourbe et cruel de Monseigneur s'attacha sur lui avec une puissance de pénétration et de haine qui démentait singulièrement l'air dégagé du noble personnage.

« La compression est, dit-il, la seule philosophie qui soit réelle et permanente, la crainte de l'esclave est salutaire, mon ami ; et le fouet maintiendra nos chiens dans l'obéissance autant que dureront ces murs. »

Cela pouvait être moins long que le marquis ne le supposait. Si on lui eût montré ce que son château serait quelques an nées plus tard, il lui aurait été difficile d'en reconnaître les ruines, au milieu de tant d'autres que le fer et le feu avaient faites.

« En attendant, continua le marquis, je prendrai soin du repos et de l'honneur de la famille qui vous importent si peu. Mais vous devez être las, et je craindrais d'augmenter votre fatigue en prolongeant cet entretien.

— Veuillez m'accorder quelques minutes.

— Une heure si vous voulez.

— Nous avons fait le mal, reprit le neveu, et nous en subirons les conséquences.

— Nous avons fait le mal ? répéta le marquis avec un sourire, et en se désignant après avoir montré le jeune homme.

— Je parle de notre famille, dont l'honneur nous préoccupe tous les deux, bien que d'une façon très-différente. Même du vivant de mon père, nous avons eu tous les torts imaginables, insultant et brisant tous ceux qui faisaient obstacle à nos plaisirs ; quel besoin ai-je de le rappeler ? cette vie a été la vôtre ; n'étiez-vous pas le frère jumeau de mon père, son cohéritier des titres et des biens de la famille, celui qui profita de sa succession ?

— C'est la mort qui l'a voulu ! dit Monseigneur.

— Et qui m'a laissé désarmé, en face d'un système odieux, auquel je suis lié fatalement, dont je me trouve responsable, et contre lequel je ne puis rien ; qui m'a laissé cherchant sans cesse à exécuter la dernière volonté de ma mère, à obéir à son dernier regard, qui me suppliait d'avoir pitié et de rendre justice. Oh ! quelle torture d'être sans pouvoir, et de ne trouver nulle part l'assistance qu'on réclame !

— Si c'est à moi que vous la demandez, vous êtes bien certain de ne pas l'obtenir, mon cher neveu. »

M. le marquis, alors debout près de la cheminée, regarda le jeune homme d'un air froid et perfide, sous le calme apparent de sa figure pâle ; et touchant de l'index la poitrine de son neveu, comme si l'extrémité de son doigt fin et blanc eût été la pointe d'une épée menaçante.

« Mon ami, dit-il, je mourrai en soutenant l'ordre de choses au milieu duquel j'ai vécu. »

Il appuya ces paroles d'une prise de tabac décisive, et remit sa tabatière dans sa poche.

« Mieux vaudrait faire preuve de raison, et accepter la destinée que vous avez reçue du ciel, continua le marquis en agitant la sonnette ; mais si je comprends bien, vous êtes perdu sans ressource.

— Ce domaine est perdu pour moi, ainsi que la France, murmura le jeune homme avec tristesse ; j'ai renoncé à tous les deux.

— En avez-vous la faculté, monsieur Charles ? Que vous renonciez à la France, c'est possible : mais à ce domaine, vous ne l'avez pas encore.

— Je le sais, monsieur ; j'ai seulement voulu dire que si demain il passait de vous à moi....

— J'ai la vanité de croire qu'il n'en sera pas ainsi.

— Remettons la chose à vingt ans.

— Vous me faites trop d'honneur, dit le marquis ; mais je préfère cette supposition.

— J'abandonnerais cette propriété pour aller vivre ailleurs, et autrement qu'on n'y a vécu. Ce serait un faible sacrifice après tout, que de quitter un endroit comme celui-ci, où tout est ruine et misère.

— Ah ! fit le marquis, en jetant les yeux sur le luxe dont il était environné.

— Dans cette chambre, le regard est satisfait, reprit le neveu ; mais, au fond, et à la clarté du jour, ce n'est qu'un amas croulant de désordres, d'extorsions, de dettes scandaleuses, de tyrannies révoltantes, soutenues par la faim, la nudité et la maladie.

— Ah ! fit de nouveau le marquis avec indifférence.

— Si jamais ce domaine est à moi, poursuivit le jeune homme, je le confierai à des mains plus habiles que les miennes, pour que les enfants des malheureux qui habitent cette campagne, où ils ont tant souffert, aient plus tard moins de maux à supporter. Mais ce n'est pas moi qui rendrai cette justice : cette terre est maudite comme la famille qui la possède.

— Et vous ? demanda l'oncle, pardonnez-moi ma curiosité ; mais avec vos principes, avez-vous l'intention de vivre ?

— Je vivrai, monsieur, comme tant d'autres, comme beaucoup de gentilshommes pourront un jour y être forcés, je vivrai en travaillant.

— Sans doute en Angleterre ?

— Oui, monsieur, ne craignez rien ; l'honneur de la famille est sauf, du moins en France. »

Le tintement de la sonnette avait donné l'ordre d'éclairer la chambre du marquis. Monseigneur jeta les yeux vers la porte qui ouvrait dans la pièce voisine, prêta l'oreille, et attendit pour reprendre la conversation que le valet se fût éloigné.

« Il faut, dit-il, que l'Angleterre ait pour vous beaucoup de charmes, car la position que vous y occupez n'a, par elle-même, que fort peu d'avantages ; votre prospérité ne m'y paraît pas très-grande, ajouta-t-il en souriant.

— C'est à vous que j'en suis redevable, je crois vous l'avoir déjà dit, monsieur. Du reste, je ne suis allé en Angleterre que pour y trouver un refuge, non pour m'y enrichir.

— L'Angleterre se vante d'être un asile pour beaucoup de gens. N'y connaissez-vous pas un Français, réfugié comme vous sur ce terrain hospitalier, un docteur en médecine ?

— Oui, monsieur.

— Il a une fille ?

— Oui, monsieur.

— Très-bien, dit le marquis, je vous souhaite le bonsoir, vous devez être fatigué. »

Comme il inclinait la tête avec grâce, il y eut dans son regard et son sourire, dans ses narines frémissantes, une expression particulière qui donnait à ses paroles un cachet tellement significatif et mystérieux, que le jeune homme en fut frappé. Les lignes droites de ses paupières et de ses lèvres, courbées par le sarcasme, imprimaient à sa figure quelque chose d'infernal qui n'était pas sans beauté.

« Le docteur a une fille ! répéta le marquis, fort bien ! C'est ainsi que débute la philosophie nouvelle. Mais vous êtes fatigué : bonsoir, mon neveu. »

Il n'eût pas été moins inutile d'interroger les masques de pierre qui décoraient le château que de questionner la figure de Monseigneur ; et son neveu le regarda vainement comme il franchissait la porte.

« Bonsoir ! répéta le marquis ; à demain matin, j'espère que vous serez complètement reposé. Éclairez, et conduisez monsieur à son appartement ! Si vous pouviez l'y rôtir ! » murmura l'oncle en sonnant pour qu'on vînt l'aider à faire sa toilette du soir.

Débarrassé du valet, M. le marquis, vêtu de sa robe de chambre, arpenta la pièce de long en large pour se disposer au sommeil. Ses pantoufles moelleuses s'appuyaient sans bruit sur le parquet ; et ses pas silencieux, joints à la souplesse de ses mouvements lui donnaient quelque chose de félin, comme si un enchanteur l'ayant condamné pour ses fautes à prendre la forme d'un tigre, le changement périodique vint d'avoir lieu ou fût sur le point de s'accomplir.

Tout en allant et venant dans cette chambre voluptueuse, le marquis pensa aux derniers incidents de son voyage, qui lui revinrent malgré lui à la mémoire : la montée si longue et si pénible de la côte, ses mains rougies par le soleil couchant, la descente au milieu d'un tourbillon de poussière, le village au pied de la colline, la prison sur le rocher, les villageois autour de la fontaine, et le cantonnier désignant la chaîne du sabot avec son bonnet bleu.

La fontaine du village évoqua celle de Paris, le petit paquet de hardes sanglantes déposé sur la margelle de pierre, les femmes penchées sur le petit cadavre, et le malheureux père jetant ses bras au ciel en criant : Il est mort !

« Maintenant, dit Monseigneur, je suis calme et je puis me coucher. »

Il souffla les bougies des candélabres, à l'exception d'une seule, laissa retomber ses rideaux de soie et de gaze, ferma les yeux, écouta la nuit pousser un long soupir, et s'abandonna au sommeil.

Pendant trois heures, les masques de pierre qui décoraient la façade regardèrent les ténèbres de leurs yeux aveugles, les chevaux s'agitèrent devant leurs râteliers, les chiens aboyèrent, et le hibou jeta des cris tout différents de ceux que les poëtes lui assignent ; mais c'est la sotte coutume de pareilles créatures de ne jamais s'exprimer ainsi qu'on le leur commande.

Pendant trois heures, l'obscurité la plus épaisse enveloppa tout le pays et ajouta son ombre au silence qui planait sur la campagne. Au cimetière, on ne distinguait plus les monceaux d'herbe ; l'image du Christ aurait pu se détacher de la croix sans qu'on s'en aperçût ; et dans le village, taxeurs et taxés étaient profondément endormis.

Peut-être rêvaient-ils de banquets, ainsi qu'il arrive souvent à ceux qui meurent de faim ; de repos et de bien-être, comme doivent le faire l'esclave et le bœuf, accablés sous le poids du joug ; mais ils dormaient ; et, pendant ce temps-là, oubliant la faim et le collier de misère, ils étaient libres et rassasiés.

Pendant trois heures, les eaux de la fontaine du village et de celle du château coulèrent dans la nuit et s'enfuirent au loin, comme les minutes que le temps épanchait sur sa route. Puis leur onde fugitive détacha son pâle reflet du milieu des ténèbres, devenues moins épaisses, et les lions qui décoraient la façade du château virent poindre la lumière. L'horizon blanchit, s'enflamma peu à peu ; le soleil, après avoir touché la cime des arbres, empourpra la colline, les masques de pierre rougirent, et l'eau parut être mêlée de sang.

De tous côtés, l'hymne du matin salua la venue du jour ; sur la fenêtre de la chambre à coucher de Monseigneur, un petit oiseau fit entendre ses chants les plus doux ; le monstre qui soutenait les armes du marquis en parut étonné, et, les yeux fixes, la gueule béante, sembla frappé d'effroi.

Le soleil levé, tout le village fut en mouvement : les lucarnes, puis les portes s'ouvrirent, et les travailleurs, frissonnant à l'air vif et pur, allèrent se mettre à la tâche quotidienne. Ici des femmes au lavoir ; là-bas des hommes et des femmes piochant, creusant, bêchant, soignant de pauvres bestiaux, et conduisant de maigres vaches sur les chemins, pour y tondre l'herbe qui pouvait s'y trouver. Dans l'église, une ou deux femmes à genoux. A la porte du cimetière, une pauvre veuve, dont la chèvre broutait l'herbe qui poussait au pied de la croix.

Le château s'éveilla plus tard, comme il convenait à sa qualité, et graduellement chacun de ses hôtes, d'après leur position et leur nature. Les épieux et les couteaux de chasse avaient rougi d'abord aux premières lueurs du jour ; plus tard la porte des écuries s'était ouverte, et les chevaux avaient regardé par-dessus l'épaule, en attendant l'avoine que vannait le palefrenier. Les chiens, pendant ce temps-là, tiraient leurs chaînes et se dressaient sur leurs pattes de derrière, impatients d'être lâchés. Enfin les rideaux s'étaient tirés aux fenêtres.

Jusque-là rien d'étonnant dans ces faits routiniers qui se produisaient chaque jour.

Mais pourquoi sonne-t-on la cloche? Pourquoi ces allées et ces venues, ces figures ahuries, qui se pressent sur la terrasse, ces bottes éperonnées qui résonnent dans la cour? Pourquoi les chevaux sont-ils sellés en toute hâte?

Pourquoi les lance-t-on, bride abattue, au versant de la colline?

Est-ce le vent qui porte la nouvelle de ce tumulte au cantonnier, déjà au travail, et dont la nourriture du jour, indigne d'attirer l'attention d'une corneille, repose sur un tas de pierres? Les oiseaux, qui disséminent les graines, ont-ils par hasard laissé tomber près de lui quelques bribes de la nouvelle? Quoi qu'il en soit, le cantonnier, laissant sur la route ses outils et son bissac, descend la côte en courant comme si le diable le poursuivait, et ne s'arrête qu'à la fontaine.

Il y trouve tous les habitants du village, causant à voix basse avec animation, mais sans témoigner autre chose que la surprise et la curiosité. Les vaches, attachées n'importe où, regardent devant elles d'un air stupide, ou, couchées dans la poussière, ruminent lentement, sans que rien dans leur maigre pâture les dédommage de leur peine. De l'autre côté de la rue, et plus ou moins armés, sont des gens du château, plusieurs postillons et tous les publicains du village.

Le cantonnier s'est faufilé dans un groupe de cinquante amis intimes, où il agite vivement son bonnet bleu.

Que signifie tout cela ? Que présage le saut de M. Gabelle, en croupe d'un domestique à la livrée de Monseigneur, et le galop du cheval, qui, malgré sa double charge, disparaît comme dans la ballade allemande ?

Cela signifie qu'il y a au château une face de pierre que nul ne s'attendait à voir.

La Gorgone est venue dans la nuit visiter l'édifice, pour y ajouter la seule tête qui manquât à cette noble demeure, et qu'elle attendait depuis deux cents ans : sur l'oreiller du marquis repose le masque d'un homme éveillé subitement, devenu furieux, et pétrifié dans sa colère. Dans la poitrine de cet homme il se trouve un couteau, enfoncé droit au cœur ; au manche du couteau est attaché un papier ; sur ce papier on lit ces paroles:

De la part de Jacques.

CHAPITRE X.

Deux promesses.

Quelques mois après les événements que nous avons rapportés dans les pages précédentes, Charles Darnay était établi à Londres, où il enseignait le français. Aujourd'hui on le qualifierait de professeur ; à cette époque c'était tout simplement un maître de langues. Il faisait un cours aux jeunes gens qui se trouvaient assez de loisir pour cultiver une langue vivante, parlée dans le monde entier, et s'efforçait de répandre parmi ses élèves le goût de la littérature française, dont il exposait d'ailleurs les beautés en excellent anglais.

Dans ce temps-là de pareils maîtres étaient rares ; des princes qui un jour devaient monter sur le trône, n'enseignaient pas encore les sciences dont plus tard ils devaient donner des leçons ; les nobles, qui étaient inscrits sur le grand-livre de Tellsone, n'étaient pas encore réduits à faire la cuisine, ou à devenir charpentiers.

Grâce au talent qu'il possédait, à l'étendue de ses connaissances, au charme de son esprit et de ses manières, le jeune maître de langues n'avait pas tardé à réussir. Il était d'ailleurs fort au courant des affaires de son pays, qui devenaient chaque jour de plus en plus intéressantes ; et c'était un motif de plus pour qu'on s'empressât de le rechercher.

Si, en venant à Londres, il s'était attendu à rouler sur l'or et sur l'argent, il est certain qu'il eût éprouvé une amère déception. Mais il avait demandé du travail, en avait obtenu, s'en acquittait avec zèle, et c'était là tout le secret de sa fortune. Il donnait des leçons à l'Université de Cambridge, où l'on tolérait qu'il passât en contrebande les richesses d'une langue moderne, au lieu d'y faire entrer du grec et du latin avec approbation de la douane académique. Ces travaux universitaires lui prenaient une partie de son temps, dont le reste était consacré à ses élèves de Londres.

Or, vous savez que depuis l'époque où un été perpétuel régnait dans l'Éden, jusqu'à nos jours, où il est rare que l'hiver abandonne ces latitudes déchues, les hommes ont invariablement subi la loi qui les oblige à être amoureux d'une femme ; et Charles Darnay suivait la loi commune. Il aimait Lucie Manette depuis l'instant où il avait failli mourir. Jamais il n'avait entendu de voix plus douce, plus sympathique, jamais il n'avait contemplé de visage plus céleste, d'émotion plus touchante, qu'au moment où, sur le bord de la tombe, il avait été regardé par le charmant témoin, sommé de le reconnaître, et de déposer contre lui.

Mais c'était un secret qu'il n'avait confié à personne. Depuis un an que le marquis était mort assassiné, de l'autre côté du détroit, Charles n'avait pas dit à miss Manette un seul mot qui pût faire soupçonner l'état de son âme. Il y avait à cela de bonnes raisons, dont il connaissait trop la valeur.

Cependant un soir Charles Darnay, revenu tout récemment de Cambridge, se dirigea vers l'endroit aux échos, avec l'intention de dire au docteur ce qu'il avait dans l'esprit. On était encore en été, et vers la fin du jour Lucie avait l'habitude de sontir avec miss Pross. Notre amoureux, qui savait cela, trouva M. Manette seul dans son cabinet, lisant auprès de la fenêtre.

Le docteur avait recouvré peu à peu toute la puissance morale qui l'avait soutenu dans les premiers temps de son incarcération, et qui en avait aggravé les tortures. Parfois cependant l'énergie dont il faisait preuve, s'affaissait tout à coup, et reparaissait brusquement, ainsi que l'avaient fait ses autres facultés, avant de revenir à leur état normal. Mais ces sortes de crises avaient toujours été peu fréquentes, et le devenaient de moins en moins. Il étudiait beaucoup, dormait peu, supportait la fatigue avec aisance, avait le caractère égal, et ne manquait pas d'enjouement. En voyant entrer Charles Darnay, il posa son livre et tendit la main au jeune homme.

« Je suis enchanté de vous voir, lui dit-il, nous vous attendions depuis plusieurs jours ; MM. Stryver et Cartone disaient hier que vous restiez à Cambridge beaucoup plus que de raison.

— Je leur suis fort obligé de l'intérêt qu'ils me portent, répondit Charles d'un ton assez froid, mais qui évidemment ne concernait que ces messieurs. Miss Manette.... reprit-il.

— Se porte à merveille, interrompit le docteur. Elle est sortie pour aller faire quelques achats, mais elle ne tardera pas à rentrer, et je suis sûr qu'elle sera fort contente de votre retour.

— Je pensais bien ne pas la trouver, répliqua Darnay ; et je profite de l'occasion pour vous demander un instant d'entretien.

— Approchez-vous et parlez, » dit le docteur avec une contrainte évidente, et après être resté quelque temps sans répondre.

Charles prit une chaise, alla s'asseoir à l'endroit indiqué, mais trouva moins facile d'aborder la question.

« J'ai été assez heureux, dit-il enfin, pour faire depuis dix-huit mois partie de votre intimité ; cela me donne l'espérance que la chose dont j'ai à vous entretenir....

— Est-ce de Lucie que vous avez l'intention de me parler ? interrompit M. Manette.

— Oui, docteur.

— C'est toujours pour moi un sujet d'entretien pénible ; et je vous avoue qu'il m'est très-douloureux d'entendre parler d'elle avec le ton que vous y mettez, monsieur Darnay.

— C'est avec l'admiration la plus fervente, l'amour le plus sincère, docteur, répondit Charles d'un air respectueux.

— Je le crois et je vous rends justice, » reprit M. Manette.

Celui-ci tardait tellement à répondre, et le faisait avec une répugnance si évidente, que Charles Darnay lui demanda en hésitant s'il pouvait continuer.

Le docteur ayant fait un signe affirmatif :

« Vous savez, lui dit le jeune homme, tout ce que j'ai à vous dire ; mais vous ne pourriez comprendre de quel intérêt est pour moi cet entretien, que si vous connaissiez les inquiétudes, les tortures qui ont rempli mon existence. J'aime votre fille d'une tendresse à la fois respectueuse et ardente ; si jamais il y eut au monde un amour profond et dévoué, c'est celui que j'ai pour elle. Vous avez aimé, docteur ; rappelez-vous votre ancien amour.... »

M. Manette avait détourné la tête, et ses yeux étaient fixés sur le parquet ; aux derniers mots du jeune homme, il étendit la main en s'écriant :

« Ne parlez pas de cela, monsieur, je vous en conjure ! Oh ! ne me le rappelez pas ?... »

Sa voix exprimait tant de douleur qu'elle résonna longtemps à l'oreille de Charles, après avoir cessé de retentir. Sa main s'agitait auprès du jeune homme pour lui demander en grâce de rester silencieux.

« Pardonnez-moi, murmura-t-il, au bout de quelques minutes ; je ne doute pas de votre amour pour ma fille ; croyez-le, monsieur Darnay.... »

Il se tourna du côté de Charles, mais sans relever la tête, appuya son front sur sa main, et demeura ainsi, la figure couverte de ses cheveux blancs.

— Lui en avez-vous parlé ? demanda-t-il.

— Non, monsieur.

— Vous ne lui avez pas écrit ?

— Jamais.

— C'est par égard pour son père que vous avez agi avec tant d'abnégation ; il serait peu généreux de le méconnaître, et son père vous en remercie. »

Le docteur, en disant ces mots, tendit la main au jeune homme, sans toutefois détourner les yeux du parquet.

« Je sais, répondit Charles, et comment ne le saurais-je pas, moi qui vous ai vus chaque jour ? je sais qu'il y a entre miss Manette et vous une affection tellement touchante, tellement exceptionnelle, en raison des circonstances où elle s'est développée, qu'il est impossible de la comparer même au sentiment le plus vif qui ait jamais existé entre un père et sa fille. Je le sais, docteur ; il y a dans l'amour qu'elle vous porte un mélange e cette tendresse profonde et dévouée qui appartient à la femme, et de l'instinct irréfléchi, de la confiance de l'enfant. Non-seulement elle vous aime, mais vous avez pour elle un caractère sacré dont rien ne saurait diminuer le prestige. En vous regardant elle se rappelle sa mère, et vous aime tous deux à l'âge où nous sommes aujourd'hui. Elle souffre de vos malheurs, elle bénit le ciel de votre délivrance, et tout cela vient accroître la tendresse qu'elle vous donne ; je le sais, j'y ai pensé nuit et jour depuis l'époque où vous m'avez admis dans votre intérieur. »

M. Manette garda le silence ; sa respiration devint plus vive ; mais il ne donna aucun autre signe des sentiments qui l'agitaient.

« C'est parce que je savais cela, docteur, et que, moi-même, je vous voyais au front l'auréole du martyre, que je me suis abstenu de parler, aussi longtemps que le courage me l'a permis. Je sentais, et je sens encore maintenant, que placer mon amour entre vous deux est presque une faute : mais je l'aime trop, et n'ai plus la force de me taire.

— Je l'avais déjà pensé, dit tristement l'ancien captif.

— Ne croyez pas, répliqua Charles, à qui cette voix douloureuse produisit l'effet d'un reproche, que si je devais lui appartenir un jour, l'idée me vint jamais de vous séparer l'un de l'autre. Ce serait d'ailleurs impossible, en supposant que je sois assez cruel pour l'essayer. Mais ne craignez rien, docteur, ajouta-t-il en prenant la main de M. Manette, je ne peux pas y penser. Comme vous, chassé de la France par ses folies et ses misères, comme vous, demandant au travail de quoi vivre, et me confiant dans un avenir plus heureux, je n'ai d'autre ambition que de m'asseoir à votre foyer et de vous être fidèle jusqu'à la mort. Bien loin de songer à vous prendre votre enfant, je demande à partager les soins qu'elle vous donne, à me joindre à elle pour augmenter votre bonheur, et à resserrer vos liens, si la chose est possible. »

Après avoir répondu à la pression de main du jeune homme, le père de Lucie releva la tête pour la première fois depuis le commencement de la conférence. Sa figure trahissait la lutte qui se passait dans son âme, et avait une tendance manifeste à exprimer le doute et l'effroi. Il fit cependant un effort sur lui-même, et dit avec calme et douceur :

« Je vous remercie, Charles Darnay ; vos paroles sont à la fois dignes et touchantes, et je vais à mon tour vous parler avec franchise. Avez-vous quelque motif de croire à l'amour de Lucie ?

— Aucun jusqu'à présent.

— Est-ce pour vous assurer du fait, après m'en avoir averti, que vous avez entamé cet entretien ?

— Non, docteur ; en venant ici, je n'élevais pas jusque là mes prétentions ; mais j'espère, c'est peut-être une erreur de ma part, que vous me permettrez demain d'en acquérir la certitude.

— Me demandez-vous un conseil ?

— Je ne le demande pas, docteur. Je désire seulement que vous fassiez à mon égard tout ce que vous croirez bon.

— Est-ce une promesse que vous êtes venu chercher ?

— Oui, docteur.

— Laquelle ?

— Je sais à merveille que sans vous je n'ai rien à espérer. Miss Manette aurait-elle quelque sympathie pour moi, ce que je suis bien loin de prétendre, qu'elle ne me la garderait pas contre la volonté de son père.

— S'il en est ainsi, l'effet contraire pourrait se produire. Y avez-vous pensé ?

— Il est facile de comprendre qu'une parole de votre bouche, en faveur d'un soupirant quelconque, balancerait auprès d'elle ses propres sentiments, et que vos désirs l'emporteraient sur les siens. C'est pour cela, docteur, que je ne vous demanderais pas cette parole, au péril de ma vie.

— Je n'en doute pas, monsieur Darnay ; mais il y a entre les personnes le plus étroitement liées, des mystères impénétrables qui naissent précisément de l'étendue de leur affection, et je ne saurais deviner l'état du cœur de Lucie.

— Puis-je vous demander, monsieur, si vous pensez qu'elle soit....

— Recherchée par quelqu'un ?

— C'est là ce que je voulais dire.

— Vous avez vu ici M. Cartone, répondit le docteur après un instant de réflexion ; M. Stryver vient également quelquefois : cela ne pourrait être que l'un ou l'autre.

— A moins que ce ne soit tous les deux.

— Je n'en crois rien ; il est même probable que pas un d'eux n'y a songé — mais la promesse dont il était question ?

— Si jamais Mlle votre fille venait à vous faire une confidence analogue à celle que vous venez d'entendre, promettez-moi, docteur, de lui rapporter mes paroles et de lui dire que vous y avez ajouté foi. J'espère vous avoir inspiré assez d'estime pour que vous ne me desserviez pas auprès d'elle ; c'est là tout ce que je vous demande ; veuillez à votre tour m'imposer la condition que vous avez le droit d'y mettre, je l'accepte immédiatement et sans réserves.

— Je vous promets de faire ce que vous me demandez, et sans condition aucune ; je crois fermement tout ce que vous m'avez dit, je suis persuadé que vous n'avez nulle intention d'affaiblir les liens qui m'unissent à la plus chère partie de moi-même. Si elle me dit que vous êtes nécessaire à son bonheur, je vous la donnerai, monsieur Darnay. »

Le jeune homme saisit la main du docteur et la pressa avec reconnaissance.

« Alors même qu'il y aurait des préventions motivées, de graves sujets d'antipathie contre l'homme qu'elle aimerait, tout serait oublié par amour pour elle. Lucie est tout pour moi, elle a sur mon âme plus d'influence que la douleur, que le souvenir, elle est plus puissante que.... Mais à quoi bon ces paroles ? »

Il y eut quelque chose de si étrange dans la manière dont sa voix s'éteignit et dont son regard se fixa dans le vide, que Charles Darnay sentit sa main se refroidir dans la main qui se retira bientôt, et qui retomba inerte à côté du docteur.

« Vous me disiez quelque chose, reprit M. Manette en souriant, qu'est-ce que c'était ? »

D'abord fort embarrassé de répondre, Charles se rappela qu'il avait parlé d'une condition à remplir, en échange de la promesse que lui avait faite le père de Lucie.

« Votre confiance en moi, dit-il au docteur, doit être payée de retour. Vous vous rappelez que le nom que je porte aujourd'hui, bien qu'il soit à peu près celui de ma mère, est un nom supposé. Je désire que vous sachiez à quelle famille j'appartiens, et pourquoi....

— Pas un mot de plus ! s'écria le médecin de Beauvais.

— Je veux cependant mériter votre confiance, n'avoir pas de secret pour vous.

— Je vous en conjure !... »

Le docteur, qui d'abord avait porté les mains à ses oreilles, les croisa toutes deux sur les lèvres du jeune homme.

« Vous me le direz plus tard, lorsque je vous le demanderai, pas maintenant. Si elle vous aime il sera temps de me l'apprendre le matin de votre mariage. Promettez-vous de ne m'en parler qu'à cette époque ?

— Volontiers.

— Votre main ; elle va revenir ; il vaut mieux qu'elle ne nous trouve pas ensemble. Bonsoir, et que Dieu vous garde. »

Le soleil venait de se coucher lorsque Darnay s'éloigna, et il faisait nuit noire quand miss Manette rentra. Elle courut au salon et fut surprise de ne pas y trouver le docteur

« Mon père, » dit-elle en élevant la voix.

Pour toute réponse, elle n'entendit que le bruit sourd d'un marteau dans la chambre, et s'enfuit tout effrayée. Mais revenant bientôt sur ses pas, elle frappa légèrement à la porte et appela son père à voix basse. Le bruit cessa dès qu'elle eut parlé, son père vint à elle, et tous les deux arpentèrent la chambre en silence jusqu'à une heure assez avancée. Pendant la nuit, elle se leva et descendit pour le voir ; il dormait d'un profond sommeil, et le petit banc, la sébile d'outils et le soulier inachevé, avaient été remis à leur place.

CHAPITRE XI.

Une confidence.

Vers la fin de cette même soirée, M. Stryver disait à son chacal :

« Sydney, prépare un nouveau bol de punch, j'ai quelque chose à t'apprendre. »

Sydney avait travaillé à toute vapeur, ainsi que les nuits précédentes, afin de mettre en ordre les papiers de l'avocat, et d'expédier, avant l'ouverture des vacances, toutes les affaires dont celui-ci était chargé. La besogne était finie, l'arriéré mis à jour, et ledit avocat débarrassé de toute préoccupation, jusqu'à ce que le mois de novembre, escorté des brumes atmosphériques et légales, ramenât la mouture au moulin.

Toutes ces nuits triplement laborieuses n'avaient rendu Cartone ni plus vif ni plus sobre. Ce n'était qu'à force de serviettes mouillées et de libations incessantes qu'il avait pu se tirer d'affaire ; aussi était-il dans un état déplorable lorsqu'il enleva son turban et le relégua dans le bassin où, depuis six heures, il l'avait trempé mainte et mainte fois.

— Tu ne fais pas ce bol de punch? lui dit Stryver le majestueux, qui, les mains dans la ceinture et couché sur le divan, jeta un regard autour de lui.

— Si, je m'en occupe.

— C'est bien; écoute-moi; j'ai à te dire quelque chose qui va te surprendre, et qui te fera peut-être penser que je ne suis pas aussi habile que tu l'avais cru jusqu'ici : je vais me marier, Sydney.

— Toi?

— Oui, et pas pour de l'argent. Qu'en dis-tu?

— Rien? Qui est-elle?

— Devine.

— Est-ce que je la connais?

— Devine.

— Il m'est impossible de rien deviner à cinq heures du matin, avec une cervelle qui frit dans ma tête comme dans une poêle. Si tu veux me proposer des énigmes, invite-moi à dîner.

— Je vais donc te parler sans détours, dit Stryver en se mettant à son séant; malgré cela, je n'espère pas me faire comprendre : tu es tellement insensible!

— Et toi, répondit Cartone en s'occupant du punch, tu as le cœur si tendre, tu es un homme si poétique!

— Allons, répliqua Stryver en riant d'un air satisfait, bien que je n'aie pas le caractère romanesque (j'ai trop de savoir et de haute raison pour cela), je n'en suis pas moins beaucoup plus impressionnable que toi.

— Vraiment, tu as de la chance.

— Impressionnable n'est pas le mot; je veux dire que j'ai plus de.....

— Plus de galanterie. Va! dis-le pendant que tu y es.

— Précisément. Je veux dire, continua Stryver d'un air d'importance, que dans le monde je fais beaucoup plus de frais que toi, et que je connais le moyen de me rendre agréable aux femmes beaucoup mieux que tu ne le sauras jamais.

— Passons, répondit Cartone.

— Avant d'aller plus loin, répondit l'avocat en hochant la tête avec son aplomb habituel, je veux épuiser la matière. Tu as été reçu chez le docteur Manette aussi fréquemment et plus que moi-même; d'où vient que j'ai toujours eu à rougir de l'air morose que tu prends dans cette maison? ton silence y est maussade et ta figure piteuse comme celle d'un chien perdu. Je te le répète, Sydney, j'en suis honteux pour toi.

— C'est un grand avantage pour un membre du barreau que de connaître la honte, répliqua Sydney; tu dois me savoir gré de l'avoir appris à rougir.

— Pas de moyens dilatoires; ils te seraient inutiles, riposta l'orateur en donnant un coup d'épaule à sa réplique. Je dois te dire, en ma qualité d'ami, et je te dirai en face, dans ton propre intérêt, que tu es diablement mal tourné et mal appris dans le monde, que tu y fais la plus détestable figure qui s'y soit jamais vue. »

Cartone se mit à rire, et avala une rasade du punch qu'il était en train de faire.

« Prends modèle sur moi, poursuivit l'avocat, en se posant carrément; avec ma position et ma fortune, je pourrais bien plus que toi me dispenser d'être aimable, et cependant je ne néglige rien pour l'être.

— Je ne t'ai jamais vu dans ces moments-là, répondit Cartone.

— Ce n'est donc pas par nécessité, mais par principe, continua Stryver, et c'est ainsi que j'avance.

— Non pas dans la communication de tes vues matrimoniales, répliqua Sydney d'un air insouciant; j'aimerais à te voir aborder le fait. Quant à ce qui m'est personnel, ne comprendras-tu jamais que je suis incorrigible?

— Tu as tort, ce n'est pas là ton affaire, dit l'avocat d'un ton bourru.

— Est-ce que mon affaire est d'être quoi que ce soit? Mais, peu importe; dis-moi qui tu épouses?

— Que cette nouvelle ne te soit pas désagréable, Sydney, reprit l'avocat en manière de précaution oratoire. Tu ne sais jamais ce que tu dis; et lorsque, par hasard, tu songes à tes paroles, ton opinion n'en acquiert pas plus d'importance. Je te fais ce petit exorde, parce qu'autrefois tu m'as parlé de cette jeune fille en termes quelque peu méprisants.

— Moi?

— Et dans ce cabinet même. »

Sydney Cartone regarda tour à tour le punch et son ami, but un verre de la liqueur brûlante, et reporta ses yeux sur l'avocat.

« Tu as traité cette jeune fille de poupée aux cheveux d'or; car, puisqu'il faut te le dire, il s'agit de miss Manette. Si tu avais le moindre tact, la moindre délicatesse à l'égard des femmes, j'aurais pu t'en vouloir de cette expression insultante; mais comme tu as aussi peu de jugement que de sensibilité, je ne m'inquiète pas plus de ton opinion sur ma future, que je ne me tourmenterais de celle d'un homme ayant l'oreille fausse, qui se permettrait de critiquer la musique que j'aurais faite. »

Sydney Cartone buvait le punch, et le buvait à pleins verres, sans cesser toutefois de regarder son ami.

« Te voilà maintenant dans la confidence, poursuivit l'avocat, je ne tiens pas à la fortune. Elle est charmante, et je suis résolu à m'en passer la fantaisie; j'ai le moyen de satisfaire mes caprices. Elle aura en moi un homme posé, qui s'élève rapidement, et qui n'est pas sans mérite; pour elle, c'est un coup de fortune; mais elle en est vraiment digne. Tu n'es pas surpris?

— Pas du tout, répondit Cartone en continuant à boire.

— Tu m'approuves?

— Pourquoi te désapprouverais-je?

— Tu prends la chose plus facilement que je ne l'aurais cru, et tu es moins intéressé pour moi que je ne le pensais. A vrai dire, connaissant la volonté ferme de ton ancien camarade, tu sais que tes observations seraient complétement inutiles. Oui, Sydney, je veux changer de manière de vivre; je commence à comprendre qu'il est fort agréable d'avoir une maison où l'on puisse rentrer quand on veut (il est si aisé d'être ailleurs, lorsqu'on s'ennuie chez soi), et j'ai senti que miss Manette me convenait à merveille; elle est faite pour occuper une haute position, et me fera honneur; je suis donc bien décidé à ce mariage. Et maintenant, mon pauvre Syd, mon vieil ami, parlons un peu de ton avenir. Tu es dans une mauvaise passe, excessivement mauvaise; — je n'ai pas besoin de le démontrer; — tu es incapable de rétablir tes affaires; tu ne connais pas le prix de l'argent, tu vis fort mal, bien qu'avec beaucoup de peine; un de ces jours tu seras au bout de tes forces, les infirmités viendront, et tu tomberas dans la misère; il faut absolument penser à une garde-malade. »

L'air de protection qu'il avait, en donnant ce conseil, le faisait paraître deux fois plus gros, deux fois plus insolent qu'il ne l'était toujours.

« Prends mes paroles en considération, poursuivit l'avocat. J'ai bien examiné les choses; crois-en celui dont tu aurais dû imiter la conduite à tous égards, suis mon exemple : épouse; procure-toi une personne qui te soigne. Ne m'oppose pas ton dégoût pour les femmes, le peu de succès que tu as auprès d'elles, ton peu de tact et d'esprit; cherche une bonne âme, sans penser à ce qui te manque; découvre-moi quelque veuve respectable, ayant une petite propriété, une auberge, une maison, voire des rentes, et marie-toi pour éviter la misère. Voilà ce qui te convient, mon ami, fais en sorte de le trouver.

— J'y penserai, » dit Cartone.

CHAPITRE XII.

Un homme plein de délicatesse.

M. Stryver, ayant pris la résolution magnanime de faire à miss Manette la faveur de l'épouser, décida qu'il lui apprendrait cette bonne fortune avant d'entrer en vacances. Après quelques instants de réflexion, il pensa qu'il ferait bien de terminer de suite tous les préliminaires, quitte à voir plus tard s'il donnerait sa main à la charmante Lucie avant la rentrée de la cour ou pendant les fêtes de Noël. Quant à la cause en elle-même, il ne doutait pas le moins du monde qu'elle ne fût gagnée d'avance. A l'égard des avantages matériels, les seuls qui dussent entrer en ligne de compte, l'affaire ne souffrait pas la moindre observation : il se présentait; l'avocat de la jeune fille renonçait à la parole, les jurés n'avaient pas même besoin de réfléchir, et jamais verdict n'avait été plus favorable.

Le jour même de l'ouverture des vacances, M. Stryver écrivit donc à miss Manette pour lui proposer de la conduire au Vauxhall; la proposition ayant été repoussée, il se rejeta peu de temps après sur le Ranelagh; et, n'ayant pas été plus heureux, il se décida enfin à se présenter chez la jeune fille et à lui faire part de la noble résolution qu'il avait prise. Quiconque l'aurait vu portant sa figure épanouie vers la maison du docteur, alors même qu'il était encore dans le voisinage de Temple-Bar, qui l'aurait vu se carrer sur le trottoir, sans souci des passants, aurait deviné qu'il était sûr de son fait, et que rien ne pouvait lui faire obstacle.

Comme il passait devant Tellsone, et qu'en dehors des capitaux qu'il avait dans la maison, il connaissait M. Lorry pour l'avoir rencontré chez les Manette, il lui vint à l'esprit d'entrer à la banque, et de révéler au gentleman le brillant horizon qui s'ouvrait à la fille du docteur. Il poussa vigoureusement la porte, sauta malgré lui les deux marches, passa près des deux employés, et se dirigea vers le cabinet moisi où M. Lorry passait toute la journée devant de grands livres de comptes, auprès d'une fenêtre rayée de barreaux perpendiculaires, comme si on l'eût destinée à recevoir des chiffres, et qu'il n'existât sous les nuages que les éléments d'un total.

« Bonjour ! comment vous portez-vous ? s'écria M. Stryver ; cela va bien, n'est-ce pas ? »

C'était l'une des particularités de notre avocat de sembler toujours trop gros pour l'endroit où il se trouvait, quelle que fût la dimension des lieux. Lorsqu'il entra chez Tellson, l'espace fut tellement encombré, que les vieux commis, du fond de leur coin, semblèrent en témoigner leur déplaisir, et parurent s'écraser contre la muraille ; les chefs de la maison eux-mêmes, qui lisaient le journal au bout d'une sombre perspective, prirent un air mécontent, comme si la tête de l'avocat eût été frapper dans leur gilet solvable.

« Bonjour, monsieur Stryver, comment vous portez-vous ? » répondit M. Lorry d'une voix discrète, en prenant la main du légiste. Il y avait dans la manière dont il s'acquitta de cette formalité quelque chose de spécial à tous les agents de la maison, lorsque ceux-ci recevaient un client en présence de leur chef, quel que fût l'éloignement de ce dernier. Le vieux gentleman salua donc l'avocat avec l'abnégation d'un individu qui serre la main pour Tellson et Cie.

« Que désirez-vous, monsieur Stryver ? demanda le comptable dans l'exercice de ses fonctions.

— Je veux simplement vous voir, monsieur Lorry. C'est une visite particulière ; j'aurais quelque chose à vous communiquer.

— Vraiment ! dit le gentleman en baissant la tête pour approcher l'oreille du visiteur, pendant que son œil s'égarait dans le lointain à la recherche de Tellson.

— Je vais de ce pas, reprit M. Stryver en s'appuyant d'un air confidentiel sur l'énorme pupitre, qui sembla trop étroit pour le recevoir, je vais m'offrir en mariage à miss Manette, votre aimable petite amie.

— Bonté divine ! s'écria le gentleman, qui se frotta le menton et regarda l'avocat d'un air d'incrédulité.

— Comment ! bonté divine ? répéta M. Stryver en se reculant qu'entendez-vous par là, monsieur Lorry ?

— Ce que j'entends, répondit l'homme d'affaires, est à votre avantage, croyez-le bien ; j'apprécie votre intention comme elle mérite de l'être ; soyez persuadé qu'à mes yeux elle vous fait le plus grand honneur. Mais vous savez, monsieur Stryver.... »

M. Lorry hocha la tête en regardant le juriste de la façon la plus étrange, comme s'il eût dit en lui-même : « Elle est vraiment beaucoup trop bien pour vous. »

« Si je vous comprends, monsieur Lorry, je veux être pendu ! » répliqua l'homme de loi, qui frappa sur le pupitre, en ouvrant de grands yeux et en respirant avec force.

M. Lorry ajusta sa petite perruque, et mordilla les barbes de sa plume.

« Que signifie tout cela, monsieur? Au diable les réticences! Ne suis-je pas acceptable?

— Oh! si, monsieur, vous êtes fort acceptable.

— Ma position n'est-elle pas excellente?

— Assurément.

— Ne devient-elle pas plus belle de jour en jour?

— Personne ne le met en doute, répondit M. Lorry, fort heureux de pouvoir approuver en toute conscience.

— Eh bien! alors, pourquoi cet air inqualifiable? demanda l'homme de loi, quelque peu démonté.

— C'est que.... Y allez-vous maintenant? répliqua M. Lorry.

— Tout droit! répondit l'avocat en frappant du poing sur le pupitre.

— Eh bien! à votre place.... je n'irais pas.

— Pourquoi cela? reprit M. Stryver. Je veux une réponse catégorique ; je vous pousserai dans vos derniers retranchements, ajouta-t-il en remuant l'index par un mouvement oratoire en usage dans le barreau; vous êtes un homme sérieux, qui ne parlez pas sans connaissance de cause ; établissez vos raisons, et dites-moi par quel motif je ne dois pas faire la démarche dont il s'agit.

— Parce que c'est une démarche, répondit le gentleman, que je ne voudrais pas faire sans avoir préalablement quelque chance de succès.

— Le diable m'emporte! s'écria M. Stryver, on n'a jamais rien vu de pareil. »

M. Lorry jeta un regard à Tellsone, et reporta les yeux sur son interlocuteur.

« Voici un homme grave, poursuivit l'avocat, un homme âgé, plein d'expérience, l'un des employés les plus notables d'une banque importante, qui, après avoir additionné trois causes d'un succès positif, vient déclarer qu'il n'y a pas de chances de réussir, et qui vous dit cela froidement, avec sa tête sur ses épaules. »

M. Stryver appuya sur cette dernière phrase, comme s'il eût été beaucoup moins bizarre que M. Lorry eût avancé la chose, ayant la tête coupée.

« Quand je parle des motifs qui, en pareille matière, sont des chances de succès, je pense aux raisons qui peuvent influer sur la jeune fille. C'est là le point capital, dit M. Lorry en posant la main sur celle de M. Stryver. Il faut être agréé de la jeune personne, et lui convenir avant tout.

— Ainsi, répliqua l'homme de loi en se croisant les bras sur la poitrine, votre opinion bien arrêtée, monsieur Lorry, est que la jeune fille dont nous parlons n'est autre chose qu'une folle ou une bégueule.

— Pas tout à fait, monsieur, répondit le banquier en rougissant ; ma conviction bien arrêtée est que je ne permettrai jamais à qui que ce soit de manquer en ma présence au respect qu'on doit à cette jeune fille ; et s'il existait un homme assez malappris, ce que je ne crois pas possible, pour parler d'elle impertinemment dans ce cabinet, la réserve que m'imposent mes devoirs à l'égard de cette maison, ne m'empêcherait même pas de dire à ce grossier personnage toute ma façon de penser. Voilà, monsieur, le sens exact de mes paroles, et je vous prie instamment de ne pas vous y méprendre, poursuivit le gentleman, dont le système nerveux, ordinairement si paisible, n'était pas moins troublé que celui de notre avocat.

— J'avoue, monsieur Lorry, que j'étais loin de m'attendre à pareille chose, reprit l'homme de loi en rompant le silence qui avait suivi cette mercuriale, et en retirant de sa bouche une règle dont il se frappa les dents après en avoir sucé l'extrém J'avoue que je ne m'y attendais pas ; vous, un homme séri , vous me conseillez de ne pas demander miss Manette en mariage, moi, Stryver, avocat à la cour du banc du roi ?

— Me demandez-vous mon avis, monsieur Stryver ?

— Assurément.

— C'est inutile que je le répète, vous venez de l'exprimer en propres termes.

— Tout ce que je puis vous répondre, dit notre homme en riant jaune, c'est que voilà qui est renversant, et qui surpasse tout au monde !

— Comprenez-moi bien, répliqua M. Lorry, je ne suis nullement qualifié pour émettre une opinion à cet égard, en tant qu'homme d'affaires ; sous ce rapport, je ne sais rien de ce qui peut advenir, et je garde le silence le plus complet ; mais comme vieillard honoré de la confiance et de l'affection de miss Manette, et qui a pour elle et pour son père l'amitié la plus profonde, j'ai cru devoir vous dire la vérité. Ce n'est pas moi qui ai provoqué cette confidence, veuillez vous en souvenir. Après cela, vous pensez peut-être que je me trompe?

— Du tout, répondit Stryver, qui se mit à siffler; pourquoi m'étonnerais-je de la folie des autres? je suis habitué à ne voir de bon sens que chez moi. J'avais cru qu'il pouvait exister ailleurs; vous qui connaissez les lieux, vous supposez qu'on y aurait la sottise de faire la petite bouche et de repousser la fortune; je peux en être surpris, mais c'est vous qui avez raison, et moi qui me suis trompé.

— Je ne laisse à personne, monsieur Stryver, le droit de me prêter des suppositions que je n'ai point exprimées, dit M. Lorry en prenant feu de nouveau. Je prétends dire moi-même ce que je suppose, et je ne souffrirai pas, même ici, qu'on se charge d'interpréter ce que je pense.

— Veuillez m'excuser, dit l'avocat, je retire mes paroles, et je vous en demande pardon.

— Je vous l'accorde avec plaisir, et je vous remercie d'avoir bien voulu vous rétracter. Si j'ai parlé comme je l'ai fait, monsieur Stryver, c'est parce qu'il pourrait vous être pénible de rencontrer un refus, et qu'il ne serait pas moins désagréable pour le docteur et pour miss Manette d'avoir à vous le formuler. Vous savez dans quels termes j'ai l'honneur et la satisfaction d'être dans la famille; si vous voulez me le permettre, sans rien dire de vos projets, sans vous représenter en aucune manière, je chercherai à m'éclairer davantage, à rectifier mon jugement par des observations plus précises et plus complètes; il sera toujours temps pour vous de sonder le terrain vous-même, si vous êtes mécontent de mon rapport. Dans l'autre cas, vous entreprendrez avec certitude la démarche que vous vouliez faire aujourd'hui, à moins que vous ne préfériez que je vous en évite la peine, ce qui pourrait être plus agréable pour tout le monde. Qu'en pensez-vous?

— Combien cela me retiendra-t-il? Vous savez qu'on est en vacances, et j'ai le projet de quitter Londres jusqu'à la rentrée.

— Oh! c'est l'affaire d'un instant; je puis aller ce soir chez le docteur, et me rendre ensuite à votre cabinet.

— Dans ce cas-là j'accepte, répondit Stryver; je me sens moins pressé de conclure que je ne l'étais en arrivant. Ayez cependant la bonté d'accomplir votre promesse, je vous attendrai dans la soirée ; ainsi donc au revoir. »

Il s'éloigna en disant ces mots, et provoqua sur son passage un tel déplacement d'air qu'il faillit renverser les deux commis, placés derrière leurs comptoirs, faibles et vénérables personnages que l'on voyait toujours saluant, et qui passaient dans le public pour n'avoir d'autre emploi chez Tellsone que de s'incliner sans cesse, depuis l'arrivée du premier client jusqu'au départ du dernier.

M. Stryver avait assez de finesse pour comprendre que M. Lorry ne se serait point exprimé avec autant de franchise s'il n'avait eu qu'une certitude morale pour étayer son opinion, et bien que la pilule fût aussi grosse qu'inattendue, l'avocat finit par l'avaler.

« Je n'ai qu'un moyen de sortir de là, dit-il en apostrophant Temple-Bar, c'est de rejeter sur vous les torts que je puis paraître avoir. »

Rejeter sur la partie adverse le désavantage de la situation où l'on se trouve n'était qu'un jeu pour un tacticien d'Old-Bailey ; et rien que d'y penser fut pour M. Stryver un soulagement immédiat.

« Ce n'est pas vous, jeune lady, qui placerez jamais un homme tel que moi sous un jour désagréable ; non ! non ! non ! c'est vous qui aurez tort. »

En conséquence, lorsque M. Lorry se présenta vers dix heures du soir, il trouva M. Stryver entouré de livres et de paperasses, et préoccupé de toute autre chose que de l'affaire du matin. L'avocat témoigna même quelque surprise en le voyant, et le reçut d'un air distrait, comme une personne que l'on dérange au milieu d'un travail sérieux.

« Eh bien ! dit l'excellent homme après avoir essayé pendant une demi-heure d'amener l'avocat à la question, je suis allé chez le docteur ainsi qu'il était convenu.

— Chez le docteur ? répéta froidement M. Stryver.... Ah ! m'y voilà ! j'y suis ! A quoi pensais-je ?

— Il n'est plus possible d'avoir le moindre doute ; j'avais raison, mon jugement est confirmé, et je vous réitère le conseil que je vous donnais ce matin.

— J'en suis désolé, dit l'avocat du ton le plus affectueux, et pour vous et pour ce pauvre père. Je sais combien la famille doit en être malheureuse. Qu'il n'en soit plus question, je vous en prie.

— Excusez-moi, monsieur; je ne comprends pas, dit le vieillard....

— Cela doit être, répliqua l'homme de loi, mais peu importe !

— Au contraire, monsieur; il importe beaucoup.

— Nullement, je vous assure. J'avais supposé du bon sens et une noble ambition où ils n'existent pas. C'est une méprise de ma part; me voilà détrompé; il n'y a pas de mal à cela? Bien d'autres jeunes filles ont commis semblables fautes, et plus tard se sont repenties, dans la gêne et dans l'obscurité, de la sottise qu'elles avaient faite. J'en suis fâché pour elle; c'était une bonne fortune qui ne se représentera pas; mais au point de vue personnel, je ne puis que m'en féliciter. Je n'ai pas besoin de vous dire que c'était pour moi une triste affaire; je n'y gagnais rien, tant s'en faut. Je n'ai fait aucune démarche, il n'y a pas eu entre la jeune fille et moi la plus légère proposition; je ne crois pas même que je fusse allé jusque-là, si j'y avais pensé deux fois. Je connais les sottes vanités, les folies ridicules de ces jeunes filles dont le visage est agréable, mais dont la tête est vide; ne croyez pas que vous pourrez jamais diriger leurs caprices, vous éprouveriez un amer désappointement. C'est déplorable, mais c'est ainsi; n'en parlons plus. Comme je vous le disais, je ne le regrette que pour les autres. Je vous sais un gré infini de vos bons conseils; vous connaissez mieux que moi cette jeune fille, et vous aviez raison; ce n'était pas mon affaire. »

M. Lorry, tombant des nues, regardait avec un étonnement stupide l'homme de loi, qui le mettait à la porte d'un air protecteur.

« Prenez-en votre parti, mon cher monsieur, lui disait l'avocat; je vous remercie encore de vos renseignements et de vos conseils. Bonsoir; vous me trouverez toujours à votre disposition. »

Le vieillard était dehors avant qu'il s'en doutât; et pendant qu'il cherchait à se reconnaître, l'avocat, étendu sur son divan, clignait de l'œil au plafond d'un air habile et satisfait.

CHAPITRE XIII.

Un homme dépourvu de délicatesse.

Si jamais Cartone avait brillé quelque part, ce n'était pas chez le docteur. Il y était allé souvent, et toujours il y avait eu l'air sombre et maussade. Quand par hasard il prenait la parole, il s'en acquittait fort bien ; mais il était rare que l'indifférence dont il s'enveloppait laissât percer la lumière qui brillait dans son âme. Et cependant il affectionnait le voisinage de cette maison, et chérissait jusqu'aux pierres dont les rues étaient pavées.

Que de nuits il avait passées à les parcourir, alors que l'ivresse ne le distrayait pas de lui-même ! Que de fois les premiers rayons du jour l'avaient trouvé dans ce coin béni ! Que de fois le soleil, en éclairant peu à peu les flèches des églises, le sommet des grands édifices, lui avait rendu le souvenir des nobles choses qu'il ne pouvait plus atteindre ! Le grabat qu'il avait dans Temple-Court le voyait moins que jamais, et si, par hasard, accablé de fatigues il allait s'y reposer en sortant de chez l'avocat, il y restait quelques minutes à peine, et se retrouvait bientôt dans le voisinage de miss Manette.

On était au mois d'août. M. Stryver, après avoir dit à Sydney qu'il avait réfléchi et ne pensait plus à faire un sot mariage, avait transporté sa galanterie et sa délicatesse dans le Devonshire. Le temps était beau, la vue et le parfum des fleurs inspiraient de bons sentiments aux plus mauvais, rendaient la santé aux malades et la jeunesse aux vieillards. Sydney Cartone parcourait à l'aventure son quartier de prédilection ; tout à coup ses pas irrésolus s'animèrent et, se dirigeant vers l'endroit qui leur était désigné, le conduisirent à la porte du docteur.

On le fit monter. Lucie était seule et travaillait au salon. Jamais elle n'avait été à l'aise avec M. Cartone, et c'est avec un certain embarras qu'elle le vit s'asseoir auprès de sa table à ouvrage. Toutefois, lorsqu'en répondant aux phrases banales qu'on échange au début d'une visite, elle regarda le jeune homme avec plus d'attention, miss Manette observa combien il était pâle.

« Est-ce que vous êtes souffrant? lui demanda-t-elle avec intérêt.

— Je ne suis pas bien, la vie que je mène est mauvaise pour la santé: que voulez-vous attendre de la dissipation et des veilles, pour ne rien dire de plus?

— N'est-il pas regrettable, pardonnez-moi, monsieur Cartone, si vous me trouvez indiscrète, n'est-il pas regrettable d'avoir adopté un pareil genre de vie?

— C'est plus que regrettable, c'est honteux, miss Manette.

— Pourquoi n'en pas changer? »

Elle attacha sur lui un regard plein de douceur, et fut à la fois surprise et attristée de lui voir les yeux mouillés de larmes.

— Il n'est plus temps, répondit-il avec des pleurs dans la voix; je ne puis que tomber plus bas de jour en jour. »

Sydney appuya son coude sur la table, porta la main à ses yeux et ne put retenir ses sanglots. Après quelques instants de silence, n'ayant pas besoin de regarder Lucie pour savoir qu'elle était profondément émue :

« Pardonnez-moi, reprit-il, je manque de courage au moment de tout vous dire. Et d'abord, voulez-vous m'écouter?

— De grand cœur, si cela peut vous faire du bien.... ou vous être agréable, monsieur Cartone.

— Soyez bénie pour tant de compassion, dit-il en se découvrant la figure; n'ayez pas peur, ne craignez pas de m'entendre, continua Sydney d'une voix ferme; je suis semblable à un homme qui est mort au début de sa carrière, et dont on peut supposer que la vie aurait été belle.

— Ne dites pas cela, monsieur Cartone; vous avez devant vous la meilleure partie de votre existence, vous serez digne de vous-même, vous le pouvez, j'en suis sûre.

— Je n'en crois rien, miss Manette; je me connais trop pour cela; mais je n'oublierai jamais que vous avez pensé un instant que je pourrais un jour être moins indigne de vous. »

Il vit qu'elle tremblait, et puisa du calme dans son désespoir.

« En supposant, miss Manette, que vous eussiez répondu à l'amour de celui qui est devant vous; malgré tout le bonheur qu'il en aurait éprouvé, cet homme perdu, cet ivrogne abandonné de lui-même, ne vous aurait apporté en échange que le regret, la honte et la misère. Je sais bien que vous n'avez pour moi nulle affection; je n'en demande aucune; je suis heureux de penser que la chose est impossible.

— Mais ne puis-je vous être utile à rien, monsieur Cartone? ne puis-je vous payer de la confiance que vous avez en moi? car enfin, dit-elle les yeux en pleurs et la voix tremblante, je sais bien que vous ne diriez pas cela à une autre. Est-il impossible que je vous aide à sortir de cette voie déplorable ?

— Hélas ! dit-il en secouant la tête, la seule chose que vous puissiez faire, c'est de m'entendre jusqu'à la fin. Vous avez été le dernier rêve de mon âme, et je suis heureux de vous le dire. Quelle que soit ma dépravation, je ne suis pas tellement dégradé que vous et votre père n'ayez évoqué en moi des souvenirs qui me semblaient effacés. Depuis que je vous ai vue, miss Manette, je suis troublé par des remords dont je ne me croyais pas capable ; j'entends le murmure d'anciennes voix qui, sans vous, resteraient silencieuses; j'ai de vagues désirs de rentrer dans la lutte, de secouer ma paresse, de sortir de la débauche et de recommencer la vie. Tout cela n'est qu'un songe, et celui qui l'a fait se retrouve, au réveil, à la place où il était avant ; mais j'avais besoin de vous dire que c'est vous qui l'avez fait rêver.

— Pourquoi laisser perdre ces bonnes inspirations ? Ayez du courage, monsieur Cartone, essayez.

— Je ne peux pas, miss Manette ; je suis indigne d'exciter votre intérêt; et cependant j'ai la faiblesse de vouloir que vous sachiez avec quelle puissance vous m'avez transformé tout à coup, moi, pauvre tas de cendres, en un feu ardent qui toutefois, participant de ma triste nature, ne répand au dehors ni chaleur ni lumière, et se consume sans profit pour personne.

— Puisque j'ai le chagrin d'avoir ajouté à votre malheur...

— Ne dites pas cela, miss Manette ; vous m'auriez sauvé si mon salut avait été possible.

— Puisque, d'après vos paroles mêmes, j'ai sur vous une influence réelle, permettez-moi d'en user à votre avantage, monsieur Cartone. Je ne sais pas si je me fais comprendre ; mais aurais-je le pouvoir de vous troubler, sans être assez puissante pour vous rendre un service ?

— Mieux que cela, miss Manette, vous me donnez le seul bien que je puisse encore ressentir; au milieu des folies de mon existence, je me rappellerai toujours que c'est à vous que, pour la dernière fois en ce monde, j'ai ouvert mon cœur; et que vous y avez trouvé quelque chose qui vous inspira des regrets et de la pitié.

— Quelque chose, monsieur Cartone, que je crois capable de ce qu'il y a de plus noble ici-bas; je vous en supplie, soyez-en convaincu.

— Merci de votre erreur, que je ne puis accepter. Mais, pardon! je vous afflige. Un mot seulement : quand je me souviendrai de cet entretien, pourrai-je avoir la certitude que ma dernière confidence repose au fond de votre âme, et que personne ne la partage?

— Vous pouvez en être sûr.

— Pas même celui qui vous sera plus cher que tous les autres?

— C'est votre secret, non pas le mien, répondit-elle avec un instant de silence, et je vous promets de le respecter.

— Merci! que Dieu vous protége! »

Il posa ses lèvres sur la main de la jeune fille et se dirigea vers la porte.

« Ne craignez pas, dit-il en se retournant, que je revienne jamais sur ce que je vous ai dit aujourd'hui; je n'y ferai pas même allusion; j'aurais cessé de vivre que la chose ne serait pas plus certaine. A l'heure de ma mort, le souvenir sacré m'en reviendra : je bénirai de toute mon âme celle à qui j'ai fait mes derniers aveux, et dont le cœur indulgent se rappellera mon nom, mes fautes et mes misères! »

Il ressemblait si peu à ce qu'il était toujours, il exposait si bien tout ce qu'il avait perdu, tout ce qui lui restait encore à jeter au vent de la débauche, que miss Manette pleurait amèrement, sans chercher à dissimuler ce qu'elle éprouvait pour lui.

« Consolez-vous, lui dit-il, je ne mérite pas vos larmes. Avant deux heures d'ici, les ignobles habitudes, les vils compagnons que je méprise et qui m'entraînent, me rendront moins digne de votre pitié que le misérable qui tombe dans le ruisseau. Mais du fond du cœur, je resterai pour vous ce que je suis maintenant, ce que je serai toujours; croyez-le, c'est la dernière supplication que je vous adresse; n'en doutez pas, quand, désormais, je serai tel que vous m'avez vu jusqu'ici.

— Je vous crois, balbutia miss Manette.

— Il ne me reste plus qu'à terminer cette visite, déjà trop longue; qu'avez-vous de commun avec moi? un abîme nous sépare. Je voudrais cependant vous dire encore un mot; c'est inutile, je le sais, mais cela s'échappe de mon âme. Pour vous, miss Manette, je ferais tout au monde, comme pour tous ceux que vous aimez. Si ma position était différente, et me permettait de le faire, je me sacrifierais avec bonheur pour vous et pour les vôtres. Retenez bien mes paroles, pensez-y quelquefois, et dites-vous que je retrouverais une volonté ardente pour accomplir le sacrifice qui pourrait vous servir. Un jour viendra, et ne tardera pas, où de nouveaux liens, plus puissants et plus doux, vous attacheront au foyer domestique, dont vous êtes la joie, et vous rendront la vie plus précieuse. Alors, miss Manette, quand la figure d'un heureux père s'abaissera vers la vôtre, et quand votre charmant visage se retrouvera dans l'enfant auquel vous sourirez, n'oubliez pas qu'il existe un homme prêt à donner sa vie pour vous conserver l'un des êtres qui ont part à votre amour. »

Il lui dit adieu, la bénit une dernière fois, ouvrit la porte et s'éloigna.

CHAPITRE XIV.

Un honnête commerçant.

Un nombre infini d'objets mouvants se présentaient chaque jour aux yeux de Jérémiah Cruncher, tandis que, perché sur son escabeau, il attendait à la porte de Tellsone qu'on l'envoyât n'importe où, chargé de quelque message. Qui pourrait s'asseoir dans Fleet-street et y passer la journée sans être ébloui par deux immenses processions, l'une se dirigeant vers l'ouest avec le soleil, l'autre suivant la direction opposée ; toutes les deux allant au delà de cette ligne de pourpre et d'or, où le soleil disparaît à nos regards !

M. Cruncher, un brin de paille à la bouche et son affreux gamin près de lui, regardait passer les deux courants sans qu'il pût espérer de les voir tarir ; perspective d'ailleurs qui, pour lui, n'eût pas été brillante, puisqu'il tirait une partie de ses finances du pilotage des femmes craintives, ayant pour la plupart passé la quarantaine, et qui, du côté de Tellsone et Cie, cherchaient à se rendre de l'autre côté de la rue. Si bref que fût le trajet, M. Cruncher avait le temps de s'intéresser à la dame, au point de lui exprimer le vif désir de boire à sa santé ;

et les sommes, plus ou moins minimes, qu'il recevait pour mettre à exécution ce bienveillant dessein formaient, comme nous l'avons dit, l'une des branches de son revenu.

Il fut une époque où un poëte allait s'asseoir sur la place publique, et y rêvait sous les yeux des passants. M. Cruncher, également assis dans un lieu de passage, mais sans être poëte, rêvait aussi peu que possible, et regardait autour de lui. Or, il se trouvait dans une saison où les allants et les venants sont en petit nombre, les femmes attardées peu communes; et ses affaires allaient assez mal pour qu'il soupçonnât son épouse d'indisposer le ciel contre lui, quand une foule bruyante, se dirigeant vers l'ouest, attira son attention. Il reconnut bientôt que c'était un cortége funèbre, et qu'il y avait, contre ces funérailles, quelque opposition populaire, d'où résultaient les clameurs dont ses oreilles étaient frappées.

« C'est un enterrement, Jerry, dit M. Cruncher à son fils.

— Bravo! papa, » s'écria le gamin en donnant à ce cri de triomphe une signification mystérieuse.

Mais le père Cruncher le prit en mauvaise part, souffleta le gamin et dit à son tour :

« A quoi penses-tu, mauvais drôle? Que je t'entende, et tu auras de mes nouvelles! Cet enfant-là devient trop rusé, ajouta-t-il en regardant de côté l'affreux gamin.

— Il n'y a pas de mal à crier bravo, reprit le marmouset en se frottant la joue.

— Vas-tu te taire? Je n'entends pas que tu me répondes. Perche-toi là-dessus, et regarde. »

Le fils obéit, et le cortége avança. La multitude criait, sifflait autour du corbillard et d'une voiture de deuil, laquelle ne renfermait qu'un seul pleureur, équipé de noir, ainsi qu'il convenait à ses fonctions. Le malheureux, fort inquiet, cherchait, en se blotissant dans la voiture, à éviter les regards de la canaille, qui lui faisait d'horribles grimaces, et mêlait au cri de : « A bas les espions! » une averse de compliments beaucoup trop énergiques pour être rapportés.

En toute saison, M. Cruncher avait pour les pompes funèbres un goût tout spécial; il suffisait d'un enterrement pour le mettre en émoi : on se figure, dès lors, combien il fut surexcité par le bruyant cortége qui s'avançait vers lui.

« Qu'est-ce que c'est? demanda-t-il à un passant.

— Je n'en sais rien, dit l'homme. A bas les espions! Tsitt!... tsitt! à bas les espions!

— Qui est mort? demanda-t-il à un autre.

— Je ne sais pas, répondit cet autre, qui se fit un porte-voix de ses mains, et vociféra avec ardeur : A bas les espions! A bas les espions! »

Enfin M. Cruncher put apprendre que c'était l'enterrement d'un nommé Roger Cly.

« Il était donc espion? demanda le commissionnaire.

— Espion d'Old-Bailey, répondit l'homme.

— Mais je l'ai vu, j'en suis sûr! s'écria Jerry, qui se souvint du procès de Charles Darnay. Il est donc mort?

— On ne peut plus mort, et il ne le sera jamais trop. A bas les espions! dans le ruisseau les espions! Qu'on les prenne et qu'on les traîne! »

En l'absence de toute autre idée, celle-ci parut tellement acceptable, que la foule, y mordant tout à coup, se rua sur les deux véhicules dont elle interrompit la marche. La portière de la voiture, brusquement ouverte, l'unique pleureur se trouva face à face avec les assaillants; mais, audacieux et fluet, il fit si bon usage de ses ressources, qu'en moins d'une minute, il eut gagné l'extrémité d'une ruelle transversale, après avoir jeté son crêpe, son manteau, son rabat, son blanc mouchoir, et autres emblèmes des larmes symboliques. Tout cela fut mis en pièces et dispersé au loin, tandis que les marchands fermaient leurs boutiques en toute hâte; car, à cette époque, la foule était un monstre redouté.

Les plus entreprenants avaient ouvert le corbillard et se disposaient à prendre le cercueil, sans trop savoir ce qu'ils allaient en faire, lorsqu'un brillant génie proposa de laisser le défunt à sa place, et de le conduire à sa dernière demeure, au milieu des acclamations générales. Cette idée pratique fut accueillie avec transport; la voiture fut immédiatement remplie de huit personnes, et chargée d'une douzaine à l'extérieur, pendant que le corbillard recevait tous les individus qui pouvaient y grimper, ou s'y accrocher d'une façon quelconque.

Parmi les plus empressés à faire partie du cortége se trouvait Jérémiah Cruncher, dont la tête ébouriffée se cachait modestement dans l'un des coins de la voiture, afin d'échapper aux observations d'un employé quelconque de la maison Tellsone. Les directeurs officiels des funérailles essayèrent bien d'élever la voix contre ce changement de cérémonial; mais la Tamise était d'une proximité alarmante, et diverses remarques à propos de l'excellent effet des bains de rivière sur les croque-morts réca citrants firent cesser les protestations, qui d'ailleurs n'étaient pas très-vives, et le convoi s'ébranla.

Un ramoneur, assisté du cocher véritable, qui pour ce motif avait été placé à côté de lui, menait la voiture de deuil, tandis qu'un marmiton, également pourvu des lumières et de l'expérience de son ministre, conduisait le char funèbre. Quelques instants après, un bateleur, propriétaire d'un ours, très-connu dans la Cité, vint s'adjoindre au cortége; et sa bête, dont le pelage noir et galeux semblait emprunté aux magasins des pompes funèbres, devint la seule figure sérieuse que l'on trouvât dans la foule.

C'est ainsi que buvant, fumant, chantant, hurlant, parodiant la douleur, grossissant à chaque pas, le convoi désordonné chemina vers une ancienne église, bâtie extra muros, et dédiée à saint Pancrace. Avec le temps, il arriva au terme de son voyage, força les portes du cimetière et finit par enterrer le défunt à sa guise et à sa très-grande satisfaction.

La foule, après avoir disposé du mort, ayant besoin d'un nouveau plaisir, l'un de ses membres les plus ingénieux, peut-être celui qui l'avait déjà inspirée, conçut la pensée drôlatique de s'emparer des passants, de les accuser d'être espions d'Old-Bailey, et de les traiter en conséquence. A peine eut-on répandu cette idée lumineuse, qu'une vingtaine de personnes inoffensives, ne connaissant pas même de vue l'ancienne geôle, furent saisies, houspillées et battues de la bonne manière. D'un pareil jeu, au bris des fenêtres, au pillage des tavernes, la transition était aussi naturelle que facile. Enfin, après un certain nombre d'heures, quand les esprits belliqueux eurent arraché les barreaux des grilles pour s'en faire des armes, et défoncé les portes, le bruit courut que les soldats approchaient, et la foule se dispersa immédiatement.

La garde arriva-t-elle ou n'arriva-t-elle pas? c'est ce que l'on ne pourrait dire, car personne n'était là pour le voir.

Quant à M. Cruncher, il n'avait pas pris part au divertissement final; après la descente du corps, il était resté dans le champ de repos, où il avait offert ses condoléances aux agents des pompes funèbres; puis il avait allumé sa pipe, et trouvant un charme particulier au cimetière de Saint-Pancrace, tout en fumant, il en examina les clôtures et en étudia les moindres détails.

« Tu as vu ce Roger Cly, dit-il en se parlant à lui-même, tu l'as vu de tes propres yeux; il était jeune, robuste et bien tourné »

Il médita encore pendant quelques instants, et s'éloigna, afin de se retrouver à la porte de Tellsone quand on fermerait la banque. Mais, soit que ses méditations sur la mort lui eussent troublé la bile, soit que depuis quelques jours il fût mécontent de sa santé, ou qu'il n'eût d'autre intention que de présenter ses respects à un homme de mérite, il passa, en revenant, chez son docteur, qui était l'un des chirurgiens les plus distingués de Londres.

Le jeune Cruncher rendit à l'auteur de ses jours la place qu'il occupait depuis quelques heures, en déclarant, toutefois, qu'elle n'avait produit aucun bénéfice depuis le départ du titulaire. Les vieux commis ne tardèrent pas à sortir, la banque se ferma, et les deux Jerry, père et fils, rentrèrent chez eux pour prendre le thé.

« Je sais où il est, dit en entrant M. Cruncher à sa femme, et si par aventure la chose tourne mal, c'est à toi que je m'en prendrai, car je serai certain que tu as mis le ciel contre moi, tout aussi certain que si je l'avais vu faire. »

La pauvre femme secoua la tête d'un air découragé.

« Tu y reviens encore, et à ma barbe, reprit le bourru avec une certaine inquiétude.

— Je n'ai rien dit.

— Mais tu n'en penses pas moins : et que tu sois contre moi d'une façon ou d'une autre, c'est toujours la même chose. Je ne veux pas plus de méditations que de prières. Tu m'entends ?

— Oui, Jerry.

— Quelle réponse ! dit Cruncher en se plaçant devant sa tasse ; oui, Jerry ! cela se comprend ; oui, Jerry, c'est bien facile à dire. »

Le mari n'attachait à ces paroles aucun sens particulier. C'était tout simplement une façon ironique d'exprimer sa mauvaise humeur, ainsi que le font beaucoup d'autres, en pareilles circonstances.

« Je te crois, poursuivit-il en avalant avec effort une bouchée de sa tartine, je te crois, tu fais bien de ne pas dire non.

— Est-ce que tu sortiras cette nuit ? demanda timidement sa femme, lorsqu'il eut avalé une seconde bouchée de pain.

— Oui, je sortirai.

— Veux-tu que j'aille avec toi, papa ? s'écria le petit Cruncher.

— Non, tu ne veux pas venir ; ta mère le sait bien, je vais à la pêche.

— Ta ligne est moisie et l'hameçon est rouillé. Quand est-ce que tu y vas à la pêche ?

— Cela ne te regarde pas.

— Rapporteras-tu du poisson ?

— Cela dépend. Si la pêche n'est pas bonne, le dîner sera court demain ; que cela te suffise, répondit le père en hochant la tête ; assez de questions comme cela. »

Pendant tout le reste de la soirée, M. Cruncher eut l'œil sur sa femme, et l'obligea de prendre part à la conversation, afin d'empêcher qu'elle ne s'adressât au ciel pour contrecarrer ses entreprises ; il engagea son fils à le seconder dans ses efforts, et rendit la vie dure à la pauvre femme, en insistant sur les fautes qu'il avait à lui reprocher, ne voulant point lui laisser une minute de réflexion. Un dévot plein d'ardeur n'eût pas reconnu plus hautement l'efficacité de la prière, qu'il ne le faisait par sa crainte des oraisons de sa femme ; il ressemblait à un esprit fort qui ne croirait pas à l'âme, et qui aurait peur des revenants.

« Retiens bien mes paroles, continua M. Cruncher : demain, pas de plaisanterie ; si la chance est pour moi, et que je rapporte un morceau de viande, j'entends qu'on en mange, et qu'on ne se mette pas au pain sec ; si, en ma qualité d'honnête commerçant, je peux acheter un peu de bière, ne me déclare pas que tu ne bois que de l'eau. Quand vous allez à Rome, suivez la coutume de Rome ; et pour toi, c'est moi qui suis Rome et la coutume. Avec ta manière de reprocher à la nourriture d'où elle vient, je me demande comment nous avons de quoi manger, femme sans cœur ! Vois un peu ton garçon : il est maigre comme une latte ; or, ne sais-tu pas que le premier devoir d'une mère est d'engraisser son enfant. »

Ému de ces paroles, qui le touchaient dans son endroit sensible, l'enfant adjura sa mère de remplir à son égard le devoir impérieux qui lui était rappelé avec tant de délicatesse. C'est ainsi que se passa la soirée jusqu'au moment où le petit Jerry alla se coucher ; sa mère, invitée à suivre son exemple, ne tarda pas à obéir ; et Jerry, le chef du ménage, fuma plusieurs pipes, en attendant qu'il pût se mettre en route pour son expédition.

À une heure moins un quart il se leva, tira une clef de son gousset, ouvrit une armoire, y prit un sac, une pioche, un levier de belle taille, une corde, une chaîne et divers engins de pareille nature.

Lorsqu'il se fut adroitement chargé de ces objets, il regarda mistress Cruncher avec inquiétude, souffla la chandelle et sortit.

Le petit Jerry, qui ne dormait pas, et qui s'était couché tout habillé, fut immédiatement sur les talons de son père. A la faveur des ténèbres, il le suivit dans l'escalier, dans la cour, dans la rue, sans s'inquiéter de savoir comment il rentrerait : la maison était pleine de locataires, et, même la nuit, la porte n'était pas fermée. Poussé par le noble désir de connaître et d'étudier la profession de son auteur, le petit Jerry se glissa le long des murailles, et ne perdit pas de vue son honorable père. Celui-ci, se dirigeant vers le nord, fut bientôt rejoint par un autre disciple d'Isaac Walton ; et les deux pêcheurs s'en allèrent côte à côte. Une demi-heure après ils avaient échappé à la lanterne du dernier watchman, et se trouvaient sur une route solitaire. Un troisième pêcheur se joignit tout à coup aux deux autres, et le fit si rapidement, et avec si peu de bruit, qu'on aurait pu croire que l'un des précédents s'était dédoublé. Les trois camarades, toujours suivis du gamin, s'arrêtèrent sous une espèce de terrasse qui dominait la route.

Un mur en briques s'élevait sur la terrasse, et une grille de fer surmontait la muraille. Les trois pêcheurs s'engagèrent dans une impasse, dont le mur, ayant alors huit ou dix pieds d'élévation, formait l'un des côtés. La première chose qui frappa le petit Jerry, couché à plat ventre, afin de rester dans l'ombre, fut la silhouette de son honorable père qui escaladait la grille ; les deux autres le suivirent, et, après être demeurés quelque temps immobiles, sans doute pour écouter, ils se traînèrent sur les mains et sur les genoux.

C'était maintenant au petit Jerry à s'approcher de la grille ; il retint son haleine, se tapit dans un coin, et regardant à travers les barreaux, il vit les trois hommes ramper dans l'herbe d'un cimetière, dont les tombes, éclairées vaguement par la lune, ressemblaient à une légion de fantômes que dominait l'église, pareille elle-même au spectre d'un géant monstrueux. Quand ils furent arrivés à l'endroit qu'ils cherchaient, les trois hommes se relevèrent ; ils commencèrent à pêcher d'abord avec une bêche ; puis il sembla au petit Jerry que son honorable père appliquait à la fosse un énorme tire-bouchon. Du reste, quel que fût l'instrument que chacun d'eux employât, le gamin fut surpris du zèle que les pêcheurs mettaient à leur besogne, et s'en étonna jusqu'au moment où l'horloge ayant frappé plusieurs coups, il s'enfuit terrifié. Mais le désir qu'il avait depuis si longtemps de s'éclairer sur la profession paternelle l'arrêta dans sa course, et le fit revenir sur ses pas.

Lorsque le bambin se retrouva près de la grille, les trois hommes pêchaient toujours avec courage ; ils semblaient avoir fait quelque prise importante, car tous les trois, penchés au bord de la fosse, attiraient avec force un objet pesant, qui apparut enfin à la surface de la terre.

Bien qu'il devinât sans peine quel était cet objet, le bambin, pour qui ce spectacle était nouveau, fut saisi d'une telle épouvante, en voyant son père se disposer à ouvrir le cercueil, qu'il ne s'arrêta, cette fois, qu'après une course d'un mille. Sans l'obligation où il était de reprendre haleine, il est même à croire qu'il ne se serait reposé qu'en arrivant au gîte.

Le malheureux se figurait avoir le cercueil à ses trousses. Il le voyait toujours prêt à le rejoindre, à le saisir par le bras, tandis que, jouissant d'une ubiquité désespérante, le cercueil infernal bondissait devant lui, sortait des chemins de traverse, des allées, des coins obscurs, se heurtait contre les portes, se frottait contre les murailles, et, prenant une forme humaine, semblait lever les épaules en ricanant dans l'ombre, si bien que le pauvre Jerry avait raison de se croire à demi mort lorsqu'il gagna sa porte. L'odieux cercueil, le poursuivant toujours, sauta pesamment les marches, entra dans sa chambre, se fourra dans les draps, et, bondissant une dernière fois, retomba sur la poitrine du gamin dès que celui-ci ferma les yeux.

Au point du jour, l'affreux marmot fut tiré de son cauchemar par la présence de son père dans la chambre voisine. Les choses avaient mal tourné. C'est du moins ce que présuma le petit Jerry en voyant M. Cruncher tenir sa femme par les oreilles, et lui frapper la tête contre le dossier de la couchette.

« Cela t'apprendra, disait M. Cruncher, tu vois que je suis de parole.

— Jerry ! s'écriait la malheureuse d'une voix suppliante.

— Pourquoi faire manquer mes entreprises ? Tu veux donc ma ruine et celle de mes associés ? Ton devoir est de me respecter et de m'obéir.... est-ce que tu ne le sais pas ?

— Je fais tous mes efforts pour être une bonne épouse, répondit-elle en pleurant.

— Est-ce être bonne que de m'empêcher de gagner ma vie ? Est-ce m'honorer que de jeter le blâme sur mon commerce ?

Est-ce m'obéir que de me contrecarrer dans tout ce que j'entreprends. Tu avais pourtant juré d'être soumise et respectueuse.

— A cette époque-là, Jerry, tu n'avais pas encore cet horrible métier.

« Est-ce que cela te regarde ? Tu as bien assez de tes obligations envers moi, sans te mêler de ce que je fais, ou de ce que je ne fais pas. Une femme qui remplit convenablement ses devoirs ne s'occupe pas du métier de son mari. Tu dis que tu es pieuse, j'en aimerais mieux une autre, qui aurait oublié de l'être. Tu n'as pas plus le sentiment de tes devoirs que la terre n'a celui du bâton qu'on y enfonce ; il paraît que c'est à coups de marteau qu'il faut t'en pénétrer. »

Après cette mercuriale, qu'il avait faite à voix basse, l'honnête commerçant défit ses bottes, crottées jusqu'à mi-jambe, s'étendit par terre, où, se couchant sur le dos, il posa sa tête sur ses mains couvertes de rouille, et ne tarda point à s'endormir.

Il n'y eut pas de poisson au déjeuner, dont le menu se composa de fort peu de chose. M. Cruncher, d'une humeur plus massacrante que jamais, gardait à côté de lui le couvercle de la marmite, afin de le lancer à la tête de sa moitié, si la pauvre créature manifestait la moindre tendance à proférer ses grâces.

Il fut toutefois lavé, brossé, habillé, à l'heure de partir, comme il le faisait chaque matin, pour se rendre à son poste. Le petit Jerry, marchant à côté de son père, le tabouret sous le bras, au milieu des passants qui remplissaient les rues, différait essentiellement du bambin terrifié, qui, la nuit précédente, courait dans l'ombre, poursuivi par un fantôme. La clarté du jour lui avait rendu sa malicieuse effronterie, et ses terreurs s'étaient dissipées en même temps que les ténèbres. Il est probable qu'à ce double point de vue il ne manqua pas de confrères dans la bonne ville de Londres.

« Papa, dit le rusé marmot en se plaçant à distance respectueuse de l'auteur de ses jours et en s'abritant derrière son tabouret, qu'est-ce qu'un résurrectioniste ?

— Comment le saurais-je ? dit le papa en s'arrêtant sur le trottoir.

— Je croyais que vous saviez tout, répliqua le bambin.

— Hum ! reprit M. Cruncher en soulevant son chapeau, pour donner plus de liberté à ses cheveux, c'est un commerçant, mon fils.

— Quel genre de commerce fait-il ?

— Un commerce.... d'objets scientifiques, dit le papa en se grattant la tête.

— Il vend des cadavres, n'est-ce pas ? continua le gamin.

— C'est possible.

— Oh ! papa, quand je serai grand, je me ferai résurrectioniste. »

M. Cruncher, très-flatté du désir de son héritier, n'en hocha pas moins la tête, à la façon des moralistes, et répliqua d'une voix sentencieuse :

« Cela dépendra de tes dispositions, et du développement que tu sauras leur donner ; il faut cultiver ton intelligence, avoir soin de ne parler à qui que ce soit, que pour dire les choses vraiment indispensables. Quant à l'adresse nécessaire, je ne vois rien jusqu'à présent qui puisse me faire craindre que tu ne sois pas capable un jour de remplir ces fonctions. »

Ravi de cet encouragement paternel, le bambin courut planter l'escabeau devant Tellsone et Cie, tandis que son père se disait à lui-même :

« Jerry, brave et honnête commerçant, il y a tout lieu d'espérer que cet enfant-là sera la consolation de tes vieux jours, et te dédommagera amplement de ce que sa mère te fait souffrir ! »

CHAPITRE XV

La tricoteuse.

La boutique de M. Defarge s'était ouverte beaucoup plus tôt qu'à l'ordinaire. Dès six heures du matin, de pâles visages collés aux barreaux des fenêtres avaient aperçu à l'intérieur du cabaret d'autres figures blêmes, penchées au-dessus de leurs chopines.

C'était toujours de très-petit vin que débitait M. Defarge, même dans les meilleures années ; mais jamais sa piquette n'avait été aussi mauvaise qu'elle l'était à cette époque. Une boisson indescriptible, aigre et surtout aigrissante, à en juger par l'humeur noire où elle mettait les buveurs. Aucune flamme bachique ne sortait du jus de la grappe que vendait M. Defarge, mais il couvait, dans la lie de ses tonneaux, un feu sinistre qui brûlait dans l'ombre.

Depuis trois jours la boutique du cabaretier s'emplissait dès le matin. A vrai dire on paraissait y aller moins pour boire, que pour y causer de choses sérieuses. La plupart des individus qui, parlant à voix basse, s'y étaient glissés, dès qu'on avait ouvert la porte, n'auraient pas pu mettre un liard sur le comptoir, même pour sauver leur âme ; cependant ils ne s'intéressaient pas moins que les buveurs à l'objet de la réunion ; et, circulant d'une table à l'autre, ils recueillaient des paroles au lieu de vin, et les écoutaient d'une oreille attentive.

Malgré ce concours inusité de chalands, le maître du logis n'était pas là. Personne toutefois ne remarquait son absence, personne ne le demandait, ne le cherchait même du regard. Aucun de ceux qui franchissaient la porte ne s'étonnait de voir Mme Defarge présider à la distribution des chopines, à côté d'une écuelle remplie de menues pièces de monnaie, rognées, tordues, et dont l'effigie primitive était aussi effacée que chez le billon humain qui les avait tirées de sa poche.

Les espions, qui un peu plus tard s'introduisirent dans la boutique de M. Defarge, comme ils le faisaient partout, depuis les salons de Versailles jusqu'à la cour des geôles, ne virent sur tous les visages qu'un air indifférent ou distrait. Les parties de cartes étaient languissantes, on construisait des tours avec les dominos, ou l'on traçait des chiffres du bout du doigt sur les tables souillées de vin.

Mme Defarge, appuyée sur son comptoir, y dessinait le patron de ses manches avec la pointe de son cure-dent, et, les yeux baissés, apercevait quelque chose d'invisible à la foule.

C'est ainsi que passa la première partie du jour. Midi sonna; deux voyageurs entrèrent dans le faubourg Saint-Antoine. L'un était M. Defarge, l'autre un cantonnier coiffé d'un bonnet bleu, couvert de poussière, et mourant de soif. Ils se rendirent à la boutique du marchand de vin. Le bruit de leur arrivée, en se répandant sur leur passage, avait allumé dans le faubourg un feu intérieur, qui se révélait aux portes et aux fenêtres par des visages enflammés. Cependant personne ne les avait suivis ; et quand ils entrèrent dans la boutique, pas un des chalands qui s'y trouvait ne leur adressa la parole.

Mais M. Defarge leur ayant dit bonjour, toutes les langues se délièrent et tout le monde lui rendit son salut.

« Un mauvais temps, » messieurs, dit le cabaretier en secouant la tête.

Chacun regarda son voisin, baissa les yeux et s'assit en silence, puis un individu se leva et sortit du cabaret.

« J'ai fait une partie de la route avec ce brave cantonnier, qui s'appelle Jacques, continua le marchand de vin en s'adressant à sa femme ; je l'ai rencontré par hasard à une vingtaine de lieues de Paris ; donne-lui à boire, car c'est un bon enfant. »

Un second individu se leva, et sortit, pendant que la cabaretière plaçait une chopine devant le nouvel arrivé. Le cantonnier remplit son verre, ôta son bonnet bleu, salua la compagnie, et but d'un trait la piquette du marchand de vin. Puis il tira de sa blouse un morceau de pain noir ; et tandis qu'il mangeait et buvait tour à tour, un troisième individu se leva et disparut comme les deux autres.

M. Defarge avait lui-même besoin de se rafraîchir ; mais comme le vin n'était pas pour lui chose rare, il en but fort peu, comparativement au villageois, et resta debout en attendant que celui-ci eût déjeuné. Personne ne le regardait ; il ne regardait personne, pas même sa femme qui avait repris son tricot.

« As-tu fini ? demanda-t-il au cantonnier, lorsque celui-ci eut achevé son pain.

— Oui, répondit le paysan.

— Dans ce cas-là, viens voir ta chambre. »

Ils sortirent de la boutique, allèrent dans la cour, gravirent un escalier roide et puant, et se trouvèrent dans le galetas, où nous avons vu jadis un homme à tête blanche, courbé au-dessus d'un soulier qu'il se pressait de finir. Le vieillard n'y était plus ; mais les trois buveurs, qui avaient quitté la boutique isolément, s'y trouvaient réunis ; et le seul rapport qu'ils eussent avec le cordonnier d'autrefois, c'est qu'ils regardaient celui-ci par les fentes de la muraille, au moment où miss Manette venait chercher l'ancien captif. Le marchand de vin ferma la porte avec soin, et prenant la parole à voix basse :

« Jacques premier, dit-il, Jacques deux, Jacques trois, voici le témoin auquel j'avais donné rendez-vous. Moi, Jacques quatre, je le prie de vous dire tout ce qu'il a vu, tout ce qu'il a pu savoir. Parle, Jacques cinq.

— Par où faut-il commencer, monsieur ? demanda Jacques cinq en s'essuyant le front avec son bonnet bleu.

— Par le commencement, répondit M. Defarge.

— Je le vis alors, messieurs, dit Jacques cinq, voilà un an fait du mois passé ; il était sous le carrosse du marquis, et se tenait pendu à la chaîne du sabot. C'était l'heure de quitter l'ouvrage; le soleil allait se coucher, et la voiture du marquis montait lentement la côte, le traînant toujours dans la position que voilà. »

Le cantonnier recommença la pantomime qu'il avait exécutée devant monseigneur, et qu'il avait nécessairement perfectionnée, car depuis treize mois elle avait été la seule distraction du village.

« Le connaissais-tu? demanda Jacques premier au témoin.

— Pas du tout, répondit le cantonnier en recouvrant sa perpendiculaire.

— Comment as-tu pu le reconnaître? dit Jacques deux.

— A sa grande taille, répliqua le villageois en touchant le bout de son nez de l'indicateur de sa main droite. Lorsque M. le marquis m'a dit comme ça : « Comment est-il? — Grand « comme un fantôme, » que je lui ai répondu.

— Il fallait dire grand comme une botte, répliqua Jacques deux.

— Est-ce que je savais? riposta le cantonnier. La chose n'était pas faite; il ne m'en avait pas parlé. Remarquez d'ailleurs que ce n'est pas moi qui ai offert mon témoignage. J'étais près de la fontaine : M. le marquis passe la main par la portière : « Gabelle, qu'il s'écrie en me montrant, faites approcher ce ma- « raud! » Vous comprenez, messieurs, je n'ai pas pu faire autrement.

— Il a raison, Jacques, dit M. Defarge à l'interrupteur, continue, Jacques cinq!

— Bon! dit le paysan d'un air mystérieux, le grand gaillard est perdu; voilà qu'on le cherche, combien de mois? neuf.... dix.... onze....

— Peu importe, dit le marchand de vin, on l'a découvert, continue.

— Je travaillais encore sur la même pente; le soleil allait se coucher, tout comme la première fois; je ramassais mes outils pour descendre au village, afin de revenir chez nous, quand je lève les yeux, et que je vois des soldats monter la côte. Ils étaient six, et au milieu d'eux j'aperçois un homme de fameuse taille, qui avait les bras attachés au corps. »

Le paysan, au moyen de son indispensable bonnet, représenta un homme dont les deux coudes étaient liés derrière le dos.

« Je me mets de côté, au droit d'un tas de pierres, pour voir les soldats et le prisonnier, car la route est si déserte qu'on est bien aise de profiter des gens qui passent. Les voilà qui avancent, et, comme je vous le disais tout à l'heure, ils étaient six soldats avec un homme de fameuse taille; tous les sept me paraissaient quasiment noirs, excepté du côté où le soleil se couchait, qu'ils étaient bordés de rouge. Leurs ombres s'allongeaient sur la pente, qu'on aurait dit que c'étaient des ombres de géants, puisque je vois qu'ils sont couverts de poussière, et que celle de la route s'élève autour d'eux à chaque pas qu'ils font : plan! plan! plan! que je suis sûr qu'on les entendait du village. Enfin, lorsqu'ils sont tout près de moi, je reconnais le prisonnier, qui me reconnaît aussi. Pauvre garçon! qu'il aurait été content de se laisser dévaler du haut en bas, comme ce certain soir que je l'avais rencontré, quasiment à la même place! »

Le cantonnier semblait encore y être; il était évident que la scène dont il rappelait les détails se retraçait à ses yeux, et d'une manière d'autant plus vive, qu'il n'avait jamais vu grand'chose.

« Comme bien vous l'imaginez, poursuivit-il, je ne montrai pas aux soldats que je connaissais leur homme; lui, de son côté, en fit autant, mais d'un coup d'œil nous nous étions dit l'un à l'autre qu'on s'était bien reconnu. « Alerte! dit le chef aux sol« dats en leur montrant le village, alerte! mes enfants. » La bande se presse pour obéir à son chef, et moi qui la suis avec mon bissac, et mes outils sur l'épaule. Les bras du prisonnier étaient gonflés, tant les cordes le serraient; ses sabots qui étaient lourds et mal faits l'avaient rendu boiteux, et, comme ça l'empêchait d'aller plus vite, ils le poussèrent dans le dos avec la crosse de leurs fusils, si bien qu'en descendant, le pauvre diable tomba, et qu'il fallut s'arrêter. Les soldats se mirent à rire; enfin on le ramassa; il avait la figure toute saignante, et couverte de poussière, et comme il ne pouvait pas l'essuyer, puisqu'il n'avait pas les mains libres, ça fit rire encore les autres. Ils n'arrivèrent pas moins au village; tout le monde accourut pour les voir, ils passèrent près du moulin, gagnèrent le coteau, et s'en furent droit à la prison, dont chacun vit la porte s'ouvrir, et l'avaler! »

Le cantonnier écarta les mâchoires de toutes ses forces et les rapprocha en faisant claquer ses dents.

« Continue, Jacques, lui dit Defarge, s'apercevant qu'il était prêt à recommencer.

— Tout le village, reprit l'homme au bonnet en baissant la voix et en se levant sur la pointe des pieds, tout le village revint à la fontaine, où chacun dit son mot; puis tout le monde s'en fut coucher, et rêva de ce malheureux qu'on avait mis en prison, d'où il ne devait sortir que pour être pendu. Au matin, comme j'allais à l'ouvrage, mes outils sur l'épaule, et mangeant mon pain noir, je fis un détour et je passai devant la prison. Il était là, sa pauvre figure sanglante et poudreuse collée aux barreaux de fer. Les bras étant toujours attachés, il n'a pu me faire aucun signe, mais ses yeux fixes m'ont regardé comme aurait fait un mort. »

Les trois Jacques et le marchand de vin écoutaient ce récit d'un air sombre, et parfois échangeaient un coup d'œil où se trahissaient la haine et la soif de la vengeance. Du reste, leur visage était calme, leur attitude sévère et pleine d'autorité. Deux de ces juges implacables siégeaient sur le grabat, leur main soutenait leur menton, leur regard s'attachait sur le paysan. Jacques trois, non moins attentif, agenouillé derrière eux, promenait ses doigts crispés sur le réseau de nerfs qui entourait ses lèvres pâles et ses narines frémissantes. Defarge se tenait debout entre les juges et le témoin, qu'il avait placé auprès de la fenêtre, et ses yeux alternaient du cantonnier au tribunal.

« Continue, Jacques, dit-il après un moment de silence.

— Il resta là-haut pendant plus d'une semaine, reprit l'homme au bonnet bleu. Tout le village avait peur, et n'osait pas approcher; mais on le regardait de loin, et à la chute du jour, quand après l'ouvrage on se rassemblait à la fontaine, chacun tournait la tête du côté de la prison. Vous pensez bien qu'on jasait; d'aucuns disaient tout bas qu'il ne serait point exécuté, qu'on avait fait des pétitions, où l'on prouvait qu'il était devenu fou après la mort de son enfant. On ajoutait, comme ça, qu'une de ces pétitions avait été présentée à la cour. Est-ce que je sais, moi? Après tout, c'est possible, peut-être que oui, peut-être que non.

— Écoute bien, Jacques, dit à son tour l'un des juges; une pétition a été présentée au roi et à la reine; c'est Defarge qui, au péril de sa vie, s'est élancé au-devant des chevaux, et qui l'a remise lui-même. Nous quatre, ici présents, avons vu cette pétition aux mains du roi.

— Écoute encore, Jacques, dit l'homme agenouillé derrière les autres, et qui de sa main convulsive se caressait la bouche, comme s'il avait été sous l'empire d'une faim inassouvie, écoute encore, Jacques : les gardes du roi, tant à pied qu'à cheval ont entouré le porteur de la pétition, et l'ont frappé; tu entends, Jacques, ils l'ont frappé.

— C'est bien, dit Defarge; continue, Jacques cinq.

— D'un autre côté, poursuivit le narrateur, on disait à la

fontaine qu'on l'avait ramené chez nous pour le faire mourir à l'endroit même du crime, et que pour sûr il serait exécuté. Quelques-uns disaient même qu'ayant tué monseigneur, et monseigneur étant considéré comme le père de ses tenanciers, il aurait à subir la peine des parricides. Un de nos anciens dit alors qu'on lui mettrait un couteau dans la main droite, et qu'on la lui brûlerait tout entière ; puis, qu'on lui ferait dans les bras, dans la poitrine, par tout le corps, des blessures où l'on verserait de l'huile bouillante, du plomb fondu, de la résine, du soufre, de la cire enflammée, et que finalement on lui arracherait les membres en l'écartelant avec des chevaux. Notre ancien prétendait que la chose avait eu lieu à l'occasion d'un parricide, qui avait essayé de tuer le roi Louis XV. Comment vous dirais-je s'il a menti, moi qui ne sais pas seulement lire ?

— S'il a menti ! reprit l'homme aux lèvres félines ; écoute-moi encore, Jacques : le nom de ce parricide était Damiens ; toutes ces horreurs ont été commises en plein jour, en pleines rues ; et parmi la foule qui affluait pour jouir de ces tortures, les femmes de qualité se remarquaient en grand nombre, des femmes élégantes qui restèrent jusqu'à la fin du supplice, jusqu'à la fin, Jacques ! Il était nuit, le malheureux avait perdu un bras et deux jambes et respirait encore. Oui, tout cela s'est fait. Mais quel âge as-tu ?

— Trente-cinq ans ! répondit le villageois, qui en paraissait soixante.

— Eh bien ! tu aurais pu le voir, car tu avais plus de dix ans lorsque la chose eut lieu.

— Assez ! dit Defarge avec impatience. Continue, Jacques ; et vive l'enfer !

— Ainsi donc, reprit le cantonnier, les uns disaient ceci, les autres disaient cela ; on ne parlait plus d'autre chose, et jusqu'à la fontaine, qui semblait dire son mot et chuchoter comme nous. Enfin, un dimanche soir, quand tout le village est censé endormi, des soldats, je ne sais combien ils étaient, descendent de la prison, ils s'arrêtent et l'on entend leurs fusils résonner sur le pavé. Des ouvriers prennent la pioche, et les voilà qui creusent, et qui cognent, pendant que les soldats se mettent à rire et à chanter ; si bien qu'au point du jour une grande potence de quarante pieds de haut s'élevait près de la fontaine. »

Les yeux du cantonnier percèrent la toiture, et il leva les mains comme s'il avait vu la potence se dresser vers le ciel.

« Personne ne travaille, personne ne mène les bêtes aux

champs, tout le monde est là comme tous pensez, les vaches avec le reste. A midi on entend battre le tambour; les soldats, qui étaient rentrés à la prison, en redescendent avec le condamné. Il a toujours les bras derrière le dos, et de plus un bâillon, qui lui fend la bouche jusqu'aux oreilles et lui donne l'air de rire. En haut de la potence est planté le couteau, dont il s'est servi pour monseigneur ; on le met à quarante pieds de terre, à côté de son couteau ; il y est resté pendu. »

Les quatre Jacques se regardèrent, tandis que le paysan s'essuyait le front avec son bonnet bleu.

« N'est-ce pas terrible ! continua le villageois. Comment voulez-vous qu'aujourd'hui les femmes aillent puiser de l'eau ? Comment se réunir autour de la fontaine, et causer sous ce pendu ? Quand je suis parti lundi soir, le soleil se couchait ; en haut de la côte, je me retourne, et je regarde : l'ombre de ce malheureux s'étendait sur l'église, sur le moulin, sur la prison, elle s'étendait, mes bons messieurs, jusqu'à l'endroit où la terre se joint au ciel. »

L'homme affamé se rongeait les ongles, en regardant les trois autres, et ses doigts frémissaient de l'horrible faim dont il était saisi.

« Voilà tout, messieurs, dit le paysan. J'ai quitté le village au coucher du soleil, ainsi qu'on me l'avait commandé ; j'ai marché toute la nuit, toute la matinée du lendemain, jusqu'à ce que j'aie rencontré le camarade que voilà ; puis nous avons cheminé ensemble, tantôt à pied, tantôt en voiture ; et en fin de compte me voici.

— Bien ! dit le premier Jacques après un instant de silence ; tu as agi fidèlement et dit la vérité. Va nous attendre au dehors pendant quelques minutes. »

Defarge sortit avec le villageois, qui alla s'asseoir sur les premières marches de l'escalier; puis il revint près des trois Jacques; lorsqu'il entra, ceux-ci, très-rapprochés les uns des autres, paraissaient être en délibération.

« Qu'en dis-tu ? lui demanda le premier des trois Jacques, faudra-t-il enregistrer ?

— Oui, répondit le marchand de vin, et comme devant être détruits.

— La famille et le château ?

— La famille et le château, répliqua le marchand de vin; extermination complète.

— Superbe ! croassa l'homme au visage de tigre.

— Es-tu bien sûr que notre façon de tenir nos comptes ne nous sera jamais un motif d'embarras ? dit Jacques deux au cabaretier. C'est un langage secret s'il en fût, puisque personne n'en connaît l'existence ; mais pourrons-nous le déchiffrer, ou plutôt, en sera-t-elle toujours capable ?

— Jacques, répondit le marchand de vin en se redressant de toute sa hauteur, ma femme aurait gravé tous nos comptes dans sa mémoire, qu'elle n'en perdrait par une syllabe. Sois tranquille ; ces mailles, qui, d'après une combinaison spéciale, forment une écriture, dont les caractères sont fixes, ne manqueront jamais de clarté pour celle qui les a faites. Crois-moi, il serait plus aisé au dernier des lâches de sortir de ce monde, que d'effacer du tricot de Mme Defarge une lettre de son nom, ou de la liste de ses crimes. »

Un murmure approbateur accueillit ces paroles, et la chose en resta là.

« J'espère qu'on va renvoyer ce campagnard dans son village, dit le troisième Jacques ; il est tellement simple qu'il pourrait être dangereux.

— Il ne sait rien de relatif aux autres, répondit le marchand de vin, tout ce qu'il pourrait dire ne servirait qu'à le faire pendre : soyez sans inquiétude, c'est mon affaire ; je le renverrai quand il faudra ; il veut voir le roi, la reine et toute la cour, et je me propose de les lui montrer dimanche.

— Comment ! s'écria l'homme à la bouche féline, peut-on compter sur un homme qui a le désir de voir la noblesse et le roi ?

— Jacques, répondit Defarge, montre du lait à un chat, si tu désires qu'il en ait soif ; et mets un chien en face de sa proie, si tu veux qu'un jour il te l'apporte. »

Les quatre Jacques n'en dirent pas davantage, et se disposèrent à descendre. Sur les premières marches, ils trouvèrent le paysan qui s'était assoupi, et lui conseillèrent d'aller dormir dans le grenier ; le brave homme ne se le fit pas répéter deux fois, et fut bientôt plongé dans un profond sommeil.

Il aurait été difficile, pour un provincial de cette espèce, de trouver dans Paris une hospitalité plus confortable que celle du marchand de vin ; excepté la crainte mystérieuse que lui inspirait la cabaretière, le genre de vie qu'il menait chez les Defarge était, pour le cantonnier, aussi agréable que nouveau ; mais la maîtresse de la maison, assise toute la journée dans la boutique, semblait si peu se douter de sa présence, et paraissait tellement décidée à ne pas s'en apercevoir, qu'il frissonnait, jusque dans ses sabots, toutes les fois que ses yeux s'arrêtaient malgré lui sur cette femme impassible. A quoi pensait-elle? Qui pouvait dire ce qu'elle allait imaginer, ce qu'elle allait entreprendre? Il est certain, pensait le villageois, que s'il lui prenait fantaisie d'affirmer qu'elle m'a vu tuer un homme, elle irait jusqu'au bout, et me verrait pendre sans broncher.

Aussi, lorsqu'arriva le dimanche, notre cantonnier fut-il peu satisfait, en voyant que Mme Defarge l'accompagnait à Versailles. Comment n'être pas troublé d'avoir cette femme à côté de soi, dans la voiture publique, où elle tira son ouvrage et tricota sans lever les yeux? Comment ne pas se déconcerter de plus en plus, en la retrouvant auprès de soi dans la foule, sans que la prochaine arrivée du roi pût la distraire de son éternel tricot?

« Quelle ardeur à la besogne, madame! lui dit un de ses voisins.

— J'ai beaucoup à travailler, répondit Mme Defarge.

— Peut-on, madame, vous demander ce que vous faites?

— Une foule de choses.

— Par exemple?

— Des linceuls. »

Le questionneur s'éloigna de la tricoteuse aussitôt qu'il put y parvenir, et le cantonnier, pris subitement de suffocation, fut obligé de s'éventer avec son bonnet bleu. Si toutefois, pour surmonter ses défaillances, il avait besoin d'un cortége royal, le remède n'était pas loin. Bientôt apparurent, dans leur carrosse doré, le roi aux fortes mâchoires, et la reine au beau visage, suivis d'une multitude de brillants seigneurs et de femmes souriantes, élégamment parées. Si bien qu'à la vue de tant de bijoux, de panaches, de poudre, de soie, de splendeur, de beauté, de figures dédaigneuses et de regards insolents, notre cantonnier fut pris de vertige, et, dans son ivresse temporaire, cria : « Vive le roi! Vive la reine! Vivent les nobles! Vive tout le monde! » comme s'il n'avait jamais entendu dire qu'il existât des Jacques.

A force de regarder ces jardins, ces cours, ces terrasses, ces fontaines et ces fleurs, de contempler de nouveau le roi, la reine et toute leur suite, de crier : « Vive chacun! Vivent eux tous! » il finit par pleurer d'admiration, et pendant trois heures que dura ce spectacle, il ne cessa d'acclamer et de larmoyer, tandis que le marchand de vin le retenait par sa blouse, comme pour empêcher qu'il ne se ruât sur les objets de son culte, et ne les mît en lambeaux.

« Très-bien! lui dit Defarge en lui frappant sur l'épaule, très-bien! tu es un brave garçon! »

Rentré en lui-même, le villageois commençait à croire qu'il avait dû se tromper, et que ses manifestations pourraient bien être une faute. Mais non, car M. Defarge lui disait à l'oreille :

« Tu as bien fait, mon ami, ce sont les gens de ton espèce qui leur font croire que tout cela durera longtemps; ils n'en sont que plus tranquilles, et la chose en finira plus tôt.

— C'est pourtant vrai, dit le cantonnier d'un air pensif.

— Ils ne se doutent de rien, ces fous orgueilleux qui te méprisent; ils feraient périr cent de tes pareils, plutôt qu'un de leurs chevaux ou un de leurs chiens; mais ils croient ce que tu leur dis, et ne connaissent pas autre chose. Continue à les tromper, mon ami, continue : leur illusion ne sera jamais assez profonde. »

Mme Defarge regarda le cantonnier d'un air impérieux, et fit un signe affirmatif.

« Vous, lui dit-elle, vous applaudirez et vous pleurerez toujours, dès qu'il y aura du bruit et de la foule, n'est-ce pas?

— C'est bien possible, madame.

— Si l'on te montrait une masse de poupées, et que l'on te jetât sur elles, en te disant de les mettre en pièces et de les piler, tu choisirais les plus brillantes, n'est-ce pas?

— Bien sûr que oui, madame.

— Si l'on te plaçait en face d'une troupe d'oiseaux, ne pouvant pas s'enfuir, et qu'on t'ordonnât de les plumer à ton profit, tu exterminerais ceux dont la dépouille serait la plus riche, n'est-ce pas?

— C'est bien vrai, madame.

— Tu as vu tout à l'heure de magnifiques poupées, de superbes oiseaux, lui dit la tricoteuse en lui montrant la place où venait de passer la cour; maintenant tu peux retourner dans ton village! »

CHAPITRE XVI.

Toujours tricotant.

Tandis que Mme Defarge et son époux revenaient amicalement au giron de Saint-Antoine, un point imperceptible, coiffé d'un bonnet bleu, cheminait dans les ténèbres à travers la poussière, le long d'une route interminable, et se dirigeait vers l'endroit où le château de feu monseigneur écoutait chuchoter les vieux chênes.

Les faces de pierre avaient à présent tant de loisirs pour prêter l'oreille aux murmures des feuilles et à celui de la fontaine, que le petit nombre d'épouvantails qui, en cherchant de l'herbe pour se nourrir, du bois pour se chauffer, s'égaraient aux environs de la grande cour, s'imaginaient, dans leur esprit mort de faim, que ces masques pétrifiés n'avaient plus la même expression. Le bruit courait dans le village, un bruit faible, exténué, comme ceux qui le répandaient, qu'au moment où le couteau avait frappé si juste, l'orgueil, empreint sur ces figures de pierre, avait fait place à une colère mêlée de douleur; et qu'à dater du jour où le malheureux Jacques avait été pendu à quarante pieds au-dessus de la fontaine, elles avaient, changeant de nouveau, pris un air de cruauté satisfaite qu'elles gardaient toujours.

Celle qui surmontait la grande fenêtre de la chambre à coucher, où le meurtre avait été commis, portait au-dessus des narines deux empreintes frémissantes, que tout le monde reconnaissait, et que personne n'y voyait autrefois. Si bien que, dans les rares occasions, où deux ou trois paysans, couverts de guenilles, sortaient de la foule pour entrevoir le visage pétrifié du marquis, un doigt osseux ne l'avait pas désigné que chacun prenait la fuite, et se cachait parmi la mousse et les broussailles, aussi heureux qu'un lièvre d'y trouver asile.

Château et cabanes, masques de pierre et squelette de pendu, taches sanglantes sur les dalles, eau pure dans le bassin du village, arpents de terre par milliers, toute une province, toute la France repose dans l'ombre, où l'espace qu'elle occupe se réduit à l'épaisseur d'un cheveu.

Un monde entier, avec toutes ses petitesses, est renfermé dans l'étoile qui scintille; et, de même que la science peut décomposer la lumière et en reconnaître chaque rayon, l'intelligence humaine peut lire dans le reflet de notre planète les pensées et les actes, les vices et les vertus des êtres responsables qui meuvent à la surface.

Les époux Defarge, montés dans la voiture publique, roulaient pesamment, à la clarté des étoiles, vers celle des portes de Paris où tendait leur voyage. Il fallut, comme toujours, s'arrêter à la barrière; comme toujours les lanternes, apparaissant tout à coup, vinrent faire l'examen et l'enquête de rigueur. M. Defarge descendit; il connaissait un ou deux soldats du poste, et l'un des agents de police; il était même si intimement lié avec celui-ci qu'il l'embrassa cordialement.

Quand, enveloppés de nouveau des sombres ailes de Saint-Antoine, les Defarge eurent définitivement quitté leur véhicule, l'épouse du cabaretier prit la parole, tout en cherchant son chemin à travers la fange noire et les ordures qui encombraient la rue.

« Qu'est-ce que t'a dit Jacques de la police? demanda-t-elle à son mari.

— Peu de chose, répondit le marchand de vin; mais c'est tout ce qu'il savait; un nouvel espion est commissionné pour notre quartier; peut-être y en a-t-il d'autres; il n'a pas pu me le dire.

— Faut-il l'enregistrer? reprit Mme Defarge en levant les sourcils d'un air grave. Quel est cet homme?

— Un Anglais.

— Tant mieux! Il s'appelle?

— Barsad, répondit Defarge, qui prononça le mot en français. Toutefois, il l'avait appris avec tant de soin qu'il l'épela correctement.

— Barsad! répéta la femme. Bien! Son nom de baptême?

— John.

— Très-bien! Son signalement est-il connu?

— Age, quarante ans environ; taille, cinq pieds neuf pouces; cheveux noirs; teint brun; l'ensemble du visage plutôt bien que mal; yeux foncés; figure mince, longue et pâle; nez aquilin, s'écartant de la ligne droite, et s'inclinant vers la joue gauche; physionomie sinistre.

— Le portrait est complet, dit la dame, il sera enregistré demain. »

La boutique était fermée, car il était minuit, et les deux époux y entrèrent par une porte intérieure. Mme Defarge alla immédiatement au comptoir, prit les menues pièces de monnaie qu'on avait reçues en son absence, compta les bouteilles qui restaient, examina les liqueurs, vérifia les registres, y inscrivit divers articles, questionna le garçon, qu'elle troubla de mille manières, et finit par l'envoyer coucher. Puis, renversant pour la seconde fois le bol qui renfermait la recette du jour, elle en plaça le contenu dans une série de nœuds qu'elle fit à son mouchoir, afin de l'emporter dans sa chambre pour plus de sécurité.

Pendant ce temps-là, Defarge, la pipe à la bouche, arpentait la boutique et admirait, sans toutefois intervenir dans les actions de la dame; c'est, il est vrai, de la sorte qu'il parcourait la vie, sans plus se mêler de son commerce que de ses affaires domestiques.

La nuit était chaude, l'air étouffant, le voisinage infect, et la boutique, dont la porte et les volets étaient clos, exhalait une odeur effroyable. L'appareil olfactif de M. Defarge n'était nullement délicat; mais son vin avait plus de fumet que de saveur; il en était de même de l'eau-de-vie, du rhum, de l'anisette qu'il débitait; et, suffoqué par ce mélange de senteurs immondes, il le repoussa, en chassant la fumée qui lui remplissait la bouche, et posa sa pipe sur une table. Sa femme leva les yeux.

« Tu es fatigué ? lui demanda-t-elle en continuant sa besogne; c'est l'odeur de tous les jours, il n'y en a pas d'autre.

— En effet, avoua le mari, je suis un peu las.

— Et non moins abattu, reprit l'épouse dont l'œil vif n'était pas tellement absorbé par ses comptes, qu'il n'eût dardé quelque rayon sur M. Defarge. Oh! les hommes! les hommes!

— Mais, ma chère.... commença le cabaretier.

— Mais, mon cher, interrompit la dame en hochant la tête avec force, tu faiblis, tu as des défaillances.

— Pourquoi pas! dit le marchand de vin avec effort; il y a si longtemps que cela dure!

— Si longtemps? reprit sa femme; et quand cela serait? la vengeance est longue à préparer ses moyens; elle veut du temps beaucoup de temps, c'est la règle.

— Il en faut si peu à la foudre pour anéantir un homme répliqua le marchand de vin.

— Combien en faut-il pour amasser l'orage? » demanda l'épouse avec calme.

Defarge releva les yeux d'un air pensif.

« Un tremblement de terre peut engloutir une ville en moins de quelques minutes, poursuivit la me sans s'émouvoir; combien a-t-il fallu de temps pour préparer la catastrophe?

— Peut-être des siècles, murmura le cabaretier.
— Mais quand l'heure est venue, la terre éclate, et il ne reste pas vestige de ce qui était auparavant. Jusque-là, tout se préparait sans relâche, bien que personne ne pût le voir ni l'entendre. Que cela te console et te soutienne. »

Elle serra le nœud de son mouchoir, et ses yeux flamboyèrent comme si elle eût étranglé un ennemi.

« Je te dis, continua-t-elle en étendant la main pour donner plus de force à ses paroles, je te dis, moi, qu'en dépit du temps qu'elle met à venir, l'heure de la justice arrive. Regarde autour de toi, examine la figure de tous ceux qui t'approchent, vois le mécontentement, vois la rage auxquels la jacquerie s'adresse tous les jours avec plus de certitude. Est-ce que ces choses-là durent? Bah! tu me fais presque pitié.

— Ma brave et digne femme, retourna le marchand de vin qui, debout en face du comptoir, la tête légèrement inclinée, les mains croisées derrière le dos, ressemblait à un élève soumis qui tremble devant son catéchiste, ma brave et digne femme, je ne mets pas cela en doute; mais c'est bien long cependant! Et il est possible que cela n'arrive pas de nos jours.

— Qu'est-ce que cela fait? demanda l'épouse en serrant un second nœud, comme si elle eût étranglé un second ennemi.

— Cela fait, répliqua le mari avec un mouvement d'épaule, où la plainte se joignait à l'excuse, cela fait que nous ne verrons pas le triomphe.

— Qui l'aura préparé? demanda Mme Defarge avec un geste plein de puissance; rien de ce que nous faisons ne sera perdu. Je crois fermement que nous prendrons part à la victoire; mais je serais persuadée du contraire, j'en aurais la certitude, qui se je tenais le cou d'un aristocrate, d'un noble, je le.... »

Elle grinça des dents, et fit un dernier nœud terriblement serré.

« Moi non plus, répliqua le mari en rougissant, comme s'il eût senti qu'elle le taxait de couardise, moi non plus, ma femme, je ne reculerais devant rien.

— Je le crois; mais tu as besoin d'être en face de ta victime, et d'entrevoir l'occasion pour remonter ton courage; c'est de la faiblesse; prends ta force en toi-même, quelles que soient les circonstances. Lorsque le moment viendra, sois un tigre, un démon; jusque-là, que tigre et démon soient enchaînés, et que toujours prêts, nul ne soupçonne leur existence.

La cabaretière, sans doute pour appuyer ses paroles, frappa le comptoir avec la chaîne qui renfermait son argent; puis elle ramassa le pesant mouchoir, le mit sous son bras et fit observer d'un ton plein d'aisance qu'il était l'heure d'aller se coucher.

Le lendemain matin, Mme Defarge occupait sa place ordinaire et allongeait son tricot avec assiduité. Une rose était à côté d'elle; mais, si de temps à autre elle lui jetait un coup d'œil, c'était de l'air distrait qu'elle avait presque toujours. Quelques habitués, buvant ou ne buvant pas, les uns assis, les autres debout, étaient épars dans la salle. Il faisait une chaleur excessive, et des mouches sans nombre, qui poussaient leurs perquisitions aventureuses jusque dans les petits verres gluants, placés auprès de la dame, trouvaient la mort au fond. Leur trépas ne faisait aucune impression sur les autres mouches qui, du dehors, les regardaient avec une suprême indifférence (comme si elles-mêmes avaient été des éléphants, ou quelque animal aussi éloigné de la classe des défuntes), jusqu'au moment où elles partageaient leur malheureux sort.

Chose curieuse de voir combien les mouches sont inconsidérées! Il est possible, après tout, que par cette journée brûlante, on ne réfléchît pas davantage à la cour.

Un homme, en franchissant la porte, jeta sur Mme Defarge une ombre qu'elle sentit appartenir à un nouveau chaland. Elle posa son tricot; et, avant de tourner les yeux vers celui qui venait d'entrer, elle attacha sa rose au mouchoir qui lui servait de coiffure.

Rien de plus étrange; dès que la cabaretière eut mis la fleur à sa tête, on cessa de parler dans la boutique, et tous ceux qui étaient là sortirent l'un après l'autre.

« Bonjour, madame, commença le nouveau venu.

— Bonjour, monsieur, répondit Mme Defarge, qui, reprenant son tricot, poursuivit en elle-même : Quarante ans, cinq pieds neuf pouces, cheveux noirs, plutôt bien que mal, teint brun, yeux foncés, figure longue et pâle, nez aquilin s'écartant de la ligne droite et s'inclinant vers la joue gauche, expression sinistre; c'est bien cela.... Bonjour, monsieur; que faut-il vous servir?

— Veuillez, madame, me faire donner un petit verre de cognac et un gobelet d'eau fraîche. »

Mme Defarge satisfit, elle même, à cette demande de l'air le plus poli.

« Ce cognac est merveilleux, madame. »

C'était la première fois que l'eau-de-vie du cabaretier recevait pareil compliment ; Mme Defarge connaissait trop son origine pour s'abuser sur son compte. Elle répondit néanmoins que son cognac était bon, mais pas miraculeux ; et tricota de plus belle. Le visiteur la suivit du regard pendant quelques instants, profita de l'occasion pour examiner la place, et ramenant ses yeux vers la maîtresse du logis :

« Vous tricotez bien habilement, lui dit-il.

— C'est l'effet d'une grande habitude, répondit la cabaretière.

— Un charmant dessin !

— Vous trouvez ? dit-elle avec un sourire.

— D'un goût parfait ; peut-on savoir à quoi vous le destinez ?

— C'est un passe-temps, dit la dame qui le regarda en souriant toujours, tandis que ses doigts travaillaient avec agilité.

— Ce bel ouvrage ne servira pas ?

— Cela dépendra ; il est possible que plus tard on lui trouve un emploi ; si je le fais.... bien, continua la dame en respirant avec force et en hochant la tête d'une certaine façon, à la fois coquette et sévère, il est probable qu'il servira. »

Il fallait qu'une rose à la coiffure de Mme Defarge fût souverainement antipathique à Saint-Antoine ; deux hommes venaient d'entrer ; ils allaient demander à boire lorsque, avisant la fleur, ils balbutièrent, s'approchèrent de la porte sous prétexte de regarder si un de leurs amis n'arrivait pas, et disparurent. Pas un de ceux qui étaient dans la salle avant que Mme Defarge eût mis la rose ne s'y trouvait actuellement. L'espion n'avait cessé d'ouvrir les yeux, et n'avait découvert parmi les fuyards aucun signe d'intelligence : ils étaient sortis en flânant, avec cet air languissant et indécis qui appartient aux pauvres, et qu'on ne peut inculper.

« John, pensa Mme Defarge en repoussant de la main son ouvrage sans cesser de travailler ; elle regarda l'espion et murmura en elle-même : Restez encore un peu, et j'aurai tricoté Barsad avant votre départ.

— Vous avez un mari, madame ? reprit l'Anglais.

— Oui, monsieur.

— Des enfants ?

— Je n'en ai jamais eu.

— Le commerce ne me paraît pas bien aller ?

— Il va fort mal, l'ouvrier est si pauvre.

— Oh! oui, bien pauvre; on l'opprime tellement, comme vous dites avec raison.

— C'est vous qui le dites, monsieur, rétorqua la dame en ajoutant au nom de Barsad quelques mailles particulières, qui ne présageaient rien de bon à celui qui les provoquait.

— Pardon, madame; il est certain que c'est moi qui ai proféré ces paroles; mais je n'ai fait qu'exprimer votre opinion, car vous pensez ainsi.

— Moi! reprit la tricoteuse d'une voix forte, moi et mon mari nous avons assez de nos affaires sans penser à autre chose. Tout ce qui nous occupe est de savoir comment vivre; c'est notre tourment du matin jusqu'au soir, on n'a pas le temps de songer à ce qui ne vous regarde pas; nous ne pensons guère aux autres. »

John Barsad, qui était venu là pour ramasser les miettes qu'il espérait trouver, ne permit pas à sa figure sinistre d'exprimer sa déception; il prit au contraire une physionomie satisfaite, et, le coude appuyé sur le comptoir, il causa galamment, tout en mouillant ses lèvres de ce merveilleux cognac.

« Une douloureuse affaire, madame, que cette exécution de Gaspard! dit-il avec un triste sourire.

— Ma foi, répondit la tricoteuse, quand on veut jouer du couteau, il faut s'attendre à le payer; cet homme-là savait d'avance ce que coûtait la partie: l'enjeu était gros, mais il ne l'ignorait pas.

— Je crois, dit Barsad à voix basse, et d'un ton qui invitait à la confiance, que dans tout ce quartier-ci on éprouve une pitié réelle pour ce pauvre garçon, et, soit dit entre nous, de la colère pour ceux qui l'ont fait pendre.

— Vraiment? dit Mme Defarge d'un air distrait.

— Vous pensez que je me trompe?

— Voici mon mari, » dit-elle.

Au moment où le marchand de vin entra dans la boutique, Barsad porta la main à son chapeau, et lui dit en souriant :

« Bonjour, Jacques. »

Le cabaretier s'arrêta brusquement, et regarda l'étranger d'un air surpris.

« Bonjour, Jacques, répéta l'espion avec un peu moins d'aisance, troublé qu'il était par le regard du marchand de vin.

— Vous me prenez pour un autre, monsieur, dit celui-ci; je m'appelle Ernest Defarge.

— N'importe, dit l'espion un peu déconcerté, je ne vous en souhaite pas moins le bonjour.

— Bonjour, répondit M. Defarge d'un ton sec.

— Je disais à madame, avec qui j'avais le plaisir de faire la conversation, lorsque vous êtes entré, qu'il existait dans le faubourg, cela n'a rien d'étonnant, une vive compassion, et même de la colère, touchant le malheureux sort de l'infortuné Gaspard.

— Je n'en sais rien, dit Defarge ; personne ne m'en a parlé. »

Après avoir dit ces mots, le cabaretier passa derrière le comptoir, et posant la main sur le dos de la chaise de sa femme, il regarda l'étranger qui était en face de lui.

Barsad, en homme habile, conserva l'attitude qu'il avait prise, avala sa dernière goutte de liqueur, but lentement une gorgée d'eau, et demanda un second verre de cognac. Mme Defarge le servit immédiatement, reprit son ouvrage, et fredonna un petit air pendant qu'elle tricotait.

« Vous paraissez connaître parfaitement notre quartier, mieux que je ne le connais moi-même, dit M. Defarge à l'espion.

— Pas du tout, répondit Barsad ; mais je ferai connaissance avec lui ; je m'intéresse tant aux malheureux qui l'habitent.

— Ah? murmura le cabaretier.

— Le plaisir que j'ai à causer avec vous, monsieur Defarge, poursuivit l'espion, me rappelle diverses choses auxquelles vous avez été mêlé.

— Vraiment? répondit Defarge avec froideur.

— Mon Dieu oui ; j'ai su qu'à l'époque où le docteur Manette fut mis en liberté, c'est vous, son ancien domestique, qui vous êtes chargé de le recevoir.

— C'est vrai, » dit le marchand de vin.

Un léger mouvement du coude de sa femme, qui tricotait toujours, avait dit au cabaretier qu'il fallait répondre à Barsad, mais le plus brièvement possible.

« C'est chez vous, continua l'espion, qu'on envoya Mlle Manette ; et c'est grâce à vos soins qu'elle put emmener son père. N'était-elle pas accompagnée d'un vieillard propret, vêtu d'un habit brun? Comment déjà s'appelle-t-il? Un visage rose et blanc, sous une petite perruque. Ah! m'y voilà : M. Lorry, de la banque Tellsonc et Cie.

— Tout cela est exact, répondit M. Defarge.

— Souvenirs pleins d'intérêt! dit Barsad. J'ai connu le docteur et sa fille en Angleterre.

— Ah ! fit le cabaretier.

— Vous n'avez pas souvent de leurs nouvelles ? reprit Barsad.

— Non, dit le marchand de vin.

— Nous n'en avons jamais, dit Mme Defarge, qui interrompit d'un petit air et regarda l'espion en face. Lors de son arrivée à Londres, Mlle Manette nous a écrit pour nous dire qu'ils avaient fait bon voyage ; nous avons reçu encore une lettre ou deux ; que chacun de nous a suivi son chemin ; et tout s'est borné là.

— Vous savez qu'elle va se marier ? demanda l'espion.

— Elle est assez jolie pour l'être depuis longtemps, dit Mme Defarge ; mais vous autres Anglais, vous me paraissez d'une froideur....

— Comment ! vous savez que je suis Anglais ?

— Je m'en aperçois à votre langage, répondit la tricoteuse ; je suppose que l'homme est du même pays que son accent. »

L'espion ne se trouva pas flatté ; toutefois il se mit à rire, et ajouta, en sirotant son cognac :

« Oui, madame, Mlle Manette se marie. Ce n'est pas un Anglais qu'elle épouse ; le prétendu est Français, bien qu'il habite l'Angleterre. Et puisque nous parlions tout à l'heure de Gaspard (il est cruel de songer à ce malheureux), n'est-il pas étrange que la fille du docteur épouse précisément le neveu du personnage dont la mort a fait pendre cet infortuné ? Bref, c'est avec le marquis de Saint-Évremont que se marie Mlle Manette. Il est vrai qu'il ne porte pas son titre ; on ne le connaît à Londres que sous le nom de Charles Darnay. Sa mère, comme vous savez, était une demoiselle d'Aulnais. »

Mme Defarge tricotait toujours d'un air impassible ; mais son mari eut beau faire pour se donner une contenance, battre le briquet et rallumer sa pipe, il avait la main tremblante et ne put dissimuler son trouble. L'espion n'aurait pas été du métier s'il ne s'en était pas aperçu, et si, en ayant fait la remarque, il n'en avait pas pris note.

Cette découverte une fois acquise, et personne ne venant l'aider à surprendre autre chose, Barsad paya sa consommation et prit congé du mari et de la femme, en leur disant qu'il espérait bientôt les revoir.

M. et Mme Defarge, craignant qu'il ne revînt sur ses pas, conservèrent pendant quelques minutes l'attitude où il les avait laissés.

« Est-ce possible ? dit à voix basse le marchand de vin, qui, toujours appuyé sur la chaise de sa femme, baissa les yeux sur cette dernière, en continuant de fumer sa pipe. Est-ce que tu crois à ce mariage ?

— Venant d'un pareil homme, dit l'épouse en relevant les sourcils, la nouvelle est probablement fausse; mais elle n'a rien d'impossible.

— Si la chose est vraie.... commença le cabaretier.

— Si elle est vraie? interrompit sa femme.

— Et si la victoire doit arriver de notre vivant, j'espère que, par considération pour elle, la destinée empêchera son mari de remettre le pied en France.

— La destinée, répliqua Mme Defarge avec son calme ordinaire, conduira le mari de mamzelle Manette où il doit venir, et ne lui imposera que la mort qu'il doit avoir.

— Mais n'est-il pas étrange, bien étrange, dit le cabaretier en cherchant à la faire convenir de cette bizarrerie du sort, qu'après toute notre affection, tout notre dévouement pour son père et pour elle, le nom de celui qu'elle épouse soit proscrit de ta propre main, à l'instant même.... et qu'il se trouve accolé au nom du chien maudit qui vient de partir?

— Quand l'heure sera venue, on verra des choses plus étranges que celle-là, répondit la tricoteuse. Il est certain que j'ai ici leurs deux noms, mais non pas sans motif; que cela te suffise. »

Elle roula son tricot en disant ces paroles, et ôta de sa marmotte la rose qu'elle y avait placée.

Eut-il le sentiment instinctif de l'enlèvement de cette fleur, ou faisait-il le guet pour saisir le moment où elle aura disparu, c'est ce que j'ignore; mais Mme Defarge avait à peine ôté sa rose, que Saint-Antoine reprit courage, et que la boutique du marchand de vin recouvra son aspect habituel.

Le soir, à l'heure du jour où Saint-Antoine se retournant comme un habit, s'asseyait sur les marches des portes, sur l'appui des fenêtres, s'adossait aux murailles, se répandait au coin des rues pour tâcher de respirer, Mme Defarge sortit, son tricot à la main, et s'arrêta de groupe en groupe : terrible missionnaire que le monde fera bien de ne pas créer de nouveau. Toutes les femmes tricotaient; non pas que leur ouvrage eût une valeur quelconque; mais ce travail mécanique suppléait au manque de nourriture; les mains remuaient pour les mâchoires, et fonctionnaient pour l'appareil digestif : si les doigts étaient restés inoccupés, l'estomac aurait trop crié famine.

En même temps que les doigts, s'agitaient la pensée et le regard; et tandis que Mme Defarge allait d'un groupe à l'autre les doigts et la pensée couraient plus vite, les yeux devenaient plus étincelants chez les tricoteuses qu'elle laissait derrière elle.

Son mari, qui fumait devant sa porte, la contemplait avec admiration : « Grande et courageuse femme ! murmura-t-il, effroyablement grande et courageuse ! »

L'ombre descendit peu à peu ; on entendit le son des cloches, le bruit éloigné des tambours de la garde royale ; les femmes tricotaient, tricotaient ; l'obscurité les enveloppa ; elles tricotaient toujours.

D'autres ténèbres, non moins épaisses, devaient les environner plus tard, lorsque ces cloches, qui sonnaient gaiement dans leurs cages aériennes, seraient transformées en canons foudroyants, et que le roulement des tambours étoufferait des voix éplorées ; alors que ces tricoteuses, tellement enveloppées d'ombre qu'elles ne voyaient pas en elles-mêmes, seraient assises autour d'un édifice où elles tricoteraient sans relâche, en comptant les têtes que le bourreau ferait tomber !

CHAPITRE XVII.

Un soir.

Jamais le soleil ne s'était couché plus radieux sur le coin paisible de Soho, jamais la lune, en se levant, ne répandit un éclat plus doux sur la ville de Londres, qu'un soir où, à travers la feuillée, elle éclaira le visage du docteur et de sa fille, assis l'un près de l'autre sous leur arbre favori.

Miss Manette devait se marier le lendemain ; elle avait consacré ce dernier soir à son père, et ils étaient seuls sous le platane.

« Père chéri, tu es heureux, n'est-ce pas ?

— Très-heureux, chère fille. »

Bien qu'ils fussent là depuis longtemps, ils s'étaient dit peu de chose. Même à l'heure où elle aurait pu lire ou travailler, Lucie n'avait pas songé à prendre son ouvrage, ou à faire la lecture à son père, ainsi qu'il lui arrivait toujours en pareille occasion ; ce soir-là ne ressemblait à aucun autre, et rien ne pouvait lui enlever ce cachet exceptionnel.

« Je suis bien heureuse, père chéri, profondément heureuse que le ciel ait béni mon amour pour Charles ; mais si je ne pouvais plus te consacrer mes soins, si mon mariage devait nous séparer, ne fût-ce que de la largeur d'une rue, je serais maintenant bien malheureuse, et j'aurais plus de remords que je ne pourrais te le dire. Même, telles que sont les choses.... »

Il lui fut impossible de continuer. A la clarté de la lune, elle se jeta au cou du docteur, et cacha son visage sur le sein paternel; à la clarté de la lune qui est, comme la lumière du soleil elle-même, et comme la vie humaine, cette autre lumière, toujours triste à sa naissance et à son déclin.

« Dis-moi, père chéri, que tu es bien convaincu, bien sûr que pas une de mes nouvelles affections, pas un de mes nouveaux devoirs ne se placera entre nous. J'en ai la certitude; mais toi, la sens-tu au fond du cœur?

— Oui, bon ange, lui répondit son père; oui, j'en suis sûr; mieux que cela, poursuivit-il en l'embrassant, ton mariage me rend l'avenir plus brillant qu'il ne l'a jamais été.

— Si je le croyais, bon père !

— N'en doute pas, chère enfant, rien n'est plus vrai. Considère un peu, c'est tellement simple ! Tu es trop jeune, trop dévouée pour le comprendre, mais tu ne sais pas combien j'ai eu peur de voir ton existence flétrie, rejetée à cause de moi, en dehors de ce qui est l'ordre naturel des choses. Ton abnégation empêchera toujours que tu puisses savoir à quel point cette inquiétude me tourmentait; mais, je te le demande, comment mon bonheur pourrait-il être complet tant que le tien ne le serait pas?

— Si je n'avais jamais vu Charles, père, j'aurais été complétement heureuse avec toi. »

Il sourit de lui voir admettre, sans y penser, qu'ayant vu Charles elle aurait été malheureuse sans lui.

« Mais tu l'as vu, dit-il; et ce n'aurait pas été Charles, que cela aurait été un autre. Si personne ne t'avait plu, c'est moi qui en aurais été la cause; c'est que la partie obscure de mon existence aurait projeté son ombre au delà de moi-même, et serait tombée sur toi. »

Jamais, excepté à l'occasion du procès de Charles, Lucie n'avait entendu son père faire la moindre allusion à sa captivité. Elle fut vivement impressionnée des paroles qu'il venait de dire, et se rappela, longtemps après, l'étrange émotion qu'elle en avait ressentie.

« Regarde-la, reprit le docteur en levant la main vers la lune; je l'ai vue du carreau de ma prison, à une époque où je ne pouvais pas supporter sa lumière, où la pensée qu'elle brillait sur ce que j'avais perdu était pour moi une si affreuse torture que je me frappais la tête contre la muraille. Je l'ai vue trop tard, alors que, plongé dans une léthargie profonde, je ne pensais plus à rien, si ce n'est à compter les lignes transversales dont je pouvais la couvrir lorsqu'elle était pleine, et les perpendiculaires dont je les coupais ensuite. D'un côté comme de l'autre, ajouta-t-il d'un air pensif en regardant toujours la lune, il y en avait seulement vingt, et il était bien difficile d'y faire tenir la vingtième. »

Le frisson, qui tout à l'heure avait parcouru les membres de Lucie, la fit tressaillir de nouveau. Rien pourtant ne motivait son émotion : le docteur comparait les tortures du passé avec la félicité présente, et l'on ne pouvait être surpris de ce que sa parole était plus grave.

« Je l'ai regardée mille fois en songeant à l'enfant que je n'avais pas vu naître, continua l'ancien captif. Avait-il vécu? Avait-il été tué par le coup douloureux qui avait frappé sa mère? Était-ce un fils qui plus tard me vengerait? Il fut une époque où, dans ma prison, le désir que j'avais de la vengeance était d'une force inexprimable. En supposant que ce fût un fils, connaîtrait-il mon histoire? Ne pouvait-il pas supposer que j'étais parti librement? croire que je l'avais abandonné? Si c'était une fille, grandirait-elle jusqu'à devenir une femme? »

Lucie se rapprocha du docteur, et lui baisa la joue et la main.

« Ma fille, pensais-je, oubliera qu'elle a un père; elle l'ignorera peut-être; elle vivra sans y songer, épousera un homme à qui je serai complètement inconnu, qui ne saura pas que je suis captif; je disparaîtrai du souvenir des vivants; et la génération prochaine ne verra pas même un vide à la place que j'occupais.

— Mon père! ces sentiments que tu prêtes à un être qui n'a jamais existé me frappent au cœur comme si j'étais cette fille.

— Toi, Lucie! mais c'est de la consolation que tu m'as donnée, de l'intelligence que tu m'as rendue que ces souvenirs me viennent, et passent entre nous et la lune, dans cette dernière soirée.... Que disais-je donc, mon enfant?

— Qu'elle ne te connaissait pas, qu'elle oubliait son père...

— En effet, je me rappelle. Mais d'autres fois, lorsque la solitude et le silence m'avaient donné ce repos douloureux qui est au fond du désespoir, la lune m'impressionnait différemment. Je me représentais ma fille entrant dans ma prison, m'emmenant avec elle, et me rendant au grand air et à la liberté. J'ai vu souvent son image, à la clarté de la lune, comme je te vois aujourd'hui ; seulement elle ne me tenait pas dans ses bras ; elle restait entre la porte et les barreaux de ma lucarne ; mais comprends bien, ce n'était pas l'enfant dont je parlais.

— N'était-ce pas son image ?

— Non ; c'était tout autre chose. Elle restait debout ; je la voyais de mes yeux troublés ; mais elle ne bougeait pas. Le fantôme que mon esprit poursuivait était celui d'un enfant plus réel. Je ne connaissais pas son extérieur, je savais seulement qu'elle ressemblait à sa mère. L'autre avait bien cette ressemblance ; tu l'as également, chère fille ; mais ce n'était pas la même. Peux-tu me suivre, Lucie ? C'est tout au plus, n'est-ce pas ? Il faut avoir été seul au fond d'un cachot, y être resté longtemps pour comprendre ces distinctions impossibles à rendre. »

Malgré l'empire qu'il avait sur lui-même, il ne put empêcher son sang de se figer dans ses veines, tandis qu'il essayait d'analyser ses anciennes impressions.

« Dans les moments paisibles dont je te parle, dit-il, je m'imaginais, à la clarté de la lune, que ma fille venait me chercher, et qu'elle m'emmenait pour me montrer que sa demeure était remplie de mon souvenir. Elle avait mon portrait dans sa chambre, elle mettait mon nom dans ses prières. Sa vie était laborieuse, utile, souriante ; et cependant ma pauvre histoire se révélait partout.

— Cette fille-là, mon père, c'était moi : je n'ai pas ses qualités, mais j'ai tout son amour.

— Elle me montrait ses enfants, continua l'ancien captif ; ils connaissaient mon nom, et avaient appris à me plaindre ; quand ils passaient devant une prison d'État, ils s'éloignaient des sombres murailles, levaient les yeux vers les barreaux des fenêtres, et parlaient à voix basse. Il fallait cependant qu'elle ne pût pas me délivrer, car je me retrouvais dans ma cellule. Je me figurais qu'après m'avoir montré tout cela, elle me ramenait à la prison. Mais alors, goûtant le bienfait des larmes, je tombais à genoux et bénissais mon enfant.

— C'était moi, bon père ! Oh ! me béniras-tu demain avec la même ferveur ?

— Si j'évoque ces tristes souvenirs, c'est parce que j'ai ce soir, ma Lucie, plus de raisons que je ne peux le rendre, de t'aimer et de remercier Dieu de mon bonheur. Jamais, dans mes pensées les plus délirantes, je n'ai rêvé la joie que tu m'as fait connaître, encore moins celle que nous promet l'avenir. »

Il l'embrassa tendrement, la recommanda au Seigneur d'une voix émue, remercia Dieu de la lui avoir donnée ; et, quelques instants après, le docteur et sa fille rentraient à la maison.

Personne, excepté M. Lorry, n'était invité au mariage ; il n'y avait pas même d'autre fille d'honneur que miss Pross. Rien ne devait être changé dans les habitudes de la famille ; les jeunes gens ne quitteraient pas M. Manette ; pour rendre la chose praticable, ils avaient loué l'étage supérieur, occupé jusqu'ici par le locataire invisible ; et cela leur suffisait.

Le docteur fut très-gai pendant le souper. Il regretta que Charles Darnay fût absent, blâma le petit complot qui avait éloigné le jeune homme, et but de la manière la plus affectueuse à la santé de son futur gendre.

Arriva le moment où il dit bonsoir à sa fille, et où ils se séparèrent. Vers trois heures du matin, Lucie, tourmentée par de vagues inquiétudes, descendit de sa chambre et s'introduisit chez son père. La tranquillité la plus grande, l'ordre le plus parfait régnaient néanmoins dans la pièce. Le docteur dormait d'un profond sommeil ; son oreiller, où ses cheveux blancs s'épanchaient en boucles pittoresques, n'avait même pas un pli, et ses mains étaient placées avec calme sur la couverture. La jeune fille, après avoir éloigné sa lampe, s'approcha du lit, posa ses lèvres sur la joue de son père, et, penchée au-dessus du vieillard, le regarda pendant longtemps.

Les larmes amères du captif avaient sillonné de rides sa noble et belle figure ; mais il en effaçait la trace avec tant de force et de persistance, qu'il les dissimulait même en dormant. Rien n'inspirait plus de respect que cette figure, à la fois pleine de calme et de décision, qui témoignait d'une lutte incessante avec un ennemi invisible. Certes, on n'aurait pas trouvé dans l'immense empire du sommeil un visage plus remarquable.

Lucie posa timidement la main sur cette poitrine vénérée, et demanda au Seigneur d'être aussi dévouée à son père qu'il le méritait par ses souffrances, et qu'elle-même y aspirait de tout son amour. Elle retira sa main, baisa de nouveau la joue du vieillard, puis remonta dans sa chambre. Le soleil commençait à paraître, et l'ombre des feuilles du platane s'agita aussi doucement sur le front du docteur, que les lèvres de la jeune fille lorsqu'elle priait pour lui.

CHAPITRE XVIII.

Neuf jours.

Le ciel était pur, la lumière vive et radieuse ; le docteur, enfermé dans sa chambre, s'entretenait avec Charles, tandis que l'épousée, M. Lorry et miss Pross attendaient au salon pour aller à l'église. Réconciliée peu à peu avec l'événement du jour, la gouvernante aurait trouvé ce mariage un véritable bienfait, si au fond de l'âme elle ne s'était dit que son frère Salomon aurait dû être le marié.

« C'était donc pour cela, dit M. Lorry, qui, ne pouvant se lasser d'admirer la jeune fille, tournait autour d'elle afin de voir les moindres détails de sa jolie toilette, c'était donc pour cela, ma belle Lucie, que je vous ai fait traverser le détroit à un âge, pauvre bébé ! où je vous portais dans mes bras. Bonté divine ! je ne pensais guère à ce que je faisais alors. Combien je me doutais peu de l'obligation que je conférais à notre ami Charles !

— Puisque vous n'y songiez pas, fit observer la positive miss Pross, vous ne pouviez pas le savoir. Paroles inutiles que tout cela.

— Fort bien, mais pourquoi pleurez-vous ? demanda l'excellent homme.

— Ce n'est pas moi qui pleure, répondit la vieille fille, c'est vous.

— Moi, Pross ! (M. Lorry, à cette époque, osait de temps en temps se permettre un langage familier avec la gouvernante.)

— Vous pleuriez tout à l'heure, je vous ai vu ; et cela n'a rien d'étonnant ; une pareille boîte d'argenterie ! c'est plus qu'il n'en faut pour faire venir les larmes aux yeux. Il n'y a pas une fourchette, ni une cuiller qui ne m'ait tant fait pleurer que je ne pouvais plus les voir, dit miss Pross.

— J'en suis très-satisfait, répondit le gentleman ; bien que, sur l'honneur, je n'aie jamais eu l'intention de rendre ce léger souvenir invisible à qui que ce soit. Miséricorde ! c'est un événement qui fait réfléchir un homme sur tout ce qu'il a perdu. Miséricorde ! miséricorde ! penser qu'il y a quelque cinquante ans il y aurait pu avoir une jeune mistress Lorry et que....

— Nullement, interrompit miss Pross.

— Vous ne croyez pas qu'une mistress Lorry pût exister? demanda le gentleman.

— Bah! retourna la gouvernante, vous êtes né célibataire.

— C'est probable, dit M. Lorry en ajustant sa petite perruque d'un air tout rayonnant.

— Vous étiez taillé pour cela, même avant de naître, poursuivit miss Pross.

— Dans ce cas, répondit le gentleman, on s'est fort mal conduit à mon égard; je devais être consulté quant au choix du patron qui a déterminé ma coupe; mais assez parlé de moi. Chère Lucie, continua l'excellent homme en entourant du bras la taille de la jeune fille, j'entends remuer dans la chambre voisine; et, miss Pross et moi, nous sommes des gens trop pratiques pour perdre la dernière occasion de vous dire quelque chose qui vous soit agréable: les mains entre lesquelles vous laissez votre père ne seront ni moins attentives, ni moins affectueuses que les vôtres; on prendra de lui tous les soins imaginables; Tellsone, lui-même, viendra au-devant de ses désirs; et lorsque, dans une quinzaine, ce bon docteur ira vous rejoindre dans le pays de Galles, vous le trouverez non-seulement en bonne santé, mais dans la plus heureuse disposition d'esprit. Allons, j'entends le pas de quelqu'un se diriger vers la porte; permettez-moi de vous embrasser, chère fille, et de vous donner la bénédiction d'un vieux célibataire, avant que ce quelqu'un ne vienne vous réclamer comme étant son bien le plus précieux. »

Il contempla pendant un moment cette ravissante figure, regarda ce beau front, dont les lignes expressives lui étaient si connues, et rapprocha la brillante chevelure dorée de sa petite perruque de soie avec une délicatesse, une affection qui, si l'on peut dire que de pareilles choses aient vieilli, étaient aussi vieilles que le monde.

La porte s'ouvrit, et l'ancien captif sortit de sa chambre avec M. Darnay; sa figure, d'un blanc mat, ne conservait pas vestige des couleurs qui s'y trouvaient quelques instants auparavant. Rien ne paraissait changé dans ses manières, si ce n'est pour M. Lorry, dont le regard fin crut voir que le sentiment de répugnance et de crainte qui l'avait frappé jadis avait, comme un vent glacial, soufflé de nouveau sur l'ancien prisonnier. Le docteur donna le bras à sa fille et la conduisit au carrosse que le gentleman avait loué pour la circonstance. Les autres les suivirent dans une seconde voiture, et l'on se rendit à l'église voisine, où, loin de tout regard indifférent, l'heureuse union de Charles Darnay et de Lucie Manette fut consacrée.

La cérémonie terminée, outre les larmes qui brillèrent parmi les sourires du petit groupe, quelques diamants de la plus belle eau, tirés de l'obscurité profonde de l'une des poches du banquier, étincelèrent au doigt de la jeune épouse.

Ils revinrent déjeuner à la maison, tout alla pour le mieux ; les heures s'écoulèrent, et les cheveux aux reflets d'or qui, à Paris, s'étaient jadis mêlés aux cheveux blancs du pauvre cordonnier, s'y joignirent de nouveau sur le seuil de la porte.

Bien qu'elle dût être à peine quinze jours absente, la séparation fut cruelle. Son père enfin la consola, et se dégageant avec douceur des bras qui l'entouraient : « Prenez-la, Charles, dit-il à son gendre, elle est maintenant à vous. » Elle agita la main à la portière, les chevaux partirent ; elle disparut.

Le coin paisible qu'habitait le docteur n'étant pas sur le chemin des oisifs, M. Manette, M. Lorry et miss Pross se trouvèrent seuls, et restèrent à la place où Lucie les avait quittés. Ils gardaient le silence depuis le départ du jeune couple, et ce n'est qu'en entrant dans la vieille salle, remplie d'ombre et de fraîcheur, que M. Lorry observa le changement qui s'était fait chez M. Manette : on aurait dit que le bras d'or, placé au-dessus de la porte, l'avait frappé d'une flèche empoisonnée.

Le docteur s'était contenu devant sa fille, et il était naturel que la réaction s'opérât dès qu'il n'avait plus de motif pour rien dissimuler ; mais c'était l'air égaré d'autrefois qui troublait M. Lorry ; et à la manière dont l'ancien captif se pressait la tête et gagnait sa chambre d'un pas incertain, le gentleman pensa malgré lui au cabaretier de Saint-Antoine, et au voyage qu'ils avaient fait à la clarté des étoiles.

« Je crois, dit-il à la gouvernante, après un instant de réflexion, que nous ferons bien de le laisser à lui-même. Il faut absolument que j'aille chez Tellsone ; j'y vais tout de suite et je reviens ; nous lui ferons faire une promenade en voiture ; je dîne ici, et tout se passera bien, j'en ai la conviction. »

Il était plus facile à M. Lorry d'entrer chez Tellsone que d'en sortir, et il fut retenu pendant deux heures. A son retour, il monta sans parler à la servante, et se dirigea vers la porte de M. Manette, où il fut arrêté par le bruit d'un marteau.

« Mon Dieu ! » murmura-t-il en tressaillant.

Miss Pross, la figure bouleversée, était à côté de lui. « Tout est perdu ! s'écria-t-elle avec désespoir. Que dirons-nous à ma fauvette ? Il ne m'a pas reconnue, et a repris son soulier ! »

M. Lorry, après avoir employé tous les moyens pour calmer la vieille fille, entra dans la chambre du docteur. Le petit banc était tourné vers la lumière, comme la première fois qu'il avait vu le cordonnier à la besogne, et celui-ci, la tête penchée sur son ouvrage, paraissait fort occupé.

« Docteur ! mon cher ami, docteur Manette ! »

L'ouvrier releva la tête, regarda le gentleman d'un air à demi curieux, à demi fâché, de ce qu'on lui adressait la parole, et se remit au travail.

Il avait ôté son habit et son gilet ; sa chemise était ouverte sur sa poitrine, comme à l'époque où nous l'avons vu pour la première fois ; sa figure flétrie avait retrouvé l'air hagard des mauvais jours ; et il travaillait avec ardeur, même avec impatience, comme pour réparer le temps que lui avait fait perdre l'interruption du gentleman.

Le soulier qu'il paraissait vouloir finir était d'une forme ancienne ; M. Lorry en ramassa un qui était par terre, et lui demanda ce que c'était.

« Un soulier de femme, un soulier pour la rue, murmura le vieillard sans lever les yeux de son ouvrage ; il y a bien longtemps qu'il devrait être achevé ; laissez-le-moi finir.

— Docteur Manette, regardez-moi. »

Il obéit avec cette soumission passive du prisonnier, mais sans interrompre sa besogne.

« Me reconnaissez-vous, mon vieil ami ? Rappelez vos souvenirs ; réfléchissez, docteur. Ce travail n'est pas celui qui vous convient ; pensez-y, monsieur Manette. »

Rien ne put lui arracher une parole. Il levait les yeux lorsqu'on le lui ordonnait ; mais impossible de lui faire dire un mot. Il travaillait, travaillait, travaillait en silence ; tout ce qu'on pouvait lui dire tombait sur son oreille, comme sur un mur sans écho, et se dispersait dans l'air. Un seul fait empêchait M. Lorry de perdre tout espoir ; c'est que parfois le vieillard relevait les yeux furtivement, sans qu'on l'en eût prié. Son regard semblait alors exprimer l'inquiétude, comme s'il avait essayé de comprendre certains doutes qui s'élevaient dans son esprit.

Dans la position où il se trouvait placé, M. Lorry pensa que deux choses étaient indispensables : la première était de cacher complètement cette rechute à Lucie ; la seconde, de faire que rien ne transpirât de cette crise douloureuse parmi les connaissances du docteur. Avec l'aide de miss Pross, on répondit aux personnes qui se présentaient pour voir M. Manette, que celui-ci était souffrant, et que son état de fatigue exigeait un repos absolu. Quant à sa fille, miss Pross lui écrivit une lettre de quatre pages, où elle lui annonçait que le docteur venait d'être appelé à cinquante milles de Londres, en qualité de médecin; elle récrivit au bout de deux ou trois jours, dit qu'elle avait reçu la veille quelques lignes de M. Manette qui lui demandait divers objets, et qui la chargeait de dire à sa fille chérie qu'il se portait à merveille.

Dans l'espérance que la guérison du docteur serait prochaine, M. Lorry, qui avait en réserve un moyen dont il comptait faire usage lorsque le moment serait venu, prit la résolution de garder le malade lui-même et d'empêcher que celui-ci ne se doutât qu'on le surveillait. Il s'arrangea donc de manière à s'absenter de la banque pour la première fois de sa vie, et alla s'installer dans la chambre du docteur, où il se mit près de la fenêtre.

Dès le premier jour, il s'aperçut qu'il était non-seulement inutile d'adresser la parole à M. Manette, mais que toutes les fois qu'on lui parlait c'était pour lui une fatigue et un tourment. Se décidant alors à rester silencieux, le gentleman se contenta de demeurer en face du vieillard, afin de protester par sa présence contre l'erreur où celui-ci était tombé; prenant du reste un livre, écrivant, changeant de place, et faisant tous ses efforts pour montrer au captif imaginaire qu'il se trouvait dans un endroit où l'on était complétement libre.

Le docteur mangea et but tout ce qui lui fut donné; puis se remit à l'ouvrage, et travailla jusqu'à l'instant où la lumière lui manqua, au moins une demi-heure après que le banquier eut cessé de lire, et qu'au péril de sa vie, il lui eût été impossible de distinguer un chiffre. Lorsque l'ancien captif eut mis de côté ses outils, comme ne pouvant lui être d'aucun usage jusqu'au lendemain matin, M. Lorry s'approcha et lui demanda s'il voulait faire un tour de promenade.

Il regarda le plancher comme autrefois, leva des yeux dont le regard était absent, et répéta d'une voix faible: « Un tour de promenade?

— Oui, docteur; et pourquoi pas? »

Il ne répondit rien à cette question; mais lorsque, penché dans l'ombre, les coudes appuyés sur ses genoux, il posa la tête dans ses mains, il parut se répéter à lui-même: « Pourquoi pas? »

Miss Pross et le gentleman se partagèrent le soin de le veiller pendant la nuit, et l'observèrent de la pièce voisine. Il arpenta sa chambre de long en large pendant longtemps, mais lorsqu'enfin il se coucha, il s'endormit tout de suite. Dès qu'il fut réveillé, ce qui arriva de très-bonne heure, il alla droit à son banc, et se remit à l'ouvrage.

M. Lorry entra dans sa chambre, lui souhaita le bonjour, l'appela par son nom, et lui parla de différentes choses qui l'avaient occupé tout dernièrement. Il ne répondit pas plus que la veille aux paroles du gentleman ; mais certes il les avait entendues, et paraissait y réfléchir, bien que d'une manière confuse. M. Lorry, encouragé par ce symptôme favorable, dit à miss Pross d'apporter son ouvrage, et l'engagea à venir plusieurs fois dans la journée travailler auprès d'eux. Il profita de la présence de la vieille fille pour s'entretenir avec elle de Lucie et du docteur, ainsi qu'ils avaient l'habitude de le faire lorsqu'ils étaient ensemble ; et comme si rien de fâcheux n'était arrivé dans la maison. Tous les deux apportèrent le plus de naturel possible dans ces entretiens, qu'ils ne firent pas assez longs pour fatiguer le malade ; et le gentleman crut voir que l'ancien captif relevait la tête plus souvent, et paraissait étonné de ce qui se passait autour de lui.

Lorsque le soir fut arrivé, le banquier lui dit, comme il avait fait la veille :

« Cher docteur, ne voulez-vous pas faire un tour de promenade ? »

Ainsi que la veille, il répéta machinalement le dernier mot de la question.

« Venez-vous avec moi ? » lui dit encore le gentleman.

N'ayant point obtenu de réponse, M. Lorry fit semblant de sortir, et ne revint dans la chambre qu'après une heure d'absence, qu'il avait passée dans le salon. M. Manette alla s'asseoir auprès de la fenêtre et attacha ses yeux sur le platane ; mais, aussitôt qu'il vit rentrer le banquier, il retourna vers sa sébile.

Le temps s'écoulait avec une lenteur désespérante ; chaque soir, l'espérance de M. Lorry était plus faible et son cœur plus affligé. La troisième journée était finie ; la quatrième, la cinquième passèrent ; il y eut six jours, il y en eut sept, huit, neuf, que le gentleman, de plus en plus désespéré, attendait le retour de cette intelligence, naguère encore si brillante.

Le secret avait été bien gardé, et Lucie était toujours heureuse. Mais le gentleman voyait avec douleur que l'ancien cordonnier, qui tout d'abord maniait gauchement l'alêne, reprenait à vue d'œil une habileté désespérante. Jamais il n'avait travaillé avec plus d'ardeur, jamais ses doigts n'avaient été plus habiles plus experts que le soir du neuvième jour.

CHAPITRE XIX.
Une consultation.

Accablé de fatigue et d'inquiétude, M. Lorry, toujours à son poste, avait finir par s'endormir. La clarté du jour qui brillait dans la chambre, où il faisait nuit lorsqu'il avait été surpris par le sommeil, le réveilla brusquement; c'était le dixième matin de sa cruelle anxiété.

Il se frotta les paupières pour se réveiller tout à fait, s'avança jusqu'à la porte, jeta les yeux dans la chambre du malade et s'imagina qu'il rêvait; non-seulement les outils du cordonnier, son petit banc, son ouvrage, étaient restés dans le coin où ils avaient été mis la veille, mais le docteur, assis auprès de la fenêtre, lisait d'un air attentif. Il était en robe de chambre, et son visage, bien que très-pâle, était calme et intelligent.

M. Lorry fut pris de vertige; il était certain de ne pas dormir, et commençait à croire que tout ce qu'il avait souffert depuis dix jours était un affreux cauchemar. Le père de Lucie n'était-il pas là, sous ses yeux, dans le costume qu'il portait chaque matin, avec son aspect ordinaire et son occupation habituelle? Apercevait-on dans la chambre le moindre signe de cet acte de démence, dont il conservait pourtant une impression si vive?

Mais la réponse se présentait d'elle-même : si l'inquiétude qu'il avait éprouvée n'avait pas eu de motif réel, si tout ce qu'il avait cru voir n'avait été qu'un rêve, comment se ferait-il que lui, Jarvis Lorry, de la banque Tellsone, fût précisément là? Comment serait-il venu dormir, tout habillé, sur un sofa, dans le cabinet de M. Manette? Comment enfin se poserait-il ces questions au seuil de cette chambre, surtout à pareille heure?

Quelques minutes après, la gouvernante lui parlait à l'oreille; et si le gentleman avait conservé le moindre doute, les paroles de miss Pross auraient achevé de le convaincre; mais il avait recouvré son entière présence d'esprit et se rappelait à merveille tout ce qui était arrivé. Après avoir pensé au meilleur parti qui lui restait à prendre, M. Lorry et la vieille fille convinrent de laisser M. Manette à sa lecture, jusqu'à l'heure où il déjeunait habituellement, et de venir se mettre à table avec lui, comme si rien ne s'était passé.

Miss Pross, entièrement soumise à ce que pouvait dire M. Lorry, observa rigoureusement ce qui avait été convenu, et le gentleman ayant eu assez de loisir pour se livrer aux soins méthodiques de sa toilette quotidienne, se présenta au moment du déjeuner avec le linge blanc et le bas immaculé et bien tendu qu'on lui voyait toujours. Quant au docteur, averti avec la formule d'usage que le déjeuner était prêt, il se rendit à la salle à manger d'un air qui ne trahissait ni hésitation ni surprise.

Autant qu'il était possible de le comprendre, sans franchir les limites qu'imposait la prudence, le docteur parut supposer que le mariage de sa fille avait eu lieu la veille. Une allusion détournée, faite à dessein par le gentleman, relativement au jour de la semaine et au quantième du mois où l'on était alors fit réfléchir M. Manette et lui causa un malaise évident. Toutefois il était si bien, à tous égards, en possession de lui-même, que M. Lorry se décida à chercher auprès de lui les conseils qu'il désirait depuis longtemps.

C'est pourquoi, lorsque, les tasses ayant été enlevées, le docteur se trouva seul avec le gentleman, celui-ci prit la parole et d'une voix affectueuse :

« Mon cher Manette, lui dit-il, j'ai le plus vif désir d'avoir votre opinion tout à fait confidentielle, au sujet d'un cas très-curieux qui m'intéresse au dernier degré; quand je dis très-curieux, je parle pour moi; il est fort possible qu'avec la science que vous avez en pareille matière, vous en jugiez différemment. »

Le docteur jeta un coup d'œil rapide sur ses mains que le travail avait noircies, se troubla d'une façon évidente, et prêta une oreille attentive.

« Cher Manette, continua M. Lorry en touchant le bras du docteur, le cas dont je vous entretiens est celui d'un homme qui m'inspire l'attachement le plus sincère; accordez-moi, je vous en prie, toute l'attention dont vous êtes susceptible, et donnez-moi un conseil; je vous le demande par amour pour cet ami, et surtout par amour pour sa fille, vous m'entendez, cher Manette, pour sa fille.

— Si je vous comprends bien, dit le docteur à demi-voix, c'est une secousse morale....

— Précisément.

— Veuillez être explicite, reprit le docteur; n'épargnez aucun détail. »

Le gentleman vit qu'ils se comprenaient mutuellement et continua.

« Il s'agit, en effet, mon cher Manette, d'une secousse morale déjà ancienne, mais à la fois violente et prolongée, qui ébranla jusque dans leur base la plus profonde les affections, les sentiments, le.... le.... l'esprit lui-même, pour me servir du terme que vous employez quelquefois. Cette secousse fut effroyable; elle terrassa pour ainsi dire mon malheureux ami pendant un certain laps de temps. J'en ignore la durée; c'est par lui seul qu'on aurait pu la connaître, et son état ne lui permettait pas de s'en rendre compte. Il ne saurait pas dire davantage par quels degrés insensibles il recouvra ses forces abattues; je l'ai entendu, lui-même, le déclarer en public d'une manière que je n'oublierai jamais. Bref, il a triomphé de cette terrible secousse, et l'a fait assez complétement pour être aujourd'hui un homme de haute intelligence, capable d'une grande concentration d'esprit, d'efforts soutenus tant au moral qu'au physique, et dont s'augmente tous les jours la somme de connaissances qu'il possédait jadis. Mais par malheur, nous avons eu — M. Lorry fit une pause et soupira profondément — une légère rechute, ajouta-t-il enfin.

— De longue durée? demanda le docteur à voix basse.

— De neuf jours.

— Par quel symptôme s'est-elle manifestée? Je suppose (il regarda ses mains) que le malade aura repris certaine occupation étroitement liée à cette secousse morale?

— Justement.

— Avez-vous, poursuivi le docteur avec fermeté, bien que toujours à voix basse, avez-vous eu l'occasion de le voir dans l'origine se livrer au travail dont vous parlez?

— Cela m'est arrivé une fois.

— A-t-il ressemblé, dans cette dernière rechute, sous divers rapports, à ce qu'il était jadis?

— Sous tous les rapports.

— Vous parliez de sa fille: sait-elle qu'il a eu cette rechute?

— Non le secret lui en a été gardé; et j'espère qu'elle l'ignorera toujours; ce léger accident n'est connu que de moi seul et d'une personne à qui l'on peut se fier également. »

M. Manette saisit la main du gentleman : « Que de bonté, murmura-t-il, que d'attentions et de délicatesse ! »

Le gentleman à son tour pressa la main du père de Lucie, et il y eut un moment de silence.

« Cher docteur, reprit enfin le banquier de sa voix la plus discrète et la plus affectueuse, je suis tout simplement un homme d'affaires, incapable, vous le savez, d'entrer en lice avec de pareilles difficultés; je n'ai pour en triompher ni le savoir ni l'intelligence nécessaires; j'ai besoin d'avoir un guide, et je ne connais personne qui m'inspire à cet égard autant de confiance que vous. Répondez à mes questions : d'où est venue cette rechute? Faut-il craindre pour l'avenir? Peut-on empêcher qu'il y en ait d'autres? En cas de malheur quel traitement pourrions-nous suivre? Personne n'a jamais eu plus de désir d'être utile à un ami, que je ne l'éprouve pour celui dont je vous parle; mais j'en ignore le moyen. Si votre sagacité et votre expérience me venaient en aide je pourrais énormément; tandis qu'abandonné à moi-même que voulez-vous que je fasse? Donnez-moi donc vos conseils, afin que je puisse être utile à mon ami. »

Le docteur, dont l'attitude annonçait la réflexion, resta quelque temps sans répondre.

« Il est probable, dit-il enfin, rompant le silence avec effort, que cette rechute dont vous parlez était prévue par votre ami.

— La craignait-il? demanda le banquier.

— Énormément, dit M. Manette avec un frisson involontaire; vous ne pouvez pas savoir de quel poids cette appréhension pèse sur l'esprit; et combien il est difficile, pour ne pas dire impossible, de dire un mot du souci qui vous accable.

— Serait-ce pour mon ami un soulagement réel si, faisant un effort sur lui-même, il en parlait à quelqu'un?

— Je l'imagine ; mais, comme je vous le disais tout à l'heure, cela serait d'une grande difficulté; et même, en certains cas, tout à fait impossible.

— Quelle est, d'après vous, la cause de cette nouvelle attaque? demanda M. Lorry en posant la main sur le bras du docteur.

— Je crois, répondit M. Manette, que divers incidents ont réveillé chez votre ami tout un ordre d'idées et de souvenirs qui furent la source du mal. Des pensées, des images poignantes, lui auront été rappelées d'une manière trop vive. Il est probable que depuis longtemps il redoutait cette crise, sachant bien quelle association d'idées ferait naître chez lui un fait.... une circonstance particulière. Il a essayé vainement d'y habituer son esprit; l'effort que cette préparation exigeait de sa part a peut-être rouvert toutes ses blessures.

— Pensez-vous qu'il ait conscience de ce qui s'est passé pendant cette dernière crise? » demanda le gentleman avec hésitation.

Le docteur regarda autour de lui d'un air désolé, secoua la tête, et répondit à voix basse :

« Nullement.

— Et que devons-nous attendre? insinua M. Lorry.

— Pour ce qui est de l'avenir, répliqua M. Manette, recouvrant sa fermeté, je l'envisage avec confiance, puisque dans sa miséricorde le Seigneur a permis que cette crise ne durât pas plus longtemps, vous pouvez espérer. Votre ami a succombé sous la douleur que ravivaient les circonstances; il n'a pu résister à la pression des faits; le nuage a crevé sur sa tête; mais puisqu'il a guéri si promptement, j'espère qu'il n'a plus rien à craindre.

— C'est une grande consolation; et j'en rends grâces à Dieu, s'écria M. Lorry.

— Oui, rendons grâces à Dieu, répéta M. Manette en s'inclinant avec respect.

— Il y a encore deux autres points que je voudrais éclaircir, poursuivit le gentleman, me permettez-vous de?...

— Vous ne sauriez rendre un plus grand service à votre ami, interrompit le docteur en lui tendant la main.

— Je continue donc : l'homme remarquable dont nous nous occupons est extrêmement laborieux, et apporte dans ses travaux une énergie peu commune; sans cesse préoccupé d'accroître ses lumières, il étudie constamment, fait des recherches nombreuses, poursuit diverses expériences; en un mot, il a toujours l'esprit tendu vers un problème quelconque. N'y a-t-il pas un danger dans cet excès de travail?

— Je ne le pense pas; la nature de son esprit exige peut-être qu'il soit toujours occupé. Ce besoin impérieux, qui lui est naturel, s'est singulièrement accru de ses misères; moins ses facultés seront absorbées par l'étude, plus vous aurez à craindre qu'elles ne se repaissent d'idées malsaines et qu'elles ne s'égarent dans une fausse direction. Votre ami a pu en faire la remarque et en avoir la preuve.

— Vous croyez que cette contention d'esprit ne lui est pas défavorable?

— J'en ai la certitude.

— Cependant, mon cher Manette, si le travail venait à excéder ses forces?

— Je doute que cela soit facile, mon cher Lorry. Tout ce qu'il y avait de puissant chez cet homme a été violemment refoulé d'un côté, il faut à cela un contre-poids.

— Veuillez m'excuser, cher docteur, je suis, vous le savez, éminemment pratique, et doué de la persistance que l'on gagne dans les affaires. Supposons, je vous prie, que le travail ait excédé ses forces, le désordre qui en résulterait se manifesterait-il par un nouveau retour de l'ancienne maladie?

— Je ne le pense pas, dit M. Manette, d'un air convaincu; il n'y a qu'une seule chose, un seul courant d'idées qui puisse produire le résultat en question; et je crois pouvoir affirmer que désormais il faudrait faire vibrer cette corde avec une terrible violence pour que le mal se renouvelât. Après ce qui est arrivé je n'entrevois rien d'assez fort pour amener un pareil choc; oui, tout ce qui en aurait eu le pouvoir est maintenant épuisé. »

M. Manette parlait avec la défiance d'un homme qui sait combien l'intelligence humaine est fragile, et cependant avec la fermeté de celui, qui, au milieu des épreuves, a gagné la certitude qu'il peut avoir foi en lui-même. Il n'appartenait pas à M. Lorry de diminuer la confiance du docteur; il manifesta, au contraire, plus de satisfaction qu'il n'en éprouvait réellement et se mit en mesure d'aborder le second point dont il avait à entretenir M. Manette. La chose était embarrassante; jamais il ne l'avait mieux compris; mais, se rappelant une ancienne conversation qu'il avait eue un certain dimanche avec miss Pross, se rappelant surtout ce qu'il avait vu pendant ces derniers jours, il sentit qu'il était indispensable d'affronter la difficulté.

« La rechute de mon ami, dit-il en toussant pour s'éclaircir la voix, s'est donc manifestée, comme vous l'avez dit tout à l'heure, par la reprise d'un ancien travail qui l'avait occupé jadis, et que j'appellerai... celui d'un forgeron; oui d'un forgeron. Il avait autrefois, dirai-je pour rendre mon idée plus précise, l'habitude de travailler à une petite forge; et c'est à cette forge précisément qu'on l'a retrouvé il y a quelques jours, alors qu'on s'y attendait le moins. N'est-il pas fâcheux qu'il ait gardé auprès de lui ce souvenir d'une époque désastreuse? »

Le docteur se couvrit les yeux d'une main et battit du pied avec une agitation fébrile.

« Mon ami a conservé cette petite forge dans un coin de son appartement, ne ferait-il pas mieux de s'en séparer? » continua le gentleman, en jetant un regard inquiet sur le docteur.

Celui-ci conserva la même attitude et battit du pied avec la même agitation.

« Il vous est difficile de vous prononcer à cet égard, dit M. Lorry; je le comprends, la question est délicate. Il me semble néanmoins.... Le gentleman secoua la tête et n'acheva pas sa phrase.

— Si vous saviez, répondit le docteur en se tournant vers M. Lorry, après un silence pénible, combien il est difficile d'expliquer d'une manière satisfaisante le travail qui s'opère dans l'esprit de ce pauvre homme! Il a soupiré jadis avec tant d'ardeur après cette occupation manuelle, il a éprouvé une joie si vive lorsqu'elle lui fut accordée! Elle a été pour lui une si grande consolation, en substituant d'abord l'incertitude des doigts aux perplexités de l'esprit; et plus tard, quand il y devint expert, l'ingéniosité des mains à celle de la torture morale, qu'il n'a jamais pu se résoudre à s'en séparer tout à fait. Aujourd'hui même, où il croit à une guérison complète, où il parle de lui avec une certaine confiance, l'idée qu'un jour il pourrait avoir besoin de ce travail manuel, et ne pas en retrouver les instruments sous sa main, lui cause une terreur subite, analogue à celle qui doit glacer le cœur d'un pauvre enfant perdu. »

Son visage altéré n'en donnait que trop la preuve.

« Mais n'est-il pas permis de penser, reprit le gentleman.... excusez-moi, je cherche à m'instruire, et j'y apporte la persistance d'un homme d'affaires, accoutumé à n'avoir de rapports qu'avec des objets purement matériels, des livres sterling, des billets de banque, n'est-il pas permis de supposer que la conservation de l'instrument implique celle de l'idée? Si la chose n'était plus sous les yeux, mon cher Manette, la crainte, dont vous parliez tout à l'heure, ne s'évanouirait-elle pas en même temps? Bref, n'est-ce pas entretenir un pressentiment fatal que de garder cette petite forge? »

Profond silence de part et d'autre.

« C'est un si vieux compagnon! dit enfin le docteur d'une voix tremblante.

— Je m'en séparerais néanmoins, dit le gentleman avec un

signe affirmatif, et devenant d'autant plus ferme que le docteur se troublait davantage. Je voudrais, poursuivit-il, demander à mon ami d'en faire le sacrifice; je n'attends pour cela qu'une parole de votre bouche. Cette forge lui est fatale, j'en suis sûr; allons, sanctionnez mon désir de votre autorité; ordonnez-lui de s'en séparer, docteur; je vous en conjure; faites-le pour sa fille, mon cher Manette. »

Singulière chose à voir, que la lutte qui se livrait dans son âme !

« En son nom, dit-il, vous pouvez faire ce que vous voulez, j'y consens. Mais je demande qu'on n'enlève pas cet objet en présence de votre ami; profitez pour cela d'un moment où il ne sera pas à Londres; faites qu'une absence de plusieurs jours l'ait préparé à la perte de son vieux compagnon. »

M. Lorry s'empressa de souscrire à ce qui lui était demandé; puis il brisa la conversation, et proposa au docteur d'aller faire un tour à la campagne.

Les trois journées suivantes se passèrent à merveille, M. Manette, parfaitement rétabli, n'avait plus qu'à partir pour se rendre où l'attendait le jeune couple; on l'avait prévenu du stratagème employé auprès de sa fille pour dissimuler son état; il écrivit dans le même sens, en même temps qu'il annonçait son départ, et Lucie n'eut pas le moindre soupçon de ce qui était arrivé.

Dans la nuit qui succéda au départ du docteur, M. Lorry, chargé d'un ciseau, d'une hache, d'une scie, d'un maillet, et accompagné de miss Pross, qui portait la lumière, entra dans la chambre de M. Manette. Après en avoir refermé la porte d'un air mystérieux, le gentleman procéda à la mise en morceaux du petit banc du cordonnier, tandis que miss Pross, dont l'air rébarbatif se trouvait de circonstance, tenait la chandelle comme si elle eût assisté à un meurtre. Lorsque le banc fut mis en pièces, on en brûla les débris dans la cheminée de la cuisine; puis on se rendit au jardin, pour y faire l'auto-da-fé des outils, des souliers et du cuir.

L'horreur qu'inspire aux esprits honnêtes la destruction et le mystère est si grande, qu'en accomplissant leur action charitable, et en en faisant disparaître les traces, M. Lorry et miss Pross avaient les mêmes émotions, et presque le même air, que s'ils avaient commis un effroyable crime.

CHAPITRE XX.

Un plaidoyer.

Ce fut Sydney Cartone qui, le premier, vint offrir ses félicitations au jeune ménage, dès que M. et Mme Darnay furent de retour. Ses habitudes ne s'étaient pas améliorées, non plus que son extérieur; mais il y avait en lui je ne sais quel air de fidélité bourrue qui était complétement nouvelle aux yeux de Charles.

Il guetta l'occasion d'emmener celui-ci dans l'embrasure d'une fenêtre, afin de pouvoir lui parler sans être entendu de personne.

« Monsieur Darnay, lui dit-il, je désire que nous soyons amis.

— Ne le sommes-nous pas déjà, monsieur Cartone?

— C'est une façon de parler; vous êtes assez bon pour l'employer à mon égard; mais il me faut autre chose : en exprimant le vœu sincère de devenir votre ami, je ne donne pas à mes paroles le sens que vous pourriez leur prêter. »

Charles Darnay lui demanda ce qu'il voulait dire.

« Sur l'honneur, répondit Cartone en souriant, il m'est beaucoup plus facile de le concevoir que de l'expliquer, surtout de vous le faire comprendre. Cependant je vais essayer. Vous rappelez-vous une circonstance mémorable où j'étais un peu plus ivre que.... de coutume?

— Tout ce dont je me souviens, c'est que dans une circonstance, il est vrai, très-mémorable, vous m'avez forcé de convenir que vous aviez un peu trop bu.

— Comme je me le rappelle, monsieur Darnay! le souvenir de ces jours maudits pèse terriblement sur mon âme. J'espère que plus tard, quand tout sera fini pour moi, ce que j'en aurai souffert sera pris en considération; mais ne vous effrayez pas; je n'ai nulle intention de prêcher.

— Pourquoi m'effrayerais-je? l'animation chez vous n'a rien que de rassurant.

— Bien, bien, dit l'avocat en faisant un geste comme pour éloigner ces paroles. Dans la circonstance dont il s'agit, circonstance ou j'étais ivre, ce qui est loin d'être rare, je me suis montré insupportable à votre égard, et je serais heureux que vous pussiez l'oublier.

— La chose est faite depuis longtemps.

— Façon de parler, monsieur Darnay; pour moi l'oubli est difficile; et cette soirée m'est trop présente pour qu'une phrase en l'air puisse l'effacer de ma mémoire.

— Si mes paroles n'ont pas été sérieuses, veuillez me le pardonner, répondit Charles; j'ai cru devoir traiter légèrement une chose sans intérêt; et j'avoue ma surprise en voyant l'importance que vous y attachez. Je le déclare, sur l'honneur, il y a longtemps que j'ai oublié tous ces détails; d'ailleurs, je vous le demande, que pouvais-je me rappeler, sinon l'éminent service que vous m'avez rendu ce jour-là?

— Faible service, répondit Cartone; simple moyen de défense; voilà tout, je suis obligé de vous le dire : je me souciais fort peu de vous être utile lorsque je vous l'ai rendu; notez bien que c'est au passé que je parle.

— Vous traitez légèrement l'obligation que je vous conserve, répliqua Darnay.

— C'est la vérité pure; croyez-le. Mais je suis sorti de la question, je vous demandais si nous pouvions être amis; vous me connaissez, vous savez que je suis indigne de frayer avec un homme honorable; demandez-le à Stryver, il vous le dira comme moi.

— Je n'ai besoin de personne pour me former un opinion.

— Comme vous voudrez. Dans tous les cas, vous savez que je ne suis qu'un débauché, qui n'a jamais rien fait et ne fera jamais rien de bon.

— Je ne sais pas cela du tout.

— Moi j'en suis sûr, et vous pouvez m'en croire; si donc il ne vous répugne pas de voir entrer chez vous un être de mon espèce, un homme sans valeur et sans réputation, je demande à venir ici de temps en temps, à y être regardé comme un objet inutile (j'ajouterais, dépourvu d'agrément, sans la ressemblance qui existe entre nous), comme un meuble qu'on tolère pour ses anciens services et qu'on ne remarque plus. Cela m'étonnerait beaucoup si j'abusais de la permission; il y a cent à parier contre un que je ne m'en servirai pas plus de trois ou quatre fois l'an, mais ce serait pour moi une joie réelle de penser que je pourrais venir davantage.

— Dans ce cas, profitez-en.

— Façon charmante de me répondre que vous acceptez ma requête. Je vous en remercie, Darnay. Puis-je m'autoriser de votre nom pour jouir de cette liberté?

— Dès aujourd'hui, Cartone. »

Ils se donnèrent la main, et Sydney s'éloigna. Une minute après il était retombé dans son indolence, et n'était plus, suivant son habitude, que l'ombre de lui-même.

Dans le courant de la soirée, Charles Darnay, se trouvant seul en famille, y compris M. Lorry, dit quelques mots de la conversation qu'il avait eue avec Sydney, et parla de ce dernier comme d'un problème indéfinissable, où la débauche se trouvait accompagnée d'une indolence qui aurait dû l'exclure. Il en parla toutefois sans amertume, sans rudesse, et comme chacun l'aurait fait d'après les apparences.

Charles était loin de penser que les paroles qu'il avait dites à cet égard avaient été recueillies par sa femme; mais quand il monta dans sa chambre, il y trouva Lucie qui l'attendait, et dont le front charmant était marqué d'une ligne profonde.

« Nous sommes pensive, ce soir, dit le jeune homme en lui passant le bras autour de la taille.

— Oui, dit-elle en posant les mains sur la poitrine de Charles, et en attachant sur lui son regard sérieux et pénétrant, nous sommes pensive parce que nous avons quelque chose sur le cœur.

— Qu'est-ce que c'est, ma Lucie?

— Promettez-vous de ne pas me presser de questions lorsque je ne voudrai pas répondre?

— Si je promets?... Que pourrais-je ne pas te promettre, cher ange? »

En effet, que pourrait-il refuser à cette femme ravissante dont il écarte les cheveux blonds pour mieux voir le visage, tandis que son autre main est appuyée contre ce cœur dont les battements sont pour lui.

« Charles, ce pauvre M. Cartone mérite d'être traité avec plus de considération et de respect que vous ne l'avez fait ce soir.

— Vraiment, mon ange! Et pourquoi cela?

— C'est là justement ce qu'il ne faut pas demander; mais j'en suis sûre.

— Cela suffit; je n'en doute plus. Quels sont tes ordres, chère âme?

— Je voudrais te prier d'être généreux pour lui, mon bien-aimé! d'avoir de l'indulgence pour ses fautes, et de le défendre lorsqu'il n'est pas là. Je voudrais te persuader qu'il a de bons sentiments; s'il est bien rare qu'il le montre, il n'en a pas moins un cœur où sont de profondes blessures : je l'ai vu saigner, Charles.

— C'est pour moi une chose pénible que de penser que j'ai été injuste à son égard, répliqua Darnay profondément surpris je n'aurais jamais cru cela de Carton.

— Rien n'est plus vrai, pourtant. J'ai peur qu'il ne soit trop tard pour le sauver; peut-être sa position n'offre-t-elle plus de ressource; mais j'ai la certitude qu'il est capable de dévouement, de sacrifice, d'une action magnanime. »

Elle était si belle, dans la pureté de sa foi en cet homme perdu, que Charles aurait passé des heures à la contempler ainsi.

« Oh! mon bien-aimé! elle se serra près de lui, posa la tête sur sa poitrine, et leva les yeux vers les siens : rappelle-toi combien nous sommes forts dans notre bonheur, combien il est faible dans sa misère.

— Je ne l'oublierai pas, chère âme, dit-il profondément ému; je me le rappellerai jusqu'à mon dernier jour. »

Il se pencha sur cette tête adorée, posa ses lèvres sur ces lèvres roses, et referma ses deux bras sur cette taille souple et gracieuse.

Si le vagabond solitaire, qui en ce moment parcourait les rues obscures, avait pu entendre sa pieuse confidence, s'il avait pu voir les larmes de pitié que répandaient ses yeux bleus, et que Charles essuyait de ses baisers, il se serait écrié dans les ténèbres, et ce n'eût pas été la première fois :

« Qu'elle soit bénie pour sa douce compassion! »

CHAPITRE XXI.

Échos.

Un coin merveilleux pour multiplier les sons, avons-nous dit dans l'un des précédents chapitres, que celui où demeurait le docteur Manette! Sans cesse occupée à filer la soie et l'or dont se tramait la vie calme et heureuse de son mari, de son père, de miss Pross et d'elle-même, Lucie Darnay, assise auprès de la fenêtre, écoutait les pas dont ce coin paisible et sonore lui apportait l'écho.

Bien que son bonheur lui parût aussi grand que possible, il lui était arrivé plus d'une fois, dans les premiers temps de leur union de laisser échapper son ouvrage et d'avoir les yeux obscurcis par les larmes ; car il y avait dans l'écho un bruit lointain, bruit léger, murmure insaisissable qui lui arrivait au cœur. L'espoir d'un amour inconnu, la crainte de cesser de vivre au moment de jouir de ces nouvelles délices, se partageaient son âme. Elle croyait alors entendre, parmi les sons dont elle était environnée, le bruit des pas qui se dirigeaient vers sa propre tombe ; et ses pleurs coulaient à flots à la pensée de l'époux qui resterait seul, et dont sa mort ferait le désespoir.

Ces inquiétudes passèrent ; et l'écho mêla au bruit des pas qui approchaient celui des pas d'un enfant. Quelle que fût la puissance des retentissements du dehors, la jeune femme, assise près d'un berceau, entendait venir le trottinement des petits pieds et le babillage de la voix enfantine. L'un et l'autre arrivèrent ; la demeure ombreuse s'illumina d'un rire frais et joyeux, l'ami céleste des enfants à qui, dans ses souffrances, la jeune mère avait confié le sien, parut tendre les bras à l'innocente créature, et fit de sa protection une joie sacrée pour la jeune femme.

Toujours active à filer le lien d'or qui les réunissait, mêlant sa douce influence à la trame de leur vie, sans la montrer nulle part, Lucie n'écouta pendant plusieurs années que des bruits caressants et propices. Le pas de son mari annonçait la force et la félicité ; celui de son père était égal et ferme ; et, couverte de son harnais rustique, la gouvernante, ainsi qu'un cheval de bataille indiscipliné qui renacle et frappe la terre avec impatience, éveillait vigoureusement l'écho chaque fois qu'elle marchait sous le platane.

Les larmes elles-mêmes coulèrent sans amertume, quand elles vinrent se mêler aux bruits extérieurs, quand des cheveux dorés pareils à ceux de Lucie entourèrent d'une auréole le visage amaigri d'un petit garçon qui, de sa voix éteinte, disait en souriant à son père et à sa mère : « Je suis bien fâché de vous quitter tous les deux, de quitter ma sœur : mais on m'appelle, et il faut que je m'en aille. »

Quand l'esprit qui lui avait été confié s'échappa de ses bras, ce ne furent pas des larmes de désespoir que versa la jeune mère : « Souffrez qu'ils partent ; ils verront la face du Seigneur. Bénies soient vos paroles, ô mon Dieu ! »

Le frémissement des ailes d'un ange se mêla désormais à tous les bruits de l'écho, et y ajouta quelque chose de céleste. Les soupirs de la brise, qui effleurait le petit mausolée du jardin, s'y joigniront à leur tour, la jeune femme les entendait bruire dans l'air comme on entend les flots soupirer sur la grève où ils sont endormis ; et, tout en travaillant, elle leur prêtait l'oreille pendant que la petite Lucie étudiait avec un sérieux comique la leçon du matin, ou, assise aux pieds de sa mère, habillait sa poupée en babillant dans la langue des deux villes qui étaient sa double patrie.

Il était rare que les pas de M. Cartone fussent reproduits par l'écho. A peine Sydney faisait-il usage cinq ou six fois par an du privilége qu'il avait obtenu de venir sans qu'on l'eût invité, et de passer quelques heures avec ses amis, comme il faisait souvent jadis. Il n'avait jamais bu quand il venait chez les Manette ; et à ce sujet l'écho murmurait autre chose, qu'ont murmuré d'âge en âge tous les échos fidèles.

Un homme qui aima réellement une femme, et qui, après l'avoir perdue, a conservé son amour dans toute sa profondeur, n'a jamais pu la revoir sans évoquer chez l'enfant de cette femme une sympathie étrange, une pitié délicate et instinctive à son égard. Quels sont les courants invisibles qui en pareille circonstance, éveillent cette sensibilité exquise ? Nul écho ne le dévoile ; mais la chose est certaine, et Cartone en donna la nouvelle preuve. Ce fut le premier étranger à qui la petite Lucie tendit ses bras troués de fossettes ; et en grandissant elle lui garda cette préférence. Le petit garçon qui était mort avait parlé de Sydney à ses derniers moments : « Pauvre Cartone ! avait-il balbutié, embrassez-le bien pour moi. »

Quant à M. Stryver, il continuait à faire son chemin dans le barreau, ainsi qu'une puissante locomotive qui passe de vive force à travers l'eau bourbeuse, et traînait à sa suite son indispensable ami, comme un bateau à la remorque. On sait qu'en général les bateaux qui jouissent de cette faveur, se trouvant dans une condition fâcheuse, sont submergés la plupart du temps ; d'où il suivait que le malheureux Cartone était presque toujours embourbé. Mais l'habitude, si forte, si commode, était malheureusement plus puissante chez lui que le sentiment de la dégradation où cette manière de vivre le faisait arriver ; il ne pensait pas plus à sortir de l'ignoble dépendance où le retenait son odieux camarade, qu'un véritable chacal ne songe à se transformer en lion.

Stryver était riche ; il avait épousé une veuve au teint fleuri, possédant de la fortune et trois garçons, qui n'avaient de brillant dans toute leur personne que les cheveux droits et lisses de leur tête, pareille à un pouding aux pommes.

L'avocat, exsudant par tous les pores un air de protection de la qualité la plus offensante, avait poussé devant lui ces trois fils de sa femme, et, les conduisant au coin paisible de Soho, les avait présentés comme élèves à Charles Darnay, en s'écriant avec délicatesse : « Hé ! l'ami ! voilà trois morceaux de pain que j'apporte à votre pique-nique matrimonial. » Le refus poli de ces trois morceaux de pain avait gonflé M. Stryver d'une indignation qui tourna par la suite au profit des trois jeunes gens, en leur faisant comprendre l'orgueil de va-nu-pieds, tels que cet insolent professeur. Notre avocat avait également l'habitude, en buvant son vin capiteux, de raconter à Mme Stryver les manœuvres que Mme Darnay avait employées autrefois pour le séduire, et de s'étendre avec éloquence « sur les artifices qu'il avait opposés, madame, à ces menées insidieuses, et qui l'avaient empêché d'en être victime. »

Quelques-uns de ses familiers du banc du roi, qui venaient de temps en temps prendre leur part du vin capiteux et de la susdite éloquence, excusaient leur collègue en disant qu'à force de répéter ce mensonge, il avait fini par y croire ; circonstance tellement aggravante, au contraire, du délit primitif, qu'elle aurait motivé l'enlèvement du coupable et sa pendaison en un lieu écarté.

Tous ces discours reproduits par l'écho se joignaient aux bruits lointains que Lucie Darnay, parfois pensive, parfois souriante et divertie, écoutait du fond de sa retraite sonore. Il n'est pas besoin de vous dire combien l'écho des pas de sa fille, de son mari, de son père toujours plein de force et d'activité, lui était doux à entendre ; combien l'écho du bonheur qui régnait dans leur maison, où l'ordre se joignait à l'élégance, était plein de charme à son oreille ; combien elle se réjouissait de retrouver dans l'écho cette assurance mille fois répétée par son père qu'elle lui paraissait encore plus dévouée depuis son mariage ; comme elle aimait l'écho des paroles que Charles lui avait si souvent adressées, lorsque, touché des preuves d'amour qu'elle lui donnait sans cesse, il lui demandait par quel secret magique elle trouvait le moyen d'être tout entière à chacun d'eux, comme si chacun avait été seul, et de ne jamais paraître ni affairée, ni absorbée par ses devoirs.

Mais en même temps grondaient au loin des bruits sourds, dont l'écho répercutait la voix menaçante, prélude effrayant d'une horrible tempête qui s'annonça au foyer paisible du docteur à l'époque où la petite Lucie allait entrer dans sa septième année.

Un soir de la mi-juillet 1789, M. Lorry entra chez les Manette ; bien que l'heure fût avancée, il ne faisait que sortir de la banque, et, prenant un siége, il se plaça entre Lucie et Charles, qui se trouvaient auprès de la fenêtre. Le salon n'était pas éclairé, et la chaleur étouffante, le ciel obscur et nuageux rappelèrent au souvenir de trois amis, l'orage dont, un dimanche, ils avaient regardé les éclairs sinistres, précisément à la même place.

« Je commençais à croire, dit M. Lorry en rejetant sa petite perruque en arrière, que je passerais la nuit à la banque, nous avons eu tant de besogne depuis ce matin que c'était à ne savoir où donner de la tête. L'inquiétude est si vive à Paris que nous sommes littéralement accablés ; c'est à qui nous confiera sa fortune, et il semble qu'on ne puisse y mettre assez de précipitation. Nos clients, c'est positif, sont possédés de la manie de placer leurs fonds en Angleterre.

— Mauvais présage, dit Charles.

— C'est possible, mon cher Darnay : mais jusqu'à présent nous ne voyons pas pourquoi la clientèle est si déraisonnable. Nous nous faisons vieux chez Tellson ; et l'on ne devrait pas nous donner un pareil surcroît de travail sans un motif bien avéré.

— Vous savez, reprit Darnay, combien le ciel est menaçant.

— Je ne le nie pas, répliqua le bon gentleman essayant de se persuader à lui-même qu'il était aigri, et que ses paroles le faisaient voir ; mais, après le vacarme et le tracas de cette longue journée, je suis résolu à être d'un humeur massacrante. Où est Manette ?

— Me voici, répondit le docteur, qui venait d'entrer dans le salon.

— Tant mieux : car ce désordre, cet état de précipitation où je me suis trouvé toute la journée, sans rien dire de ces tristes présages, m'ont rendu horriblement nerveux. Vous n'allez pas sortir, j'espère !

— Non, je vais, si vous le voulez, faire votre partie de tric-trac, répliqua le docteur.

— Je ne crois pas que je le veuille, si toutefois il m'est permis de le dire. Je ne serais pas capable de me défendre. Est-ce qu'on a enlevé la théière et les tasses, Lucie ?

— Nullement ; elles sont restées là pour vous.
— Merci ! chère, merci ! le petit ange est couché ?
— Et dort du plus profond sommeil.
— Elle se porte bien ?
— Parfaitement.
— C'est juste ; pourquoi pas ? Je ne vois aucun motif, grâces à Dieu, pour que tout n'aille pas bien dans cette maison bénie. Mais j'ai été si bouleversé depuis ce matin ! et je ne suis plus aussi jeune que je l'étais autrefois. C'est ma tasse de thé ? merci, chère enfant ; asseyez-vous, reprenez votre place, et restons un peu tranquilles, pour entendre l'écho ; vous avez, à son égard, une théorie complète.
— Non pas une théorie ; c'est une idée que je me fais.
— Soit, ma belle mignonne ; dans tous les cas, les bruits qu'il nous apporte sont nombreux et retentissants ; écoutez plutôt ! »

Des pas rapides et affolés qui se précipitaient dans la vie de chacun, et s'y ruaient avec violence, des pas dont il serait difficile un jour d'effacer l'empreinte sanglante, parcouraient avec rage des rues lointaines, pendant que nos amis de Londres étaient assis près de leur fenêtre obscure.

Le matin même Saint-Antoine n'avait offert qu'une sombre masse d'épouvantails, dont les flots ondulaient sous les éclairs des lames tranchantes, frappées par le soleil. Au rugissement affreux sorti de la gorge du saint patron, une forêt de bras nus s'étaient dressés, pareils à des rameaux flétris qu'agite le vent d'hiver, et toutes ces mains avides s'étaient emparées des armes qu'on leur jetait des caves, de tout ce qui pouvait leur en servir, peu importe l'endroit où elles se les procuraient.

Qui les avait données ? Qui les avait recueillies ? Par quelle entremise vibraient-elles au-dessus des têtes, lorsque, vingt à la fois, elles brillaient dans l'air où elles étaient lancées ? Personne n'aurait pu le dire, mais des mousquets étaient distribués, des cartouches, de la poudre et des balles ; des barres de fer, des leviers, des couteaux, des haches, des piques, tous les instruments dont l'esprit en démence peut faire un moyen de destruction. Ceux qui ne trouvèrent pas autre chose, arrachèrent les pierres et les briques des murailles : Saint-Antoine avait la fièvre ; et dans son délire, chacun de ses membres était prêt à sacrifier sa vie.

Comme dans un tourbillon les eaux se précipitent vers le centre, la foule, saisie de vertige, se presse autour de la maison du marchand de vin, et chacune des gouttes humaines qui forment cette onde bouillonnante est attirée vers l'endroit où Defarge, barbouillé de sueur et de poudre, donne des ordres, distribue des mousquets, repousse celui-ci, attire celui-là, désarme l'un pour armer l'autre, et s'escrime au plus fort du tumulte.

« Ne t'éloigne pas, dit-il à Jacques trois ; Jacques premier et Jacques deux, séparez-vous, et mettez-vous chacun à la tête d'un groupe de patriotes. Où est ma femme ?

— Me voilà ! répondit Mme Defarge, non moins impassible qu'à l'ordinaire, mais qui ce jour-là ne tricotait pas. Au lieu de coton et d'aiguille, sa main tenait une hache ; et à sa ceinture était un pistolet et un couteau cruellement affilé.

— Où vas-tu ? lui demanda son mari.

— Avec vous tous, dit-elle, je me mets à la tête des femmes.

— Nous sommes prêts ; — marchons ! crie Defarge d'une voix retentissante. Patriotes et amis, à la Bastille ! à la Bastille ! »

Comme si la voix de la France entière eût retenti dans ce mot exécré, le flot humain se soulève en rugissant, les vagues se pressent, et le fond de l'abîme s'élance vers le ciel. Au bruit du tocsin, au roulement des tambours, à la voix tonnante de cette mer furieuse qui s'échappe de ses rives, commence l'attaque de la forteresse.

Fossés profonds, double pont-levis, murailles épaisses, huit grandes tours, des canons et des mousquets ! A travers le feu et la fumée, au milieu du feu même, on aperçoit Defarge à la tête des assaillants. Le flot l'a jeté contre un canon : à l'instant il est devenu canonnier ; et depuis deux heures il se conduit en brave.

Encore un fossé, un pont-levis, des murs de pierre, huit grandes tours, des canons, et de la mitraille.

« En avant, camarades, en avant ! A l'œuvre Jacques premier, Jacques deux, Jacques trois, Jacques cinq cent, Jacques vingt mille ! Au nom des saints, au nom du diable, suivant ce que vous adorez, à l'œuvre ! s'écrie le marchand de vin, toujours à son canon, dont le métal est rougi depuis longtemps.

— Femmes, suivez-moi ! crie à son tour Mme Defarge. Aussi bien que les hommes, nous pourrons tuer, lorsque la place sera prise. » Et vers elle accourt poussant des cris aigus, un essaim de femmes, diversement armées, mais toutes également poussées par la faim et la vengeance !

Feu et fumée, canon et mitraille ! toujours le fossé profond, le pont-levis, les murailles épaisses, les huit grandes tours ! La vague furieuse se déplace légèrement par la chute des blessés.

Les armes étincellent, les torches pétillent, les charrettes de foin mouillé brûlent et fument; des barricades dans tous les sens, des clameurs, des cris d'enthousiasme, des cris de haine, du courage sans réserve! des craquements sourds, des volées d'artillerie, les rugissements furieux de ces ondes vivantes; et toujours le fossé profond, le dernier pont-levis, les murs de pierres massives, les huit grandes tours! Le canon de Defarge est doublement rougi par quatre heures de ce combat effroyable.

Un drapeau blanc sur la forteresse, puis un parlementaire! On les voit à peine à travers la fumée, on n'entend rien de ce que la voix prononce. Tout à coup la mer furieuse s'étend et s'élève, elle entraîne Defarge, l'emporte au delà du pont-levis abaissé, au delà des murailles massives, et le dépose au milieu des grandes tours, qui se sont enfin rendues.

La force qui l'entraîne est tellement irrésistible qu'il ne peut détourner la tête et reprendre haleine que dans la cour de la Bastille. Appuyé contre le mur, il fait un effort et regarde autour de lui : Jacques trois est à son côté; Mme Defarge, toujours à la tête des femmes, et le couteau à la main, s'aperçoit à peu de distance. Tout n'est que vacarme, joie délirante, folle ivresse, bruit assourdissant, pantomime effrénée.

« Les prisonniers!
— Les archives!
— Les oubliettes!
— Les instruments de torture! »

Mais de tous ces cris, et de mille autres qui s'élèvent de la foule, celui qui réclame les prisonniers est le seul que l'on répète; et la vague se précipite dans la geôle, comme si l'éternité existait pour le supplice, de même que pour le temps et l'espace, et qu'elle dût retrouver dans ces murs tous les captifs qu'ils avaient renfermés.

Les premières lames s'écoulèrent, entraînant avec elles les officiers de la prison, et les menaçant de mort, s'il restait un seul endroit qui ne leur fût pas montré. Defarge saisit l'un des geôliers, un homme à cheveux gris, qui avait une torche à la main, le sépare de la foule, et le place entre lui et la muraille.

« Conduis-moi à la tour du Nord, et pas d'hésitation, lui dit-il.

— Je veux bien, répondit le geôlier; mais vous n'y trouverez personne.

— Que signifient ces mots: 105, tour du Nord? demanda Defarge. Allons, vite. Désignent-ils le prisonnier, ou son cachot ? Réponds ou tu es mort.

— Tue-le donc, croassa Jacques trois qui s'était approché.
— C'est la cellule, monsieur.
— Montre-la-moi.
— Par ici, monsieur, par ici. »

Jacques trois, évidemment désappointé de la conclusion pacifique de l'entretien, fut saisi par Defarge, comme lui-même avait saisi le porte-clefs. Il leur avait fallu rapprocher leurs trois têtes, se crier aux oreilles ce qu'ils avaient eu à se dire, et c'est à peine s'ils avaient pu s'entendre, au milieu du bruit que faisait le flot populaire, envahissant les cours, les passages, les escaliers, tandis qu'à l'extérieur il battait les murailles, et que de ces rugissements s'échappaient des acclamations lancées dans l'air, comme la fine écume des vagues.

Defarge, son ami et le porte-clefs traversèrent en toute hâte de sombres voûtes, que jamais n'éclaira le jour; ils franchirent les portes de cavernes hideuses, descendirent des escaliers ténébreux, puis escaladèrent entre deux murs, des sillons qui ressemblaient au lit desséché d'un torrent. La multitude les suivit tout d'abord; mais quand après être descendus ils gravirent la spirale, qui conduisait jusqu'à la plate-forme de la tour, non-seulement ils étaient seuls, mais le bruit de la tempête n'était plus pour eux qu'un murmure étouffé, comme si la violence de l'ouragan les avait rendus sourds.

Le geôlier s'arrêta devant une porte basse, tourna la clef dans une serrure grinçante, et poussant la petite porte avec effort : « Voici, dit-il, le n° 105. »

Un trou carré, solidement barré de fer, mais sans vitrage, percé tout en haut de la muraille, et masqué aux trois quarts par des briques, de sorte que pour apercevoir le ciel il fallait se coucher au pied du mur et lever les yeux perpendiculairement, servait de fenêtre à cet endroit maudit. On y voyait une petite cheminée traversée d'énormes barreaux à quelques pieds du sol. Une pincée de vieilles cendres frissonnait dans l'âtre ; un tabouret, une table, une paillasse, formaient tout l'ameublement. Les quatre murs étaient noircis, et dans l'un deux se trouvait scellé un anneau couvert de rouille. « Passe lentement la torche devant les murailles que je puisse les voir, » dit le marchand de vin au porte-clefs.

L'homme obéit; Defarge, les yeux attachés sur le mur, suivit la lumière avec attention.

« Un moment ! regarde ici, Jacques.

— Un A et un M ! croassa Jacques trois en lisant avec avidité.

— Alexandre Manette, lui dit le marchand de vin dont l'index, profondément incrusté de poudre, désignait les initiales. Vois plutôt, c'est encore lui qui a écrit cela : « Un pauvre médecin. » Et ce calendrier, je n'en doute pas, c'est lui qui l'aura fait. Tu as un levier, donne-le-moi. »

Defarge avait encore à la main son boute-feu, il l'échangea pour le levier que tenait Jacques, et se retournant vers la table et l'escabeau il les mit tous deux en pièces.

« Lève ta lumière, dit-il avec impatience au porte-clefs. Fouille parmi ces débris, Jacques, et regarde avec attention ; prends mon couteau, éventre la paillasse, examine bien la paille. Tiens donc la lumière plus haut, toi ! »

Il jeta un regard menaçant au geôlier, rampa dans l'âtre, leva les yeux, frappa dans tous les coins de la cheminée, dont il ébranla les barreaux de fer. Un peu de poussière et de mortier se détacha, et après avoir détourné la tête pour éviter de le recevoir, il chercha soigneusement dans les cendres, dans les crevasses, dans les trous, dans les moindres fissures.

« Rien dans le bois, rien dans la paille ? demanda-t-il à Jacques.

— Rien du tout.

— Réunis tout cela dans le milieu du cachot ; et toi mets-y le feu, » dit-il au geôlier.

Le porte-clefs approcha sa torche du petit tas de paille et de copeaux vermoulus, qui flamba immédiatement. Se baissant alors pour franchir la porte basse, ils se dirigèrent par le même chemin, vers la cour de la citadelle, et semblèrent recouvrer l'ouïe, à mesure qu'ils se rapprochaient des vagues furieuses.

Ils les trouvèrent s'agitant avec rage au sujet du marchand de vin, qu'appelaient des voix rugissantes. Saint-Antoine voulait que son cabaretier fût à la tête de l'escouade chargée du gouverneur. Sans cette précaution, cet homme qui avait défendu la Bastille, et tiré sur les patriotes, n'arriverait pas à l'hôtel de ville, où l'attendaient ses juges ; il s'échapperait, et le sang du peuple, qui après tant de siècles de mépris acquérait tout à coup de la valeur, resterait sans être vengé.

Au milieu de ces bouches hurlantes, de ces figures convulsées qui entouraient le gouverneur, reconnaissable de loin à son uniforme gris et à son ruban rouge, on remarquait une femme au visage impassible : « Voilà, mon mari, » cria-t-elle en désignant le marchand de vin. Puis elle s'approcha du vieil officier, resta auprès de lui jusqu'au moment où le cortége s'ébranla, auprès de lui dans les rues, où le portaient un groupe de patriotes, ayant Defarge à leur tête ; elle resta près de lui, calme et froide, lorsque, arrivant à sa destination, on commença à le frapper ; auprès de lui, et toujours inébranlable, tandis que le sang ruisselait à flots ; si près de lui, lorsque enfin il tomba, que, s'animant d'une fureur subite, elle lui mit le pied sur la gorge, et lui trancha la tête de son couteau, depuis longtemps préparé.

L'heure était venue où Saint-Antoine allait suspendre des hommes à la place de ses lanternes, afin de montrer ce qu'il était, de montrer ce qu'il pouvait faire. Saint-Antoine avait le sang échauffé, tandis que le sang de la tyrannie se glaçait sur les marches de l'hôtel de ville, où gisait le corps du gouverneur, se glaçait sous le pied de Mme Defarge, qui avait assujetti de sa semelle le cadavre de la victime pour le mutiler plus facilement.

« Baissez la lanterne, là-bas, vous autres, cria Saint-Antoine après avoir cherché un nouvel instrument de supplice, baissez la lanterne, voilà un soldat qu'il faut monter au poste. » La sentinelle se balança dans l'air, et le flot poursuivit sa course ; onde obscure et menaçante, dont les vagues destructives se pressent avec furie, dont personne ne connaît la profondeur et ne soupçonne la puissance ; flot aveugle et sans remords, océan implacable, d'où s'élèvent des bras inflexibles, des cris de haine et de vengeance, des visages tellement durcis par la misère, que la pitié n'y peut plus marquer sa trace.

Parmi ces têtes où, jointe à la fureur, l'ivresse du triomphe était palpitante, il s'en trouvait quatorze, divisées en deux groupes, sept dans chacun, dont les traits pâles et rigides, l'expression éteinte, contrastaient vivement avec l'excès de vie qui débordait autour d'elles. Jamais l'Océan courroucé ne roula dans ses flots de débris plus mémorables : sept captifs dont l'orage venait de briser la tombe apparaissaient au-dessus de la foule, effrayés, éperdus, se demandant s'ils étaient à leur dernière heure, et si la joie sauvage qu'on témoignait de leur délivrance n'était pas celle des esprits infernaux. Derrière eux, sept têtes qui dominaient les autres, sept têtes cadavéreuses dont les paupières attendaient pour se soulever l'heure du jugement suprême, sept masques immobiles dont l'expression était suspendue, non détruite, comme si, fermés un instant, leurs yeux de valent se rouvrir, et leur bouche livide crier : « C'est toi qui as fait cela. »

Sept têtes sanglantes, sept prisonniers portés en triomphe ; les clefs des huit tours de la citadelle maudite, quelques billets, quelques souvenirs d'anciens captifs depuis longtemps morts de désespoir, telles sont les choses que, le quatorze juillet mil sept cent quatre-vingt-neuf, escorte Saint-Antoine, dont l'écho répète les pas bruyants.

Fasse le ciel que l'idée de Lucie Darnay soit une erreur ; que ces pas, loin de pénétrer dans sa vie, s'écartent de la jeune femme : car, furieux et rapides, ils renversent tout sur leur passage, et leur empreinte, rougie de nouveau, cette fois non dans des flaques de vin, s'effacera difficilement.

CHAPITRE XXII.

Le flot monte toujours.

Il y avait à peu près huit jours que Saint-Antoine, ivre de joie, adoucissait l'amertume de son pain noir et dur, et suppléait à la modicité de la ration par ses embrassements fraternels, lorsque nous retrouvons Mme Defarge à son comptoir, présidant comme à l'ordinaire au service du cabaret. Elle n'avait pas de rose à sa coiffure, car la confrérie des agents de police manifestait depuis huit jours une extrême répugnance à visiter les domaines du saint patron : les réverbères de ses rues étroites et fangeuses avaient un balancement qui, pour eux, était de mauvais présage.

Mme Defarge, assise, les bras croisés, à l'air chaud et lumineux du matin, regardait vaguement la boutique et la rue. Dans l'une et dans l'autre on voyait çà et là quelques groupes de flâneurs décharnés et crasseux, mais chez qui le sentiment de la force trônait sur la détresse. Le bonnet de coton déchiré, coiffant de travers le plus misérable de ces flâneurs, disait évidemment : « Je sais combien il m'est difficile, à moi qui porte cette guenille, d'entretenir la vie dans mes veines ; mais savez-vous combien il me serait aisé de l'éteindre dans les vôtres ? »

Chaque bras nu et flétri qui, plus d'une fois, avait été sans travail, savait qu'à défaut d'autre ouvrage il aurait à frapper ; et les doigts des tricoteuses avaient acquis l'expérience qu'ils pouvaient déchirer. Une transformation profonde s'était opérée dans l'aspect de Saint-Antoine ; il y travaillait sans relâche, depuis des siècles, mais les derniers coups de marteau avaient puissamment fait ressortir l'expression de l'effigie. Mme Defarge le remarquait avec un sentiment d'approbation contenue, ainsi qu'il appartenait au chef des femmes de Saint-Antoine. L'une de ses consœurs tricotait auprès d'elle ; c'était la grasse et courtaude épouse d'un très-maigre épicier, la mère de deux enfants, et qui, lieutenant de la cabaretière, avait déjà gagné le surnom flatteur de la Vengeance.

« Écoute un peu ! » dit cette femme.

Comme une traînée de poudre qui, de l'extrémité de Saint-Antoine, aurait abouti à la porte du marchand de vin, et se serait enflammée tout à coup, un murmure accourait, en grossissant, des limites du faubourg.

« C'est Defarge, dit la cabaretière. Silence, patriotes ! »

Defarge entra tout essoufflé, ôta son bonnet rouge et regarda autour de lui. « Écoutez-le ! » dit sa femme.

Debout et pantelant, il se détachait sur un fond de regards enflammés, de lèvres béantes, groupés en dehors de la porte.

« Qu'est-ce qu'il y a ? demanda la cabaretière.

— Des nouvelles de l'autre monde !

— De l'autre monde ? répéta la dame avec mépris.

— Y a-t-il ici quelqu'un qui se rappelle le vieux Foulon, ce misérable qui répondit que le peuple, s'il avait faim, n'avait qu'à manger de l'herbe? Il était mort et parti pour l'enfer, » poursuivit Defarge.

Personne n'avait oublié Foulon.

« C'est de lui qu'on a des nouvelles.

— Mais puisqu'il est mort ! s'écrièrent toutes les voix.

— Pauvres dupes ! Il a eu si peur de nous, et il avait raison, continua le cabaretier, qu'il s'est fait passer pour mort, s'est commandé un magnifique enterrement, et n'en est pas moins en vie. On l'a retrouvé à la campagne, où il était caché ; on l'a ramené, je viens de le voir ; on le conduit à l'hôtel-de-ville, où il sera bientôt expédié. Il avait raison de nous craindre ; n'est-ce pas, qu'il avait raison ? »

Vieux pécheur de plus de soixante-dix ans, s'il avait pu douter de ce qu'il avait à craindre, il en aurait acquis la certitude en entendant l'imprécation qui répondit au marchand de vin.

Un profond silence succéda au tumulte. Defarge et sa femme

se regardèrent, la Vengeance se baissa, et l'on entendit le grincement d'un tambour qu'elle traînait derrière le comptoir.

« Patriotes, dit le cabaretier d'une voix ferme, êtes-vous prêts ? »

Immédiatement Mme Defarge eut le couteau à la ceinture, le tambour résonna, la Vengeance poussa des cris aigus, et agitant les bras au-dessus de sa tête, frappa de porte en porte avec furie.

Les hommes, terribles de colère, se penchèrent aux fenêtres, prirent leurs armes et se précipitèrent dans la rue. Les femmes, dont l'aspect aurait glacé d'effroi les plus hardis spectateurs, s'arrachèrent aux occupations que leur laissait la pauvreté : à leurs enfants, à leurs parents infirmes, à leurs malades, gisant nus et affamés sur les carreaux disjoints, et coururent, les cheveux épars, s'enivrant de haine, s'affolant de cris sauvages, et accroissant leur délire de leur fureur mutuelle. « L'odieux Foulon est pris, ma sœur ! L'infâme, le chien, le suppôt du diable est arrêté, ma fille ! »

Elles couraient, se déchirant la poitrine et s'arrachant les cheveux. « Foulon est en vie, le serpent ! Foulon qui trouve que le peuple est bon pour manger de l'herbe ; Foulon qui me l'a dit quand je manquais de pain pour mon vieux père ! Foulon qui a eu le cœur de me dire que mon pauvre petit pouvait teter de l'herbe, quand mes seins étaient desséchés, le misérable ! O sainte Vierge ! ô mon Dieu ! faut-il donc tant souffrir ! M'entends-tu, mon pauvre enfant, toi qui en es mort ? mon pauvre père qui as tant agonisé, je vous le jure à deux genoux sur ces pavés, je vous vengerai de ce Foulon ! Vous tous qui êtes des hommes, nos maris et nos frères, donnez-nous le sang de Foulon, donnez-nous son cœur, donnez-nous le corps et l'âme de ce monstre, que nous le mettions en pièces, et de nos ongles nous lui creuserons une tombe où il se rassasiera d'herbe ! »

Exaltées jusqu'à la rage, elles tournaient sur elles-mêmes, hurlant et frappant leurs propres amis ; plusieurs d'entre elles s'évanouirent et auraient été foulées aux pieds si des hommes ne les avaient relevées.

Néanmoins on ne perdit pas une minute, pas une seconde. Ce Foulon était à l'hôtel de ville et pouvait être relâché.... Non, non ! Saint-Antoine avait trop le sentiment de ce qu'il avait souffert et des torts qu'on avait eus envers lui.

La foule, qui se précipitait avec violence, attirait derrière elle la lie du quartier avec une telle force d'aspiration, qu'en moins d'un quart d'heure il ne resta plus dans le giron de Saint-Antoine qu'un petit nombre d'infirmes et d'enfants au berceau.

Ils emplissaient déjà la grande salle où était le vieux Foulon, et débordaient jusque dans les rues voisines. Les Defarge, mari et femme, la Vengeance et Jacques trois étaient au premier rang, à une faible distance de l'odieux accusé.

« Le voyez-vous ? s'écria Mme Defarge en désignant le contrôleur général avec la pointe de son couteau ; le voilà, le vieux monstre ! On aurait dû le charger d'un fagot d'herbe ; qu'on lui en donne et qu'il en mange ! » Elle mit son couteau sous son bras, et applaudit comme au théâtre.

Les hommes qui se trouvaient derrière elle expliquèrent le motif de sa satisfaction aux gens qui étaient derrière eux, et de proche en proche les applaudissements retentirent jusque dans les rues environnantes. C'est ainsi que pendant trois heures les paroles que l'impatience arrachait à Mme Defarge se transmirent au loin avec une rapidité d'autant plus merveilleuse, que des hommes, accrochés aux sculptures extérieures, plongeaient leurs regards par les fenêtres, et, dominant la foule, établissaient une communication télégraphique entre la cabaretière et les masses qui remplissaient les rues.

Enfin un rayon de soleil, qui vers midi pénétra dans la salle, tomba directement sur la tête du vieillard et sembla le protéger. Cette faveur mit le comble à l'exaspération ; la barrière fragile, qui par miracle était encore debout, vola aussitôt en éclats, et Saint-Antoine s'empara du prisonnier.

On sut immédiatement, jusqu'aux dernières lignes de la multitude, que Defarge avait franchi la balustrade, sauté par-dessus la table et saisi le malheureux Foulon d'une étreinte mortelle ; que Mme Defarge avait suivi son mari et passé la main dans l'une des cordes qui attachaient le prisonnier. Jacques trois et la Vengeance n'avaient pas encore eu le temps d'approcher, les hommes qui étaient aux fenêtres, celui de s'abattre dans la salle, que les cris : « A la lanterne ! à la lanterne ! » retentirent et planèrent sur toute la ville.

On le renverse, on le traîne dans l'escalier, tantôt sur les genoux, tantôt sur les mains, sur le dos, sur la poitrine. On le frappe, on l'étouffe, on lui jette à la face des poignées de foin et de paille. Pantelant et brisé, la figure et les mains saignantes, il supplie, il implore ; ou, se relevant avec force, toutes les fois qu'on se recule pour le regarder, il lutte avec désespoir. Enfin, tiré, comme une pièce de bois mort, à travers des milliers de jambes, on l'entraîne au coin de la rue voisine, où se balance un réverbère. Arrivée là, Mme Defarge le lâche, comme un chat aurait fait d'une souris, et le contemple avec sang-froid, tandis qu'il cherche à l'attendrir. Les femmes le regardent et lui crachent leurs injures, les hommes demandent d'un air sombre qu'il meure avec la bouche remplie d'herbe. Il est suspendu, la corde se brise ; on le ramasse en criant. Il est hissé de nouveau, la corde se brise ; on le ramasse en hurlant. Enfin, la troisième fois, la corde a pitié de lui et l'étrangle. Sa tête est mise au bout d'une pique, et l'herbe emplit suffisamment sa bouche pour qu'à cette vue la foule soit satisfaite et danse avec ivresse.

L'affreuse besogne du jour n'était pas encore achevée. Saint-Antoine, à force de danse et de cris, s'était échauffé au point que son sang bouillonna quand on lui apprit que le gendre de Foulon, un autre ennemi du peuple, arrivait sous l'escorte de cinq cents hommes de cavalerie. Saint-Antoine, après avoir inscrit sur d'éblouissantes feuilles de papier les crimes de l'arrivant, alla le saisir au milieu des cinq cents gardes, — il l'aurait pris à une armée, — afin de le pendre en compagnie de son beau-père. Sa tête et son cœur furent mis au bout d'une pique, et promenés dans la ville comme trophées de la victoire.

Il faisait nuit lorsque les gens du faubourg vinrent retrouver leurs enfants, qui pleuraient et qui n'avaient pas de pain. Les boutiques des boulangers furent alors assaillies ; on fit queue à la porte, afin d'avoir son tour, qu'on attendit avec patience L'estomac vide, le corps défaillant, ils s'embrassaient les uns les autres en s'adressant des félicitations, et causaient pour tuer le temps. Peu à peu ces longues files de gens en guenilles s'égrenèrent et disparurent ; de chétives clartés brillèrent aux étages supérieurs, des feux grêles et mal nourris s'établirent dans les rues, on y fit la cuisine en commun, et l'on soupa devant la porte.

Soupers insuffisants, vierges de toute espèce de viande, et n'ayant d'autre sauce qu'un peu d'eau dans la soupe. Mais une profonde sociabilité, une fraternité réelle, donnait au pain noir quelque chose de nourrissant, et en faisait jaillir une gaieté franche et communicative. Des pères, des mères, qui avaient participé activement aux massacres, jouaient avec leurs enfants, qu'ils couvraient de leurs baisers ; et dans ce milieu terrible, en face d'un pareil avenir, les amoureux s'aimaient et espéraient.

L'aube approchait lorsque M. Defarge, dont les dernières pratiques venaient de s'éloigner, dit à sa femme en verrouillant la porte :

« Enfin l'heure du triomphe est arrivé, ma chère.

— A peu près, cela commence, » répondit l'épouse du cabaretier.

Tout s'endormit dans Saint-Antoine ; y compris Defarge et sa femme ; la Vengeance elle-même fut plongée dans un profond sommeil, et le tambour reposa ; c'était la seule voix du quartier à laquelle l'émeute avait laissé toute sa puissance.

CHAPITRE XXIII.

Les flammes s'élèvent.

Il y avait aussi du changement dans le village où murmurait la fontaine, et d'où chaque jour sortait le cantonnier, pour aller extraire des cailloux le peu de pain qui retenait son âme ignorante à son corps appauvri. La prison bâtie sur le roc avait l'air moins effrayant que jadis ; il y ait toujours des soldats pour la garder, mais il y en avait moins ; et parmi les officiers qui gardaient les soldats, pas un seul n'aurait pu dire ce que feraient ses hommes en cas d'attaque, si ce n'est qu'ils ne feraient pas ce qui leur serait commandé.

Dans la campagne étaient la ruine et la désolation. Toutes les feuilles, tous les brins d'herbe, les épis d'orge ou de seigle étaient flétris et ratatinés, comme les gens du village. Demeures, clôtures, animaux domestiques, hommes, femmes et enfants, jusqu'au sol que portait leur misère, tout ce qu'embrassait le regard était pauvre, languissant, épuisé.

Monseigneur (souvent, comme individu, gentilhomme accompli) était un trésor national ; il savait imprimer un tour chevaleresque aux actions les plus simples, donnait l'exemple d'une politesse raffinée, d'une vie élégante et splendide, et servait à mille autres choses de pareille importance. Néanmoins c'était lui (envisagé comme classe sociale), qui avait amené cet épuisement désastreux. N'est-il pas étrange que la création, exclusivement destinée à Monseigneur, se fût si vite desséchée sous la pression qui la tordait et l'écrasait ? Il fallait qu'il y eût bien peu de prévoyance dans les arrangements éternels.

Le fait n'en existait pas moins, et les veines pressurées ne donnant plus une goutte de sang, les mâchoires de l'étau, après avoir tout broyé n'ayant plus rien à mordre, Monseigneur avait déserté ce phénomène aussi imprévu qu'inexplicable.

Mais ce n'était pas là ce qui constituait le changement dont nous avons parlé plus haut, changement qui se remarquait dans beaucoup d'autres villages. Depuis longtemps Monseigneur avait fait rendre à ses domaines tout ce qu'ils pouvaient donner, et il était rare qu'il les favorisât de sa présence, hormis pour y goûter les plaisirs de la chasse ; soit qu'il poursuivît les hommes, soit qu'il attaquât le gibier, dont la conservation exigeait la réserve édifiante de terrains considérables, d'une stérilité barbare.

Ce qui changeait la physionomie de cette bourgade, c'était l'apparition d'étranges figures appartenant à la basse classe, et non la disparition des traits de noble race qui caractérisaient Monseigneur. Nous en donnons la preuve.

Notre cantonnier travaillait sur la route, au milieu d'un tourbillon poudreux, ne songeant pas qu'il était poussière et retournerait en poussière ; mais pensant au peu de chose qu'il avait pour souper, et à tout ce qu'il aurait mangé s'il avait eu davantage ; il leva les yeux, les détourna de son travail solitaire pour regarder l'horizon, et aperçut un voyageur qui s'acheminait vers lui, un de ces rudes personnages qui autrefois étaient rares dans ces lieux, et dont la présence était maintenant fréquente. Le voyageur approcha, et notre cantonnier vit, sans en être surpris, que c'était un homme de grande taille, d'un aspect sévère, presque farouche, ayant la peau brune, les cheveux en désordre, des sabots grossiers, même aux yeux d'un paysan, et dont les haillons étaient imprégnés de la poussière des chemins, souillés de la fange des marécages, hérissés d'épines, de feuilles et de mousse, recueillis sous bois, à travers ces broussailles.

Cet homme se dirigea comme un spectre vers le cantonnier, l'aborda au moment où il se fourrait dans l'une des cavités de la berge, afin d'y trouver un abri contre la grêle, qui venait de tomber tout à coup.

L'étranger regarda le casseur de pierres, regarda le village situé dans le bas fond, la tour qui dominait la côte, et après avoir reconnu les lieux, prit la parole dans un dialecte à peine intelligible.

« Comment ça va-t-il, Jacques ? »

— Tout va bien, Jacques, répondit le cantonnier.
— Touche là. »

Ils se donnèrent la main, et le voyageur s'assit à côté du paysan ; le soleil était au plus haut de sa course, il devait être midi.

« Est-ce que tu ne dînes pas ?
— Non, je ne mangerai que ce soir, dit le villageois d'un air affamé.
— C'est la mode, grommela le voyageur ; nulle part je n'ai rencontré de gens qui dînent. »

Il tira de sa poitrine une pipe noircie, la bourra lentement, battit le briquet, et fuma jusqu'à ce que la pipe fût complétement allumée ; la retirant alors de ses lèvres, il y mit une pincée de poudre, qui s'enflamma tout à coup et produisit une petite colonne de vapeur grisâtre.

« Touche là. »

Ce fut le villageois qui après avoir suivi attentivement l'opération, prononça ces paroles.

« Ce soir ? demanda-t-il, lorsqu'ils se furent serré la main.
— Ce soir, répondit l'étranger en remettant la pipe à sa bouche.
— Où cela ?
— Ici. »

Les deux Jacques gardèrent le silence, tant que la grêle tomba sur eux ; mais dès que le ciel s'était éclairci, on put voir distinctement le village, et l'étranger gagnant le sommet de la colline, dit au casseur de pierres.

« Indique-moi le chemin.
— Tu viendras ici, répondit le paysan, tu suivras la rue tout droit, tu passeras auprès de la fontaine....
— Au diable ! interrompit le voyageur, en regardant la campagne : je n'entre pas dans les rues, et je m'éloigne des fontaines. Après ?
— Deux lieues environ, de l'autre côté de la montagne.
— Bien. A quelle heure quittes-tu l'ouvrage ?
— Au soleil couché.
— Veux-tu m'éveiller avant de partir ? Voilà deux jours et deux nuits que je marche sans repos ni trêve. Laisse-moi finir ma pipe, et je dormirai comme un enfant. Tu n'oublieras pas de m'éveiller ?
— Pour sûr que non. »

L'étranger finit sa pipe, la replaça dans sa poitrine, ôta ses gros sabots, se coucha sur le tas de pierres et s'endormit immédiatement.

Les nuages, maintenant dispersés, laissaient apparaître de brillantes lignes d'azur, auxquelles répondaient, çà et là, dans le paysage, des points d'un vif éclat. Notre villageois, qui portait un bonnet rouge, au lieu d'un bonnet bleu, avait repris son labour poudroyant, mais y mettait peu de zèle et semblait fasciné par l'homme qui dormait sur le tas de pierres. La peau brune, les cheveux noirs et la barbe touffue de l'étranger, son bonnet rouge, ses vêtements bizarres, mi-partis d'étoffe grossière et de peau de bête à longs poils, son corps vigoureux, amaigri par le jeûne, ses lèvres comprimées avec force, son air implacable, même pendant son sommeil, inspiraient au cantonnier un respect mêlé de crainte.

Le voyageur venait de loin; ses pieds étaient déchirés, ses chevilles meurtries et sanglantes. Ses gros sabots, remplis d'herbe, avaient été lourds à traîner pendant une si longue route, et sa chair n'avait pas moins de plaies que ses vêtements n'avaient de trous.

Le cantonnier essaya de découvrir s'il avait des armes secrètes; mais il se baissa vainement pour regarder sous l'habit du dormeur; celui-ci avait les bras croisés sur la poitrine, et serrés comme les lèvres. Les places fortes, avec leurs tranchées, leurs corps de garde, leurs bastions, et leurs ponts-levis parurent au paysan n'être que des fantômes en face d'un pareil homme; et quand il releva les yeux pour regarder au loin, il vit, dans sa faible imagination, d'autres hommes également intrépides, qui se dirigeaient vers tous les points de la France, et que nul obstacle ne pouvait arrêter.

Indifférent aux ondées qui crevaient de temps à autre, indifférent au soleil, comme à l'ombre qui passait sur son visage, à la grêle qui s'abattait sur lui et se transformait en diamants, dès que la lumière brillait entre les nuées, le voyageur continua de dormir jusqu'au moment où le soleil disparut à l'horizon.

Après avoir rassemblé ses outils, le cantonnier le réveilla comme ils en étaient convenus.

« Merci, dit l'homme en se levant sur son coude. C'est à deux lieues, n'est-ce pas, de l'autre côté de la vallée?

— A peu près.

— C'est bon. »

Le cantonnier, précédé par la poussière que le vent chassait vant lui, fut bientôt près de la fontaine, et se faufilant parmi les vaches qui se trouvaient là pour boire, il parut leur confier son secret, en même temps qu'il le disait au village.

Lorsque tout le monde eut maigrement soupé, au lieu de se mettre au lit, comme à l'ordinaire, on se retrouva dans la rue, et chacun y resta. Chose étrange! la manie de parler bas, à l'oreille de son voisin, était devenue contagieuse parmi nos paysans, dont les regards se tournaient tous du même côté. M. Gabelle, premier fonctionnaire de l'endroit, en conçut de l'inquiétude; il monta sur le toit de sa maison, regarda vers le même point du ciel, et, après avoir jeté les yeux sur ses administrés, envoya dire au bedeau, qui gardait les clefs de l'église, de ne pas être surpris si tout à l'heure on lui ordonnait de sonner le tocsin.

L'obscurité s'épaissit; les arbres qui environnaient le château, et le séparaient du reste de la commune, s'agitèrent sous les premiers efforts de l'orage, et semblèrent menacer l'édifice seigneurial, dont la masse noire apparaissait dans l'ombre. La pluie tomba bientôt avec violence, ruissela sur les deux escaliers de pierre, fouetta les murailles, et frappa aux volets et aux portes comme un messager rapide qui veut réveiller ceux qu'il doit avertir. Des bouffées de vent lamentables coururent dans la grande salle, au milieu des piques et des coutelas, franchirent l'escalier en sanglotant, et secouèrent les rideaux de la couche où l'ancien marquis dormait autrefois.

Pendant ce temps là, des quatre points de l'horizon, quatre hommes à la marche intrépide, aux cheveux incultes, écrasaient l'herbe sous leurs pas, et faisaient craquer les branches, en se dirigeant vers l'édifice. Quatre lueurs apparurent, glissèrent au milieu des ténèbres, et tout fut replongé dans la nuit; mais non pas pour longtemps : le château s'éclaira de lui-même et parut illuminé; une raie de feu se dessina sur la façade, laissa voir où les fenêtres, les balcons, les voûtes étaient placées; elle devint plus brillante, s'étendit, et la flamme, qui éclata soudain par toutes les ouvertures, montra les masques de pierre, effarés et béants.

Un cri s'élève, un homme se précipite aux écuries, un cheval est sellé en toute hâte, on le presse et de la voix et de l'éperon, il franchit l'espace à travers les ténèbres et s'arrête, écumant, près de la fontaine du village : « Au secours, Gabelle ! au secours ! »

Le tocsin sonne avec impatience; mais de secours, il n'en est pas question. Le casseur de pierres, ses deux cent cinquante amis sont bien à la fontaine, et contemplent la flamme dont le ciel est éclairé : « Elle doit avoir au moins quarante pieds de hauteur, comme la potence de Jacques, » disent-ils en regardant de travers celui qui demande du secours; mais chacun reste à sa place.

Le cavalier du manoir et son cheval écumant s'éloignent, escaladent au galop la montée rocailleuse, et se dirigent vers la prison. A la porte de la geôle est un groupe d'officiers qui regardent l'incendie; à quelque distance est un groupe de soldats : « Au secours, messieurs les officiers; au secours ! le feu est au château. On sauverait des objets de prix si l'on nous venait en aide ! » Les officiers regardent les soldats, qui regardent l'incendie, mais ils ne donnent pas d'ordre: ils répondent en haussant les épaules et en se mordant les lèvres : « Que voulez-vous; il faut qu'il brûle. » Quand le serviteur et sa monture, qui revenaient en désespoir de cause, traversèrent le village, tout le monde illuminait. Le casseur de pierres et ses deux cent cinquante amis, inspirés comme un seul homme, s'étaient précipités dans leurs masures et mettaient des chandelles au moindre carreau de vitre. La pénurie générale avait forcé les villageois à emprunter leur éclairage au malheureux Gabelle; et comme celui-ci paraissait y mettre un peu d'hésitation, le casseur de pierres, autrefois si humble envers l'autorité, avait fait observer à ses concitoyens que les voitures font d'excellents feux de joie, et que les chevaux de poste rôtiraient à merveille.

Abandonné à lui-même, le château continuait à brûler. Un vent rouge, qui soufflait de cette région infernale, semblait en disperser les débris, et à la lueur vacillante des flammes qui faisaient rage autour d'eux, les masques de pierre semblaient se tordre et subir le supplice des damnés. Un pan de muraille s'écroula, entraînant une partie de la charpente, le masque dont les narines pincées avaient l'air de frémir, s'obscurcit tout à coup, sortit du nuage qui l'enveloppait, lutta de nouveau contre les flammes, et parut être la face cruelle du marquis expirant sur le bûcher.

Les arbres voisins du manoir, saisis par le feu, grillèrent et se racornirent; ceux qui étaient au loin, allumés par les hommes sinistres, accourus des quatre points de l'horizon, entourèrent le château d'une ceinture fumante. C'était du fer, du plomb fondus qui bouillonnaient dans le bassin de marbre; l'eau tarissait devant la flamme, les éteignoirs des tourelles s'évanouissaient comme la neige sous un soleil ardent, et ruisselaient au fond des tours, transformées en puits de feu. Les déchirures éclataient aux flancs des murailles, s'y propageaient dans tous les sens comme une arborisation fulgurante; et tandis que les oiseaux, fascinés, planant autour du gouffre, tombaient dans la fournaise, quatre individus sinistres, éclairés par l'incendie, qui leur servait de flambeau, se dirigeaient vers les quatre points de l'horizon, où les appelait leur ministère.

Le village illuminé s'était emparé de la cloche et remplaçait le tocsin par un joyeux carillon. Puis, l'estomac vide, la tête exaltée par le bruit et la flamme, il se rappela que M. Gabelle avait d'étroits rapports avec la collection des taxes, de la dîme et des fermages, devint impatient d'avoir avec lui une entrevue sérieuse, et réclama à grands cris la présence du publicain. Mais M. Gabelle se retira de nouveau sur le toit de sa maison, et caché derrière un massif de cheminées, décida (c'était un petit homme du midi, à l'humeur vindicative) que si la porte venait à être enfoncée, il se jetterait sur la foule, la tête la première, et aurait la satisfaction d'écraser un ou deux hommes.

Il est probable que le malheureux Gabelle trouva la nuit bien longue, avec le château pour luminaire et le bruit qu'on faisait à sa porte, sans compter l'inquiétude que lui inspirait la lanterne suspendue en face de ses fenêtres, et que la foule inclinait à déplacer en sa faveur. Terrible épreuve que de passer toute une nuit sur le bord d'un abîme, sans autre consolation que de s'y précipiter, ainsi que M. Gabelle y était résolu. Mais la clarté bénie du jour finit par se montrer; l'illumination du village s'éteignit, après avoir coulé jusqu'à la dernière goutte, les assiégeants se dispersèrent, et notre publicain put descendre en conservant la vie.

Cette nuit-là, et bien des nuits suivantes, il y eut, à la lueur des incendies, bon nombre de fonctionnaires qui, moins fortunés que Gabelle, se balançaient, au point du jour, en travers des rues qu'ils habitaient depuis leur naissance. Il y eut aussi des villageois et des vilains qui, moins heureux que notre casseur de pierres et ses amis, furent dispersés par les soldats et pendus à leur tour. Mais les hommes qui se dirigeaient vers les quatre points de l'horizon poursuivaient leur chemin d'un pas intrépide, et, n'importe qui était pendu, le feu était mis le soir, et la flamme dévorait les châteaux. Ce qu'il aurait fallu ajouter à l'élévation des potences pour les changer en sources vives qui pussent arrêter l'incendie, nul fonctionnaire n'était capable de le trouver, en dépit de tous les calculs mathématiques.

CHAPITRE XXIV.

Attiré vers l'abîme.

Trois années se sont écoulées, trois années de tempête au milieu des flammes dévorantes, des flots écumeux, des tressaillements de la terre, ébranlée par les secousses d'un océan qui monte toujours, toujours, au grand effroi de ceux qui le regardent du rivage.

Trois années de plus ont ajouté leurs fils d'or aux fils dont Lucie Darnay tisse les jours de ceux qu'elle aime, et ramené trois fois l'heureux anniversaire de la naissance de sa fille.

Que de soirées les habitants du coin paisible ont passées, depuis trois ans, à écouter les bruits dont l'écho les épouvante ; car ils se disent que les pas qu'ils entendent sont ceux d'une foule éperdue qui suit le drapeau rouge, déclare la patrie en danger, et qu'une terrible incantation a transformé en une troupe de bêtes féroces.

Monseigneur (pris dans un sens collectif), étonné de ne pas être apprécié comme il le mérite, a fui un état social qui présente ce phénomène ; il n'en revient pas que la France éprouve si peu le besoin de le posséder, qu'en y restant il aurait pu être chassé, non-seulement du territoire français, mais encore de ce bas monde. Comme ce paysan de la légende qui, après avoir à grand'peine évoqué le diable, fut si effrayé à la vue du démon qu'il s'enfuit au lieu de le questionner, Monseigneur, après avoir audacieusement lu à rebours l'oraison dominicale pendant des siècles, et fait usage de tous les moyens possibles pour contraindre l'esprit infernal à se montrer, ne l'eut pas plus tôt aperçu qu'il prit ses nobles jambes à son cou.

L'Œil-de-Bœuf s'était éclipsé, pour ne pas être le point de mire d'une averse de balles patriotiques. Jamais il n'avait été bon de regarder de ce mauvais œil, qui avait à la fois l'arrogance de Satan, les passions de Sardanapale et l'aveuglement de la taupe ; mais il avait disparu. La cour, depuis le cercle intime qui en était le centre, jusqu'à ses limites vermoulues où débordaient l'intrigue, la corruption et l'hypocrisie, la cour entière avait pris la fuite ; le roi était parti, avait été ramené assiégé dans son palais, et venait d'être suspendu au moment où les dernières dépêches avaient traversé le détroit.

On était au mois d'août 1792, et Monseigneur était dispersé en tous lieux. Naturellement c'était la banque Tellson qui, à Londres, était son quartier général. Les esprits hantent de préférence les parages qui furent habités par leurs corps, et Monseigneur, dont la poche était vide, se rendait à la place où ses louis avaient été jadis. Tellson était d'ailleurs une maison hospitalière qui avait de grandes libéralités pour ses clients déchus; il y avait, en outre, parmi les émigrés, des nobles qui, prévoyant le pillage ou la confiscation, avaient, aux premiers jours de la tempête, placé leurs fonds à Londres; et c'était chez Tellson que les nécessiteux avaient la certitude de trouver leur adresse. Ajoutez à cela que tous ceux qui arrivaient de France accouraient chez le banquier, d'où il résultait qu'à cette époque Tellson était, quant aux nouvelles, une espèce de bourse hautement privilégiée. La chose était si connue du public, et les informations qu'il venait prendre étaient si nombreuses, que Tellson avait pris le parti d'écrire sur un morceau de papier les dernières informations qu'il avait reçues, et de les coller à ses fenêtres pour le bénéfice des passants.

Par une après-dînée humide et suffocante, Charles Darnay, accoudé sur le bureau de M. Lorry, causait avec le gentleman, et parlait à voix basse. L'antre pénitentiaire, réservé jadis aux entrevues avec les chefs de la maison, servait maintenant de bureau à nouvelles, et se trouvait plein comme un œuf. C'était environ une demi-heure avant la clôture de la banque.

« Vous êtes certainement l'un des hommes les plus jeunes qui aient jamais vécu, disait Charles avec une certaine hésitation; mais je n'en dois pas moins vous représenter....

— Que je suis trop vieux, demanda M. Lorry.

— Une saison fâcheuse, un long voyage, des moyens de transport incertains, un pays désorganisé, une ville où vous-même pouvez avoir à craindre.

— Vous me donnez là, mon cher Darnay, quelques-uns des motifs qui me font précisément partir, et pas un seul qui pourrait me faire rester. Je ne crains rien : qui voudrait s'attaquer à un vieillard de bientôt quatre-vingts ans, lorsqu'on a tant d'individus plus dignes de sa colère? La désorganisation du pays, dites-vous? Mais sans elle on n'aurait pas besoin d'envoyer là-bas un agent de notre maison; il est indispensable, vous le comprenez, que cet agent connaisse les lieux, les affaires de longue date, et qu'il possède la confiance de Tellson. Quant au mauvais temps, à la longueur du voyage, à ses difficultés, si, après tant d'années de service, je ne m'y soumettais d'avance pour l'intérêt de la maison, qu'est-ce qui les accepterait?

— Je voudrais tant y aller! dit Charles avec agitation, et comme un homme qui pense tout haut.

— Vous! s'écrie le gentleman; parlez-moi d'être prudent! vous qui êtes Français, vous voudriez aller en France! mais c'est le comble de la déraison!

— Si je le désire, monsieur Lorry, c'est parce que je suis Français. On ne peut pas s'empêcher de plaindre ce misérable peuple, de souffrir de son égarement, et d'espérer, au nom du peu de bien qu'on lui a fait, de lui imprimer une direction moins fâcheuse. Hier au soir, poursuivit-il d'un air pensif, lorsque nous avons été seuls, je disais à Lucie....

— A Lucie? interrompit le vieillard, vous n'avez pas honte de proférer son nom au moment où vous parlez d'aller en France!

— Je n'y vais pas, dit Charles avec un sourire; c'est à propos de ce que vous disiez tout à l'heure que cette idée m'est venue.

— Pour moi c'est différent; il faut que je parte, et rien ne m'en empêchera. Vous ne sauriez, mon cher Darnay.... M. Lorry jeta un regard au chef de la maison qu'on apercevait dans le lointain, et reprit en baissant la voix : vous ne sauriez concevoir avec quelle difficulté se font là-bas nos affaires, et quels dangers courent nos livres. Dieu seul pourrait dire quelles tristes conséquences en résulteraient, si nos papiers étaient anéantis ou dispersés; et qui peut répondre que Paris ne sera pas brûlé ce soir, ou mis à sac demain.! Vous comprenez qu'un choix judicieux, dans le plus bref délai possible, préviendrait la perte de documents essentiels; et personne, mieux que moi, ne saurait juger de leur importance relative. La maison n'en doute pas; puis-je refuser lorsqu'elle me prie d'agir? la maison, dont j'ai mangé le pain depuis soixante ans! Puis-je manquer de faire mon devoir sous prétexte que mes membres se sont un peu roidis? Mais je suis un jeune homme comparativement aux ganaches que nous avons dans nos bureaux.

— Que j'admire la générosité, l'élan de votre caractère; vous êtes toujours jeune, mon vieil ami.

— Ne plaisantez pas, monsieur! Vous devez savoir, mon cher Darnay, poursuivit le gentleman en jetant un nouveau regard au chef de la maison, qu'il est presque impossible d'enlever de Paris quoi que ce soit actuellement ; des papiers (je vous parle en stricte confidence, je ne devrais le dire à personne, pas même à vous), des objets précieux, nous ont été remis aujourd'hui par les porteurs les plus bizarres que vous puissiez imaginer, et dont la vie ne tenait qu'à un fil lorsqu'ils franchirent les barrières. Autrefois nos paquets voyageaient en France avec la même facilité que dans la commerciale Angleterre ; mais maintenant rien ne peut plus circuler....

— Et vous pensez à partir ce soir ?

— Ce soir même ; la situation est trop pressante pour admettre le plus simple délai.

— Vous ne partez pas seul ?

— On m'a proposé toute sorte d'individus ; mais il ne me convient pas d'avoir affaire à eux. J'ai l'intention d'emmener Jerry ; il est depuis longtemps mon garde du corps, je suis habitué à ses bons offices. Personne ne le soupçonnera d'être autre chose qu'un bouledogue, et d'avoir d'autre dessein que de mordre quiconque voudrait toucher à son maître.

— Je le répète, je ne puis qu'admirer votre esprit loyal et généreux.

— Et je ne puis que vous prier de nouveau de ne pas vous moquer de moi. Quand j'aurai accompli ce dernier travail, il est possible que j'accepte la proposition que me fait Tellsone, et que je prenne ma retraite, afin de vivre à ma guise. Alors j'aurai le temps de sentir le poids des années et de me rappeler que je ne suis plus jeune. »

Ce dialogue, ainsi que nous l'avons dit en commençant, avait lieu près du bureau de M. Lorry. A deux pas de là, Monseigneur se vantait du châtiment qu'il infligerait, avant peu, à la canaille révoltée. C'était, chez Monseigneur, au milieu de ses traverses, et chez les membres de l'orthodoxie britannique, un parti pris d'envisager la révolution française comme la seule moisson qui jamais ait mûri sans avoir été semée ; d'en parler comme si l'on n'avait rien fait, rien omis pour amener ce résultat ; comme si des observateurs, frappés du sort des masses, du mauvais emploi des ressources qui auraient fait la prospérité du peuple, n'avaient pas vu s'amasser la tempête, et n'avaient pas dit nettement ce qu'ils avaient sous les yeux.

Tant de fatuité de la part de Monseigneur, jointe à ses projets extravagants pour rétablir un ordre de choses qui avait fatigué le ciel et la terre, était difficile à supporter de la part de tout individu sain d'esprit et connaissant la situation. C'était cette fumée redondante qui, bourdonnant aux oreilles de Charles Darnay, augmentait le malaise moral qu'il éprouvait, sans se l'expliquer, et causait son agitation.

Au nombre des parleurs était M. Stryver, l'avocat du banc du roi, qui, sur le point d'arriver à une poste officiel, déployait son éloquence sur le thème susdit, et débitait à Monseigneur une foule de plans ingénieux pour exterminer le peuple, le faire disparaître de la face de la terre, et se passer à tout jamais de cette détestable engeance ; bref, pour arriver à l'abolition des aigles, en mettant un grain de sel sur la queue de toute la race. Parvenu au comble de l'irritation, Charles était partagé entre l'envie de s'éloigner pour ne pas en entendre davantage, et celle de rester pour dire son mot, lorsque l'événement décida la question.

Tellsone approcha, mit sur le bureau de M. Lorry une lettre salie et cachetée, et demanda au gentleman s'il avait découvert quelque chose au sujet de la personne à qui appartenait cette lettre. Charles, qui se trouvait à côté de M. Lorry, ne pouvait s'empêcher de voir l'adresse, et la saisit d'autant plus vite qu'elle était ainsi conçue :

« Très-pressée. A monsieur le ci-devant marquis Saint-Évremont ; remise aux soins de MM. Tellsone et Cie, banquiers à Londres. »

Le jour du mariage de sa fille, le docteur avait exigé de M. Darnay la promesse de ne révéler son véritable nom à qui que ce fût, à moins que lui, docteur Manette, ne l'eût dégagé de cette obligation impérieuse. Charles avait donc gardé le secret que lui avait imposé son beau-père ; Lucie elle-même était loin de se douter qu'il s'appelât autrement, et M. Lorry ne le soupçonnait pas davantage.

« Rien encore, répondit le gentleman au chef de la maison. J'ai présenté cette lettre à tous ceux qui viennent ici, et personne n'a pu me dire où pouvait être ce gentilhomme. »

Les aiguilles de l'horloge allaient marquer l'heure de la fermeture de la banque, et les amateurs de nouvelles, se dirigeant vers la porte, côtoyèrent M. Lorry, qui leur présenta la lettre en les interrogeant du regard. Monseigneur, dans la personne de ces émigrés, à la parole hautaine et conspiratrice, jeta les yeux sur l'adresse ; et chacun laissa tomber un mot sur le compte de l'introuvable marquis.

« C'est, je crois, le neveu, mais, en tout cas, l'indigne héritier de ce parfait gentilhomme qui mourut assassiné dans son château, dit l'un des passants. Je m'estime fort heureux de ne l'avoir pas connu.

— Un lâche, qui a déserté son poste, il y a une quinzaine d'années, dit un autre qui venait de quitter Paris, à demi étouffé dans une charrette de foin.

— Infecté des doctrines philosophiques, reprit un troisième en regardant l'adresse à travers son lorgnon ; il a fait une opposition constante à l'ancien marquis, son oncle, dont il a fini par abandonner les domaines à cette vile canaille ; j'espère que ces manants vont l'en récompenser comme il le mérite.

— En vérité, clabauda M. Stryver, c'est un garçon de pareille espèce ! Que je voie un peu le nom de ce gueux-là ; au diable le philosophe ! »

Darnay, incapable de se contenir plus longtemps, frappa sur l'épaule de l'avocat au banc du roi.

« Je connais ce philosophe, dit-il.

— Ah ! bah ! par Jupiter, j'en suis fâché, répondit l'autre.

— Pourquoi cela ?

— N'avez-vous pas entendu ce qu'il a fait ?

— Parfaitement.

— Dans ce cas-là ne demandez pas pourquoi.

— Je le demande, au contraire.

— Alors je vous le répète, monsieur Darnay, j'en suis fâché pour vous : et fâché de vous entendre faire une semblable question. Voilà un être imbu de doctrines pestilentielles, gangrené de principes blasphématoires, qui abandonne ses terres à l'écume de la société, à une gente scélérate qui fait l'assassinat en grand, et vous me demandez pourquoi je suis fâché qu'une pareille brute soit connue d'un homme qui instruit la jeunesse ? Je n'ai qu'une réponse à vous faire, monsieur : j'en suis fâché, parce qu'il y a dans le contact d'un pareil drôle une souillure pour celui qui le fréquente ! »

Se rappelant le secret qu'il avait promis de garder, Charles étouffa sa colère, bien qu'avec beaucoup de peine, et dit à l'avocat :

« Peut-être ignorez-vous les motifs du marquis, et dès lors vous ne pouvez pas comprendre....

— Dans tous les cas, je n'ignore point la manière de vous fermer la bouche, monsieur Darnay, interrompit l'avocat ; si ce faquin est vraiment né gentilhomme, je ne comprends rien à sa manière de voir, et je ne veux pas la comprendre. Vous pouvez le lui dire, en lui présentant mes compliments, et ajouter de ma part, qu'après leur avoir fait l'abandon de ses biens, je suis étonné qu'il ne soit pas allé se mettre à la tête de ces manants transformés en bourreaux. Mais non, gentilshommes, dit l'orateur qui fit claquer ses doigts en regardant autour de lui, je connais assez la nature humaine pour savoir qu'un pareil coquin ne se fie pas à la clémence de ses infâmes protégés ; il a eu bien soin de leur tourner les talons, et de s'enfuir au plus vite. »

Après avoir appuyé ces derniers mots d'un claquement de doigts final, M. Styver se poussa dans Fleet-street au milieu de l'approbation de ses nobles auditeurs ; et MM. Lorry et Darnay restèrent seuls à la banque.

« Si vous connaissez le marquis, dit le gentleman, voulez-vous être assez bon pour vous charger de cette lettre ?

— Volontiers.

— Vous aurez bien soin de dire au destinataire que nous avons fait tous nos efforts pour découvrir son adresse, et que nous regrettons vivement de n'avoir pas pu lui transmettre plus tôt cette missive, qui est chez nous depuis longtemps.

— Je n'y manquerai pas, soyez tranquille. Est-ce d'ici que vous partez ?

— Oui, mon ami, ce soir à huit heures.

— Je reviendrai vous faire mes adieux. »

S'en voulant à lui-même, à l'avocat, à la plupart des hommes, Charles se dirigea vers le Temple ; une fois dans ce lieu solitaire, il décacheta sa lettre, et lut ces quelques lignes :

« Paris, prison de l'Abbaye, 21 juin 1792.

« Monsieur, et ci-devant marquis,

« Après avoir failli mourir entre les mains des gens du village, j'ai été arrêté violemment et conduit à Paris, dont on m'a fait faire la route à pied. Je ne vous parlerai pas des souffrances que j'ai endurées pendant la route ; mais ce n'est pas tout : ma maison a été abattue et rasée jusqu'à terre.

« Le seul crime dont on m'accuse, celui qui m'a fait emprisonner, et pour lequel je vais être condamné à mort, si votre aide généreuse ne vient pas à mon secours, monsieur le marquis, est de m'être rendu coupable de haute trahison à l'égard du peuple, en agissant au nom d'un émigré. Je leur représente en vain que c'est au contraire pour le peuple que j'agissais, d'après vos ordres mêmes ; que bien avant le séquestre, j'avais toujours, d'après vos ordres, remis l'impôt à ceux qui ne le payaient pas (et personne ne le payait), et que ne recevant aucun fermage, je m'étais abstenu de poursuivre les débiteurs. Ils me répondent à cela que je n'en suis pas moins le fondé de pouvoirs d'un émigré, et ils me demandent où est cet émigré.

« Ah! mon bien cher monsieur, et ci-devant marquis, où êtes-vous, où êtes-vous? Je le crie dans mon sommeil ; je le demande au Seigneur, viendrez-vous à mon secours? Mais je n'obtiens pas de réponse. Ah! monsieur et ci-devant marquis, j'adresse en Angleterre cette plainte désolée, dans l'espoir qu'elle pourra vous arriver par l'entremise de la banque Tellsone, bien connue à Paris.

« Pour l'amour de Dieu et de la justice, au nom de votre générosité, de votre honneur, je vous en conjure, monsieur et ci-devant marquis, venez me délivrer. Ma seule faute est de vous avoir été fidèle ; je vous en supplie, à votre tour, ne m'abandonnez pas.

« De cette horrible prison, d'où à chaque instant je m'approche de la mort, je vous envoie, monsieur et ci-devant marquis, l'assurance de mon infortuné dévouement.

« Votre respectueux et affligé,
« GABELLE. »

Charles comprit immédiatement la nature du malaise qu'il éprouvait : c'était le remords d'avoir failli à son devoir. Le danger de cet ancien serviteur, dont le seul crime était de lui être resté fidèle, surgissait tout à coup et lui adressait de tels reproches qu'il se cacha le visage pour dissimuler sa rougeur.

Il savait très-bien que, dans son horreur du fait qui avait mis le comble à la mauvaise réputation de sa famille, dans son ressentiment pour la mémoire de son oncle, dans son aversion pour le domaine seigneurial dont il avait pu disposer, il n'avait pas agi comme il aurait dû le faire. Il savait très-bien, qu'absorbé par son amour, s'il avait, en changeant d'existence, renoncé aux priviléges et à la fortune qui lui étaient échus, cette renonciation était incomplète et sans valeur. Il se disait, qu'au lieu de cet abandon personnel que rien n'avait consacré, il aurait dû faire un acte légal, reconnaître ses droits, se démettre à bon escient de la fortune dont il était dépositaire, et en surveiller l'emploi fécond. A une autre époque il se l'était promis, et, le moment arrivé, il n'en avait rien fait.

Les joies du foyer domestique, la nécessité d'un travail continu, les troubles qui étaient survenus en France, la rapidité des événements, leur instabilité qui détruisait le lendemain les projets formés la veille, autant de raisons qui l'avaient empêché de se tenir parole à lui-même. Il avait cédé aux circonstances, non pas sans se le reprocher, mais sans faire d'efforts pour résister au courant. Il attendait le moment d'agir : l'occasion fuyait toujours, et il en fut ainsi jusqu'à l'époque où les nobles ayant quitté la France, leurs biens furent confisqués, leurs châteaux détruits, leurs titres déchirés.

Mais il n'avait opprimé personne, n'avait jeté personne en prison ; loin d'employer la force pour rentrer dans ce qui lui était dû, il en avait fait la remise de son propre mouvement. Dépouillé de toutes les faveurs qu'il devait à la naissance, il avait gagné son pain par un travail honnête. M. Gabelle, le régisseur de la terre appauvrie et grevée qu'il possédait depuis la mort de son oncle, avait reçu l'ordre, écrit de sa propre main, d'épargner les paysans, de leur donner en hiver le peu de bois, en été le peu de seigle ou d'orge que ne prendraient pas les créanciers ; il pouvait en fournir la preuve. N'était-ce pas suffisant pour qu'il n'eût rien à craindre ?

Cette persuasion confirma le dessein que Charles formait de quitter Londres et d'aller à Paris.

Comme le marin de la légende, les flots et les vents le poussaient vers la roche aimantée qui l'attirait à sa perte. Chacune de ses réflexions l'en rapprochait davantage. Cet état pénible de son esprit, dont tout à l'heure encore il ne s'expliquait pas la nature, provenait du mal qui s'était commis sur ses domaines. Pourquoi avait-il abandonné à des êtres indignes l'influence qu'il aurait pu avoir ? Pourquoi n'était-il pas là pour arrêter l'effusion du sang, et pour parler au nom de l'humanité ? Il se le reprochait tout bas lorsqu'il avait eu à comparer ses faiblesses au courage de M. Lorry, chez qui le sentiment du devoir suppléait à la force. A cette comparaison, toute à son désavantage, avaient succédé les insolences de Monseigneur, les injures de l'avocat, dont il avait été profondément blessé ; puis la lettre de Gabelle ; la prière d'un innocent qui le suppliait au nom de la justice et de l'honneur d'accourir à son aide.

C'était bien décidé, il irait à Paris. L'aimant l'attirait par une force invincible, il ne voyait pas l'écueil et ne pensait plus au danger. Il lui semblait qu'une fois en France il n'aurait qu'à prouver ses bonnes intentions, pour être cru sur parole, et pour obtenir l'assentiment général. Venait ensuite la pensée de faire le bien, ce glorieux mirage qui se présente aux esprits généreux ;

et séduit par cette chimère, il se voyait assez d'influence pour guider la révolution, qui courait avec furie vers de nouveaux massacres.

Son projet bien arrêté, Charles ne pensa plus qu'aux préparatifs qui lui restaient à faire. Lucie et le docteur ne devaient apprendre son départ que lorsqu'il serait déjà loin d'eux; il épargnerait à sa femme les déchirements de la séparation, et à M. Manette les vains efforts qu'il aurait certainement faits pour le détourner de ce voyage.

Charles continua sa promenade jusqu'au moment où il revint à la banque pour faire ses adieux au gentleman; il avait bien l'intention, dès qu'il serait à Paris, de se présenter à cet excellent homme; mais il devait le laisser partir sans lui confier ses projets.

Une voiture et des chevaux de poste étaient devant la maison Tellsone; et Jerry, tout équipé, attendait les ordres de son maître.

« J'ai remis la lettre à son adresse, dit Charles à M. Lorry, on m'a donné la réponse; mais je n'ai pas consenti à ce qu'elle fût écrite, peut-être vous chargerez-vous de la transmettre verbalement.

— Avec plaisir, répliqua le gentleman; elle n'offre aucun danger?

— Aucun; elle est cependant pour un prisonnier de l'Abbaye.

— Quel est son nom? demanda M. Lorry en ouvrant son carnet.

— Gabelle.

— Très-bien. Que faut-il répondre à cet infortuné?

— Tout bonnement que sa lettre a été reçue, et que la personne arrivera.

— Il n'y a pas d'époque à mentionner?

— On partira demain soir.

— Pas de nom propre à citer?

— C'est inutile. »

Charles aida M. Lorry à se couvrir d'une foule de vêtements, et, précédé du gentleman, il passa de l'air chaud de la vieille banque à l'atmosphère brumeuse de Fleet-street.

« Mes plus tendres compliments à Lucie et à notre cher ange; prenez bien soin d'eux jusqu'à mon retour, » dit M. Lorry au moment où les chevaux s'ébranlaient. Charles secoua la tête, et lui répondit par un sourire douteux.

Ce soir-là (on était au 14 août), Charles Darnay, au lieu de se coucher dès qu'il eut quitté le salon, écrivit deux lettres ferventes; dans la première, qui était destinée à Lucie, il expliquait le motif de son départ, l'obligation impérieuse qui lui était faite d'aller en France, et démontrait clairement qu'il n'avait rien à craindre. Dans la seconde lettre, qui était adressée au docteur, il confiait sa femme et sa fille à son beau-père, et s'étendait également sur la persuasion où il était de ne courir aucun danger; enfin il promettait à l'un et à l'autre de leur écrire aussitôt son arrivée, et de leur donner fréquemment de ses nouvelles.

Ce fut une journée douloureuse que la journée du lendemain; pour la première fois, depuis qu'ils étaient mariés, Charles avait une préoccupation que ne partageait pas Lucie; et il lui était difficile de ne pas lui ouvrir son cœur. A tout moment il était bien sur le point de le faire, tant il lui semblait étrange de penser et d'agir sans le doux appui qu'il trouvait auprès d'elle; mais en la voyant calme et souriante, il retenait les paroles prêtes à lui échapper, et continuait à dissimuler son trouble. Si pénible que lui parût cette contrainte, la journée s'écoula rapidement. Le soir il prétexta un rendez-vous qui l'appelait au dehors, et qui pouvait le retenir jusqu'à une heure avancée; il embrassa plusieurs fois sa femme et sa fille, alla prendre la petite valise qu'il avait secrètement préparée, et se plongea au milieu du brouillard, ayant dans l'âme plus de tristesse que les rues sombres et désertes n'avaient d'obscurité.

Il confia ses deux lettres à un ami fidèle, recommanda bien de ne les remettre que vers onze heures et demie au plus tôt; puis il monta à cheval, rejoignit la route de Douvres, et commença son voyage, le cœur défaillant au souvenir des êtres aimés qu'il laissait derrière lui.

« Pour l'amour de Dieu et de la justice, au nom de votre générosité, de votre honneur, » se disait-il; et retrouvant des forces en répétant ce cri de détresse, il courut vers l'écueil, dont rien ne balançait plus l'attraction irrésistible.

LIVRE III.

LA TEMPÊTE

CHAPITRE I.

Au secret.

Quiconque, au mois d'août 1792, allait d'Angleterre à Paris, faisait une entreprise sérieuse et de longue haleine. Le roi de France eût-il régné dans toute sa gloire, que l'état pitoyable des voitures, des routes et des chevaux aurait été plus que suffisant pour retarder le voyageur ; mais les circonstances politiques mettaient à la rapidité de sa marche des obstacles bien autrement graves. A la porte des villes, à l'entrée des villages, se trouvait une bande de citoyens patriotes, porteurs de mousquets nationaux, toujours prêts à faire explosion, qui arrêtaient les allants et les venants, leur faisaient subir interrogatoires sur interrogatoires, examinaient leurs papiers, cherchaient leurs noms sur les listes qu'ils possédaient eux-mêmes, les laissaient passer, les renvoyaient d'où ils venaient, où les mettaient en fourrière, suivant ce que l'imagination du tribunal improvisé jugeait de plus favorable à la naissance de la République une et indivisible, et à l'avènement de la devise : *liberté, égalité, fraternité ou la mort!*

Charles Darnay avait à peine fait quelques lieues en France, qu'il s'aperçut de l'impossibilité où il se trouvait de retourner sur ses pas, avant d'avoir été à Paris recevoir un brevet de civisme. Quelque chose qui arrivât désormais, il lui fallait poursuivre son voyage ; non pas qu'on eût fermé sur sa route des portes ou des barrières ; mais il n'en sentait pas moins un obstacle infranchissable entre lui et la Grande-Bretagne ; on l'aurait pris dans un filet, ou transporté dans une cage à sa destination, qu'il n'aurait pas eu le sentiment plus réel de la perte de sa liberté.

La surveillance ombrageuse des patriotes ne l'entravait pas seulement d'une porte à l'autre, elle courait après lui, et le ramenait au point de départ ; elle le précédait, et l'arrêtait par anticipation ; elle lui faisait escorte, et ralentissait sa marche.

Bref, plusieurs jours s'étaient écoulés depuis son arrivée en France, et il était encore loin de Paris, lorsque, n'en pouvant plus, il coucha dans une petite ville que traversait la route.

Jamais il ne serait même arrivé jusque-là, s'il n'avait pas eu la lettre de Gabelle ; et les difficultés sans nombre qu'on lui avait faites au dernier corps de garde, lui donnaient à penser qu'il touchait à un point critique de son voyage. Il fut donc aussi légèrement surpris qu'un homme peut l'être, de ce qu'on l'éveillait pendant la nuit.

C'était l'autorité locale : un fonctionnaire timide, accompagné de trois patriotes en bonnet rouge, et qui, la pipe aux lèvres, s'installèrent sans façon sur le lit du voyageur.

« Émigré, dit le fonctionnaire, je vous envoie à Paris sous escorte.

— Mon plus grand désir est précisément d'y arriver, citoyen ; mais l'escorte n'est pas nécessaire.

— Silence ! grogna l'un des bonnets rouges, en frappant sur la couverture, avec la crosse de son mousquet. Tais-toi aristocrate !

— Comme le dit ce bon patriote, objecta le fonctionnaire intimidé, vous êtes un aristocrate, et c'est pour cela qu'il vous faut une escorte ; c'est vous qui la payerez.

— Je me soumets, n'ayant pas la liberté de choisir, répliqua Darnay.

— Choisir ! l'entendez-vous ? s'écria le bonnet rouge ; comme si on ne lui faisait pas une faveur en ne le mettant pas à la lanterne !

— C'est comme le dit ce bon patriote, répéta le fonctionnaire. Émigré, levez-vous et habillez-vous promptement. »

Charles fut emmené au corps de garde où fumaient, buvaient ou dormaient d'autres citoyens coiffés du bonnet rouge. On lui fit donner une somme assez ronde pour payer son escorte, et il se mit en route, par les chemins détrempés, vers trois heures du matin.

Deux patriotes à cheval, portant le bonnet rouge, la cocarde tricolore, le sabre et le mousquet nationaux, marchaient à côté du suspect. Celui-ci dirigeait sa monture ; mais une corde était fixée à la bride de sa bête, et s'enroulait au bras de l'un des hommes de l'escorte. C'est ainsi qu'ils traversèrent la ville, par une pluie diluvienne, ainsi qu'ils franchirent l'espace marécageux, sans rien changer aux dispositions précédentes, si ce n'est de chevaux et d'allure.

Ils voyageaient la nuit, faisaient halte une heure ou deux après le lever du soleil, et se reposaient jusqu'à la chute du jour. Les deux hommes de l'escorte, pour être moins mouillés, se garantissaient les jambes et se couvraient les épaules avec des torsades de paille.

Malgré la contrariété d'avoir une pareille suite, et le danger que lui faisait courir son voisin qui, dans une ivresse chronique, tenait son mousquet d'une façon peu rassurante, Charles n'en garda pas moins sa confiance dans ses antécédents. « Rien de tout cela, pensait-il, ne me concerne en particulier ; c'est une mesure générale dont la rigueur tombera devant les faits spéciaux que j'ai à produire, faits qui seront confirmés par ce pauvre Gabelle. »

Mais lorsque le soir, ils arrivèrent à Beauvais, à l'heure où la population est dehors, il ne put se dissimuler la tournure alarmante que prenaient ses affaires. La foule se pressa autour de la poste aux chevaux pour regarder les voyageurs, et des voix nombreuses crièrent : « A bas l'émigré ! à bas l'aristocrate ! »

Darnay qui allait descendre de cheval, resta en selle, où il supposa qu'il était plus en sûreté.

« Un émigré ! dit-il, ne voyez-vous pas que je suis ici, en France, de mon propre mouvement ?

— Et qu'est-ce que tu es donc ? s'écria un maréchal qui, le marteau à la main, s'approcha du voyageur, si tu n'es pas un émigré, un chien d'aristocrate ? »

Le maître de poste empêcha cet homme de saisir la bride du cheval de M. Darnay, et lui dit d'un ton conciliant :

« Laisse-le, mon ami, laisse-le, il sera jugé à Paris.

— Oui, jugé ! répéta le maréchal en brandissant son marteau, et condamné comme traître. »

La foule poussa un rugissement approbateur.

Charles Darnay arrêta le maître de poste, au moment où celui-ci tournait la tête de son cheval vers la cour de l'auberge, et s'adressant à la foule, dès qu'il put s'en faire entendre :

« Ou l'on vous trompe, dit-il, ou c'est vous qui vous abusez ; je ne suis pas un traître, bien loin de là.

— Il en a menti ! cria le forgeron ; depuis le décret, il est traître de par la loi ; sa vie est au peuple, et ne lui appartient plus. »

M. Darnay vit un éclair traverser les yeux des assistants, la multitude s'ébranla, et c'en était fait de lui, si le maître de poste n'avait pris son cheval par la bride, et ne l'avait entraîné dans la cour.

Les deux citoyens, qui composaient l'escorte, et qui jusque-là étaient restés immobiles, suivirent l'aristocrate; l'aubergiste ferma la grande porte derrière eux, et s'empressa de la barrer. Comme il en tirait les verroux, le marteau du forgeron s'y abattit avec violence, la foule murmura vivement, et s'éloigna sans avoir fait autre chose.

« Quel est le décret dont ce forgeron a parlé? demanda Charles au maître de poste, après lui avoir fait ses remercîments.

— Celui qui ordonne la vente des biens des émigrés.

— A quelle époque l'a-t-on rendu?

— Le quatorze.

— Et c'est le quinze que j'ai quitté l'Angleterre!

— Il y a plus : on dit que les exilés sont bannis du territoire, et condamnés à mort s'ils reviennent jamais en France. Voilà pourquoi cet homme prétendait que votre vie appartenait au peuple.

— Mais ces décrets-là n'existent pas?

— Est-ce que je sais! répondit le maître de poste en haussant les épaules; s'ils ne sont pas rendus, ils le seront; c'est toujours la même chose. Que voulez-vous! »

Ils couchèrent dans un grenier, sur un peu de paille, et se remirent en route lorsque la ville fut silencieuse, c'est-à-dire à une heure déjà fort avancée. Parmi les nombreux changements qu'avaient subis les détails de la vie ordinaire, l'un de ceux qui concourait le plus à donner à ce voyage nocturne un cachet fantastique, était la rareté du sommeil. Après avoir longtemps éperonné leurs chevaux sur la route obscure, notre voyageur, et son escorte, arrivaient à quelque pauvre village; au lieu d'être plongé dans les ténèbres, il y avait de la lumière aux fenêtres, et les habitants dansaient des rondes autour d'un arbre de liberté, ou répétaient des chants patriotiques. Heureusement qu'on dormit cette nuit-là dans Beauvais. Les trois cavaliers sortirent de la ville sans encombre, et se retrouvèrent clapotant sur la route, par une froidure précoce, entre des champs stériles, diversifiés çà et là par les restes noircis de maisons que le feu avait détruites, la brusque sortie d'une embuscade, et l'arrêt violent des patrouilles qui parcouraient la route.

Au point du jour, ils s'arrêtèrent enfin sous les murs de Paris. La barrière était close, et gardée par une force nombreuse.

« Les papiers du prisonnier? » demanda d'une voix brève l'une des autorités du poste qu'avait appelée la sentinelle.

Frappé naturellement de ce mot désagréable, Charles Darnay pria l'homme au ton bref d'observer qu'il était citoyen français, et qu'il voyageait librement, sous la conduite d'une escorte, il est vrai, mais nécessitée par la situation du pays, et qu'il avait soldée lui-même.

« Les papiers du prisonnier? » répéta le même individu, sans accorder la moindre attention aux paroles du voyageur.

Le patriote à l'ivresse chronique avait ces papiers dans son bonnet, et les remit à qui de droit. En jetant les yeux sur la lettre de Gabelle, le chef se troubla légèrement, manifesta quelque surprise, et attacha sur M. Darnay un regard profond et scrutateur.

Néanmoins il rentra au corps de garde sans rien dire, laissant l'escorte et l'escorté se morfondre sur leurs chevaux. Pendant ce temps-là, notre voyageur, examinant ce qui se passait autour de lui, vit que le poste nombreux qui gardait la barrière était composé de quelques soldats et de beaucoup de patriotes; que les charrettes de légumes, et d'autres denrées, les villageois, les trafiquants de toute sorte qui concouraient à l'approvisionnement de la capitale, y entraient sans peine, mais qu'il était très-difficile d'en sortir, même pour les gens de la plus basse classe.

Une foule compacte d'hommes et de femmes de diverses conditions, sans parler des animaux et des véhicules de toute espèce, attendaient qu'on leur octroyât le passage; mais l'examen préalable des individus, dont il s'agissait de reconnaître l'identité, se faisait avec tant de scrupule, que la foule se tamisait lentement à travers la barrière. Quelques-uns, sachant que leur tour était encore éloigné, s'étaient couchés pour fumer ou dormir, tandis que les autres faisaient la conversation ou flânaient aux alentours. Hommes et femmes portaient le bonnet rouge et la cocarde tricolore, dont l'usage était universel.

Après une demi-heure d'attente, Charles se retrouva en face de l'homme au ton bref, qui avait paru tout d'abord. Cet homme délivra aux deux patriotes un reçu du prisonnier, et donna l'ordre à celui-ci de descendre de cheval. Le voyageur obéit, et son escorte, emmenant sa monture fatiguée, reprit le chemin de Beauvais, sans avoir franchi les murs de Paris.

M. Darnay suivit l'homme qui lui avait fait mettre pied à terre, et entra dans une salle de corps de garde, sentant le vin et le tabac, où un certain nombre de soldats et de patriotes endormis, ou éveillés, ivres ou à jeun, et entre l'un et l'autre de ces divers états, gisaient dans les coins, s'adossaient aux murailles, ou se tenaient debout au milieu de la pièce. La lumière qui les éclairait, provenant à la fois des dernières lueurs d'une lampe épuisée, et des premiers rayons d'un ciel nébuleux, flottait indécise entre les ombres de la nuit et la clarté du jour. Sur un bureau étaient plusieurs registres, et devant ces registres, un homme aux façons brusques et à la mine rébarbative.

« Citoyen Defarge, dit-il en se disposant à écrire et en s'adressant à celui qui accompagnait Darnay, est-ce l'émigré Évremont.

— Oui, citoyen.

— Ton âge, Évremont?

— Trente-sept ans.

— Marié?

— Oui.

— Où cela ?

— En Angleterre.

— Où est ta femme ?

— A Londres.

— C'est tout simple. Tu es consigné à la prison de la Force, Évremont.

— Juste ciel! s'écria Darnay. Pour quelle faute et au nom de quelle loi m'arrêtez-vous? »

Le patriote leva les yeux et regarda le prisonnier.

« Il existe de nouveaux crimes et de nouvelles lois depuis que tu as quitté la France, Évremont, dit-il avec un sourire cruel, et en se remettant à écrire.

— Je vous supplie de remarquer que je suis revenu de mon propre mouvement, afin de répondre à l'appel de l'un de mes concitoyens, dont vous avez la lettre. J'arrive dans l'intention de me justifier moi-même; je demande à ce qu'on me permette de le faire, et dans le plus bref délai; n'est-ce pas mon droit?

— Les émigrés n'ont aucun droit, lui répondit brutalement son interlocuteur, qui continua d'écrire, relut son mandat, le saupoudra de sable, et le donna au citoyen Defarge en lui disant: « Au secret. »

D'un geste de la main qui tenait le papier, Defarge ordonna au prisonnier de le suivre, et ils sortirent du corps de garde, escortés de deux patriotes.

« C'est vous, lui dit à voix basse le cabaretier, lorsqu'ils furent entrés dans Paris, qui avez épousé la fille du docteur Manette, ancien prisonnier à la Bastille, d'exécrable mémoire.

— Oui, répondit Darnay en le regardant avec surprise.

— Je m'appelle Defarge, marchand de vin au faubourg Saint-Antoine. Vous avez entendu parler de moi ?

— Certainement ; c'est chez vous que ma femme est allée chercher son père. »

Cette expression : ma femme, rappela subitement à l'ordre le citoyen Defarge, dont la figure s'assombrit.

« Au nom de la guillotine, pourquoi êtes-vous revenu ; dit-il avec impatience.

— Vous me l'avez entendu dire tout à l'heure ; croyez-vous que ce ne soit pas la vérité ?

— Triste vérité pour vous ! dit Defarge d'un air sinistre, et les yeux fixés devant lui.

— En effet ; tout est si changé, si contraire à ce qui existait autrefois, que je ne reconnais plus rien ; il me semble que je suis en pays perdu. Voulez-vous me rendre un petit service ?

— Aucun, dit Defarge sans détourner la tête.

— Voulez-vous répondre à la question que je vais vous faire ?

— Cela dépendra.

— De cette prison, où l'on m'envoie au mépris de toute justice, pourrai-je communiquer librement avec le monde extérieur ?

— Vous le verrez.

— On ne va pas m'enterrer là sans jugement, sans avoir écouté ma défense ?

— Vous le verrez. Et quand cela serait, d'ailleurs ? Il y en a d'autres qu'on a enterrés dans des prisons qui étaient pires que celle-là.

— Ce n'est pas moi qui l'ai fait, citoyen. »

Pour toute réponse, Defarge lui jeta un regard de côté, et marcha d'un pas plus ferme et plus rapide. Charles, supposant que plus le silence se prolongerait, moins il aurait d'espoir d'attendrir le marchand de vin, s'empressa d'ajouter :

« Il est pour moi, vous le comprenez, de la dernière importance que je puisse communiquer avec un agent de la banque Tellsone, qui est maintenant à Paris, ne serait-ce que pour lui apprendre que l'on m'a jeté à la Force. Voulez-vous le faire pour moi ?

— Non, répondit Defarge d'un ton brusque. J'appartiens au peuple et à la patrie, et j'ai juré de les servir contre vous. »

Charles comprit qu'il serait inutile de prier davantage; d'ailleurs son orgueil le lui interdisait.

Tout en marchant, et malgré ses préoccupations, il ne put s'empêcher de remarquer l'indifférence avec laquelle on voyait emmener un prisonnier. Il fallait une bien grande habitude pour avoir familiarisé la foule avec ce douloureux spectacle; c'était à peine si les enfants se retournaient pour le regarder. Un homme bien vêtu qui, alors, s'en allait en prison, n'avait rien de plus extraordinaire qu'un travailleur, qui en habits de tous les jours, se rendait à l'ouvrage.

En passant dans une rue étroite et boueuse, Charles vit un fougueux orateur qui, monté sur un tabouret, déployait à son auditoire les crimes que le roi et la famille royale avaient commis contre le peuple. Le peu de mots qu'il saisit apprirent à Charles Darnay que le roi était en prison, et que les ambassadeurs des puissances étrangères avaient quitté Paris.

Il l'avait ignoré jusqu'à présent; la surveillance dont il était l'objet depuis son arrivée en France n'avait pas même permis aux nouvelles de pénétrer jusqu'à lui.

A son départ d'Angleterre, il ne se doutait pas des dangers qu'il pouvait courir à Paris; il se l'avouait maintenant. Les difficultés avaient grandi à chaque pas, et le péril dépassait tout ce qu'il avait redouté. Certes il n'aurait pas quitté Londres s'il avait pu savoir ce qui l'attendait en France, puisque une fois en prison il lui était impossible d'agir; mais son inquiétude n'était pas aussi vive que nous le croyons tout d'abord, instruits que nous sommes des événements qui lui étaient cachés. Si ténébreux que fût l'avenir, c'était toujours l'inconnu, et son obscurité renfermait l'espérance. Les horribles massacres, dont la durée devait fatiguer les bourreaux, et tacher de sang l'époque de la moisson féconde, étaient aussi loin de la pensée de Charles Darnay que si, au lieu de quelques tours du cadran, il avait dû s'écouler des siècles avant d'y arriver. Il connaissait à peine le nom de la guillotine; la masse du peuple n'en savait pas davantage; et il est probable que les actes effrayants qui allaient se réaliser n'étaient pas même soupçonnés par les hommes qui devaient les accomplir. Comment la crainte en aurait-elle pu germer dans un esprit qui ne pouvait les concevoir?

L'emprisonnement et ses souffrances, les douleurs d'une séparation cruelle dont la durée n'était pas définie, le chagrin qu'en ressentiraient ceux qui lui étaient chers, voilà ce que Charles Darnay croyait être la somme de ses malheurs ; et c'est avec cette pensée, déjà bien assez lourde, qu'il arriva au lieu de sa détention.

Le guichet fut ouvert par un homme à la face bouffie, auquel Defarge présenta l'émigré.

« Que diable ! s'écria l'homme, on dirait qu'il en pleut des émigrés. »

Defarge prit le reçu du geôlier sans paraître avoir entendu cette exclamation, et se retira avec ses deux gardes civiques.

« Que diable ! répéta l'homme de la geôle quand le citoyen fut parti, en viendra-t-il encore ? »

La femme du geôlier n'étant pas préparée à cette question, dit simplement :

« Il faut de la patience, mon ami. »

Trois porte-clefs qui entraient au même instant, ajoutèrent en chœur :

« Pour l'amour de la liberté, citoyen ! » paroles discordantes aux lèvres de qui les prononçait.

La prison de la Force était noire et obscure, d'une humidité visqueuse, et remplie d'une senteur infâme. C'est extraordinaire combien cette odeur putride qui s'exhale du sommeil emprisonné, se manifeste et s'accumule promptement dans ces geôles malpropres et sans air.

« Au secret ! murmura le geôlier en jetant les yeux sur le mandat ; comme si nous n'étions pas déjà pleins à crever ! »

Il passa le papier dans un fil d'archal, et se replongea dans sa mauvaise humeur. Le prisonnier, tantôt parcourant la pièce de long en large, tantôt allant s'asseoir sur un banc de pierre, attendit quarante minutes que l'homme de la geôle et ses acolytes eussent gravé ses traits dans leur mémoire.

« Allons, suis-moi ! » dit le chef en prenant enfin ses clefs.

Charles accompagna son guide à travers la lueur funèbre qui enveloppait les couloirs, monta des marches, en descendit, s'arrêta devant de lourdes portes qui se refermèrent bruyamment, et fut introduit dans une immense salle basse, encombrée de prisonniers des deux sexes. Les femmes, assises devant une longue table, écrivaient ou lisaient, avaient à la main un ouvrage de couture, une broderie ou un tricot. La plupart des hommes se tenaient debout derrière elles, ou se promenaient dans la salle.

Dominé par la pensée instinctive qui associait chez lui le mot de prisonniers avec celui d'infamie, le nouvel arrivant se replia sur lui-même en entrant dans cette salle qui lui faisait horreur: mais pour mettre le comble à l'irréalité de sa course fantastique, chaque prisonnier se leva pour le recevoir, et l'accueillit avec la politesse raffinée de l'époque, avec toutes les grâces, toutes les séductions de la vie élégante.

Ces manières pleines de charme, ces révérences profondes, vues à la clarté douteuse qui pénétrait dans la salle, apparaissant tout à coup entre ces murailles nues et souillées, au milieu de cet air impur, firent illusion à Charles, qui pensa être descendu chez les morts. Rien que des spectres ! l'ombre de la beauté, l'ombre de la grandeur et de l'élégance, l'ombre de l'orgueil et de la frivolité, de l'esprit et de la fraîcheur, l'ombre de la vieillesse, attendant qu'on les emmenât du rivage, tournaient vers le nouveau venu l'ombre des regards qu'elles avaient autrefois. Toute cette foule était morte en entrant dans ces lieux.

Charles restait immobile ; le geôlier qu'il avait à côté de lui, ceux qui allaient et venaient dans la salle auraient pu n'avoir rien de disparate dans l'exercice de leurs fonctions habituelles, mais rapprochés de ces mères pleines de douleur, de ces jeunes filles nobles et belles, de toutes ces femmes délicatement élevées, leur grossièreté paraissait tellement excessive qu'elle poussait à son dernier terme l'invraisemblance de la scène que Charles contemplait. Des spectres, assurément, pensait-il. Cette course nocturne, par le froid et la pluie, sur les routes fangeuses, n'était que le rêve de son cerveau malade, un cauchemar prolongé qui évoquait ces ombres.

« Au nom de tous mes compagnons d'infortune, lui dit un gentilhomme de grand air qui vint à sa rencontre, j'ai l'honneur de vous saluer, et de vous offrir nos condoléances, à propos de la calamité qui vous conduit parmi nous. Puisse-t-elle se terminer bientôt, et à votre avantage. Ailleurs il pourrait être impertinent de vous demander votre nom, votre position sociale, mais cette demande n'a rien ici qui doive vous offusquer. »

Charles se réveilla, déclina son titre et remercia son interlocuteur aussi convenablement que possible.

« J'espère que vous n'êtes pas mis au secret? reprit le gentilhomme en suivant des yeux le conducteur du nouvel hôte.

— J'ignore ce que signifie cette expression, mais on l'a prononcée à mon égard.

— Croyez bien que nous le regrettons vivement; toutefois ne vous découragez pas : on y a mis d'abord plusieurs membres de notre société, et ils nous sont revenus peu de temps après. J'ai le chagrin, ajouta-t-il en élevant la voix, d'annoncer à l'assemblée que monsieur est mis au secret. »

Un murmure de commisération s'éleva immédiatement, et Charles, en traversant la salle pour se rendre à la grille où l'attendait son guide, recueillit sur son passage l'expression sympathique des vœux et des encouragements que lui prodiguaient surtout les femmes. Il se retourna pour leur exprimer sa reconnaissance ; puis la grille se referma sous la main du geôlier, et les ombres qu'il venait d'entrevoir disparurent pour toujours à ses yeux.

Le corridor aboutissait à un escalier de pierre qui se dirigeait vers les combles. Après avoir monté quarante marches (à peine était-il prisonnier depuis trois quarts d'heure, et il comptait déjà ce qui le séparait des vivants), son guide ouvrit une porte basse et le fit entrer dans une cellule humide et froide.

« Voilà ! dit le geôlier.
— Pourquoi m'enferme-t-on à part ?
— Je n'en sais rien.
— Puis-je me procurer de l'encre, une plume et du papier ?
— Je n'ai pas d'ordres à cet égard ; on viendra tout à l'heure, tu le demanderas si bon te semble ; quant à présent, tu peux acheter de quoi manger, mais rien de plus. »

La cellule contenait une chaise, une table et une paillasse. Tandis que le geôlier faisait la revue de ces objets et inspectait la pièce, Charles qui, appuyé contre le mur, le regardait machinalement, lui trouva le corps et le visage tellement bouffis d'une enflure malsaine, qu'il crut voir un noyé saturé d'eau. Lorsque cet homme fut parti, le prisonnier, rêvant toujours, se dit en lui-même : « Il m'a laissé là comme un mort. » Puis s'étant penché vers la paillasse, il ajouta, en se détournant avec dégoût : « et quand on a cessé de vivre, cette vermine rampante est la première transformation de la chair. »

« Cinq pas sur quatre et demi ; quatre pas et demi sur cinq ; cinq pas sur quatre et demi, » murmura le prisonnier en arpentant sa cellule ; et planant au-dessus des rumeurs de la ville, qui lui arrivaient affaiblies comme le son des tambours drapés de noir, des voix puissantes répétèrent : « Il faisait des souliers, il faisait des souliers, il faisait des souliers. » Le captif mesura de nouveau sa cellule, précipita ses pas, et les compta tout haut pour échapper à cette obsession douloureuse.

« Parmi ces ombres qui s'évanouirent lorsque la porte se referma, une jeune femme en deuil était appuyée dans l'embrasure d'une fenêtre, un pâle rayon brillait sur ses cheveux d'or; elle ressemblait.... Au nom du ciel ! courons par les chemins, à travers les villages, dont les habitants, au lieu de dormir, dansent avec frénésie.... Il faisait des souliers ! il faisait des souliers !... Mon Dieu !... Cinq pas sur quatre et demi ! cinq pas sur quatre et demi !... »

Le prisonnier, secouant l'un après l'autre ces lambeaux de phrases qui surgissaient des profondeurs de son âme, précipitait sa marche de plus en plus, comptait avec obstination les pas qu'il mesurait; et aux rumeurs de la cité, roulant sans cesse comme le son des tambours funèbres, s'ajoutaient les voix déchirantes de tous ceux qu'il aimait.

CHAPITRE II.
La meule à aiguiser.

La succursale que la maison Tellsone avait établie à Paris, occupait dans le quartier Saint-Germain, l'aile gauche d'un hôtel immense, situé au fond d'une vaste cour; une épaisse et haute muraille séparait cette cour de la rue, et flanquait de chaque côté une porte cochère d'une résistance à toute épreuve. Le gentilhomme, à qui appartenait cet hôtel, l'avait habité jusqu'au moment où il avait fui la capitale sous les habits de son cuisinier, et s'était dirigé en toute hâte vers la frontière la plus prochaine. Simple bête effarée, se sauvant au premier cri de la chasse, il n'en était pas moins dans sa métempsycose, le Monseigneur dont le chocolat exigeait naguère pour arriver jusqu'à ses lèvres, le concours de quatre hommes vigoureux, sans parler de celui qui l'apprêtait.

Monseigneur une fois parti, ses robustes valets s'étaient absous du crime d'avoir touché ses gages, en se déclarant tout prêts à lui couper la gorge; son hôtel avait été mis sous le séquestre et enfin confisqué. Les choses allaient si vite, les décrets succédaient aux décrets avec tant de rapidité, que le soir du 3 septembre, des émissaires de la loi, étaient en possession de l'hôtel qu'ils avaient décoré d'un drapeau rouge, et buvaient de l'eau-de-vie dans les appartements d'honneur.

A Londres un local pareil à celui que Tellsone occupait avec

Monseigneur, eût mis la maison hors d'elle-même et l'eût fait citer dans la gazette. Qu'auraient dit, en effet, la responsabilité, la respectabilité britannique, en voyant des caisses d'orangers dans la cour d'un lieu d'affaires, et un Cupidon au-dessus du comptoir? Cela existait néanmoins à Paris. Tellsone avait, il est vrai, fait passer un lait de chaux sur le perfide enfant; mais on le voyait toujours, dans son léger costume, suspendu au plafond, d'où (ce qui lui arrive trop souvent, hélas!) il visait des écus du matin jusqu'au soir. Dans Lombard-street à Londres, la banqueroute serait infailliblement sortie de ce jeune païen, de l'alcôve à rideaux galants située derrière cet enfant immortel, du miroir incrusté dans la muraille, et de ces commis pas du tout vieux, qui auraient dansé en public à la moindre provocation. Mais un Tellsone français pouvait, avec ces énormités, faire d'excellentes affaires; et depuis leur origine, pas un client n'avait pris la fuite à leur aspect, ni tremblé pour sa fortune.

Combien Tellsone aurait-il désormais de restitutions à faire? Combien resterait-il dans ses coffres d'argent non réclamé? Combien de joyaux et de vaisselle plate, se terniraient dans ses cachettes, après la mort de leurs dépositaires? Parmi ses comptes courants, combien s'en trouveraient-ils dont la balance ne se ferait point ici-bas? Personne n'aurait pu le dire, pas même M. Lorry, que ces questions préoccupaient vivement.

L'agent de Tellsone était au coin du feu (l'hiver prématuré se faisait déjà sentir), et sur l'honnête et courageuse figure du gentleman était une ombre plus épaisse que ne pouvaient la projeter les objets environnants. Dans sa fidélité à la maison, dont il était devenu partie intégrante, M. Lorry s'était logé à la banque, et sa chambre était voisine des bureaux. Le hasard voulait qu'il fût protégé par l'occupation patriotique du bâtiment principal; mais l'excellent homme ne l'avait pas calculé: pourvu qu'il fît son devoir, tout le reste lui était indifférent.

De l'autre côté de la cour, en face des appartements du gentleman se trouvaient les remises de l'hôtel, soutenues par une colonnade, et où l'on voyait encore les voitures de Monseigneur; à l'un des piliers étaient attachés deux flambeaux, qui brûlaient en plein vent, et répandaient leur clarté rutilante sur une grande meule à aiguiser, machine grossière, apportée là d'un atelier quelconque.

Le gentleman, qui s'était approché de la fenêtre, pâlit à la vue de ces objets, innocents en eux-mêmes, et revint s'asseoir auprès du feu; il avait ouvert la croisée pour fermer les persiennes, avait tiré les rideaux, et frissonnait des pieds à la tête.

Aux bruits du soir qui bourdonnaient dans la ville, ainsi qu'il arrivait tous les jours, se mêlait à divers intervalles quelque chose qui n'avait rien de terrestre : une rumeur indescriptible, des sons poignants et inconnus, qui montaient jusqu'au ciel.

« Mon Dieu, murmura M. Lorry en joignant les mains, je vous rends grâces de n'avoir dans ces lieux aucun des êtres qui me sont chers. Puissiez-vous avoir pitié de ceux qui sont en péril! »

Bientôt après la cloche de la grand'porte se fit entendre. « Les voilà revenus! » pensa le gentleman qui écouta malgré lui; mais une irruption bruyante n'eut pas lieu dans la cour, comme il s'y attendait; la porte se referma posément, et le silence régna de nouveau dans l'hôtel.

L'émotion fébrile, l'horreur qu'il éprouvait augmentait chez M. Lorry cette vague inquiétude que donne toujours la responsabilité d'une charge importante. Le gentleman se leva; — la caisse et les livres étaient bien gardés, — et ne voulant pas rester seul, il se disposait à rejoindre les commis fidèles qui veillaient dans le bureau, quand la porte s'ouvrit tout à coup, et laissa passer deux personnes dont l'apparition le fit reculer de surprise.

Lucie et son père! Lucie, les bras tendus, et l'air désespéré d'autrefois, ajoutant à l'expression qu'elle avait aujourd'hui.

« Qu'y a-t-il? demanda M. Lorry avec stupeur. Qu'est-ce que c'est, Manette? Lucie? qu'est-ce qui peut vous amener? »

Les yeux fixés sur lui, pâle, éperdue, elle se jeta dans les bras du vieillard. « Mon mari! dit-elle d'une voix haletante.

— Votre mari, chère enfant?
— Oui, Charles.
— Que lui est-il arrivé?
— Il est ici.
— A Paris?
— Depuis plusieurs jours, trois ou quatre, je ne sais pas; je n'ai plus de mémoire. Un appel à son honneur l'a fait partir à notre insu; on l'a arrêté à la barrière et on l'a mis en prison. »

Un cri s'échappa de la poitrine du vieillard; au même instant la cloche de la grand'porte s'agita violemment, et des voix et des pas se précipitèrent dans la cour.

« Quel est ce bruit? demanda M. Manette, qui se dirigea vers la fenêtre.

— N'ouvrez pas, s'écria le gentleman; docteur, au nom du ciel, ne regardez pas dehors. »

La main sur l'espagnolette, le docteur se retourna en souriant, et lui dit avec calme : « Soyez tranquille, mon ami, je suis pour eux un être sacré. Il n'y a pas en France un patriote qui, en apprenant que j'ai été à la Bastille, mettrait la main sur moi, autrement que pour me serrer dans ses bras ou me porter en triomphe. C'est grâce à mon ancien martyre que j'ai passé la barrière, que j'ai pu savoir où était Charles, et que je suis arrivé près de vous. Je ne doutais pas de mon influence, cela devait être; Charles n'a rien à craindre, je le sauverai, je l'ai promis à Lucie. Mais qu'est-ce qu'on entend donc?

— Ne regardez pas, je vous en supplie. Ni vous non plus, cher ange, dit-il en entourant d'un bras la taille de la jeune femme. Ce n'est pas une raison pour vous effrayer; je vous jure que je ne sais rien d'alarmant sur le compte de Charles; j'étais même loin de penser qu'il fût à Paris. Dans quelle prison est-il?

— A la Force.

— A la Force!... Lucie, mon enfant, si jamais vous avez été bonne et courageuse, et vous l'avez toujours été;... je vous en prie, soyez calme; faites bien ce que je vais vous dire, c'est beaucoup plus important que je ne peux vous l'exprimer. — Vous ne pouvez rien faire ce soir, il vous serait impossible de sortir. Je vous dis cela au nom de Charles, et dans son intérêt; je sais combien le sacrifice est pénible, mais entrez dans ma chambre, laissez-moi seul avec votre père, je vous en conjure, obéissez; vite, vite, au nom de ceux qui vous aiment.

— Je vous suis entièrement soumise, bon ami, vous le savez; vous ne me tromperiez pas, je le vois sur votre figure. »

Le vieillard l'embrassa, et l'entraîna dans la pièce voisine, dont il ferma la porte à double tour. Revenu près du docteur, il ouvrit la fenêtre, écarta légèrement les persiennes, et lui et M. Manette regardèrent au dehors.

Environ cinquante individus, hommes et femmes, étaient rassemblés dans la cour. Aussitôt que les gardiens leur avaient ouvert la porte, ils avaient couru vers la meule, et travaillaient avec zèle. C'était pour eux, évidemment, qu'on avait apporté cette machine, afin qu'ils pussent faire leur ouvrage sans qu'on les dérangeât.

Mais quels travailleurs, et quelle affreuse besogne!

La meule avait une double manivelle; deux hommes la tournaient avec furie, deux démons dont la figure, entourée de longs cheveux qui tombaient en avant, et se rejetaient en arrière à chaque tour de roue, était plus horrible à voir que celle des sauvages les plus atrocement grimés. De faux sourcils, de fausses moustaches collaient à leurs masques hideux; leurs traits, tachés de sang étaient convulsés par les cris, leurs yeux dilatés et fixes, leurs paupières rougies par l'ivresse, et l'absence de sommeil. Tandis qu'ils tournaient la machine, se fouettant la figure de leurs cheveux nattés, s'en flagellant ensuite le cou et les épaules, des femmes leur portaient du vin aux lèvres, afin qu'ils pussent boire sans arrêter la meule; et ces gouttes rougies, qui tombaient de leurs faces et de leurs vêtements, ces flots d'étincelles, qui jaillissaient de la pierre, créaient autour d'eux une atmosphère infernale. L'œil n'en voyait aucun d'ailleurs, qui, dans ce groupe, ne fût barbouillé de sang. Les uns, nus jusqu'à la ceinture, en avaient le corps et les membres couverts; les autres leurs guenilles imbibées; des hommes, diaboliquement parés de dentelles et de rubans, les avaient teints dans la mare sanglante. Couteaux, haches, baïonnettes ou sabres, tout ce qui était là pour être affilé, était rouge et humide. Des lambeaux d'étoffe, ou de linge, nouaient au poignet de quelques-uns des lames ébréchées; le tissu différait, mais la nuance était la même : et quand les possesseurs de ces armes les arrachaient du flot d'étincelles et se précipitaient dans la rue, en les brandissant avec frénésie, la teinte rouge qui n'était plus sur l'acier, se retrouvait dans leurs regards qu'un spectateur ayant conservé la raison, aurait voulu éteindre d'une balle, au prix de vingt années d'existence.

Tout cela fut aperçu en un moment; l'homme qui est en train de se noyer, ou qui est en face du péril, verrait un monde en une minute, s'il l'avait sous les yeux. Les deux amis s'éloignèrent de la fenêtre et M. Manette questionna du regard le gentleman au sujet de cette horrible vision.

« Ils massacrent les prisonniers, dit le vieillard en baissant la voix, et en jetant les yeux autour de lui. Si vraiment vous avez l'influence dont vous parliez tout à l'heure, faites-vous reconnaître de ces démons, et allez avec eux à la Force; il est possible qu'il soit trop tard, je n'en sais rien; mais il n'y a pas une seconde à perdre. »

Le docteur, la tête nue, se précipita hors de la chambre, et se trouva dans la cour au moment où le gentleman revenait à la croisée. Ses longs cheveux blancs, sa figure remarquable, la confiance avec laquelle il se jeta au milieu des armes qu'il écartait sur son passage, impressionnèrent les spectateurs, et en moins d'une minute il arriva au centre du groupe qui entourait la meule. La machine s'arrêta, il y eut un instant de silence, puis un murmure qui alla croissant, et auquel se joignit la voix du docteur. M. Lorry vit le groupe s'ébranler, vingt hommes se mettre en ligne, entourer M. Manette, et sortir de la cour en criant : « Vive le prisonnier de la Bastille ! Place au prisonnier de la Bastille ! A la Force pour délivrer le gendre du prisonnier de la Bastille ! » et mille autres acclamations de même nature.

Le gentleman referma la porte, tira les rideaux, et le cœur palpitant, s'empressa d'aller rejoindre Lucie, pour lui dire que son père, assisté par le peuple, était allé chercher M. Darnay. La jeune femme avait à côté d'elle sa petite fille et miss Pross ; mais M. Lorry ne s'aperçut de leur présence que longtemps après, lorsque assis au coin du feu, il eut recouvré autant de sang-froid que pouvait en permettre cette effroyable nuit.

Lucie, plongée dans la stupeur, était à ses pieds et se cramponnait à sa main comme à son dernier appui. Miss Pross avait couché l'enfant sur le lit du gentleman, et sa tête, s'inclinant peu à peu, était tombée sur l'oreiller où reposait la petite fille. Que la nuit fut longue à côté de cette femme éplorée ! Qu'elle fut longue, oh ! mon Dieu ! Le docteur ne revenait pas ; et l'on était sans nouvelles !

Deux fois on avait sonné à la grand'porte, deux fois la cour avait été envahie, la meule avait tourné et fait jaillir ses étincelles au milieu du vacarme.

« Qu'est-ce que c'est ? avait demandé Lucie avec terreur.

— Chut ! mon enfant ; c'est ici qu'on aiguise les sabres des soldats ; l'hôtel est maintenant propriété nationale, et sert d'atelier pour la confection des armes. »

Toutefois la dernière séance avait été plus courte que les autres, et la besogne s'était faite avec moins d'ardeur et moins de suite. Peu de temps après on vit poindre le jour. M. Lorry se détacha doucement de l'étreinte de la jeune femme, approcha de la fenêtre, l'ouvrit avec précaution, et regarda ce qui se passait dans la cour. Un homme, tellement ensanglanté, qu'on l'aurait pris pour un soldat tombé sur le champ de bataille, gisait auprès de la meule. Exténué par le massacre, il se leva péniblement, promena autour de lui un regard hébété, et découvrit, à la lumière naissante, l'un des carrosses de Monseigneur ; il se traîna en chancelant jusqu'au somptueux équipage, y monta, en referma la portière, et s'endormit sur les coussins, d'une exquise élégante.

La terre, cette grande meule, avait tourné quand M. Lorry

regarda de nouveau par la fenêtre, et le soleil rougissait les pavés et les murs de la cour ; la pierre à aiguiser se détachait seule dans l'air calme du matin, et avait un reflet rouge que le soleil ne donna jamais, et que sa lumière ne peut effacer.

CHAPITRE III.

L'ombre.

L'une des premières considérations qui se présentèrent à l'esprit pratique de M. Lorry, fut qu'il n'avait pas le droit de compromettre les affaires de Tellsone, en logeant à la banque la femme d'un émigré. Il aurait sacrifié pour Lucie Darnay, et pour ceux qui lui étaient chers, sa fortune, sa liberté, sa vie, sans la moindre hésitation ; mais le dépôt qui lui était confié ne lui appartenait pas, et il restait, à cet égard, l'agent scrupuleux et rigide de la maison qui l'occupait.

Il songea d'abord à Defarge, et eut la pensée d'aller trouver le marchand de vin pour lui demander quel était l'endroit de cette ville en désordre où l'on pût loger une femme avec le plus de sécurité. Mais la même considération lui fit renoncer à ce projet : Defarge habitait le faubourg le plus révolutionnaire de Paris ; il était sans doute engagé profondément dans l'œuvre terrible du quartier Saint-Antoine, et il devenait dangereux d'éveiller son attention.

Midi étant arrivé, sans que le docteur fût revenu, et chaque minute de retard pouvant compromettre la banque, le gentleman confia ses inquiétudes à Lucie. La jeune femme lui répondit que M. Manette avait l'intention de louer un appartement dans le voisinage ; rien du côté des affaires ne s'opposait à cela, et comme il leur était impossible de partir, en supposant même que Charles fût mis en liberté, le gentleman sortit tout de suite pour aller chercher un logement ; il ne tarda pas à en trouver un convenable, situé au coin d'une rue écartée, et d'une petite place mélancolique, dont les persiennes fermées annonçaient des maisons désertes.

Il y conduisit immédiatement Lucie, la petite fille et miss Pross, et leur procura tout le confortable possible, beaucoup plus qu'il n'en avait lui-même. Il leur laissa Cruncher, qu'il savait très-capable de défendre la porte, et de recevoir sans broncher une grêle de coups sur la tête; puis il revint à la banque. C'est le cœur bien triste, l'âme singulièrement troublée, qu'il se mit au travail, et le jour se traîna pour lui avec une lenteur désespérante.

Le temps s'écoula néanmoins, et les bureaux se fermèrent. Le gentleman se retrouva seul dans la pièce où il était la veille au soir, et il réfléchissait à ce qu'il avait à faire, lorsque des pas retentirent dans l'escalier. Quelques instants après, un homme était dans la chambre, et fixant sur le gentleman un regard attentif, lui adressait la parole en l'appelant par son nom.

« Votre serviteur; est-ce que vous me connaissez? » lui demanda M. Lorry.

C'était un homme vigoureux, de quarante-cinq à cinquante ans, dont une chevelure noire, épaisse et frisée, couvrait la tête puissante.

« Vous ne me reconnaissez pas? dit-il, au lieu de répondre.

— Effectivement, je vous ai vu....

— Dans ma boutique de marchand de vin.

— Vous venez de la part du docteur? reprit vivement le gentleman.

— Oui, du citoyen Manette.

— Que vous a-t-il donné pour moi? »

Defarge remit à la main tremblante, qui s'avançait vers lui, un chiffon de papier où étaient ces quelques lignes.

« Charles est sain et sauf; mais il y aurait imprudence à le quitter. J'ai obtenu que le porteur de ce billet voulût bien se charger d'un mot de notre prisonnier pour Lucie; conduisez-le près de ma fille. »

Délivré d'un grand poids par la lecture de ces lignes, M. Lorry s'adressait à Defarge :

« Voulez-vous venir chez Mme Darnay? lui dit-il.

— Oui, » répondit le cabaretier.

Sans remarquer alors ce qu'il y avait de bref et d'automatique dans les paroles du citoyen, M. Lorry mit son chapeau, et suivi du patriote, se dirigea vers la cour. Ils y trouvèrent deux femmes, dont l'une tricotait.

« Mme Defarge! dit M. Lorry, qui la trouvait telle qu'il l'avait laissée dix-sept ans auparavant.

— Elle-même, répondit le cabaretier.

— Est-ce que madame vient avec vous? demanda le gentleman, en voyant qu'elle se disposait à les suivre.

— Pour les reconnaître il faut qu'elle voie les gens ; c'est dans leur intérêt. »

Commençant à être frappé du ton bref et des manières du marchand de vin, M. Lorry le regarda d'un air inquiet; puis, ouvrant la marche, il se dirigea vers la demeure de Lucie. Des deux femmes qui le suivaient, la seconde était la Vengeance.

Ils traversèrent rapidement les rues qu'ils avaient à franchir, montèrent l'escalier, furent introduits par Jerry, et trouvèrent la jeune femme qui était seule, et qui pleurait. Elle fut transportée de joie par les nouvelles que lui donna le vieillard, et serra la main qui lui présentait le billet de Charles, se doutant bien peu de ce qu'avait fait cette main les deux nuits précédentes, et ce que le hasard seul l'avait empêché de faire à Charles Darnay lui-même.

« Prends courage, ma bien-aimée, disait le billet; je suis sain et sauf, et ton père a une grande influence autour de moi. Ne cherche pas à me répondre, et embrasse pour moi notre enfant. »

Le papier n'en contenait pas davantage ; mais ces quelques mots étaient si précieux pour celle qui les recevait, que, dans sa gratitude, elle se tourna vers Mme Defarge, et lui baisa la main. Au lieu de répondre à cet élan d'une reconnaissance toute féminine, la main retomba froide et inerte, et se remit à tricoter.

Lucie, glacée par cet attouchement, s'arrêta, comme elle allait mettre le billet de Charles dans son sein, et regarda la tricoteuse avec effroi. Mme Defarge leva les sourcils, et contempla d'un œil impassible et fixe le visage terrifié de la jeune femme.

« Chère belle, dit M. Lorry pour expliquer la visite de la tricoteuse, les soulèvements sont communs par le temps qui court, et bien qu'il ne soit pas probable que vous ayez à en souffrir, Mme Defarge a désiré vous voir, afin de vous reconnaître et de vous protéger en cas de malheur. Je crois, ajouta M. Lorry qui, troublé de plus en plus par l'impassibilité des trois personnes présentes, s'arrêtait à chaque mot, je crois, citoyen Defarge, que c'est bien le cas dont il s'agit? »

Le citoyen jeta un regard sombre à sa femme, et ne répondit que par un grognement sourd, qui put passer pour être affirmatif.

« Lucie, vous feriez bien, dit le gentleman d'un air et d'un ton conciliants, d'appeler miss Pross et notre chère petite fille. Miss Pross, citoyen Defarge, est une dame anglaise, et ne connaît pas le français. »

La dame en question, très-persuadée qu'elle valait autant, si ce n'est plus, qu'une étrangère quelconque, n'était pas femme à se laisser abattre par le malheur, ou déconcerter par le danger ; elle s'arrêta en face de la Vengeance, dont les yeux l'avaient rencontrée d'abord, et dit en anglais : « Voilà une hardie pièce, qui peut se vanter d'être laide » puis elle toussa britanniquement au nez de la cabaretière ; mais ni l'une ni l'autre de ces dames ne fit attention à elle.

« Sa fille ? demanda Mme Defarge en montrant la petite Lucie, avec son aiguille à tricoter, comme si cette aiguille eût été le doigt du Destin.

— Oui, madame, répondit M. Lorry, c'est la chère enfant de notre pauvre prisonnier, sa fille unique. »

L'ombre de la tricoteuse s'abaissa tellement épaisse et menaçante sur la pauvre petite, que la jeune femme s'agenouilla près de sa fille et la serra contre son cœur ; l'ombre fatale s'étendit alors sur la mère et sur l'enfant, qu'elle enveloppa d'un voile funèbre.

« C'est bien ; nous pouvons partir, je les ai vues, » dit Mme Defarge.

Il y avait dans la manière dont ces paroles furent prononcées quelque chose de si effrayant, que Lucie retenant d'une main suppliante la robe de la tricoteuse :

« Vous serez bonne pour mon mari, dit-elle, vous ne lui ferez pas de mal ; vous me ferez obtenir la permission de le voir ?

— Ton mari ne m'occupe pas, répondit Mme Defarge ; ce n'est pas à lui que je pense, c'est à la fille de ton père.

— Dans ce cas-là, soyez bonne pour lui à cause de moi, à cause de mon enfant. Elle croise les mains pour vous supplier d'être généreuse. O mon Dieu ! vous le voyez, nous avons plus peur de vous que des autres. »

La citoyenne reçut cet aveu comme un compliment, et se tourna vers son mari ; Defarge, qui se rongeait l'ongle du pouce avec malaise, prit une physionomie plus sévère sous le regard de sa femme.

« Qu'est-ce que te dit le prisonnier dans ce billet ? demanda Mme Defarge à Lucie ; ne parle-t-il pas d'influence ?

— Il dit que mon père en a beaucoup, répliqua la jeune femme en tirant le billet de sa poitrine et en attachant sur la tricoteuse ses beaux yeux pleins d'effroi.

— Ton père le fera relâcher, dit Mme Defarge d'un air indifférent.

— Je vous en conjure, madame, s'écria Lucie avec ferveur, ayez pitié de nous ; n'exercez pas votre pouvoir contre mon pauvre mari ; il est innocent, je vous assure ; faites qu'on me le rende ; vous êtes ma sœur, en votre qualité de femme : ayez pitié d'une épouse et d'une mère ! »

Après avoir regardé froidement la suppliante, Mme Defarge se tourna vers la Vengeance, et d'une voix glaciale :

« On n'a jamais tenu compte, dit-elle, des épouses et des mères que nous avons connues, nous autres. On leur a souvent arraché leurs pères et leurs maris pour les jeter en prison. Depuis que nous sommes au monde, nous avons vu souffrir nos sœurs dans leur personne et dans celle de leurs enfants : subir le froid, la faim, la soif, l'oppression, toutes les misères, tous les mépris.

— Pas vu autre chose, dit tranquillement la Vengeance.

— Après cela, je te le demande, reprit Mme Defarge en s'adressant à Lucie, est-il probable que le chagrin d'une épouse et d'une mère puisse nous toucher ? »

Elle reprit son tricot et sortit accompagnée de la Vengeance. Ce fut M. Defarge qui se retira le dernier et qui ferma la porte.

« Du courage, mon enfant, dit M. Lorry en relevant la jeune femme, du courage ! tout va bien ; quelle différence avec le sort de tant de pauvres créatures ! Allons, chère fille, allons, vous devez être reconnaissante envers la Providence.

— Je le sais, je ne suis pas ingrate envers elle ; mais cette femme a jeté sur moi une ombre qui obscurcit l'avenir et m'empêche d'espérer.

— Eh bien ! reprit le gentleman, que signifie ce découragement dans notre brave petit cœur ? Une ombre, chère Lucie, n'a pas de substance, par conséquent, n'est point à craindre. »

Malgré tout ce qu'il pouvait dire, les Defarge avaient répandu leur ombre sur lui, et au fond de l'âme il en était singulièrement troublé.

CHAPITRE IV.

Le calme au milieu de la tempête.

Ce n'est que le quatrième jour, à dater de son départ de l'hôtel, que revint le docteur Manette. Quant aux atrocités qui avaient eu lieu pendant son absence, on les cacha si bien à la pauvre Lucie, qu'elle était à Londres depuis longtemps quand elle apprit que onze cents prisonniers de tout âge et de tout sexe avaient été massacrés par la populace, et que pendant quatre jours et quatre nuits l'air qui l'entourait avait été souillé par le meurtre. Elle savait seulement qu'on avait attaqué les prisons, que la vie des prisonniers politiques avait été mise en danger, et que plusieurs de ces malheureux, arrachés de leur asile, avaient été assassinés.

Mais le docteur, après avoir recommandé le secret à M. Lorry, ce qui n'était pas nécessaire, raconta au gentleman que la bande de forcenés qui l'avait emmené de l'hôtel l'avait conduit à la Force, où il avait assisté au carnage. Il avait trouvé dans la prison un tribunal siégeant de sa propre autorité; les prévenus comparaissaient un à un devant les juges, qui, après un interrogatoire sommaire, donnaient l'ordre, soit de massacrer le prisonnier, soit de le mettre en liberté, ou chose plus rare, de le faire rentrer dans sa cellule. Présenté à ce tribunal par ceux qui l'avaient amené, M. Manette avait déclaré son nom, son titre, enfin sa qualité d'ancien détenu à la Bastille, où, jeté sans jugement préalable, il avait passé dix-huit ans au secret. L'un des membres du tribunal populaire avait confirmé ces paroles, et dans ce juge improvisé le docteur avait reconnu le citoyen Defarge.

Après avoir compulsé les registres qui étaient sur la table, l'ancien captif, ayant acquis la certitude que son gendre n'avait pas été massacré, plaida chaudement sa cause auprès du tribunal; les juges, dont les uns étaient endormis, les autres éveillés, ceux-ci à jeun, ceux-là ivres et souillés de sang, l'avaient écouté avec bienveillance, et au milieu des transports qu'il avait excités comme martyr du système déchu, on lui avait accordé sa requête : à savoir que le prisonnier Évremont fût amené devant la cour pour être immédiatement interrogé. Celui-ci, déclaré innocent, allait recouvrer la liberté, quand par une circonstance inexplicable pour M. Manette, le courant qui était en faveur du prévenu s'arrêta tout à coup.

Les membres du tribunal s'étaient réunis en conférence secrète; celui qui le présidait avait annoncé au docteur qu'il était impossible de libérer l'accusé; mais que, par égard pour son beau-père, ledit Évremont était déclaré inviolable; et sur un signe du président, on avait reconduit le prisonnier dans sa cellule.

M. Manette avait alors sollicité la faveur de veiller sur son gendre, afin de s'assurer par lui-même qu'une méprise ne le livrerait pas aux bourreaux, dont les cris furieux pénétraient dans la salle et couvraient la voix des juges. C'est ainsi qu'ayant obtenu ce qu'il demandait, il n'avait quitté ces lieux baignés de sang que lorsque le péril avait été passé.

Nous ne dévoilerons pas les scènes effroyables dont M. Manette fut témoin pendant ces trois jours, où il eut à peine quelques bribes de nourriture et quelques instants de sommeil.

Lorsque la paix fut rétablie, la joie folle des prisonniers qui avaient échappé au massacre étonna presque autant le docteur que la folie furieuse dont les morts avaient été victimes. Entre autres choses qui avaient éveillé sa surprise, il raconta à M. Lorry qu'un prévenu rendu à la liberté avait, par mégarde, été frappé d'un coup de pique au moment où il sortait de prison. Immédiatement appelé auprès de ce malheureux, il l'avait trouvé dans les bras d'un groupe de samaritains assis sur un tas de cadavres. Avec une inconséquence non moins extraordinaire que tous les actes de cet abominable cauchemar, les massacreurs avaient aidé M. Manette à faire son pansement, et prodigué les soins les plus doux au blessé; ils avaient fait une litière, l'y avaient déposé avec des précautions infinies, et l'avaient porté en lieu sûr, entouré d'une escorte qui veillait sur lui avec sollicitude. Puis ces frénétiques avaient ressaisi leurs armes, et s'étaient replongés dans cette boucherie, tellement atroce, que le docteur avait fini par s'évanouir au milieu d'une mare de sang.

Tandis qu'il écoutait ces horribles détails, les yeux fixés sur le visage du docteur, le gentleman songea en tressaillant que de pareilles épreuves pouvaient ébranler de nouveau les facultés de son ami. Toutefois M. Manette, malgré ses soixante-deux ans, ne lui avait jamais semblé avoir autant d'énergie physique, autant de force morale. Pour la première fois, en effet, le docteur pensait à son ancien martyre pour s'en féliciter; il ne regrettait plus cette époque de souffrances, où il avait forgé le levier qui ouvrirait la prison de Charles, et qui lui permettrait de sauver le mari de sa fille.

« Vous le voyez, dit-il, mes malheurs devaient me servir un jour; tout n'était pas ruine et désastre chez le pauvre cordonnier. Mon enfant adorée m'a rendu à moi-même, je lui rendrai à mon tour la plus chère partie de son être; j'y parviendrai, mon ami, soyez-en sûr. »

Le gentleman, en voyant ce regard ferme, ces traits calmes, cette attitude résolue, ne put s'empêcher de croire aux paroles de cet homme, dont la vie semblait s'être arrêtée comme le mouvement d'une horloge, et qui reprenait tout à coup son activité première.

De plus grandes difficultés que celles qu'il avait à combattre auraient cédé devant les efforts persistants du docteur. Tout en exerçant la médecine et en donnant ses soins à ceux dont l'état les réclamait, qu'ils fussent libres ou captifs, riches ou pauvres, innocents ou coupables, M. Manette employa si bien son influence qu'il ne tarda pas à obtenir la place de médecin inspecteur de trois prisons, au nombre desquelles était la Force. Il put alors apprendre à sa fille que Charles avait quitté sa cellule, et se trouvait maintenant avec les prisonniers de la grande salle. Tous les huit jours, en faisant sa visite, le docteur voyait son gendre et rapportait à Lucie quelque doux message qu'il tenait directement du captif. Parfois même la jeune femme recevait une lettre de son mari (non par l'entremise de son père); mais il ne lui était pas permis de répondre à ces lignes précieuses, car de tous les détenus que l'on soupçonnait de conspirer contre le peuple, c'étaient les émigrés qui excitaient le plus vivement la colère des patriotes, surtout ceux qu'on accusait d'entretenir des relations au dehors, soit avec leurs amis, soit avec leurs familles.

Certes le nouveau genre de vie du docteur n'était pas plus exempt d'inquiétude que de fatigue; mais M. Manette, loin d'en être accablé, redoublait de force et de courage; et le bon gentleman crut découvrir qu'un certain orgueil se mêlait aux sentiments qui soutenaient son ami; noble orgueil, à la fois digne et pur, que M. Lorry trouvait bien naturel et dont il observait avec joie les effets inespérés. Le docteur savait que jusqu'à présent le souvenir de sa captivité s'associait dans l'esprit de sa fille et de son ami, au douloureux état où l'avait mis la prison. Maintenant, au contraire, il se sentait investi, par ses anciens malheurs, d'une force qui faisait tout leur espoir. Exalté par cette interversion des rôles, qui le rendait à son tour protecteur de ceux qui avaient soutenu sa faiblesse, il marchait d'un pas ferme et imposait aux autres la confiance qu'il avait en lui-même. C'était lui, disons-nous, qui consolait sa fille et qui l'encourageait, lui qui la sauverait du désespoir; et il n'éprouvait pas moins de fierté que de bonheur à lui rendre un service en échange de ce qu'elle avait fait autrefois.

« Tout cela est bien curieux, pensait M. Lorry; néanmoins rien n'est plus juste; conduisez-nous, mon cher Manette, agissez comme bon vous semble, l'initiative vous appartient. »

Mais malgré tous ses efforts, toute sa persévérance, le docteur ne put obtenir que Charles fût mis en liberté, ou tout au moins qu'on lui donnât des juges; le courant des affaires publiques était trop rapide et trop fort pour qu'on parvînt à le remonter. L'ère nouvelle commençait; le roi avait été mis en jugement; la République une et indivisible, seule contre l'Europe en armes, se levait pour vaincre ou pour mourir. Le drapeau noir flottait jour et nuit sur les tours de Notre-Dame; trois cent mille hommes, appelés contre les tyrans, surgissaient de tous les points de la France, comme si les dents du dragon de la fable, semées à pleines mains, avaient également fructifié dans les cités et les campagnes, au soleil ardent du midi et sous le ciel brumeux du nord, dans les forêts et dans les landes, parmi les vignes et les champs d'oliviers, les prairies et les chaumes, sur les bords fertiles des rivières et le sable du rivage. Quel intérêt privé était assez fort pour se faire entendre au milieu de ce soulèvement général, de ce déluge venant de la terre et non du ciel, dont les issues étaient fermées pour tous?

Pas d'hésitation, pas de pitié, pas de repos. Le temps n'existait plus; les jours et les nuits pouvaient tourner dans leur cercle ordinaire, ramener, comme autrefois, le matin et le soir, on ne comptait plus les heures : la mesure en était perdue au milieu de cette fièvre ardente qui s'emparait d'un peuple.

Tout à coup, rompant le silence inaccoutumé de la ville, le bourreau exposa la tête du roi aux yeux de la multitude, et sembla presque aussitôt montrer à la foule la belle tête de la reine, dont huit mois de veuvage et de misère avaient blanchi les cheveux.

Et cependant, en vertu d'une loi étrange dont les effets contradictoires s'observent en pareil cas, le temps acquérait une durée d'autant plus grande que sa fuite paraissait plus rapide. Un tribunal révolutionnaire à Paris, quarante ou cinquante mille comités révolutionnaires répandus sur toute la surface du territoire ; une loi des suspects, menaçant la vie et la liberté de chacun, mettant l'innocence et l'honnêteté à la merci de la fureur et du crime; les prisons gorgées d'individus non coupables, et qui ne pouvaient obtenir qu'on écoutât leurs plaintes : tel était l'ordre de choses actuellement en vigueur; et l'application en paraissait ancienne, bien qu'elle eût tout au plus quelques mois d'existence. Enfin, dominant tout le reste, une horrible figure, la guillotine, inconnue peu de temps avant, était aussi familière à tous les regards que si elle eût existé depuis la création du monde. Elle servait de thème aux plaisanteries populaires : c'était le meilleur moyen de guérir le mal de tête, un remède infaillible pour empêcher les cheveux de blanchir, le barbier qui vous rasait de plus près. Quiconque embrassait la guillotine, regardait par la fenêtre, puis éternuait dans le sac. Elle était devenue le signe de la régénération humaine, et remplaçait le crucifix; de petits modèles de cet instrument libérateur décoraient les poitrines, d'où la croix avait disparu ; et l'on offrait à la guillotine les hommages que l'on refusait au Christ.

Elle fit couler tant de sang que le terrain qui la portait s'en détrempa, et que le bois de sa charpente en pourrit. Mise en pièces, comme le hochet d'un jeune démon, elle fut reconstruite et placée à l'endroit qu'exigeait l'exécution du jour. Sans égard pour l'éloquence, le pouvoir, la vertu ou la beauté, elle reprit son œuvre sanglante; vingt-deux amis, haut placés dans l'estime publique, vingt et un vivants et un mort furent décapités un matin, à raison d'une minute par tête. Le nom de l'hercule hébreu était descendu au fonctionnaire qui présidait à ces exécutions rapides ; toutefois le bourreau était plus fort que son ancien homonyme; et non moins aveugle, il détruisait chaque jour les colonnes du temple, dont il dispersait les débris.

Au milieu de ces actes sanguinaires, et de la terreur qu'ils répandaient partout, M. Manette marchait sans défaillir, confiant dans sa force, et ne doutant pas un instant de l'influence qui devait sauver le mari de sa fille. Quinze mois s'étaient écoulés depuis sa première démarche, quinze mois d'efforts inutiles sans que le découragement eût approché de son âme. La rage des bourreaux était devenue si violente, leur folie si mauvaise, que dans ce mois de décembre, où notre histoire est arrivée, plus d'une rivière s'encombrait de cadavres par les noyades en masse, et qu'en maint endroit les prisonniers, rangés en lignes, ou formés en carrés, tombaient sous les coups de la fusillade. Le docteur n'en gardait pas moins toute sa fermeté.

Personne n'était plus connu dans Paris que M. Manette, personne n'y avait une situation plus étrange : humain et silencieux, indispensable à la prison comme à l'hospice, faisant usage de sa science au profit des meurtriers aussi bien que des victimes, c'était un homme à part. Son titre d'ancien captif à la Bastille faisait de lui un être exceptionnel qui pouvait aller partout sans qu'on s'en occupât. On ne l'interrogeait pas, on ne le suspectait pas plus que s'il eût habité chez les morts et que, revenu de l'autre monde, il fût un pur esprit séjournant ici-bas.

CHAPITRE V.

Le scieur de bois.

Pendant ces quinze mois d'attente, Lucie n'avait pas eu, durant une heure, la certitude que la tête de son mari ne serait pas tranchée le lendemain. Chaque jour les tombereaux cahotaient leur charge de victimes sur le pavé des rues. Jeunes filles pleines de grâces, femmes brillantes aux cheveux noirs, aux cheveux gris, adolescents et vieillards, gens bien nés, gens de roture, vin rouge tiré chaque matin des caves de la prison pour désaltérer le monstre à la soif dévorante.

Liberté, égalité, fraternité ou la mort! O guillotine! la dernière est bien plus facile à donner que les trois autres.

Si le malheur imprévu qui l'avait frappée, si les faits stupéfiants de cette époque de vertige avaient foudroyé Lucie, et qu'elle eût attendu dans l'inaction la fin du drame qui tenait sa vie en suspens, elle aurait partagé le sort de beaucoup d'infortunés que le désespoir accablait; mais du moment où, dans le galetas du faubourg Saint-Antoine, elle avait posé sur son cœur la tête blanchie du prisonnier, elle était restée fidèle à ses devoirs; et dans cette nouvelle épreuve elle continuait à les remplir avec le même courage qu'autrefois.

Dès leur installation dans leur nouveau logement, elle avait tout disposé avec autant d'ordre, autant de goût que si Charles avait été près d'elle; chaque objet eut sa place, chaque heure du jour son emploi particulier. Les leçons de la petite Lucie furent aussi régulières que si elle n'avait pas quitté Londres; et la seule chose qui trahit sa préoccupation douloureuse fut le soin qu'elle avait de se tromper elle-même, en affichant la croyance qu'ils seraient bientôt réunis. Elle faisait chaque matin des préparatifs pour le recevoir, avançait un siége qui lui était destiné, mettait sur la table les livres qu'il préférait; et si, au moment de s'endormir, elle adressait au ciel une prière fervente pour ceux qui étaient menacés de mort, elle ne s'avouait pas qu'elle priait pour son mari.

On ne pouvait même pas dire qu'elle eût beaucoup changé; ses vêtements simples et de couleur sombre qu'elle portait, ainsi que sa fille, n'étaient pas moins soignés que les habits plus brillants qu'elle avait autrefois ; elle était pâle, et cet air profondément réfléchi qui, en certaines circonstances, avait donné à ses traits une expression si frappante, ne s'effaçait plus comme il faisait jadis ; mais elle était toujours belle, toujours gracieuse. Quelquefois le soir, en embrassant son père, elle fondait en larmes et lui disait à travers ses sanglots, qu'elle n'avait d'espérance qu'en lui.

« Ne t'inquiète pas, lui répondait M. Manette d'un ton ferme et convaincu ; rien ne peut lui arriver sans que j'en sois averti, et je le sauverai, mon enfant, j'en ai la certitude. »

Il n'y avait pas tout à fait quatre mois qu'ils étaient à Paris, lorsqu'un jour le docteur dit à sa fille, comme il revenait de ses courses :

« J'ai une bonne nouvelle à t'apprendre ; il y a dans la prison une fenêtre élevée à laquelle Charles peut arriver de temps en temps, vers trois heures de l'après-midi. Lorsque la chose lui sera permise, ce qui dépend de diverses circonstances, il pourra vous regarder, toi et ta fille, si vous êtes dans la rue, à un certain endroit qu'il n'est pas difficile de t'indiquer ; mais lui, ma pauvre enfant, tu ne pourras pas l'entrevoir ; et si par hasard tu croyais y parvenir, n'oublie pas qu'il serait dangereux de lui faire le moindre signe.

— Tu vas me montrer la place, bon père, et j'irai tous les jours. »

A dater de cette époque, elle s'y rendit par tous les temps, et y resta deux heures. Lorsqu'il ne faisait pas trop froid ou trop humide, elle emmenait sa fille avec elle ; autrement elle y allait seule ; mais elle n'y manqua pas une fois.

C'était au coin d'une petite rue obscure, sale et tortueuse ; une bicoque, où logeait un homme qui sciait du bois de chauffage, était la seule maison de ce coin désert ; tout le reste n'était qu'un grand mur, du moins jusqu'à l'endroit où la vue pouvait s'étendre. La troisième fois que Lucie vint au rendez-vous, elle fut remarquée par le scieur de bois.

« Bonjour, citoyenne, lui dit-il.
— Bonjour, citoyen. »

Ce mode de salutation était ordonné par un décret ; admis au commencement par les patriotes les plus zélés, mais d'abord volontaire, il était devenu obligatoire.

« Te voilà donc revenue, citoyenne ?
— Vous le voyez, citoyen. »

Le scieur de bois, un petit homme au geste surabondant (jadis il était cantonnier), jeta un coup d'œil sur la prison, la désigna d'un signe de tête, et mettant ses dix doigts devant sa figure, de façon à représenter des barreaux, regarda en riant à travers la grille qu'il simulait.

« Après tout, qu'est-ce que ça me fait ! » dit-il. Et notre petit homme, qui jadis avait un bonnet bleu, se remit vaillamment à l'ouvrage.

Le lendemain il guetta la jeune femme, et l'accosta dès qu'elle apparut.

« Tu viens donc toujours, citoyenne?

— Oui, citoyen.

— Et avec un enfant; c'est ta mère, n'est-ce pas, ma petite citoyenne?

— Faut-il que je réponde, maman? dit tout bas la petite fille en se serrant contre sa mère.

— Sans doute, cher ange.

— Oui, citoyen, c'est maman.

— Je m'en doutais; mais ça ne me regarde pas; il n'y a que mon ouvrage qui me regarde. Tu vois ma scie; je l'appelle ma petite guillotine. La, la, la, la ! vlan ! encore une tête de coupée. »

La bûche tomba comme il disait ces mots; il la ramassa et la jeta dans un panier.

« Je suis le Samson du bois de chauffage; vous allez voir Frau, frau, frau, frau ! c'est la tête de la femme; maintenant c'est le tour du marmot : fric, fric, fric, fric ! Toute la famille y passe ! »

Lucie frissonna en lui voyant jeter dans le panier les deux bûches qu'il ajoutait aux autres; mais il était impossible de venir à son rendez-vous lorsque cet homme était à l'ouvrage, sans se trouver auprès de lui. Une indiscrétion pouvait la perdre, et il était nécessaire qu'elle s'assurât les bonnes grâces du patriote; aussi lui répondait-elle toujours; elle lui parlait même la première, et lui donnait souvent des pourboire qu'il s'empressait d'empocher.

Le brave homme était peu discret par nature; lorsque la jeune femme, oubliant sa présence, avait regardé les toits et les grilles de la Force, en envoyant toute son âme au prisonnier, elle retrouvait le scieur de bois les yeux fixés sur elle, le genou sur sa bûche, et la scie plantée dans le rondin où elle restait immobile.

« Mais ça ne me regarde pas ! » disait alors le manœuvre, qui se remettait à la besogne avec un redoublement d'ardeur.

Elle vint par tous les temps: par la neige et la glace, par les vents de mars et d'avril, par le soleil et les orages de l'été, par les grandes pluies d'automne ; et l'hiver étant revenu, la glace et la neige la retrouvèrent au coin de la rue sombre et fangeuse. Elle y passait deux heures, quelle que fut la saison ; et tous les jours en partant, elle embrassait le mur de la geôle. Son mari put la regarder cinq ou six fois, l'entrevoir deux ou trois fois en passant. Il avait profité tout au plus des courses d'une quinzaine, et elle était venue toute l'année. Elle ne l'ignorait pas, mais il suffisait qu'elle pût manquer d'être à son poste au moment où le hasard servirait Charles, pour que rien ne l'empêchât de se trouver au rendez-vous. Elle y serait restée sous la pluie, ou sous la grêle, du matin jusqu'au soir, et l'aurait fait tous les jours, plutôt que de causer par son absence une déception au prisonnier.

Une après-midi du mois de décembre 1793, elle s'était rendue par la neige à sa place ordinaire. C'était un jour de fête, de réjouissance publique ; toutes les maisons que Lucie avait vues sur son passage étaient décorées de petites piques, surmontées d'un bonnet rouge et de rubans tricolores ; beaucoup d'entre elles portaient cette inscription, en lettres peintes aux trois couleurs : République une et indivisible, Liberté, égalité, fraternité ou la mort.

La misérable échoppe du scieur de bois était si étroite, que la façade entière présentait peu d'espace à la devise républicaine. Le petit homme avait néanmoins trouvé un barbouilleur qui, en serrant beaucoup les mots, était parvenu à y fourrer la mort, non sans des difficultés contraires à l'ordre de choses actuel. Sur le toit de la baraque était plantée une pique ornée du bonnet rouge, ainsi qu'il était de rigueur pour tout bon citoyen ; et l'ouvrier avait mis à la fenêtre sa fameuse scie, avec cette légende : « Petite sainte guillotine ; » car, à cette époque, la grosse Louison, comme le peuple avait d'abord appelé l'instrument de Louis Guillotin, venait d'être canonisée.

La baraque était fermée, le scieur du bois n'y était pas, et Lucie Darnay se trouva complétement seule, à sa grande satisfaction. Mais le petit homme était dans le voisinage, et le repos de la jeune femme ne fut pas de longue durée. Bientôt des pas tumultueux, accompagnés d'acclamations bruyantes, se dirigèrent du côté de Lucie et la remplirent de terreur. Quelques minutes après, débouchant d'une rue voisine, la foule entoura la prison et l'échoppe qui était au coin du mur ; cinq cents personnes, parmi lesquelles s'apercevait tout d'abord la Vengeance, donnant la main au scieur de bois, se mirent à danser avec la frénésie de cinq mille démons : des femmes avec des femmes, des hommes avec des hommes, suivant le hasard qui les avait rapprochés. Pour musique ils avaient un chant populaire, dont le rhythme féroce, rigoureusement observé par les danseurs, ressemblait à un grincement de dents affamées.

Ce ne fut d'abord qu'une irruption de guenilles et de bonnets rouges; mais dès que la place fut complétement envahie, certaines figures chorégraphiques se dessinèrent au milieu de cette masse tourbillonnante, et apparurent à Lucie comme le spectre en délire d'une danse affolée. Ils avancèrent, reculèrent tour à tour, se frappèrent mutuellement dans la main, se saisirent la tête réciproquement, pirouettèrent seul à seul autour des autres, se rejoignirent, et tournèrent deux à deux, jusqu'au moment où la plupart de ces couples finirent par tomber. Ceux qui restèrent debout, formèrent une ronde générale autour de ceux qui étaient couchés; la ronde se divisa en une quantité de petits cercles, de deux à quatre personnes, qui pivotèrent sur eux-mêmes avec une rapidité vertigineuse.

On se frappa de nouveau dans les mains, on se reprit la tête, on se sépara, un à un, deux à deux, et recomposant la ronde, on la fit tourner en sens inverse. Il y eut une pause; chacun battit la mesure avec rage, puis la masse haletante se divisa en lignes de toute la largeur de la voie publique, et danseurs et danseuses, la tête basse, les mains dressées, fondirent devant eux en poussant des cris effroyables.

Nul combat n'aurait offert un spectacle aussi poignant que ce plaisir déchu, tombé de l'innocence à l'ivresse infernale; passe-temps salutaire, dégénéré en un moyen de fouetter le sang, d'égarer la raison et d'endurcir le cœur. La grâce, qui s'y trouvait encore, le rendait plus hideux, en montrant à quel point les meilleures choses avaient pu descendre et se pervertir. Cette poitrine virginale, d'où la pudeur était bannie, cette jolie tête presque enfantine, convulsée par une joie haineuse, ce pied délicat, dansant d'un pas léger au milieu de cette boue sanglante, représentaient la folie de cette époque de décomposition.

C'était la carmagnole; pendant qu'elle s'éloignait, laissant la pauvre Lucie glacée de terreur, sous la porte du scieur de bois, la neige tombait avec autant de calme et de pureté que si l'odieuse vision ne s'était jamais produite.

« Oh! mon père! quel horrible tableau! » M. Manette s'était trouvé près de sa fille au moment où Lucie, relevant la tête, se découvrait les yeux qu'elle avait cachés de ses deux mains.

« Je le connais, mon enfant, je l'ai vu mainte et mainte fois;

mais tu n'as rien à craindre, aucun de ces hommes ne voudrait te faire de mal.

— Ce n'est pas pour moi que je tremble, père; mais quand je pense que Charles est à la merci de pareilles gens!

— Bientôt il n'y sera plus, je te le promets. Quand je l'ai quitté, il se rendait à la fenêtre, et je suis venu t'en prévenir; nous sommes seuls, tu peux lui envoyer un baiser, là-bas, vers le haut du pignon qui domine tous les autres.

— Je le fais de grand cœur, père; et je lui envoie toute mon âme.

— Toi, ma pauvre chérie, tu ne peux pas le voir.

— Non, père, » dit-elle en pleurant, tandis qu'elle se baisait la main en regardant l'endroit où devait être le captif.

Un bruit de pas sur la neige: c'était celui de la cabaretière.

« Je vous salue, citoyenne, dit M. Manette en la voyant.

— Salut, citoyen. »

Elle passa sans détourner la tête, et glissa comme une ombre sur le pavé blanchi.

« Donne-moi ton bras, cher ange, du courage, aie l'air moins triste; par amour pour lui, souris un peu; très-bien, chère fille. »

Ils s'éloignèrent. Après quelques instants de silence, le docteur reprenant la parole dit à la jeune femme:

« Ce n'est pas sans motif que je t'ai priée de sourire. Nous avons lieu d'être satisfaits: Charles est appelé demain devant ses juges.

— Demain, mon père?

— Il n'y a pas de temps à perdre; j'ai fait tous mes préparatifs; mais il y a certaines précautions à prendre, et qui ne pouvaient l'être avant de savoir exactement le jour du procès. On ne lui a pas encore notifié; mais je tiens de bonne source que l'affaire est pour demain, et qu'il sera transféré ce soir à la Conciergerie. Tu n'es pas inquiète, j'espère!

— Je compte sur toi, balbutia la pauvre femme d'une voix tremblante.

— Et tu as raison, mon ange. Tous nos chagrins vont finir, demain soir Charles nous sera rendu; je l'ai entouré de toutes les protections imaginables. Mais il faut que je voie.... »

Le docteur s'arrêta: un roulement, assourdi par la neige, arrivait aux oreilles du père et de la fille, qui le reconnurent. Trois tombereaux passaient à peu de distance avec leur charge funèbre.

« Il faut que je voie Lorry tout de suite, » continua le docteur en prenant un chemin différent.

Toujours fidèle à ses devoirs, le vieillard était à son poste qu'il n'abandonnait jamais. Souvent mis à réquisition, lui et ses livres, au sujet d'une foule de propriétés, devenus biens nationaux, il sauvait, pour les anciens possesseurs, tout ce qui pouvait être sauvé. Jamais âme qui vive n'aurait ainsi défendu, sans repos ni trêve, les intérêts importants dont Tellsone avait la garde, et ne l'aurait fait surtout avec moins de paroles et moins d'éclat.

La teinte rougeâtre qui colorait les nuages, le brouillard qui s'élevait de la Seine indiquaient la fin du jour, et il faisait presque nuit lorsque le docteur et sa fille arrivèrent à la Banque. Le magnifique hôtel de Monseigneur, à la fois profané et désert, portait ces mots écrits au-dessus d'un tas de cendres et d'ordures qui se trouvait dans la cour : Propriété nationale. République française, une et indivisible. Liberté, égalité, fraternité ou la mort.

Qui pouvait être avec M. Lorry? A qui appartenait ce manteau de voyage qui se trouvait là, jeté sur une chaise? Qui donc le gentleman venait-il de quitter, lorsque, tout ému, il s'avança près de Lucie pour la serrer dans ses bras? À qui dit-il les paroles qu'elle lui avait balbutiées, lorsque tournant la tête vers la porte de la chambre d'où il venait il répéta en élevant la voix : « Transféré à la Conciergerie, pour être jugé demain ? »

CHAPITRE VI.

Triomphe.

Le Tribunal révolutionnaire, composé de cinq juges, de l'accusateur public, et d'un jury dont les décisions étaient sans appel, siégeait tous les jours. La liste des accusés qui devaient comparaître devant lui était envoyée la veille dans chaque prison, et lue par le geôlier à ceux qu'elle concernait.

« Approchez tous, et écoutez : voici le journal du soir! » répétait chaque jour l'homme de la geôle, dont cette phrase était sa plaisanterie favorite.

« Charles Évrémont, dit Charles Darnay! » C'est ainsi qu'enfin débuta le journal du soir à la Force, le jour où la pauvre Lucie avait vu danser la carmagnole.

Dès que le nom d'un prisonnier était appelé, celui qui le portait devait sortir de la foule et aller se mettre à l'écart dans un endroit réservé aux prévenus désignés pour le lendemain. Charles avait de tristes raisons pour ne pas ignorer cet usage : depuis quinze mois il avait vu disparaître tous ses compagnons d'infortune, après avoir été soumis à cette formalité.

Le geôlier bouffi regarda par-dessus ses lunettes pour s'assurer que ledit Évremont avait été se placer à l'endroit voulu, et continua sa lecture, en s'arrêtant de la même manière à chaque nom qu'il prononçait. La liste en portait vingt-trois ; vingt prisonniers seulement répondirent à l'appel ; les trois derniers étaient morts : l'un dans la prison même, les deux autres sur l'échafaud ; mais on l'avait oublié.

La lecture de cette liste fatale avait lieu dans la grande pièce où Charles avait été introduit le jour de son entrée à la Force. Tous ceux qu'il y avait trouvés à cette époque avaient été massacrés en septembre ; et depuis lors chacun des amis qu'il avait vus partir n'était sorti de prison que pour monter à l'échafaud.

Quelques adieux s'échangèrent à la hâte, mais la séparation fut bientôt terminée ; c'était un incident quotidien dont on avait pris l'habitude, et ce soir-là précisément la société de la Force se préparait à jouer aux gages, et devait avoir un petit concert. Elle se pressa aux grilles pour voir le départ des accusés ; quelques larmes furent répandues sur les malheureux qui s'éloignaient ; mais vingt places étaient vides, il fallait les remplir afin de ne pas faire manquer les amusements promis ; et l'heure pressait ; bientôt allait venir le geôlier qui fermerait les portes, et livrerait la salle commune et les corridors aux chiens de garde qui faisaient le guet pendant la nuit.

Ce n'est pas que les prisonniers dont nous parlons fussent insensibles ; leur insouciance venait de la condition où ils étaient placés, de la nature même de l'époque où ils vivaient, et non d'une absence de cœur. L'espèce de fanatisme, ou d'enivrement, qui conduisit alors plusieurs personnes à braver la guillotine, et à courir au-devant du supplice, n'était pas une simple bravade, mais l'effet contagieux de la frénésie publique. On a vu en temps de peste de certains individus saisis de vertige être attirés par le mal et souhaiter d'en mourir. Nous avons tous en nous-mêmes de ces bizarreries mystérieuses qui, pour se révéler, n'ont besoin que d'une circonstance qui les évoque.

Le passage de la Force à la Conciergerie était court et ténébreux ; la nuit dans leurs nouvelles cellules, hantées par la vermine, fut longue et froide pour les vingt accusés. Amenés à la barre dès le matin, quinze d'entre eux passèrent devant les juges avant celui qui nous occupe. Tous les quinze furent condamnés à mort ; leur interrogatoire et leur jugement, rendu à part pour chacun d'eux, avaient pris une heure et demie au tribunal.

« Charles Évremont, dit Charles Darnay ! » cria l'huissier.

Les magistrats portaient le chapeau à plumes ; mais le bonnet rouge, orné de la cocarde tricolore, dominait partout dans la salle. En jetant un regard sur les jurés et sur l'auditoire, le prévenu aurait pu se dire que l'ordre naturel des choses était renversé, et que les criminels jugeaient les honnêtes gens. Ce qu'il y a de plus vil et de plus atroce parmi la populace d'une grande cité dirigeait les débats, faisait de bruyants commentaires, applaudissait, désapprouvait, anticipait et précipitait le jugement, sans la moindre opposition de la part du tribunal. Presque tous les hommes étaient armés ; quelques-unes des femmes avaient des dagues et des couteaux ; plusieurs d'entre elles mangeaient et buvaient, tout en regardant ce qui se passait à la barre ; le plus grand nombre tricotait. L'une de ces dernières avait une pièce de tricot sous le bras, et n'en travaillait pas moins avec activité. Placée au premier rang, elle était auprès d'un homme que l'accusé n'avait pas vu depuis son arrivée à Paris, mais qu'il reconnut immédiatement pour le citoyen Deforge. La tricoteuse parla une ou deux fois à l'oreille de son voisin, d'où Charles supposa qu'elle était la femme du cabaretier ; et ce qui frappa surtout le prévenu, c'est l'affectation que mettaient l'un et l'autre à ne pas se tourner vers lui, dont ils étaient aussi près que possible. Tous deux ils paraissaient peu satisfaits, et leurs regards ne quittaient pas les jurés.

Au-dessous du président était assis le docteur Manette, vêtu de ses habits ordinaires ; autant que Charles Darnay put en juger, lui et M. Lorry étaient les seuls dans l'auditoire qui n'eussent pas adopté la carmagnole.

Charles Évremont, dit Charles Darnay, comparaissait devant le tribunal en qualité d'aristocrate, accusé d'émigration, et l'accusateur public demandait sa tête, au nom du décret de bannissement qui interdisait, sous peine de mort, l'entrée de la France aux émigrés. Peu importait que le retour du prévenu fût antérieur au décret invoqué : ledit Évremont était là, on l'avait pris en France, le décret existait, il fallait qu'il le subît.

« Qu'on lui coupe la tête ! cria l'auditoire ; c'est un ennemi de la République. »

Le président agita sa sonnette, et demanda au prévenu s'il n'était pas vrai qu'il eût passé de longues années en Angleterre ?

« Sans aucun doute. »

Dès lors c'était un émigré ; comment se qualifiait-il ?

De Français, habitant l'Angleterre, mais non pas d'émigré, dans le sens que la loi donnait à cette qualification.

« Et pourquoi ? » lui fut-il demandé.

Parce qu'il avait renoncé volontairement à une position et à un titre qui lui étaient odieux ; et que s'il avait quitté son pays, ce qu'il avait fait bien avant que le mot émigré eût la signification que lui donnait le tribunal, c'était parce qu'il avait mieux aimé vivre de son propre travail, en Angleterre, que de celui du peuple dont il pouvait jouir en France.

Quelle preuve en donnait-il ?

Le témoignage de Louis Gabelle et d'Alexandre Manette.

« Mais c'est à Londres qu'il s'était marié, lui rappela le président.

— Oui ; mais non pas à une Anglaise.

— A une citoyenne de France ?

— Oui.

— Son nom ?

— Lucie Manette, fille du docteur Manette, ex-prisonnier à la Bastille. »

Cette réponse produisit le meilleur effet sur l'auditoire. Des cris à la louange du bon docteur retentirent dans toute la salle ; et telle était la mobilité du peuple que des larmes coulèrent sur plus d'un de ces visages féroces, qui l'instant d'avant exprimaient la fureur.

Charles avait suivi jusqu'à présent les instructions réitérées de son beau-père, dont la vigilance avait tout aplani sur la route dangereuse où le prévenu était engagé.

« Pourquoi l'accusé était-il revenu à la fin de l'année précédente ? pourquoi avait-il attendu jusque-là pour rentrer dans sa patrie ? lui demanda le président.

— S'il n'était pas revenu plus tôt c'était, répondit-il, parce qu'il n'avait dans son pays d'autres moyens d'existence que la fortune patrimoniale dont il avait fait l'abandon, tandis qu'en Angleterre il gagnait de quoi vivre en enseignant la langue et la littérature françaises. S'il avait quitté Londres, c'était à la prière de l'un de ses compatriotes, dont son absence mettait la vie en danger. Il était accouru pour sauver les jours de ce citoyen, en venant dire la vérité à ses risques et péril : était-ce un crime aux yeux de la République ?

— Non ! non ! cria l'auditoire avec enthousiasme. Le président agita en vain sa sonnette ; les dénégations continuèrent jusqu'au moment où il plut à la populace de rester silencieuse.

« Quel est le nom de ce citoyen ? » demanda le président aussitôt que le vacarme s'apaisa.

Le citoyen en question était le premier témoin à décharge. Le prévenu s'en référait avec confiance à la lettre de ce citoyen, lettre qui lui avait été prise à la barrière, lors de son arrivée à Paris; mais qui se trouvait, sans aucun doute, parmi les dossiers placés devant le tribunal.

Le docteur avait eu soin de l'y faire introduire, et s'était assuré qu'on l'y avait mise ; en effet la lettre fut produite et lue par le président.

Le citoyen Gabelle, cité à la barre pour y faire sa déposition, confirma non-seulement tout ce qu'avait dit l'accusé, mais insinua, avec une extrême délicatesse, qu'au milieu de la quantité d'affaires imposées à la justice par les nombreux ennemis du peuple, il était resté pendant trois ans à l'Abbaye, totalement effacé de la mémoire patriotique du tribunal, jusqu'à la fin de la semaine précédente, où il avait été appelé à comparaître; et, qu'on l'avait mis en liberté sur la réponse du jury, déclarant que l'accusation portée contre ledit Gabelle était annulée par la présence du citoyen Charles Darnay.

M. Manette fut ensuite interrogé. La popularité dont il jouissait, la précision de ses réponses produisirent un effet marqué tout d'abord ; mais quand il démontra que l'accusé avait été son premier ami, lorsqu'il était sorti de la Bastille; que le prévenu, depuis cette époque, n'avait cessé de lui être dévoué dans son exil ; que loin d'être en faveur auprès du gouvernement aristocratique de l'Angleterre, Charles Darnay avait été mis en accusation comme ennemi de la Grande-Bretagne, et comme ami des États républicains d'Amérique, le tribunal partagea les sentiments de l'auditoire. Enfin lorsque, appuyant sur tous ces points avec la force et l'entraînement de la vérité, il eut fait appel à M. Lorry, citoyen de Londres, actuellement dans la salle, et qui avait déposé dans l'affaire susmentionnée, le jury déclara qu'il en avait assez entendu, et se trouvait prêt à rendre son verdict, si le président voulait bien le recevoir.

A chacun des votes (les jurés opinaient verbalement et à haute voix) l'assemblée fit retentir la salle de ses acclamations. Tous les membres se prononcèrent en faveur du prévenu, et Charles Darnay fut déclaré innocent l'unanimité.

Alors commença l'une de ces démonstrations auxquelles la

populace se livrait quelquefois, même à cette époque de fureur sanguinaire. Était-ce pour obéir à un esprit versatile, pour céder aux impulsions généreuses qui sommeillaient en elle, ou pour compenser les actes féroces dont elle chargeait sa conscience? Personne ne pourrait le dire ; il est probable que ces trois motifs y avaient part, bien que le second prédominât sur les deux autres. Quoi qu'il en soit, l'acquittement ne fut pas plutôt prononcé, que les larmes coulèrent avec abondance, et que les embrassements furent prodigués à Charles Darnay par tant de personnes des deux sexes, qu'il manqua de se trouver mal, affaibli qu'il était par sa longue détention, et tout ému en pensant que la même foule, portée par un autre courant, l'aurait déchiré avec un égal enthousiasme.

La nécessité de faire place à de nouveaux accusés délivra notre ami des caresses dont il était l'objet. On venait d'introduire devant le tribunal, pour y être jugés en bloc, cinq prévenus accusés d'être ennemis de la République, en ce sens qu'ils ne l'avaient assistée ni par leurs discours ni par leurs actions. Telle fut la promptitude que mirent les membres du tribunal à dédommager le peuple, à se dédommager eux-mêmes de la libération précédente, qu'il fut décidé que les cinq prévenus seraient exécutés dans les vingt-quatre heures, avant que Charles Darnay ait pu sortir de la salle. L'un des condamnés lui apprit la sentence qui les frappait, en levant un doigt, ce qui signifiait la mort, d'après les signes en usage dans les prisons, et tous les cinq ajoutèrent d'une voix ferme : « Vive la République ! »

A vrai dire, cette dernière cause n'avait pas eu d'auditoire qui pût en prolonger les débats ; car en sortant du palais de justice, le docteur et son gendre se trouvèrent au milieu d'une foule considérable, dans laquelle M. Manette reconnut tous les visages qu'il avait vus dans la salle, excepté deux personnes qu'il y chercha vainement. Aussitôt qu'on eut aperçu Charles, accompagné du docteur, les acclamations recommencèrent, les larmes, les cris, les applaudissements, les embrassades, tour à tour, puis ensemble, jusqu'à ce que le vertige universel parut avoir gagné la rivière, et s'être emparé de l'onde, affolée comme le peuple qui était sur ses rives.

Ils avaient parmi eux une chaise qu'ils avaient prise, soit au tribunal même, soit dans l'une des salles voisines ; après l'avoir recouverte d'un drapeau rouge, ils y avaient attaché une pique surmontée d'un bonnet rouge. Quelles que fussent les supplications du docteur, il ne put empêcher qu'on n'élevât son gendre sur cette chaise patriotique ; et pendant qu'on le ramenait en triomphe, au milieu de cette mer houleuse de bonnets couleur de sang, d'où surgissaient à ses yeux des débris de faces humaines, Charles se demanda plus d'une fois s'il n'était pas dans le tombereau qui le conduisait à la guillotine.

C'est ainsi que l'entourant d'un cortége qui lui semblait le produit d'une hallucination, embrassant tous ceux qu'ils rencontraient sur leur passage, le leur montrant du doigt en poussant des cris d'enthousiasme, ils le portèrent par la ville ; et rougissant de la couleur républicaine les rues dont ils avaient rougi le pavé d'une teinte plus sombre, ils arrivèrent à la maison du docteur, et entrèrent dans la cour où ils déposèrent Charles Darnay.

Lucie, préparée au spectacle qu'elle allait avoir par M. Manette qui avait couru l'en avertir, était descendue, lorsque Charles mit pied à terre et tomba sans connaissance dans les bras de son mari.

Pendant qu'il la pressait sur son cœur, ayant eu soin de se placer entre elle et ceux qui l'escortaient, pour la dérober aux regards de la foule, quelques individus se mirent à danser ; tous les autres suivirent immédiatement leur exemple, et la Carmagnole tournoya dans la cour. Puis ils portèrent sur la chaise triomphale une jeune fille qui figura la déesse de la liberté, et débordant de la cour dans les rues voisines, sur le quai et sur le pont, la Carmagnole, dont les flots grossissaient à chaque minute, s'éloigna en tourbillonnant.

Après avoir serré la main à son beau-père qui le regardait avec orgueil ; celle de M. Lorry qui arrivait tout essoufflé par la lutte qu'il avait soutenue contre les danseurs ; après avoir embrassé la petite Lucie qu'on élevait pour qu'elle pût lui passer les bras autour du cou, et le fidèle Pross qui tenait l'enfant, il prit sa femme dans ses bras :

« Lucie ! ma bien aimée ! je suis sauvé, je suis à toi !

— Charles, mon adoré, laisse-moi remercier Dieu, comme je le priais encore hier. »

Tous inclinèrent leur fronts et leurs cœurs.

« Et maintenant, mon bon ange, parle à ton père, dis-lui tout ce que j'éprouve ; nul autre au monde n'aurait pu faire ce qu'il a fait pour moi. »

Elle posa sa tête sur la poitrine de M. Manette, comme elle avait autrefois appuyé sur son cœur la pauvre tête du cordon-

nier. Il était heureux d'avoir pu la payer de retour ; il avait enfin la récompense de tous ses maux, il était fier, il était fort.
« Pas de faiblesse, mignonne, dit-il d'un ton de reproche, et néanmoins plein de douceur. Pourquoi trembler, enfant? je l'ai sauvé ; il n'a plus rien à craindre. »

CHAPITRE VII.

On frappe à la porte.

Sauvé ! disait son père. Ce n'était pas l'un de ces rêves qu'elle avait faits si souvent depuis quinze mois. Charles était là ; et cependant elle tremblait ; une vague inquiétude s'emparait de son âme, elle avait peur.

Le ciel était si couvert, la multitude si inconstante, si altérée de vengeance ! tant d'innocents mouraient chaque jour ! tant de malheureux non moins irréprochables que son mari, non moins chers à ceux qui les pleuraient, qu'elle ne pouvait pas se rassurer. L'ombre commençait à descendre, et l'on entendait toujours le roulement de ces affreuses charrettes. Elle les suivait en imagination, cherchait son mari au milieu des condamnés, et se pressant contre Charles pour s'assurer de sa présence, elle tremblait de plus en plus ; sa terreur croissait à chaque minute.

Son père cherchait à l'encourager, et regardait cette faiblesse féminine avec un air de supériorité compatissante, vraiment curieuse à voir. Plus de traces du galetas Saint-Antoine, plus de souvenir des travaux du cordonnier, plus rien du n° 105, plus rien de la tour du Nord. Il avait accompli sa tâche, réalisé sa promesse ; il avait sauvé Charles : toute la famille pouvait s'appuyer sur lui.

Leur manière de vivre était fort simple ; non-seulement parce que c'était un moyen de sécurité, en ce sens qu'un pareil genre de vie n'insultait pas à la pauvreté du peuple ; mais encore parce qu'ils n'étaient pas riches. Il fallait payer très-cher les mauvais aliments que Charles recevait en prison ; très-cher les personnes de la geôle, et contribuer à la nourriture des captifs qui n'avaient absolument rien. D'où il résultait que par une économie forcée, autant que pour éviter tout espionnage, ils n'avaient pas d'autre serviteur que Jerry, dont le gentleman leur avait presque fait l'abandon.

Un arrêté de la commune ordonnait que sur la porte de chaque maison, le nom de toutes les personnes qui s'y trouvaient logées fût inscrit en caractères lisibles, et à une hauteur convenable au-dessus du pavé de la rue. En conséquence le nom de Jerry Cruncher décorait la maison du docteur; et tandis que les ombres du soir descendaient sur la ville, Cruncher surveillait un peintre que M. Manette avait fait venir pour ajouter à la liste qui était sur sa porte, le citoyen Évremont, dit Charles Darnay.

La crainte, la défiance qui régnaient alors avaient modifié les habitudes les plus innocentes de la vie; chez le docteur, ainsi que dans bien d'autres ménages, on faisait les provisions chaque soir, et on les achetait en détail dans de petits magasins, que l'on variait le plus possible, afin de ne pas éveiller l'attention, et de n'exciter l'envie de personne.

Depuis quinze mois, miss Pross et M. Cruncher remplissaient l'office de pourvoyeurs, l'une avait l'argent, l'autre portait le panier. Chaque soir, au moment où l'on allumait les reverbères, ils sortaient tous les deux, et allaient faire leurs emplettes. Après un séjour de quinze ans chez le docteur, miss Pross aurait pu savoir le français, tout aussi bien que sa propre langue; mais elle avait mis à cet égard tant de mauvaise volonté, que ce baragouin absurde (ainsi qu'elle nommait la langue française) lui était aussi étranger qu'à M. Cruncher lui-même. Tous ses rapports avec les marchands à qui elle avait affaire se bornaient donc à leur jeter à la tête un substantif hasardeux; et, lorsque celui-ci ne désignait pas la chose qu'elle désirait, à saisir l'objet en question, et à le garder jusqu'à ce que le marché fût conclu, ne manquant jamais de lever un doigt de moins que le négociant, quel que fût le nombre de ceux qu'il eût montrés d'abord, et qui figuraient les sous, les liards ou les livres dont se composait le prix de l'article.

« Maintenant, monsieur Cruncher, dit la gouvernante dont les yeux étaient rougis par des larmes de joie, vous êtes prêt, nous pouvons partir. »

Jerry, de sa voix rauque, se déclara tout au service de miss Pross. Depuis longtemps la rouille qui lui couvrait les doigts avait disparu, mais rien n'avait assoupli ses cheveux roides et dressés.

« Dépêchons-nous, dit miss Pross, nous avons besoin d'une foule de choses; il nous faut d'abord du vin; les bonnets rouges vont boire à notre santé dans la boutique où nous l'achèterons !

— Pour ce que vous en comprendrez, miss, il est bien indifférent qu'ils boivent à votre santé ou à celle du vieux, retourna Jerry.

— De quel vieux parlez-vous, monsieur Cruncher ? »

Celui-ci expliqua timidement qu'il s'agissait du diable.

« Ah ! dit la gouvernante, il n'y a pas besoin d'interprète pour savoir ce que signifient ces monstres rouges ; ils n'ont qu'un sens, meurtre et malheur.

— Chut ! ma bonne Pross, s'écria Lucie.

— Oui, oui, soyez tranquille, rétorqua la vieille miss ; je serai prudente ; mais entre nous je puis bien dire que j'ai horreur des baisers à l'oignon et au tabac, et que j'espère n'en pas trouver sur ma route. Quant à vous, ma fauvette, ne quittez pas le coin du feu ; soignez votre cher mari, et n'ôtez pas votre jolie tête de son épaule, comme vous le faites à présent. Docteur, puis-je vous faire une question ?

— Vous pouvez prendre cette liberté, miss, répondit M. Manette en souriant.

— Ne parlez pas de liberté, pour l'amour du ciel, nous en avons assez comme cela, dit la gouvernante.

— Chut ! répéta Lucie ; tu es donc incorrigible ?

— Ma mignonne, reprit la vieille fille en hochant la tête, je suis sujette de Sa Majesté très-gracieuse, le roi d'Angleterre Georges III (miss Pross fit la révérence en nommant son souverain), et comme telle, je demande au Seigneur, et j'en fais profession, de confondre leur politique infernale, et de déjouer leurs projets sataniques ; je me repose avec confiance sur le monarque puissant qui nous protége, et que Dieu sauve le roi. »

M. Cruncher, dans un accès de fidélité monarchique, grommela de sa voix rauque les dernières paroles de miss Pross, comme s'il eût répondu à l'église.

« Je suis bien aise de voir que vous êtes un bon Anglais, dit Pross d'un air approbateur ; seulement je regrette que le rhume vous ait gâté la voix. Mais je reviens à ma question, l'excellente créature était dans l'usage d'afficher une profonde indifférence pour tout ce qui l'intéressait vivement, et d'aborder le sujet de ses inquiétudes, comme par hasard, au milieu d'une foule de digressions qui prouvaient combien la chose était peu importante. Je voudrais savoir, docteur, si nous avons la perspective de quitter bientôt cette affreuse ville ?

— J'ai peur que non, miss Pross; notre départ précipité pourrait être dangereux pour Charles.

— Bien, bien! dit joyeusement la vieille fille, qui réprima un soupir en jetant un coup d'œil aux cheveux dorés de son élève; nous prendrons patience, voilà tout; nous porterons la tête haute, et nous terrasserons l'ennemi, comme disait mon frère Salomon, maintenant M. Cruncher. — Ne bougez pas, ma fauvette. »

Ils sortirent, laissant Lucie, Charles, le docteur et l'enfant près d'un bon feu, et attendant M. Lorry d'un moment à l'autre. Avant de partir, miss Pross avait allumé la lampe, mais elle l'avait placée dans un coin pour que la famille pût jouir de la clarté de la flamme et de ses effets changeants. La petite Lucie était à côté de son grand-père, dont elle tenait le bras entre les siens; et le docteur, parlant à voix basse, lui commença l'histoire d'une fée puissante qui avait fait tomber les murailles d'une prison afin de délivrer un captif, qui autrefois lui avait rendu service.

Le calme régnait non-seulement dans le petit salon du docteur, mais dans tout le voisinage, et Lucie commençait à se rassurer.

« Qu'est-ce que c'est? demanda-t-elle tout à coup.

— Chère enfant, dit le docteur, qui interrompit son histoire et posa sa main sur celle de la jeune femme, ne te laisse pas aller ainsi à toutes les impressions. Je ne t'ai jamais vue si nerveuse; la moindre chose, un rien te fait tressaillir : toi, ma fille, te troubler sans motif?

— J'ai cru entendre des pas dans l'escalier, dit-elle en s'excusant d'une voix tremblante.

— Non, cher ange; la maison n'a jamais été plus calme. »

Comme il disait ces mots, on frappa vivement à la porte.

« Oh! père, cachons-le! Tu le sauveras, n'est-ce pas?

— Ne crains rien, ma fille, dit le docteur en se levant; je le sauverais encore; mais qui peut le menacer? laisse-moi aller ouvrir. »

Il prit la lampe, traversa les deux pièces qui précédaient le salon, et ouvrit la porte du carré. Des pas retentirent lourdement dans l'antichambre, et quatre hommes armés de sabres et de pistolets entrèrent dans la pièce où étaient Charles et sa femme.

« Le citoyen Évremont? dit l'un d'eux.

— Que lui voulez-vous? demanda Charles.

— Nous le cherchons, répondit le patriote; mais c'est toi, je te reconnais, j'étais ce matin au tribunal. Tu es prisonnier de la République. »

Les quatre hommes entourèrent Charles, auquel s'attachaient Lucie et la petite fille.

« En vertu de quel acte, et pour quel crime, suis-je arrêté de nouveau?

— Tu le sauras demain; puisque c'est demain qu'on te juge; mais commence par venir à la Conciergerie. »

Le docteur qui, pétrifié par cette visite, ressemblait à une statue, s'avança en entendant ces paroles, posa sa lampe sur la table, regarda le patriote, et le prenant avec douceur par le devant de sa chemise de laine rouge :

« Vous le connaissez, dit-il; mais moi, me connaissez-vous?

— Parfaitement, citoyen.

— Nous te connaissons tous, citoyen, » dirent les trois autres.

M. Manette promena sur eux un regard distrait et dit à voix basse, après un instant de silence :

« Pourquoi l'arrêtez-vous?

— Citoyen docteur, répondit le premier patriote avec une répugnance évidente, il a été dénoncé à la section Saint-Antoine; puis se tournant vers l'un de ses collègues, ce citoyen pourra vous le dire, lui qui est du quartier. »

Le citoyen qu'il indiquait fit un signe affirmatif.

« De quoi est-il accusé? poursuivit le docteur.

— Ne le demandez pas, citoyen, répondit l'autre. Si la République exige de vous un sacrifice, vous êtes assez bon patriote pour le faire sans hésiter, nous le savons; la République avant tout; le peuple est souverain, nul ne l'ignore. Évremont, nous sommes pressés.

— Un mot seulement, reprit le docteur d'une voix suppliante; qui le dénonce?

— C'est contre la règle, mais demande-le au patriote du quartier. »

M. Manette regarda l'homme de Saint-Antoine, qui se frotta le dessus du pied droit avec le pied gauche, se tira la barbe et répondit enfin :

« Vrai, c'est contre la règle; mais je vous le dirai tout de même, il est dénoncé.... » Il s'arrêta, et reprit d'un ton plus grave : « par le citoyen, la citoyenne Defarge.... puis encore et par un autre.

— Qui cela?

— Vous le demandez, citoyen?

— Oui.

— Eh bien! dit l'homme de Saint-Antoine avec un regard

étrange; vous le saurez demain; quant à présent je suis muet. »

CHAPITRE VIII.
Partie de cartes.

Sans se douter du nouveau malheur qui venait de frapper ceux qu'elle aimait, miss Pross longea les rues étroites qui conduisaient à la Seine, et traversa le Pont-Neuf, en se remémorant les achats indispensables qu'elle avait à faire. Jerry marchait à côté d'elle, son panier à la main; tous les deux regardaient à droite et à gauche dans les boutiques, et avisant d'un coup d'œil les individus arrêtés çà et là, se détournaient pour éviter les groupes où on parlait avec animation. Le froid était rude; et sur la rivière embrumée, des clartés fulgurantes, des bruits retentissants indiquaient la station des bateaux où l'on fabriquait des fusils pour les armées de la République. Malheur à quiconque essayait de trahir ces armées, ou dont le mérite ne répondait pas au grade qu'il y occupait; mieux aurait valu, pour lui, mourir avant l'âge de la barbe, car la guillotine l'avait bientôt rasé.

Après avoir fait diverses emplettes chez l'épicier, miss Pross se rappela qu'il lui fallait du vin; elle continua sa route, et plongeant un regard dans tous les cabarets, elle s'arrêta à l'enseigne de Brutus, le bon républicain, situé à deux pas du palais National (redevenu les Tuileries, comme on l'appelait avant). Une tranquillité relative régnait dans ce cabaret; et bien qu'on y aperçût le bonnet patriotique, l'intérieur en était moins rouge que celui des autres buvettes que la gouvernante avait trouvées sur son passage. Ayant sondé Jerry, qui se trouva de son opinion, miss Pross, suivie de son chevalier, entra donc à l'enseigne de Brutus, le bon républicain.

Sans faire attention aux quinquets fumeux, aux gens qui, la pipe à la bouche et le bonnet sur la tête, jouaient avec des cartes sales ou des dominos jaunes, à l'ouvrier qui, les bras nus, la poitrine découverte, la figure noircie, lisait tout haut le journal, sans regarder ceux qui l'écoutaient, ni les armes que portaient les buveurs, ou qui s'appuyaient aux murailles; sans voir les deux ou trois hommes qui, étendus sur le carreau, et vêtus de la veste noire et à longs poils, qui était alors en faveur, ressemblaient à de gros barbets endormis, nos deux chalands d'outre-Manche s'approchèrent du comptoir et indiquèrent ce dont ils avaient besoin.

Tandis qu'on emplissait leurs bouteilles, un homme assis devant une table, à l'autre bout de la salle, dit adieu au camarade avec lequel il avait bu, et se dirigea vers la porte; pour sortir, il lui fallait passer près du comptoir, et lorsqu'il y fut arrivé, miss Pross joignit les mains et jeta un cri perçant.

Tous ceux qui étaient là furent debout à l'instant même: quelqu'un, supposait-on, venait d'être assassiné; mais au lieu d'une victime étendue sur le carreau, on vit un homme et une femme qui, debout vis-à-vis l'un de l'autre, se regardaient avec surprise. L'homme avait l'extérieur d'un excellent patriote; quant à la femme, on ne pouvait s'y méprendre: c'était bien une Anglaise.

Les paroles véhémentes que le désappointement inspira aux disciples de Brutus, auraient été de l'hébreu pour miss Pross et pour son cavalier, alors même qu'ils y auraient prêté l'oreille; mais ils n'entendaient et ne voyaient rien ni l'un ni l'autre; car la stupéfaction de M. Cruncher n'était pas moins complète que celle de la gouvernante.

« Qu'avez-vous? dit en anglais et à voix basse l'homme qui causait leur étonnement.

— Cher Salomon! s'écria miss Pross en joignant les deux mains, après être restée si longtemps sans avoir de tes nouvelles, et c'est ici que je te retrouve!

— Voulez-vous donc ma mort? dit l'homme avec terreur.

— Frère! reprit la vieille fille en fondant en larmes, ai-je mérité que tu me fasses une pareille question?

— Retenez au moins votre langue; si vous avez quelque chose à me dire, sortons; vous me parlerez dehors. Quel est cet homme? »

Miss Pross, hochant la tête et regardant son frère avec amour, répondit que c'était M. Cruncher.

« Qu'il sorte avec nous, dit Salomon; comme il me regarde! est-ce qu'il me prend pour un revenant? »

La chose était possible; toujours Jerry n'en dit rien; et la gouvernante explorant les profondeurs de son sac, finit par rencontrer sa bourse et paya le vin qu'on remettait à M. Cruncher. Salomon, pendant ce temps-là, donnait à l'assemblée quelques mots d'explication qui parurent la satisfaire. Chacun se remit à sa place, et reprit le jeu qui l'occupait auparavant.

« Maintenant que me voulez-vous? demanda Salomon en s'arrêtant au coin de la rue.

— Qu'il est dur, s'écria miss Pross, de recevoir un pareil accueil d'un frère que j'ai toujours tant aimé!

— Que diable!... répliqua Salomon en appuyant ses lèvres sur la figure de sa sœur. Là! êtes-vous contente? »

Miss Pross secoua la tête et continua de pleurer tout bas.

« Si vous croyez m'avoir surpris tout à l'heure, vous vous trompez, dit le frère; je savais que vous étiez à Paris; je connais presque tous les habitants de cette ville; et si vous n'avez pas l'intention de causer ma mort, comme je serais tenté de le croire, passez votre chemin, faites vos affaires, et laissez-moi m'occuper des miennes; je n'ai pas de temps à perdre; je suis fonctionnaire public.

— Mon propre frère! gémit la vieille fille en levant au ciel des yeux pleins de larmes; Salomon, qui pouvait rendre les services les plus éminents à son pays natal, prendre des fonctions chez un peuple étranger; et quel peuple encore! J'aimerais presque autant le voir couché dans la....

— Je le disais bien, interrompit Salomon; elle veut ma mort! elle va me rendre suspect, au moment où je commençais à faire mon chemin.

— Le ciel m'en préserve! s'écria miss Pross. Je préférerais ne plus te revoir de ma vie, cher Salomon, et Dieu sait combien j'en souffrirais! Dis-moi seulement une parole affectueuse; dis que tu n'es pas fâché, que tu n'as rien contre moi, et je pars de suite. »

Excellente fille! comme si elle avait mérité la froideur de son frère! comme si on n'avait pas su qu'un jour, il y avait de cela quelques années, ce précieux garnement avait quitté sa sœur après lui avoir dépensé tout l'argent qu'elle avait!

Néanmoins, il octroya le mot affectueux que sollicitait la vieille fille, et il achevait de le dire, avec l'air de protection et de condescendance qu'il aurait pris si les rôles avaient été changés (ce qui arrive toujours ici-bas), lorsque M. Cruncher, le touchant à l'épaule, lui adressa d'un ton rauque cette question imprévue:

« Puis-je vous demander si on vous appelle John Salomon ou bien Salomon John? »

Le fonctionnaire se retourna vivement et regarda l'Anglais avec défiance.

« Allons, reprit l'interlocuteur, un peu de franchise. Elle vous appelle Salomon, et le fait à bon escient, puisque vous êtes son frère; moi je vous connais sous le nom de John; lequel des deux précède l'autre? Quant à celui de Pross, vous ne le portiez même pas à Londres.

— Je ne vous comprends pas ; que voulez-vous dire ?

— Vous me comprenez à merveille ; et vous l'avoueriez immédiatement si je pouvais me souvenir du nom que vous aviez en Angleterre.

— Ah ! bah ! dit John en ricanant.

— C'était un nom de deux syllabes.

— Vous croyez !

— Oui ; celui de votre camarade n'en avait qu'une. Je vous connais : vous serviez d'espion et de faux témoin à la cour d'assises. Au nom de l'esprit de mensonge, votre père, comment diable vous appelait-on alors ?

— Barsad, dit un quatrième individu.

— Positivement ! s'écria Jerry ; c'est bien le nom que je cherchais. »

C'était M. Cartone qui l'avait prononcé. Les mains sous la redingote et croisées derrière le dos, il se tenait à côté de Jerry, avec autant de nonchalance qu'il en avait à Old-Bailey.

« Ne vous effrayez pas, miss Pross ; je suis arrivé hier au soir, à la grande surprise de M. Lorry ; et nous avons arrêté ensemble que je ne me présenterais nulle part, à moins que cela ne soit indispensable. Si donc je me suis approché de vous, c'est parce que j'ai besoin de causer avec votre frère. Je regrette, miss Pross, qu'il n'ait d'autre emploi que celui de *mouton* à l'égard des captifs. »

On désignait ainsi, et le terme en est resté, les individus qui, à cette époque, étaient chargés de l'espionnage des prisons. John Barsad devint livide et demanda comment on osait....

« Le hasard m'a fait tomber sur vous, il y a une heure, lui dit Cartone, au moment où vous sortiez de la Conciergerie, dont je regardais les murailles. J'ai la mémoire des figures, et vous en avez une qu'il est facile de reconnaître. Curieux d'apprendre quels étaient vos rapports avec la geôle française, je vous ai suivi dans ce cabaret ; en m'asseyant derrière vous, j'ai pu induire de vos paroles et des louanges qui vous étaient données, quelle est la nature de vos fonctions. Cette découverte a fait peu à peu, d'une idée que j'avais conçue vaguement, un projet bien arrêté, monsieur Barsad.

— Lequel ? demanda l'espion.

— Il serait dangereux de vous l'expliquer ici ; me feriez-vous la grâce de m'accompagner dans un endroit plus sûr, à la banque Tellsone, par exemple?

— Sous menace de?...

— Qui vous parle de menace?

— Pourquoi irais-je, si rien ne m'y force?

— Je ne sais pas trop si vous pourriez vous en dispenser.

— Vous en savez plus que vous n'en voulez dire, retourna l'espion d'un air inquiet.

— Vous avez l'esprit pénétrant, monsieur Barsad : je sais en effet beaucoup de choses. »

L'indolence de Cartone le servit puissamment dans cette occasion, eu égard au dessein qu'il nourrissait, et à l'homme auquel il avait affaire ; il s'en aperçut et ne manqua pas d'en profiter.

« Je savais bien, dit l'espion en regardant sa sœur, que vous me mettriez dans l'embarras ; si l'affaire tourne mal, je ne m'en prendrai qu'à vous.

— Monsieur Barsad, reprit Cartone, ne soyez pas ingrat ; sans le respect que j'ai pour miss Pross, je vous aurais mené plus rondement, et vous sauriez déjà la proposition que j'ai à vous faire. Venez-vous à la Banque?

— Oui ; je veux savoir ce que vous avez à me dire.

— Reconduisons d'abord votre sœur au coin de la rue qu'elle habite ! Miss Pross, acceptez mon bras : par le temps qui court il pourrait être dangereux de vous laisser partir seule ; car M. Cruncher, connaissant M. Barsad, il est important que je l'emmène avec moi. »

Miss Pross se rappela jusqu'à la fin de sa vie qu'au moment où elle croisa les mains sur le bras qui lui était offert, et où elle regarda M. Cartone en l'implorant pour l'indigne Salomon, elle vit dans les yeux, dont elle cherchait le regard, une fermeté, un enthousiasme qui démentaient l'insouciance habituelle de l'avocat, et le transformaient complètement ; mais elle était alors trop occupée de son frère pour s'arrêter à cette observation.

Arrivés au coin de la rue du docteur, les trois individus qui accompagnaient miss Pross la quittèrent, et se rendirent à la maison Tellsone, qui se trouvait à peu de distance.

M. Lorry venait de sortir de table et regardait le feu clair et vif qui pétillait dans l'âtre ; peut-être y cherchait-il le portrait de cet agent de Tellsone, qui jadis avait posé devant le brasier de l'hôtel du Royal Georges. Il tourna la tête lorsqu'on ouvrit la porte, et manifesta quelque surprise en voyant un étranger.

« Le frère de miss Pross, John Barsad, dit Cartone.

— Barsad! répéta le vieux gentleman, Barsad! J'ai un vague souvenir d'avoir entendu ce nom-là, et les traits de monsieur ne me sont pas inconnus.

— Je vous disais bien que vous aviez une figure qu'on n'oublie pas, reprit froidement Cartone; asseyez-vous, John Barsad. »

Et prenant lui-même une chaise, il ajouta d'un air sévère :
« A figuré comme témoin dans le procès de haute trahison. »

M. Lorry se le rappela immédiatement, et regarda le faux témoin avec une répugnance non déguisée.

« Miss Pross a retrouvé dans M. Barsad le frère dont vous lui avez entendu parler avec tant d'affection, et lui-même a reconnu cette parenté, dit Cartone; mais passons à de plus tristes nouvelles : Darnay est arrêté de nouveau.

— Que me dites-vous là! s'écria le gentleman frappé de consternation. Je l'ai quitté il n'y a pas deux heures; il était parfaitement libre, exempt de toute inquiétude, et j'allais partir pour me rendre chez lui.

— Il n'en est pas moins arrêté. Quand l'arrestation a-t-elle eu lieu, monsieur Barsad?

— A l'instant même.

— John Barsad est à cet égard une excellente autorité, dit Sydney; c'est par lui que j'ai su le fait; il le communiquait à l'un de ses confrères avec lequel il buvait bouteille. « J'ai laissé, « disait-il, les quatre hommes qui sont chargés de l'arrêter à « la porte même de la maison qu'il habite, et j'ai vu la porte « s'ouvrir. » Il n'y a donc pas à révoquer la chose en doute. »

L'œil pratique de M. Lorry vit dans la figure de Sydney qu'il était inutile d'insister sur ce point, et que l'arrestation était incontestable. Bouleversé par ce qu'il apprenait, mais sentant qu'il avait besoin de tout son sang-froid, l'excellent vieillard domina son émotion, et prêta une oreille attentive aux paroles de Sydney.

« J'espère, reprit celui-ci, que le nom et l'influence du docteur produiront demain — n'avez-vous pas dit que c'était demain que l'affaire serait appelée, monsieur Barsad?

— Je le suppose.

— J'espère que l'influence de M. Manette produira demain le même effet qu'aujourd'hui; mais le contraire est possible. J'avoue même que je suis tourmenté de voir que le docteur n'a pas pu prévoir l'arrestation.

— Il est probable qu'il n'en savait rien, dit M. Lorry; sans cela....

— Son ignorance est précisément ce qui m'alarme ; je ne comprends pas qu'on ait agi à son insu dans une affaire qui lui est toute personnelle.

— C'est vrai, dit le gentleman qui porta une main tremblante à son menton, et ses yeux troublés sur la figure de M. Carton.

— Bref, nous sommes dans un temps où l'on ne peut sauver son enjeu que par des coups désespérés, dit Sydney. Laissons au docteur les cartes gagnantes, je me réserve la partie perdue. La vie est tellement incertaine qu'elle n'a plus aucune valeur ce soir vous êtes porté en triomphe, demain vous êtes condamné ; vous auriez perdu votre argent si vous vous étiez racheté la veille. Mon enjeu est l'existence d'un ami, et John Barsad est l'adversaire que je me propose de gagner.

— Il vous faudra beaucoup d'atouts, monsieur, répliqua l'espion.

— J'abats, et joue cartes sur table ; vous pouvez voir ce que j'ai en main. Monsieur Lorry, vous savez que je suis une brute : il me faudrait une liqueur forte. »

On lui apporta de l'eau-de-vie, il en but un verre, puis un second, et repoussa la bouteille d'un air pensif.

« Monsieur Barsad, reprit-il comme s'il avait eu vraiment des cartes à la main, mouton parmi les détenus, émissaire des comités de la République, tantôt porte-clefs, tantôt captif, toujours délateur, d'autant plus estimé, comme espion, qu'un Anglais a moins de chances d'être séduit par quiconque y aurait intérêt ; mais a caché son véritable nom à ceux qui l'occupent : ceci est une bonne carte. M. Barsad, maintenant au service de la République française, était autrefois l'âme damnée du gouvernement aristocratique de l'Angleterre, ennemi de la France et de la liberté : ceci est une carte excellente ; d'où il est facile de prouver, clair comme le jour, aux gardiens vigilants du salut de la nation, que le dit John Barsad, toujours payé par le gouvernement anglais, est un espion de Pitt, traître à la République française, et l'agent de tous les maux dont on parle sans en connaître la cause : c'est un atout qui à lui seul vaut tous les autres. Avez-vous bien suivi mon jeu, monsieur Barsad ?

— Où voulez-vous en venir ? demanda l'espion avec inquiétude.

— Vous allez voir, reprit Sydney. Je joue mon as : dénonciation de John Barsad au comité le plus voisin. Que mettez-vous sur ma carte ? Examinez votre jeu, monsieur Barsad. »

Il se versa un troisième verre d'eau-de-vie, qu'il avala d'un trait. L'espion eut peur que, s'étant grisé, il ne se rendît immédiatement à la section voisine. Carton s'en aperçut, et se versant un autre verre, dit après l'avoir vidé :

« Regardez vos cartes, monsieur Barsad ; et surtout ne vous pressez pas. »

C'était un pauvre jeu, plus pauvre que ne le soupçonnait Carton ; Barsad y voyait de fausses cartes dont son adversaire n'avait pas connaissance. Destitué des honorables fonctions qu'il occupait à Londres, pour avoir eu trop d'échecs en matière de faux témoignage (les motifs que la Grande-Bretagne a de proclamer la supériorité de ses espions sont de fraîche date), il avait passé le détroit, et pris du service en France. Employé d'abord auprès de ses compatriotes, il était devenu graduellement espion et agent provocateur auprès des indigènes. Il se rappelait que le gouvernement déchu l'avait attaché au faubourg Saint-Antoine, et l'avait envoyé chez les Defarge ; que la police lui avait fourni des renseignements sur le docteur Manette, afin qu'il pût gagner la confiance du marchand de vin et de sa femme ; qu'il avait essayé de faire parler Mme Defarge, et avait échoué dans son entreprise. Il avait toujours tremblé en se rappelant que cette femme implacable n'avait pas cessé de tricoter en sa présence, et l'avait regardé d'un air sinistre. Depuis lors il l'avait vue mainte et mainte fois déployer son tricot à la section Saint-Antoine, et lire dans ses mailles l'accusation d'individus voués à la guillotine. Il savait, comme tous ses pareils, que la fuite lui était impossible, qu'il était lié à l'échafaud, et qu'en dépit de son dévouement au nouveau régime, il suffirait d'une parole pour faire tomber sa tête. Une fois dénoncé, il voyait Mme Defarge, dont le caractère lui était si connu, déplier son fatal registre, et lui porter le dernier coup. Tous les espions sont facilement terrifiés ; mais il faut convenir qu'il y avait dans les cartes de Barsad une séquence assez noire pour motiver l'effroi de celui qui l'avait en main.

« Vous ne paraissez pas content de votre jeu, reprit Sydney avec le plus grand calme.

— Gentleman, dit l'espion en se tournant vers M. Lorry d'un air vil et rampant, je fais appel à votre âge, à votre esprit généreux, pour vous supplier de demander à ce jeune homme, qui vous écoutera, j'en suis sûr, s'il croit pouvoir jouer l'as dont il parlait tout à l'heure. Je suis un espion, je l'avoue, et je conviens que c'est un emploi peu honorable — il faut cependant qu'il soit tenu par quelqu'un — mais ce gentleman a trop d'honneur pour faire un pareil métier.

— John Barsad, dit Cartone, qui se chargea de la réponse et qui tira sa montre, je joue mon as dans cinq minutes, et je le fais sans scrupule.

— J'aurais espéré, messieurs, reprit Barsad en s'efforçant d'entraîner le vieux gentleman dans la discussion, que par égard pour ma sœur....

— Je ne peux pas mieux lui prouver l'intérêt qu'elle m'inspire, que de la délivrer de son frère, interrompit Sydney.

— Vous ne le pensez pas, monsieur?

— J'y suis bien décidé. »

L'espion, dont l'humble douceur contrastait vivement avec le costume qu'il portait, et sans doute avec ses manières habituelles, fut tellement déconcerté par le sérieux de son adversaire, qu'il balbutia deux ou trois mots inintelligibles et n'acheva pas sa phrase.

« Je retrouve une carte à laquelle je ne pensais pas, dit Sydney après un instant de silence : ce mouton, qui se vantait de pâturer en province et qui buvait avec vous, qui était-ce?

— Un Français; vous ne le connaissez pas, dit vivement Barsad.

— Un Français? répéta Cartone d'un air rêveur.

— Je l'affirme; toutefois cela n'a pas d'importance.

— Probablement, continua Sydney d'un ton machinal; cependant je connais cette figure-là.

— Je ne crois pas; je suis même sûr du contraire, cela ne peut pas être, se hâta de dire l'espion.

— Cela ne peut pas être? murmura Cartone en remplissant son verre; cela ne peut pas être.... Il parle bien français; mais de l'accent.

— C'est un provincial.

— Un étranger, s'écria Cartone en frappant sur la table; c'est Cly; je me le rappelle, il était avec vous à Old-Bailey.

— Vous avez parlé trop vite, monsieur, dit Barsad avec un sourire qui augmenta l'obliquité de son nez aquilin, vous venez de commettre une erreur, tout à mon bénéfice. Roger Cly, mon ancien camarade, est mort depuis douze ou quinze ans, et fut enterré à Londres, dans le cimetière de Saint-Pancrace des Champs. J'ai reçu son dernier soupir, et je l'aurais conduit à sa dernière demeure, sans l'espèce d'émeute que fit la populace à propos de ses funérailles; mais je l'ai moi-même déposé dans le cercueil. »

De l'endroit où il se trouvait, M. Lorry aperçut une ombre fantastique se dessiner sur le mur; il chercha qu'elle pouvait en être la cause, et découvrit qu'elle provenait du hérissement instantané des cheveux de M. Cruncher.

« Permettez-moi de vous donner la preuve de ce que j'avance, poursuivit l'espion. Je puis vous démontrer l'erreur où vous êtes, en vous mettant sous les yeux un certificat de l'enterrement de Roger Cly, pièce qui, par hasard, est dans mon portefeuille; la voilà précisément; veuillez y jeter les yeux, elle est en règle, et dûment légalisée. »

Le gentleman vit grandir l'ombre qui était sur la muraille, et apparaître M. Cruncher, qui s'approcha, sans toutefois être aperçu de Barsad; puis frappant tout à coup sur l'épaule de l'espion :

« C'est vous, mon maître, lui dit-il d'un air sombre, qui avez déposé Roger Cly dans le cercueil?

— Oui, c'est moi.

— Qui donc l'en a retiré?

— Que voulez-vous dire? bégaya Barsad en se renversant sur sa chaise.

— Qu'il n'a jamais été dans la fosse, répondit Cruncher de plus en plus lugubre. Je veux être pendu si je mens. »

L'espion regarda les deux gentlemen, qui tous deux regardaient Jerry avec une surprise croissante.

« Ce sont des pavés et de la terre que vous avez mis dans le cercueil; ne me soutenez pas que c'était le cadavre de Cly; ça n'est pas vrai.

— Comment le savez-vous?

— Peu vous importe, grommela M. Cruncher. Il y a longtemps que je vous en veux pour cela. Ah! c'est vous qui trompez d'honnêtes commerçants! je vous étranglerais avec plaisir pour une demi-guinée. »

Sydney Cartone et le gentleman, fort étonnés de l'incident, prièrent M. Cruncher de s'expliquer.

« Une autre fois, répliqua Jarry d'un ton évasif; l'époque où nous sommes ne convient pas aux explications. Je dis tout simplement que Roger Cly n'était pas dans le cercueil où cet homme prétend l'avoir déposé. Qu'il ose dire le contraire, ne fût-ce que par un signe, et je l'étrangle pour une demi-guinée. » Jerry croyait assurément faire une offre généreuse.

« Cela prouve une chose, reprit Sydney; c'est que ma carte est bonne, monsieur Barsad, il vous est impossible, au milieu de cette rage soupçonneuse qui remplit l'atmosphère, de survivre à ma dénonciation, lorsque je démontrerai que vous êtes ici en rapport avec un autre agent de Pitt, votre ancien camarade qui, pour mieux tromper son monde, a feint de mourir et de se faire enterrer. Accusation de complot contre la République : c'est une excellente carte, une carte de guillotine. Jouez-vous, maître Barsad ?

— Non ! j'abandonne la partie ; notre métier est si mal vu de la populace, que j'ai failli être noyé par la canaille, au moment où je quittais l'Angleterre ; et ce pauvre Cly n'aurait jamais pu partir, sans l'idée qu'il a eue de commander ses funérailles. Mais que cet homme ait pu reconnaître sa fraude, c'est pour moi une énigme que je ne saurais comprendre.

— Ne vous en donnez pas la peine, répliqua Jerry ; vous avez bien assez de vos affaires. Seulement pensez-y bien. »

Jerry ne put s'empêcher de donner une nouvelle preuve de sa libéralité, en offrant de nouveau de lui serrer la gorge pour cinq shillings.

L'espion se retourna et s'adressant à M. Cartone :

« Je n'ai pas de temps à perdre, dit-il d'un air plus résolu ; je suis de service, et il faut que je m'en aille. Si vous avez quelque chose à me proposer, parlez vite ! Ne me demandez rien qui se rapporte à mes fonctions ; ce serait mettre ma tête en péril, et j'aimerais mieux vous refuser net que de chercher à tromper la commune ; il y aurait encore moins de danger pour moi. Vous parlez de coup de désespoir ; mais nous jouons tous un jeu désespéré. Songez-y, je peux moi-même vous dénoncer, jurer tout ce qu'on voudra, et vous perdre immédiatement. Qu'avez-vous à me demandez ?

— Peu de chose ? vous êtes porte-clefs à la Conciergerie ?

— Je vous ai dit, une fois pour toutes, qu'une évasion est impossible, dit Barsad avec fermeté.

— Qui vous parle d'évasion ! Êtes-vous porte-clefs à la Conciergerie ?

— Cela m'arrive quelquefois.

— Vous pouvez l'être quand vous voulez ?

— J'ai mes entrées dans la prison. »

Sydney remplit son verre, et le vida lentement sur le foyer. Lorsqu'il en eut versé la dernière goutte, il se leva et dit à Barsad :

« Je vous ai fait venir ici, parce qu'il était important que j'eusse des témoins de la valeur de mes cartes. Passons maintenant dans la chambre qui est là, nous n'avons pas besoin de lumière, et je vous ferai part de ce que j'ai à vous dire. »

CHAPITRE IX.

Partie gagnée.

Tandis que Sydney Carton et Barsad étaient dans la chambre voisine, où ils parlaient si bas qu'on n'entendait pas même le murmure de leurs voix, M. Lorry regarda maître Cruncher d'un œil peu satisfait. A vrai dire, l'attitude de cet honnête commerçant n'était pas faite pour inspirer la confiance. Posé sur une jambe, il en changeait continuellement, examinait ses ongles avec une attention suspecte, et lorsqu'il rencontra les yeux de son maître, il fut pris de cette toux spéciale qui fait porter le creux de la main devant la bouche, et qui n'indique jamais un caractère plein de franchise.

« Approchez, Jerry, » dit le gentleman.

Notre homme, précédé de l'une de ses épaules, avança obliquement.

« Que faisiez-vous avant d'être commissionnaire? »

Après quelques instants de réflexion, Jerry, frappé d'une idée lumineuse, répondit qu'il était agriculteur.

« J'ai tout lieu de supposer, reprit le gentleman en agitant l'index d'un air sévère, que vous vous êtes servi de la maison Tellsone pour couvrir une profession illégale et notée d'infamie. Si la chose est réelle, n'espérez pas que je continue mes relations avec vous, lorsque nous serons en Angleterre, n'espérez pas que je garde votre secret. Il ne sera point dit qu'on abusera du nom de Tellsone.

— Monsieur, plaida Cruncher d'une voix contrite, laissez-moi espérer qu'un gentleman, dont j'ai eu l'honneur d'exécuter les ordres pendant tant d'années, y regardera à deux fois avant de nuire à un pauvre homme qui a grisonné à son service. Quand même la chose serait réelle — je ne veux pas dire qu'elle le soit — mais à supposer qu'elle le fût, les torts ne seraient pas d'un seul côté. Il y a MM. les docteurs qui empochent des guinées, où un pauvre homme ne ramasse que des farthings[1], des demi-farthings, monsieur; ils viennent placer des fonds chez Tellsone, et, en passant, clignent de leur œil médical pour faire entendre

---

1. Liard anglais valant deux centimes et demi.

au pauvre homme qu'ils ont besoin de sujets; ils montent dans leur propre équipage et disparaissent; mais ils trompent la maison; car vous êtes trop juste pour ne pas blâmer le jars, quand vous accusez l'oie. Puis il y a mistress Cruncher, qui invoque le ciel pour qu'il s'oppose à mon commerce; au point que c'est une ruine, une véritable ruine. Les femmes des médecins ne prient jamais contre la clientèle, au contraire, si elles implorent le Seigneur, c'est pour qu'il procure des malades à leurs maris; et comment ces derniers soigneraient-ils les vivants s'ils n'avaient pas eu des morts? Viennent ensuite les entrepreneurs des pompes funèbres, les clercs de la paroisse, les sacristains, les watchmen, tous gens avaricieux, et mêlés dans l'affaire; et je vous assure que le pauvre homme n'y gagnerait pas beaucoup, en supposant même que cela fût comme vous dites. Le peu qu'il en a tiré, d'ailleurs, ne lui a pas beaucoup servi; il est loin d'avoir prospéré, et ne demanderait pas mieux que d'abandonner ce trafic, s'il pouvait gagner son pain d'une autre manière, en supposant toujours que la chose fût réelle.

— Bouh! Vous me dégoûtez, dit M. Lorry, qui néanmoins se laissait fléchir.

— Je vous supplie très-humblement, monsieur, poursuivit Cruncher, quand même ce serait, et je ne dis pas que cela soit....

— Pas tant de détours, dit le gentleman.

— Non, monsieur, non, affirma Jerry, comme si rien n'était plus loin de sa pensée, voire de ses habitudes, non, monsieur, pas de détours; je veux seulement vous dire que sur le tabouret qui est à la porte de la banque, où je suis resté si longtemps, siége mon fils, qui est aujourd'hui un homme, et tout prêt à recevoir vos ordres, à faire vos commissions, et tous les ouvrages dont vous voudrez bien le charger. En supposant, monsieur, que la chose en question fût réelle, ce que je suis loin de vous dire, car je parle sans détours, permettez, monsieur, que le fils garde sa place à la porte de Tellsone, afin que plus tard il puisse aider ses vieux parents. Ne le punissez pas des fautes que son père a commises; faites que ce malheureux père soit nommé fossoyeur, et qu'il enterre des morts, en compensation de ceux qu'il a déterrés. Voilà, monsieur, ajouta Cruncher, qui s'essuya le front avec sa manche en signe de péroraison, voilà ce dont je vous supplie très-humblement. On ne voit pas les choses effroyables qui se passent dans cette ville, touchant tant de sujets décapités. — Miséricorde! le nombre en est assez considérable pour en faire tomber la valeur au simple prix du port, — on ne le voit pas sans y réfléchir sérieusement. Et je vous conjure de vous rappeler, monsieur Lorry, que si j'ai découvert le fait en question, c'était pour servir la bonne cause, alors que j'aurais pu me taire, et ne pas perdre vos bonnes grâces.

— Ceci est vrai, dit le gentleman ; brisons là, n'en dites pas davantage. Il est possible que je vous garde avec moi, si vous le méritez par votre conduite ; et si votre repentir se manifeste, non par des discours, mais par des notes. »

Comme Jerry saluait le gentleman en se frappant le front du revers de la main, Sydney Cartone et l'espion sortaient de la pièce voisine.

« Adieu, monsieur Barsad, dit Cartone ; c'est une chose convenue ; vous n'avez plus rien à craindre. »

Il prit une chaise et vint s'asseoir à côté du gentleman, qui aussitôt qu'ils furent seuls, lui demanda ce qu'il avait obtenu.

« Pas grand'chose, répondit-il : si l'affaire tourne mal, je serai introduit auprès du condamné. »

La figure de M. Lorry exprima le désappointement.

« C'est tout ce que j'ai pu faire, reprit Cartone ; demander davantage était placer la tête de cet homme sous le couteau de la guillotine ; que pouvait-il lui arriver de pire s'il était dénoncé ? je perdrais ainsi tout le bénéfice de la situation.

— Mais s'il est condamné, s'écria le gentleman, votre accès auprès de lui ne le sauvera pas.

— Je n'ai jamais dit le contraire. »

Les yeux du gentleman se fixèrent sur le brasier ; ce qu'il ressentait pour Lucie, l'imprévu de ce coup terrible affaiblirent son courage ; c'était maintenant un vieillard accablé d'inquiétudes, et ses larmes coulèrent.

« Vous êtes un excellent homme, un véritable ami, dit Sydney d'une voix altérée. Pardonnez-moi si je remarque votre affliction ; mais je ne pourrais pas rester froid devant les pleurs de mon père, et votre douleur ne m'est pas moins sacrée que ne l'aurait été la sienne. Vous n'avez pas, heureusement, le chagrin de m'avoir pour fils. »

Bien qu'il eût jeté ces derniers mots d'une façon un peu légère, il y avait dans sa voix une nuance de respect et de sentiment à laquelle M. Lorry, qui ne l'avait jamais vu sérieux, n'était pas préparé.

« Mais revenons à ce pauvre Darnay, reprit Cartone en serrant avec émotion la main que lui tendait le vieillard ; surtout ne parlez pas à sa femme de l'entrevue qui m'est promise. L'ar rangement que nous avons fait, Barsad et moi, ne permettrait pas qu'elle pût voir le condamné; il est donc inutile de lui en dire un mot; elle se figurerait que j'ai demandé cette entrevue pour fournir à son mari quelque moyen de suicide. »

Le vieillard regarda Sydney pour voir si vraiment il y pensait

« Elle s'imaginerait une foule de choses, poursuivit Cartone qui avait compris le regard du gentleman, et cela ne ferait qu'augmenter son inquiétude. Ne lui parlez pas de moi; comme je vous l'ai dit tout d'abord, il vaut mieux que je ne la voie pas. Vous allez la retrouver; elle doit être si malheureuse!

— J'y vais tout de suite.

— J'en suis bien aise; elle a pour vous tant d'attachement ! Est-elle changée?

— Elle a l'air inquiet, profondément triste; mais elle est toujours bien belle.

— Ah !... »

Ce fut un son prolongé, triste comme un soupir, presque comme un sanglot. M. Lorry, frappé de la douleur qui s'y trouvait contenue, se retourna vers Cartone, dont la figure était penchée vers le foyer. Une ombre ou un rayon (le vieillard n'aurait pu dire lequel des deux) passa sur son front aussi rapidement que la lumière au sommet d'une montagne, quand le soleil paraît entre les nuages. Du pied il repoussa l'une des bûches flamboyantes qui venait de rouler en avant; il portait le pardessus en étoffe blanche, les bottes à retroussis alors en vogue, et la flamme, en se reflétant sur ses habits, augmenta sa pâleur. M. Lorry lui fit remarquer un peu vivement que son pied, toujours sur la bûche qu'il avait écrasée, était au milieu des charbons.

« Je n'y pensais pas, » dit-il.

Le ton dont il proféra ces paroles lui attira de nouveau le regard du gentleman, qui, en voyant ses traits flétris, songea sans le vouloir au visage altéré des prisonniers.

« Ainsi, dit Cartone en se retournant vers le vieillard, vous êtes sur le point de quitter Paris?

— Mon Dieu oui; comme je vous le disais hier au soir lorsque Lucie est entrée, je n'ai plus rien qui me retienne dans cette ville, tous mes papiers sont en règle, et je suis prêt à partir. »

Ils gardèrent le silence.

« Vous avez une longue carrière dont vous pouvez vous souvenir, monsieur, reprit Cartone d'un air pensif.

— Bien longue en effet; j'ai soixante-dix-huit ans.

— Vous avez toujours été utile, constamment occupé; vous possédez la confiance, le respect, l'estime de tous.

— Je suis dans la banque depuis que j'ai l'âge de raison; je sortais à peine de l'enfance, que j'étais dans les affaires.

— Quelle place vous y occupez encore; que de personnes vous regretteront, quel vide énorme vous laisserez derrière vous!

— Un vieux célibataire! dit le gentleman en secouant la tête; qui pourra me regretter?

— Oh! monsieur Lorry! Elle vous pleurera; vous aurez ses larmes et celles de sa fille.

— Assurément; je ne savais ce que je disais.

— Et cela vaut bien qu'on en rende grâces à Dieu.

— Je le sens, je vous assure.

— Mais si au fond de votre cœur solitaire vous vous disiez ce soir: « Je ne me suis attiré la reconnaissance, l'estime, de « personne au monde, je n'ai de place dans aucune tendresse; « je n'ai rien fait de bien, rien d'utile dont on puisse se souve-« nir, » vos soixante-dix-huit ans ne pèseraient-ils pas sur vous comme autant de malédictions?

— Je n'en doute pas. »

Cartone regarda le brasier et resta silencieux.

« Je voudrais vous faire une question, dit-il après une pause assez longue: votre enfance vous semble-t-elle bien loin? Vous paraît-il que l'époque où vous étiez sur les genoux de votre mère est une époque reculée?

— Je le trouvais il y a vingt ans, mais non pas aujourd'hui; plus j'arrive près de la fin, plus je me rapproche du commencement. C'est l'une des choses qui, à mon âge, rendent le chemin plus facile et plus doux; mon cœur est ému d'une foule de souvenirs qui dormaient autrefois; je me rappelle le charmant visage de ma mère, qui serait maintenant si vieille, je le vois dans sa jeunesse, et par les idées qu'il réveille, je me retrouve aux jours où les réalités de ce qu'on appelle le monde n'existaient pas pour moi, et où mes défauts n'étaient qu'en herbe.

— Je comprends ce que vous ressentez, s'écria Cartone avec feu; cela vous rend meilleur, n'est-ce pas?

— Je l'espère. »

Il se leva pour aider le vieillard à mettre son pardessus.

« Mais vous, lui dit le banquier en rentrant dans la question, vous êtes jeune.

— Oui, répondit-il, j'ai peu d'années; mais la voie que j'ai suivie ne conduit point à la vieillesse. Pourquoi d'ailleurs s'occuper de ma personne ?

— Et de la mienne ? dit le gentleman. Venez-vous avec moi jusqu'à la porte ?

— Oui; j'ai à sortir; si je revenais trop tard ne vous en inquiétez pas; vous connaissez mes habitudes; je reparaîtrai le matin. Irez-vous au tribunal ?

— Malheureusement oui.

— J'y serai, mais dans la foule. Prenez mon bras, monsieur. »

Quelques minutes après le vieux gentleman arrivait à sa destination; Cartone le quitta; mais après avoir flâné dans le voisinage, il revint à la porte de Lucie Darnay, et la toucha d'une main respectueuse.

« C'est d'ici qu'elle sortait tous les jours pour se rendre à la prison, se dit-il. Elle prenait cette rue-là, puis cette autre. Elle a marché sur ces pierres; suivons la trace de ses pas. »

Il était dix heures lorsqu'il arriva au coin de la rue tortueuse où elle était venue si souvent. Le scieur de bois avait fermé sa boutique, et fumait devant sa porte.

« Bonsoir, citoyen, lui dit l'Anglais en s'arrêtant; car le petit homme l'examinait avec attention.

— Bonsoir, citoyen.

— Comment va la République ?

— Tu veux dire la guillotine; pas mal : soixante-trois têtes aujourd'hui, nous irons bientôt à la centaine. Le bourreau et ses aides se plaignent de lassitude. Ah ! ah ! ah ! Il est si drôle ce Samson, et quel barbier !

— Allez-vous quelquefois le voir....

— Travailler ? Tous les jours. Vous ne l'avez jamais vu à l'œuvre ?

— Jamais.

— Croyez-moi ; allez-y; choisissez une bonne fournée. Figurez-vous, citoyen, qu'il en a rasé aujourd'hui soixante-trois en moins de deux pipes; moins de deux pipes, citoyen ; parole d'honneur ! »

Le petit homme, en disant cela, montra la pipe qu'il était en train de fumer, pour expliquer la façon dont il mesurait le temps. Cartone éprouva un tel désir de lui sauter à la gorge, qu'il se retourna pour s'éloigner.

« Mais vous n'êtes pas Anglais, bien que vous en ayez le costume, lui cria le scieur de bois.

— Si, répondit Cartone par-dessus l'épaule en s'arrêtant de nouveau.

— Vous parlez comme un Français.

— J'ai fait mes études à Paris.

— On croirait que vous êtes né en France. Bonsoir, Angliche.

— Bonsoir, citoyen.

— Allez voir ce diable de Samson, dit le scieur de bois avec instance ; n'y manquez pas, et emportez une pipe. »

Lorsque Sydney fut hors de la vue du patriote, il s'arrêta sous un réverbère, et écrivit quelque chose au crayon sur un morceau de papier. Marchant ensuite avec la fermeté d'un homme qui connaît son chemin, il traversa plusieurs rues noires, d'autant plus sales qu'en ces jours de terreur les voies principales elles-mêmes n'étaient pas balayées, et s'arrêta devant la boutique d'un pharmacien dont celui-ci fermait les volets : une petite échoppe, obscure et tortueuse, dirigée par un petit homme sombre et crochu.

Sydney, après avoir souhaité le bonsoir au pharmacien, qui était rentré dans sa boutique, lui présenta le morceau de papier. L'apothicaire siffla tout bas en lisant la note qui lui était remise, et dit à Cartone :

« Pour vous, citoyen ?

— Pour moi.

— Vous les garderez à part, citoyen ; vous savez ce qui résulterait de ce mélange ?

— Parfaitement. »

Plusieurs petits paquets lui furent donnés ; il les fourra un à un dans la poche de côté du plus intérieur de ses habits, paya ce qu'il devait, et sortit de la boutique.

« Je n'ai plus rien à faire jusqu'à demain, dit-il en regardant les nuages que le vent chassait avec rapidité ; toutefois je ne pourrais pas dormir. »

Il n'y avait ni insouciance ni défi dans la façon dont il proféra ces paroles, mais le sentiment d'un homme qui, après s'être égaré, a longtemps cherché sa route, et qui, accablé de fatigue, retrouve la voie qu'il aurait dû prendre et en aperçoit la fin.

Bien jeune encore, à l'époque où le premier de sa classe il donnait tant d'espérances, il avait suivi le cercueil de son père (sa mère était morte quelques années avant) ; et tandis qu'il parcourait les rues obscures, où la lune, perçant les nuages, apparaissait de temps à autre, les paroles solennelles qu'on avait lues au cimetière lui revenaient à la mémoire :

« Je suis la résurrection et la vie, dit le Seigneur ; celui qui croit en moi vivra, bien qu'il soit mort; et quiconque vit en moi, est assuré de vivre à jamais. »

Seul au milieu de cette nuit d'hiver, dans une ville dominée par l'échafaud, pensant avec douleur aux soixante-trois têtes qui étaient tombées le jour même, songeant aux prisonniers qu'un pareil sort attendait, Cartone aurait facilement pu découvrir l'association d'idées qui ramenait ces paroles à son esprit, comme une ancre perdue depuis longtemps au fond de la mer, il ne la chercha pas, mais redit les paroles sacrées, en poursuivant sa route.

Il regardait avec émotion les fenêtres des chambres où l'on allait trouver, dans le sommeil, l'oubli des horreurs du jour; il s'arrêtait au seuil des églises où personne ne priait plus; car de l'imposture, de la corruption, de la soif des richesses qui s'étaient glissées sous l'habit ecclésiastique, était sortie l'impiété du peuple; il songeait aux lieux consacrés à l'éternel repos, ainsi que le disait l'inscription placée aux grilles des cimetières; il pensait aux prisons gorgées de victimes, à la route que suivaient les condamnés par soixantaines, pour se rendre à un supplice, devenu tellement familier, qu'on ne parlait pas de spectre vengeur qui hantât l'esprit de la foule pour lui reprocher l'œuvre de la guillotine. Et prenant un intérêt sérieux à la vie qui sommeillait dans l'ombre, à la mort qui jusqu'au matin suspendait ses fureurs, Cartone franchit la rivière et gagna des rues moins sombres.

Il y trouva peu de voitures; quiconque serait sorti en équipage aurait été suspect; et les gens de distinction, cachant leur tête sous le bonnet républicain, se chaussaient de gros sabots et cheminaient dans la boue. Mais les théâtres n'en étaient pas moins remplis, et la foule qui en sortait, ruissela gaiement auprès de Cartone, puis se divisa en petits groupes qui reprirent en causant le chemin de leur domicile. Devant l'un des théâtres, une petite fille et sa mère cherchaient des yeux la place la moins boueuse pour traverser la rue; Sydney prit l'enfant, la passa de l'autre côté, et avant que le bras enfantin se fût détaché de son cou, il demanda un baiser à la petite fille.

« Je suis la résurrection et la vie, dit le Seigneur; celui qui croit en moi vivra, bien qu'il soit mort; et quiconque vit en moi, est assuré de vivre à jamais. »

Maintenant que les rues devenaient silencieuses, et que la nuit s'avançait, les paroles du texte sacré étaient dans l'écho de ses pas, dans les murmures du vent.

La nuit s'écoula. Tandis qu'appuyé sur la balustrade d'un pont, Cartone écoutait la Seine battre les quais de la Cité, et regardait l'amas pittoresque du vieux Paris éclairé par la lune, le jour se montra froidement, comme une face morte qui sortait du ciel; les étoiles et les ténèbres pâlirent, s'effacèrent, et, pendant quelques instants, la création sembla dominée par la mort.

Mais le soleil, en se levant dans sa gloire, répéta les paroles de vie, qui retentirent dans chacun de ses rayons; Cartone les sentit vibrer dans son cœur, et contempla d'un œil respectueux l'arche lumineuse qui se déployait entre le soleil et lui, et sous laquelle étincelait la rivière.

L'eau rapide et profonde lui apparut, sous l'air calme du matin, comme une amie dont l'essence était la même que la sienne; il se rapprocha du fleuve, et s'étendant sur la berge, il s'endormit à la clarté du jour. A son réveil, il flâna au bord de l'eau pendant quelques instants, et regarda une onde qui tournoyait sans but. « C'est comme moi, » dit-il, lorsque le fleuve, ayant saisi l'infime tourbillon, l'entraîna pour le jeter à la mer.

Un bateau, dont la voile était de la nuance d'une feuille morte pâlie, glissa devant ses yeux et disparut. Au même instant, la prière qui s'élevait dans son cœur pour demander à Dieu d'avoir pitié de ses fautes se termina par ces mots : « Je suis la résurrection et la vie, et quiconque vit en moi, est assuré de vivre à jamais. »

Le gentleman était déjà sorti lorsque Sydney rentra; il était facile de deviner où l'excellent homme pouvait être. Sydney prit une tasse de café, mangea un peu de pain alla changer de vêtements, et se rendit au tribunal.

Toute l'assemblée était en émoi, lorsque l'espion fit pénétrer Cartone dans un coin obscur de la salle, et se glissa lui-même parmi la foule. M. Lorry et le docteur se trouvaient au premier rang; Lucie était à côté de son père.

Lorsque Darnay entra, la jeune femme tourna vers lui un regard si plein de courage et d'amour, qu'un sang généreux anima la figure du prévenu et lui réchauffa le cœur. Si quelqu'un avait pu le remarquer, on aurait vu que le regard de la jeune femme avait exactement la même influence sur Cartone que sur le prisonnier.

Devant ce tribunal exceptionnel, aucune forme de procédure ne garantissait le droit de défense.

Si l'on n'avait pas fait jadis un abus aussi monstrueux des ormalités et des lois, la Justice révolutionnaire n'aurait pas poussé la vengeance jusqu'à se suicider pour jeter aux vents les débris de l'ancien ordre judiciaire.

Tous les yeux étaient tournés vers le jury, formé des mêmes patriotes qui le composaient la veille, et le composeraient le lendemain. Remarquable entre tous, on distinguait parmi ses membres un homme au visage famélique, dont les doigts erraient perpétuellement autour des lèvres, et qui par sa présence causait à la foule une vive satisfaction; ce juré altéré de sang, au regard de cannibale, à la pensée meurtrière, était le Jacques Trois du galetas de Saint-Antoine; tout le jury en masse, une bande de limiers choisie pour juger le daim.

Chaque regard examina ensuite l'accusateur et les cinq juges. Aucune faiblesse à redouter de ce côté-là : un air froidement cruel, un sérieux impassible, un esprit tout au meurtre légal. Tous les regards se cherchèrent dans la foule, se désignèrent le tribunal d'un éclair approbateur, et toutes les têtes se firent mutuellement un signe de joie, avant de se pencher avec intention vers les juges.

« Charles Évremont, dit Charles Darnay, relâché hier matin, réaccusé hier dans la journée, réincarcéré le soir, dénoncé comme ennemi de la République, aristocrate, membre d'une famille de tyrans, d'une race proscrite, pour avoir employé ses ci-devant priviléges à l'infâme oppression du peuple; en vertu de laquelle proscription, Charles Évremont, dit Charles Darnay, est mort civilement. »

L'accusateur public profère à cet égard quelques paroles aussi brèves que possible.

« L'accusé est-il dénoncé ouvertement ou secrètement?
— Ouvertement.
— Par qui?
— Par trois individus : Ernest Defarge, marchand de vin dans le quartier Saint-Antoine.
— Bon.
— Thérèse Defarge, sa femme.
— Bon.
— Alexandre Manette, docteur en médecine. »

Tumulte dans la salle; on voit le docteur Manette, pâle et tremblant, debout à la place qu'il occupe.

« Président, s'écrit-il, je proteste; l'accusation que l'on me prête en ce moment est un mensonge, un faux abominable. Le prévenu est mon gendre, vous le savez; et les êtres qui sont chers à ma fille me sont plus précieux que la vie. Quel est l'infâme qui a pu dire que je dénonçais celui qui est la joie de mon enfant ?

— Du calme, citoyen Manette ; le manque de soumission à l'arrêt du tribunal te mettrait hors la loi. Quant aux individus qui te sont plus précieux que la vie, rien ne saurait être aussi cher que la République à un bon citoyen. »

De vives acclamations saluèrent cette réprimande. Le président agita sa sonnette, et reprit avec chaleur :

« Si la République te demandait ta propre fille, ton devoir serait de la lui sacrifier. Écoute ce qui va suivre, et garde le silence ! »

Des applaudissements furieux s'élevèrent de nouveau : le docteur retomba sur son siège ; ses yeux regardaient autour de la salle, ses lèvres étaient tremblantes. Sa fille se rapprocha de lui avec tendresse. Le juré famélique se frotta les deux mains, et reporta la droite à sa bouche où elle était d'ordinaire.

Defarge appelé à déposer, dès que le silence fut rétabli, raconta brièvement qu'il était au service du docteur, à l'époque où celui-ci fut emprisonné, et dit l'état dans lequel se trouvait le captif lorsqu'il lui fut délivré, après dix-huit ans d'incarcération.

« Ne t'es-tu pas distingué à la prise de la Bastille, citoyen ?

— Je le crois.

— Tu t'es bravement battu ; pourquoi ne pas le dire ? s'écria une femme dont la voix perçante s'éleva du milieu de la foule. Tu as crânement tiré le canon, tu es entré l'un des premiers dans la forteresse maudite. Patriotes, je ne dis que la vérité ! »

C'était la Vengeance qui, à la satisfaction générale, se mêlait ainsi aux débats. Le président voulut la rappeler à l'ordre :

« Je me moque de ta sonnette ! » s'écria-t-elle ; et sa voix fut couverte d'applaudissements frénétiques.

« Informe le tribunal, citoyen, de ce que tu as fait après avoir pénétré dans la Bastille.

— Je savais, reprit Defarge en lançant un regard à sa femme, qui, du bas de l'estrade où il était monté, avait les yeux sur lui, je savais que le prisonnier en question avait occupé le n° 105 de la tour du Nord. A l'époque où il faisait des souliers dans mon grenier, il ne se donnait plus d'autre nom que le numéro de sa case. Le jour de la bataille, tandis que je chargeais mon canon, je résolus d'entrer dans la place dès qu'elle serait prise, et d'examiner le n° 105. Le peuple est vainqueur, on entre, je monte dans la cellule avec un camarade, qui est actuellement du jury. J'examine la logette avec soin, et dans la cheminée, derrière une pierre qu'on avait remise à sa place, après l'avoir arrachée, je trouve un papier que voici. J'avais vu l'écriture du prisonnier ; c'était bien la même, et je puis vous affirmer que ces lignes sont de la main du docteur Manette ; je vous les remets, président, telles que je les ai trouvées.

— La lecture ! la lecture ! » cria-t-on dans la foule.

Au milieu du silence le plus profond, l'accusé regardant sa femme avec tendresse, Lucie ne se détournant de son mari que pour regarder son père, Mme Defarge les yeux rivés sur le prévenu, le marchand de vin contemplant sa femme qui triomphait, et chacun dans l'auditoire examinant le docteur, qui ne voyait que le président, celui-ci commença la lecture du papier que lui avait remis le témoin.

CHAPITRE X.

La substance de l'ombre.

« Moi, Alexandre Manette, docteur en médecine, né à Beauvais, résidant à Paris, j'écris ces lignes de la triste cellule que j'occupe à la Bastille, en décembre 1767. Je le fais à bâtons rompus, et ce n'est qu'à grand'peine que je puis y parvenir. A force de travail, j'ai dérangé une pierre du mur intérieur de la cheminée ; c'est derrière elle que j'ai l'intention de cacher ces pages. Peut-être quelque main charitable les y trouvera-t-elle un jour, alors que je ne serai plus que poussière, et que mes douleurs ne seront même plus un souvenir.

« Ces mots sont tracés avec une pointe de fer trempée dans de la suie, délayée avec mon sang ; de si pauvres moyens rendent ma tâche extrêmement difficile.

« A la fin de ce mois où nous sommes, il y aura dix ans révolus que je suis dans cette prison ; l'espoir m'a complétement abandonné. De terribles symptômes m'avertissent que bientôt ma raison s'altérera, mais je fais serment que je suis à cette heure en possession de toute mon intelligence, que ma mémoire est exacte, que mes souvenirs sont précis, et que je suis prêt à répondre, devant le juge éternel, de la vérité des lignes que j'entreprends d'écrire. Ce sont les dernières qui sortiront de ma main, et je les trace en conscience, qu'elles soient destinées, oui ou non, à tomber plus tard entre les mains des hommes.

« Le 22 décembre 1757, par une soirée nébuleuse, où cependant il y avait de la lune, je me promenais sur le quai, à une assez grande distance de ma demeure, située rue de l'École-de-Médecine, lorsque j'entendis une voiture qui venait rapidement derrière moi. Au moment où je me détournais pour lui faire place, quelqu'un mit la tête à la portière, donna l'ordre au cocher d'arrêter, et m'appela par mon nom. Je me dirigeai vers la voiture, que les chevaux avaient entraînée assez loin, avant qu'on pût les retenir, deux messieurs qui étaient sortis du carrosse m'attendaient à côté de la portière. Ils étaient enveloppés de grands manteaux comme s'ils avaient eu l'intention de se cacher; je vis néanmoins qu'ils étaient à peu près de mon âge, peut-être un peu plus jeunes; et ils me parurent avoir entre eux une excessive ressemblance : même taille, même voix et même figure.

« Vous êtes le docteur Manette? me demanda l'un des deux
« frères.

« — Oui, monsieur.

« — C'est vous qui habitiez Beauvais, et qui, venu dernière-
« ment à Paris, jouissez déjà d'une grande réputation? dit l'autre.

« — C'est de moi que vous parlez d'une manière si flatteuse,
« leur répondis-je.

« — Nous avons été chez vous; on nous a dit que probable-
« ment nous vous trouverions de ce côté; nous nous sommes
« empressés de vous y rejoindre; docteur, veuillez monter dans
« cette voiture. »

« Ces derniers mots avaient été proférés d'un ton impérieux; les deux frères s'étaient placés de façon à me couper toute retraite; de plus, ils avaient des armes, et je n'en avais aucune.

« Messieurs, leur dis-je, excusez-moi, j'ai l'habitude de demander qui me fait l'honneur de rechercher mes services, et quelle est la nature du mal qui nécessite mes soins.

« — Docteur, me fut-il répondu, ceux qui vous appellent
« sont des gens de condition. Quant à la maladie qui réclame
« votre secours, lorsque vous verrez le malade, votre science
« en jugera beaucoup mieux que nous ne pourrions vous l'ex-
« pliquer. Mais assez de paroles : veuillez monter. »

« Je ne pouvais que me soumettre, et je le fis en silence. Les deux gentilshommes montèrent à côté de moi; la portière se referma, et les chevaux partirent avec une extrême vitesse. J'ai rapporté cette conversation textuellement; je ne doute pas que ce ne soit les propres mots que nous ayons échangés.

« Le trait suivant signifie que j'ai été obligé de suspendre ma narration, et de glisser mon papier dans la cachette de la muraille. »

« La voiture franchit la barrière, et laissa Paris derrière elle. Après avoir fait environ trois quarts de lieue en rase campagne, elle quitta la grande route, prit une avenue, et s'arrêta devant la grille d'une demeure isolée. Nous descendîmes, et traversant un jardin inondé par une fontaine qui débordait, nous arrivâmes à la maison. La porte s'ouvrit au premier coup de sonnette; l'un de nos guides fouetta de son gant de peau la figure du serviteur qui nous avait ouvert.

« Il n'y avait rien dans cette action qui pût éveiller ma surprise; j'avais toujours vu frapper les gens de basse classe plus fréquemment que les chiens; mais l'autre gentilhomme souffleta le valet, sans doute pour donner cours à sa mauvaise humeur; et bien qu'il se servît du revers de la main, au lieu d'employer un gant, son geste fut tellement pareil à celui du premier, que frappé de leur ressemblance, je compris que ces deux hommes devaient être jumeaux.

« Depuis notre arrivée à la grille, que l'un des frères avait refermée avec soin, j'entendais des cris s'échapper d'une chambre située au premier étage; on me fit monter l'escalier, on m'introduisit dans cette chambre, et sur le lit gisait un malade atteint de fièvre et de délire.

« C'était une femme aussi belle que jeune; certes elle n'avait pas plus de vingt ans. Ses cheveux étaient en désordre, et ses bras fortement liés à ses côtés au moyen d'une draperie de soie et de plusieurs mouchoirs de poche, sortis évidemment de la garde-robe d'un gentilhomme : à l'un des coins de l'écharpe, qui était la ceinture d'un vêtement de cour, se trouvait un écusson nobiliaire, surmonté d'une couronne de marquis.

« J'en suis sûr; car au moment où je m'approchais du lit, la malheureuse, qui s'y tordait sous nos yeux, parvint à saisir le bout de l'écharpe avec ses dents et se serait étouffée, si je ne lui avais arraché l'étoffe de la bouche; c'est alors que j'aperçus les armes et la lettre E qui en constituaient la marque.

« Après avoir couché doucement la malade sur le dos, je lui plaçai ma main sur la poitrine afin de la maintenir dans la position, où je l'avais mise, et j'examinai sa figure. Ses yeux largement ouverts étaient complétement égarés; au milieu des cris per gants qui s'échappaient de ses lèvres, on distinguait ces paroles qu'elle prononçait avec désespoir : « Mon mari, mon père, mon « frère ! » Puis elle comptait jusqu'à douze, articulait le mot « chut ! » et après un instant de silence recommençait à crier, et répétait les mêmes mots qu'elle redisait dans le même ordre, avec la même intonation, les mêmes cris, le même regard.

« Y a-t-il longtemps qu'elle est dans cet état ? » demandai-je.

« Celui des deux frères que j'appellerai l'aîné, parce qu'il semblait avoir une autorité plus grande, me répondit qu'il y avait à peu près vingt-quatre heures.

« Elle a un mari, un père et un frère ? continuai-je.

« — Un frère.

« — Puis-je le voir ?

« — Non, répondit le gentilhomme avec un air de mépris.

« — A quoi se rapporte le nombre douze qu'elle ne cesse de répéter ?

« — A l'heure qu'il était alors, dit le plus jeune avec impatience.

« — Vous le voyez, messieurs, j'avais raison de demander quel « était le genre de maladie auquel j'aurais affaire ; je suis désarmé « en face du mal ; si j'en avais su la nature, je me serais pourvu de « médicaments. Le temps presse et où trouver un pharmacien ?

« — Il y a ici des drogues, » répliqua l'aîné en jetant un regard à son frère. Ce dernier sortit, et rapporta d'un cabinet voisin une caisse qu'il posa sur la table.

« J'ouvris quelques-uns des flacons, et après les avoir flairés, j'en portai le bouchon à mes lèvres. Si j'avais eu besoin d'autres choses que de substances narcotiques, c'est-à-dire vénéneuses, je ne me serais servi d'aucune de celles qui m'étaient présentées.

« Ces drogues ne vous inspirent pas de confiance ? me de-« manda le plus jeune des deux frères.

« — Vous voyez, monsieur, que je vais en faire usage. »

« J'administrai à la malade, et non sans beaucoup de peine, la dose que je désirais lui faire prendre. Comme il fallait renouveler cette médication, en suivre l'effet, je pris une chaise et vins m'asseoir auprès du lit. Une humble créature (la femme de l'homme qui nous avait ouvert) se trouvait dans la chambre, et s'était retirée dans un coin dès que nous étions entrés. La pièce était humide, délabrée ; les meubles étaient plus qu'ordinaires ; il était évident qu'on l'habitait depuis peu, et d'une façon toute provisoire ; de vieilles tapisseries avaient été clouées devant les fenêtres, mais pour étouffer les cris de la malade, plutôt que pour préserver de la bise.

« Malgré la potion calmante dont j'avais fait usage, le délire de la jeune femme n'en était pas moins violent; toujours des cris furieux, toujours les mêmes paroles : « Mon mari, mon « père, mon frère ! » suivies d'un, deux, trois jusqu'à douze, et du mot « chut ! » pour recommencer l'instant d'après. La seule chose qui pût me donner de l'espoir était l'influence que l'apposition de ma main paraissait avoir sur les traits de la malheureuse; mais rien n'agissait à l'égard de ses cris; un pendule n'aurait pas eu plus de régularité.

« Il y avait une demi-heure que j'étais à côté d'elle, ayant toujours les deux frères auprès de moi, lorsque l'aîné, rompant le silence, me dit qu'il y avait un autre malade dans la maison.

« Est-ce un cas pressant? demandai-je avec surprise.

« — Vous allez voir, » répondit-il en prenant la lumière.

« L'autre malade était dans une espèce de grenier, au-dessus d'une écurie. Une couche de mortier servait de plafond au tiers de ce galetas, dont le reste laissait apercevoir la charpente et la crête de la toiture. Du foin, de la paille, des fagots, des pommes étaient rangés dans cette dernière partie, qu'il me fallait traverser pour me rendre à côté du patient. Ma mémoire a gardé le souvenir de ces moindres détails, qui après dix années de réclusion, me sont aussi présents que la nuit où ils frappèrent mes yeux.

« Par terre, sur un peu de foin, un oreiller sous la tête, gisait un enfant de la campagne, un jeune homme ayant à peine dix-sept ans. Il était couché sur le dos, avait les dents serrées, la main droite fermée sur la poitrine, le regard étincelant et dirigé vers le ciel. Je m'agenouillai auprès de lui, et sans savoir où il était blessé, je vis qu'il mourait d'une blessure faite par un instrument aigu.

« Je suis médecin, mon pauvre ami; laissez-moi vous examiner, « lui dis-je.

« — Je n'ai pas besoin qu'on m'examine, » répondit-il.

« La blessure se trouvait sous sa main; je finis par la lui faire découvrir. C'était un coup d'épée, reçu depuis vingt ou vingt-quatre heures, et qui n'en aurait pas moins été mortel, quand même on l'eût pansé tout de suite. Je levai les yeux vers l'aîné des gentilshommes, qui regardait mourir ce bel adolescent, comme s'il s'était agi d'un oiseau ou d'un lièvre.

« Comment cela s'est-il fait, monsieur? lui demandai-je.

« — Un jeune chien, un manant, qui a forcé mon frère à se
« défendre contre lui, et qui a reçu un coup d'épée, comme s'il
« était gentilhomme. »

« Pas la moindre douleur, la moindre compassion dans la voix qui me faisait cette réponse. L'individu qui avait parlé trouvait fâcheux que cette créature d'un ordre inférieur eût un pareil genre de mort, au lieu de s'éteindre obscurément, ainsi que devait le faire une vermine de son espèce. Quant à ressentir de la pitié pour ce petit paysan, il en était complétement incapable.

« Le moribond tourna lentement les yeux vers cet homme et les reporta sur moi.

« Ils sont fiers ces nobles, dit-il ; mais nous autres, chiens et
« manants, nous le sommes aussi quelquefois. Ils nous pillent,
« nous outragent, nous frappent, nous tuent ; mais nous gardons
« notre fierté. L'avez-vous vue, docteur ? »

« Les cris de la malheureuse, bien qu'affaiblis par la distance, parvenaient jusqu'à nous.

« Oui, répondis-je.

« — C'est ma sœur, poursuivit-il. Ces nobles ont des droits
« honteux qu'ils exercent depuis longtemps ; mais nous avons de
« braves filles parmi les nôtres ; il y en a toujours eu ; je l'ai
« entendu dire à mon père. Ma sœur en était une. Elle devait
« épouser un garçon de courage, un bon cœur, l'un de ses tenan-
« ciers à lui ; nous étions tous fermiers de cet homme que
« voilà ; l'autre est son frère, et c'est le pire d'une mauvaise
« race. »

« Le moribond n'articulait ses paroles qu'à grand'peine ; mais son âme parlait avec une effrayante énergie.

« Nous étions tellement dépouillés par cet homme, ainsi qu'il
« arrive à nous autres manants et chiens, taxés par lui sans
« pitié, obligés de travailler pour lui sans salaire, forcés de
« moudre son blé à notre moulin, de nourrir sa basse-cour sur
« nos misérables récoltes, sans pouvoir élever un seul pigeon
« pour nous ; pillés, pressurés au point que si par hasard nous
« avions un morceau de viande nous le mangions la porte close
« et les volets fermés, de peur que ses gens ne vinssent à nous
« l'ôter de la bouche. Enfin nous étions si pauvres, que mon
« père nous disait qu'il était coupable de mettre un enfant au
« monde, et que nous en venions à prier Dieu pour que notre
« race s'éteignît par la stérilité des femmes. »

« Je supposais bien que le peuple avait au fond du cœur la haine de l'oppression dont il était victime ; mais pour la première fois j'entendais la plainte s'exhaler avec colère et indiquer la révolte.

« Pourtant, continua le moribond, ma sœur ne s'en maria pas
« moins ; celui qu'elle aimait était malade à cette époque ;
« elle l'épousa, afin de pouvoir le soigner en le faisant venir à
« la maison, dans notre chenil, comme dirait un noble. Il y avait
« trois mois qu'elle était mariée quand le frère de cet homme l'a-
« perçut, l'admira, et pria l'homme que voici de la lui céder —
« que sont les maris chez nous autres ! Le maître y consentait ;
« mais ma sœur était vertueuse, et avait pour cet homme une
« haine aussi forte que la mienne. Que firent alors les deux frères
« pour persuader au mari d'user de son influence, et de faire ac-
« cepter à sa femme les conditions qu'ils avaient faites entre eux ? »

« Le blessé attacha son regard sur celui qu'il accusait, et dont la figure me confirma la vérité du moribond. Je les vois encore, même au fond de cette bastille : d'un côté le mépris insolent du gentilhomme, de l'autre la soif de vengeance du malheureux qu'on foule aux pieds, et qui se redresse.

« Vous savez, poursuivit le manant, que les nobles ont le droit
« de nous atteler à une charrette, et de nous la faire traîner ;
« le droit de nous faire passer la nuit à battre leurs pièces d'eau
« pour empêcher les grenouilles de troubler leur sommeil.
« Ceux-ci en profitèrent pour envoyer le mari qu'ils voulaient
« soumettre, au bord d'un étang, du soir jusqu'au matin, et pour
« l'atteler du matin jusqu'au soir ; mais il ne fut pas convaincu ;
« non ! Un jour on lui avait ôté son harnais pour qu'il allât
« dîner, en supposant qu'il eût du pain ; ce jour-là, il sanglota
« douze fois, comme l'horloge sonnait midi, et mourut entre
« les bras de sa femme. »

« Le désir de faire connaître les crimes de ses ennemis pouvait seul retenir son dernier souffle ; il écarta les ombres de la mort qui s'accumulaient sur son front, et contraignit sa main droite à fermer sa blessure.

« Alors, avec la permission de cet homme qui l'y aida, conti-
« nua-t-il, celui-ci enleva ma sœur malgré tout ce qu'elle put
« dire ; il voulait s'en amuser pour quelques jours. Elle passa
« près de moi qui me trouvais sur la route ; et quand je l'annon-
« çai chez nous, le cœur de mon père se brisa : on ne saura ja-
« mais tout ce qui l'avait rempli. Je conduisis ma petite sœur
« car j'en avais une autre, dans un endroit où cet homme ne
« pourrait la découvrir, et où du moins il ne serait pas son
« maître. Puis courant après son frère, j'entrai dans cette mai-

« son : le manant, le chien avait une arme ; elle doit être quel-
« que part ; voyez auprès de la fenêtre. »

« La lumière s'éteignait à ses yeux, le monde se rétrécissait autour de lui. Je regardai l'endroit où nous étions, le foin et la paille qui se trouvaient par terre avaient été foulés aux pieds.

« Ma sœur m'entendit et accourut ; je lui dis de ne pas appro-
« cher avant qu'il fût mort. Il vint à son tour, et me jeta sa
« bourse, je ne la ramassai pas. Il prit un fouet ; mais tout
« chien que j'étais, je le forçai de tirer l'épée. Qu'il la brise en
« autant de morceaux qu'il voudra, parce qu'elle est teinte de
« mon misérable sang, il ne lui a pas moins fallu qu'il employât
« toute son adresse pour défendre sa vie. »

« Je venais d'apercevoir les morceaux d'une épée qu'on avait jetés sur le foin, puis un vieux sabre qui avait appartenu à quelque ancien soldat.

« Levez-moi, docteur, levez-moi ; où est-il ?

« — Il vient de sortir, répondis-je, supposant qu'il parlait du
« ravisseur.

« — Ah ! si fier qu'il puisse être, il a eu peur d'un manant.
« Où est l'autre ? Placez-moi en face de lui. »

« Je soulevai la tête de l'agonisant, que j'appuyai contre mon genou ; mais investi au moment suprême d'une force surhumaine, il se dressa avec tant de vigueur, qu'il m'obligea de me lever pour le soutenir.

« Marquis, dit-il en étendant la main droite et en attachant
« sur le gentilhomme son regard vitreux, quand viendra le
« jour où l'on demandera compte de tous ces crimes, je vous
« somme de paraître devant les juges, vous et les vôtres, jus-
« qu'au dernier de votre race, afin de répondre de ce que vous
« nous avez fait souffrir. Je somme ton frère, le plus mauvais
« d'une race maudite, d'en répondre séparément ; et je fais sur
« lui une croix sanglante, afin qu'elle le désigne aux vengeurs. »

« Deux fois il mouilla sa main du sang qui suintait de sa blessure, et traça une croix dans l'air. Puis, il s'affaissa sur lui-même ; quand je le couchai, il était mort. »

« Je retrouvai la jeune femme dans le même état de fièvre et de délire, poussant les mêmes cris, et répétant dans le même ordre les mots qu'elle proférait lors de notre arrivée. Dans quelques heures, pensais-je, tout cela s'éteindra dans le silence du tombeau.

« Je lui donnai de sa potion, et vins me rasseoir à côté d'elle, mais elle redisait toujours au milieu de ses cris perçants : « Mon « mari, mon père, mon frère ! » comptait jusqu'à douze ; « chut ! » et recommençait sans cesse.

« Il y avait trente-six heures que je l'avais vue pour la première fois ; j'étais parti, revenu, reparti, et je me retrouvais auprès d'elle, quand sa voix s'altéra, ses cris s'affaiblirent et ses paroles devinrent de moins en moins distinctes ; je fis tous mes efforts pour seconder le calme qui s'emparait d'elle ; et peu de temps après elle tomba dans une léthargie profonde.

« Cela nous fit le même effet que lorsque le vent et la pluie s'apaisent tout à coup après une effroyable tourmente. Je lui détachai les bras, et j'appelai la femme qui la gardait avec moi, pour la placer dans une meilleure position, et pour arranger ses vêtements. Je vis alors qu'elle était enceinte, et je perdis le peu d'espoir que j'avais eu de la sauver.

« Est-elle morte ? demanda le marquis, c'est-à-dire l'aîné des « deux frères, qui descendait de cheval et qui entra tout « botté dans la chambre.

« — Non, répondis-je ; mais il est probable qu'elle va mourir.

« — Quelle vigueur ont parfois ces gens du peuple ! dit-il en « regardant la malade avec une certaine curiosité.

« — Il y a dans le désespoir une force prodigieuse, » répliquai-je.

« Ces paroles le firent d'abord sourire, puis l'irritèrent. Il poussa du pied une chaise à côté de la mienne, ordonna à la femme de s'éloigner, et dit à voix basse :

« Trouvant mon frère dans l'embarras, au sujet de ces ma- « nants, je lui ai conseillé de vous appeler. Votre réputation « commence, vous êtes jeune, vous avez votre fortune à faire, « et il est probable que vous songerez à vos intérêts : vous ne « devez parler à qui que ce soit de ce que vous avez vu ici. »

« J'écoutais respirer la malade, et ne répondis rien à ces paroles.

« M'honorez-vous de votre attention, docteur ?

« — Monsieur, répliquai-je, tout ce qui a rapport aux ma- « lades est sacré pour le médecin, et il conserve à leur égard « la discrétion la plus absolue. » J'évitais ainsi de répondre avec plus de franchise ; car profondément troublé par ce que je venais de voir et d'entendre, je comprenais la nécessité de me tenir sur la réserve.

« La respiration de la malade était si difficile à suivre, qu'absorbé par la recherche du pouls et des battements du cœur, je n'entendais rien de ce qui se passait dans la chambre. La vie n'était pas complétement éteinte, mais voilà tout. Je repris ma chaise, et regardant autour de moi, je vis les deux frères qui m'examinaient d'un œil attentif.

« Ma mémoire est toujours aussi présente, et il me serait facile de rapporter les moindres mots que j'échangeai avec eux. Mais j'ai tant de peine à écrire, le froid est si rude, j'ai si peur d'être surpris écrivant ces lignes, et d'être enfermé dans un cachot complétement privé de lumière, que j'abrége cette narration.

« Elle traîna encore pendant huit jours. Vers la fin, voyant qu'elle remuait les lèvres, j'approchai mon oreille, et compris quelques-unes de ses paroles. Elle me demanda où elle était, qui je pouvais être ; je lui répondis ; mais ce fut en vain que je cherchai à connaître son nom : elle me fit toujours un signe négatif, et comme son frère, elle emporta son secret dans la tombe.

« Jusque-là je n'avais pas pu l'interroger. L'un ou l'autre des deux gentilshommes était toujours au chevet de son lit, et ne permettait pas que j'eusse avec elle le moindre entretien ; ce n'est qu'à la dernière heure qu'ils parurent indifférents à ce qu'elle pouvait m'apprendre, comme si j'avais dû mourir en même temps que leur victime ; je me souviens d'en avoir eu la pensée.

« J'avais remarqué plus d'une fois combien leur orgueil souffrait de ce duel avec un paysan, un être infime, et d'un âge presque voisin de l'enfance. C'était pour leur famille quelque chose de dégradant et de ridicule, dont ils étaient douloureusement blessés ; quant à la mort du jeune homme, de son père et de sa sœur, ils n'y pensaient même pas. Le regard de celui qui avait été contraint de se battre était souvent attaché sur moi, et j'y voyais la haine profonde qu'il éprouvait à mon égard, depuis la révélation que j'avais reçue du défunt. J'étais également un embarras pour l'aîné, à qui ma vue était désagréable.

« L'agonisante mourut à dix heures du soir ; il y avait juste huit jours qu'on m'avait amené près d'elle. J'étais seul à côté de son lit, quand sa jeune tête, s'étant inclinée doucement sur son épaule, tous ses chagrins finirent avec son dernier souffle

« Les deux frères attendaient avec impatience, au rez-de-chaussée, le moment où ils pourraient partir.

« Elle est enfin morte ! dit l'aîné lorsqu'il rentra dans la « chambre.

« — Oui, répondis-je.

— Je vous en félicite, mon frère, » dit-il en se retournant.

« Il me donna un rouleau d'or que je posai sur la table ; j'avais déjà refusé la veille la somme qu'il m'avait offerte, bien résolu que j'étais à ne rien accepter de lui.

« Excusez-moi, lui dis-je ; en pareille circonstance, il m'est « impossible de rien recevoir. »

« Tous deux échangèrent un regard, me saluèrent comme je les saluais moi-même, et nous nous quittâmes en silence. »

« Je suis fatigué, fatigué, usé par le chagrin, par mille souffrances. Je ne peux pas lire ce que j'ai écrit de cette main tremblante.

« Le lendemain matin de bonne heure, le rouleau d'or fut déposé chez moi, dans une petite boîte qui portait mon adresse. J'avais pensé toute la nuit à ce qu'il me fallait faire ; j'étais décidé à écrire au ministre, et à l'informer confidentiellement des deux cas de mort dont je viens de rapporter les détails. Je connaissais les influences de cour, les immunités dont jouissaient les nobles, et je m'attendais bien à ce que ma lettre n'eût pas de résultat ; mais c'était pour moi une affaire de conscience. J'avais gardé le secret le plus profond sur ces tristes événements ; ma femme elle-même ignorait tout ; et je le dis au ministre, afin d'établir que personne ne devait être compromis dans cette fâcheuse affaire, dont j'avais seul connaissance.

« C'était le dernier jour de l'année ; je venais de terminer ma lettre, quand on vint me dire qu'une dame était là, et demandait à me parler.

« Je deviens de plus en plus faible, de plus en plus au-dessous de la tâche que je me suis imposée. J'ai si froid ! mes membres s'engourdissent, le jour est sombre, l'obscurité se fait dans ma tête.

« Cette dame, qui était jeune, belle et gracieuse, portait les signes d'une mort prématurée. Elle paraissait fort émue, et s'annonça comme étant la femme du marquis de Saint-Évremont. Ce titre avait été donné par le mourant à l'un des deux gentilshommes ; je le rapprochai de l'initiale qui était brodée sur l'écharpe, et j'en conclus que le mari de cette dame était l'un des ravisseurs de la défunte.

« Je me rappelle tous les termes de notre conversation ; mais je ne peux pas les écrire. On a redoublé de surveillance à mon égard, et j'ai toujours peur d'être espionné.

« Cette dame avait découvert presque tous les faits de cette douloureuse histoire; elle savait la part que le mari y avait prise; mais ignorant que la jeune femme était morte, elle venait me trouver dans l'espérance d'être utile à cette dernière, et de lui témoigner sa compassion; car elle cherchait, par tous les moyens possibles, à détourner la colère céleste d'une famille odieuse à un si grand nombre de malheureux.

« La marquise avait plusieurs motifs de penser que la défunte avait une sœur cadette; et son vœu le plus ardent était de venir au secours de cette jeune fille. Je savais également que cette jeune fille existait; son frère me l'avait dit; mais j'ignore toujours son nom, et l'endroit qu'elle habite. »

« Je n'aurai bientôt plus de papier; on m'en a pris hier une bande, en me menaçant du cachot. Il faut que je termine aujourd'hui.

« La marquise était bonne et sensible; malheureuse en ménage; cela ne pouvait être différemment. Son beau-frère la détestait, et employait contre elle toute son influence. Elle avait peur de cet homme, et ne redoutait pas moins son mari. Je lui donnai la main jusqu'à son carosse, et vis dans la voiture un joli petit garçon de deux ou trois ans.

« Docteur, me dit-elle, les yeux remplis de larmes, je m'ef-
« force, par amour pour lui, de réparer autant que possible le
« mal que font les autres. Quel fardeau pour lui qu'un pareil
« héritage! Si tous ces torts n'étaient pas expiés, c'est à lui
« qu'on en demanderait compte, j'en ai le pressentiment. Tout
« ce que je possède en propre, et c'est peu de chose en dehors
« de mes bijoux, lui sera laissé par moi, à la condition expresse
« de le donner aux membres restants de cette malheureuse fa-
« mille; je lui recommanderai de chercher la sœur de cette
« pauvre femme, et de lui dire qu'elle a eu tout l'intérêt de sa
« mère, à lui, toute sa pitié. »

« Elle embrassa l'enfant.

« Tu le promettras, Charles; n'est-ce pas? dit-elle en le cou-
« vrant de ses caresses, tu seras fidèle à ta parole?

« — Oui! » répliqua bravement le petit garçon.

« Je baisai la main de cette dame que je ne devais plus revoir.

« Je cachetai ma lettre sans rien y ajouter, et ne voulant pas la confier à des mains étrangères, c'est moi qui la portai le jour même à son adresse.

« Dans la soirée, vers neuf heures, un homme vêtu de noir sonna à ma porte, me demanda, et suivit Ernest Defarge, un enfant qui était à mon service. Quand celui-ci entra dans le salon, où j'étais avec ma femme, — oh! la bien-aimée de mon cœur! si belle et si aimante! — nous vîmes cet homme, que Defarge croyait être dans l'antichambre, et qui se trouvait derrière lui.

« On m'appelait, disait-il, dans la rue Saint-Honoré, pour un cas très-grave; une voiture m'attendait, et je serais bientôt de retour.

« C'est ici, dans mon tombeau, que cette voiture devait me conduire. A peine étais-je dans la rue qu'une écharpe me fut appliquée sur la bouche et nouée fortement, pendant qu'on m'attachait les bras derrière le dos. Les deux frères sortirent alors d'un coin obscur, traversèrent la rue, et d'un signe établirent mon identité. Le marquis tira de sa poche la lettre que j'avais adressée au ministre, me la montra, l'enflamma à la bougie d'une lanterne qu'il tenait à la main, et en éteignit les cendres avec le talon de son soulier. La voiture partit, et l'on m'enferma tout vivant dans la tombe.

« Si Dieu leur avait inspiré la pensée de me faire parvenir des nouvelles de ma femme, de me faire seulement savoir si elle est morte ou vivante, je me serais dit que le Seigneur ne les avait pas entièrement abandonnés. Mais la croix sanglante dont ils sont marqués leur est fatale; Dieu ne les fait plus participer à sa miséricorde, et moi, Alexandre Manette, ce dernier soir de ma dixième année d'agonie, je les dénonce, et jusqu'au dernier de leur race, je les dénonce aux temps à venir, où il leur faudra répondre de tous ces crimes; je les dénonce au ciel et à la terre. »

Une effroyable rumeur s'éleva de tous les points de la salle, rumeur confuse où l'on ne distinguait qu'un bruit de voix altérées de sang. La pièce qu'on venait de lire avait exalté jusqu'à la frénésie la fureur vindicative de l'époque, et il n'était personne en France dont la tête ne fût tombée sous une semblable accusation.

Il devenait inutile, devant un pareil tribunal, de demander comment les Defarge n'avaient pas joint cette pièce à toutes celles qu'on avait trouvées à la Bastille, comment ils l'avaient gardée pour la publier quand il leur conviendrait. Inutile de démontrer que le nom de cette famille était ouvré depuis longtemps dans les archives de la tricoteuse, et désigné à la vengeance de Saint-Antoine. Celui dont les vertus et les services auraient pu contrebalancer une telle dénonciation n'était pas encore au monde.

Ce qu'il y avait surtout de fâcheux pour l'accusé, c'est que le dénonciateur était un citoyen connu, son ami, le père de sa femme. Dans ses folles aspirations, la populace cherchait à imiter les vertus plus que douteuses des républicains antiques, et voulait qu'on sacrifiât ce que l'on avait de plus cher sur l'autel de la patrie. C'est pourquoi lorsque le président vint à dire (autrement sa tête eût chancelé sur ses épaules) que le docteur Manette avait bien mérité de la nation en concourant à déraciner du territoire de la République une famille d'aristocrates, et qu'il éprouverait, sans aucun doute, une joie sacrée à faire sa fille veuve, et sa petite fille orpheline, par la mort d'un odieux ennemi du peuple, c'est pourquoi, disons-nous, ces paroles n'exciteront qu'un élan sauvage de ferveur patriotique, et pas le moindre sentiment d'humanité.

« Il est très-influent, ce docteur, murmura Mme Defarge en souriant à sa voisine; sauve-le, docteur, sauve-le! »

Le premier juré articula son vote; un rugissement joyeux accueillit sa réponse affirmative. Un second juré vota, puis un autre : rugissement sur rugissement.

Reconnu coupable à l'unanimité, aristocrate de cœur et de naissance, ennemi de la République, oppresseur du peuple. Condamné à mort; ramené à la Conciergerie; exécuté dans les vingt-quatre heures.

CHAPITRE XI.

Dernier espoir.

La malheureuse femme du condamné fléchit sous la sentence, comme frappée d'un coup mortel; mais elle ne proféra aucune plainte, et la voix intérieure, qui lui criait de soutenir son mari dans cette dernière épreuve, eut tant de force, qu'elle releva immédiatement la tête pour le consoler du regard.

Les membres du tribunal, devant participer à une démonstration patriotique, ajournèrent au lendemain les causes qui restaient à juger, et la foule s'écoula bruyamment.

Lucie, restée en face du banc des prévenus, tendit les bras au condamné, et leva sur lui des yeux remplis d'amour.

« Si je pouvais l'approcher, l'embrasser une dernière fois ! Ayez pitié de nous, bons citoyens ! »

Il ne restait plus dans la salle que le geôlier, John Barsad, et les quatre hommes qui, la veille, avaient arrêté Charles Darnay.

« Accordons-lui ce qu'elle désire, dit l'espion ; ce sera l'affaire d'un instant. » Les autres firent un signe affirmatif, aidèrent la jeune femme à escalader les bancs du prétoire, et la conduisirent dans un endroit où le condamné put la serrer dans ses bras.

« Adieu, mon amour, adieu ! ma dernière pensée sera pour toi, mon dernier souffle pour te bénir. Sois tranquille, nous nous retrouverons où les malheureux sont consolés.

— J'ai la force de tout supporter, Charles ; Dieu me soutient ; j'ai du courage ; ne souffre pas pour moi, ne t'inquiète pas. Ta bénédiction pour notre enfant.

— Bénis-la de ma part ; tu l'embrasseras pour son père ; tu lui feras mes adieux.

— Charles.... oh ! non, pas encore ! » Il se détachait d'elle.

« Nous ne serons pas longtemps séparés ; je sens que mon cœur se brisera, que je te rejoindrai bientôt ; mais je ferai mon devoir jusqu'à la fin ; et quand il me faudra quitter notre fille, Dieu lui donnera des amis, comme il l'a fait pour moi. »

Son père, qui l'avait suivie, allait se mettre à genoux devant eux, mais Darnay étendit la main :

« Non, non, s'écria-t-il ; qu'avez-vous fait dont vous deviez vous excuser? Nous savons maintenant la lutte que vous avez subie ; nous sentons ce que vous avez dû subir en apprenant quelle était ma famille ; nous comprenons l'antipathie instinctive que vous éprouviez d'abord, et que vous avez surmontée par égard pour elle. Nous vous en remercions de tout notre cœur, et vous avez tout notre amour. Que le ciel vous garde et vous protége ! »

Pour toute réponse, l'ancien captif porta les mains à ses cheveux blancs, et les tordit en poussant un cri de douleur.

« Cela devait être ; pourquoi s'en étonner ? reprit Darnay. Tout a concouru à ce triste résultat ; ce sont mes vains efforts pour accomplir le dernier vœu de ma mère qui m'ont fatalement conduit vers vous. Le bien ne pouvait pas ressortir de pareils méfaits ; de semblables prémisses ne pouvaient pas amener de conclusions plus heureuses. Consolez-vous et pardonnez-moi ce que vous avez souffert. »

On l'emmena ; sa femme, les mains jointes, le regarda s'éloigner en lui adressant un sourire consolateur. Lorsqu'elle le vit disparaître, elle posa son front sur la poitrine de son père, voulut parler, et tomba sans mouvement.

S'élançant alors du coin obscur qu'il avait occupé jusque-là, Sydney Cartone vint la relever. Il tressaillit, sa main trembla en soutenant cette belle tête, pâlie par la douleur ; mais à la profonde compassion qui se peignait sur son visage, se mêla un éclair de joie et d'orgueil.

« La porterai-je ? pensa-t-il ; je n'ai jamais senti le poids de son corps. »

Il la prit dans ses bras, et la déposa doucement sur les coussins de la voiture. Le docteur et M. Lorry se placèrent auprès d'elle ; lui, monta sur le siége, à côté du cocher.

Arrivé à la porte, où la veille il était revenu dans l'ombre, pour suivre la trace de ses pas adorés, il la sortit de voiture, et la porta dans sa chambre, où sa fille et miss Pross la couvrirent de larmes et de caresses.

« Laissez-la, dit-il, ne la rappelez pas à elle-même, elle est mieux ainsi ; ne lui rendez pas le sentiment de sa douleur.

— Cher Cartone, s'écria la petite fille en se jetant dans ses bras, c'est pour consoler maman que tu es venu de Londres, n'est-ce pas ? c'est pour sauver papa. Regarde-la, bon ami : toi qui l'aimes, tu l'empêcheras d'être malheureuse. »

Il souleva l'enfant, posa sa joue flétrie contre la jeune rose du pauvre ange, éloigna la chère petite, et regarda la jeune femme qui était toujours sans mouvement.

Avant de partir il s'arrêta : « Je peux bien l'embrasser, » dit-il.

On se souvient de lui avoir entendu prononcer quelques mots lorsqu'il se pencha pour la baiser au front, et la petite Lucie leur dit alors, comme dans sa vieillesse elle le raconta aux enfants de sa fille, qu'elle lui avait entendu proférer ces paroles :
« Pour une vie qui vous est chère ! »

En quittant la chambre, il se trouva tout à coup en face de M. Lorry, et s'adressant au docteur qui suivait le gentleman :

« Hier votre influence a été toute-puissante, essayez-la de nouveau, lui dit-il ; vous êtes bien avec les juges, et tous les gens du pouvoir sont reconnaissants de vos services.

— Les circonstances ne sont plus les mêmes, j'étais prévenu de ce qui devait avoir lieu ; j'avais la certitude de le sauver, répondit M. Manette avec lenteur et d'un air qui révélait son trouble.

— Essayez encore; nous avons peu de temps d'ici à demain; mais c'est un motif pour le bien employer.

— C'est là mon intention; je ne m'arrêterai pas avant d'avoir tout fait.

— A la bonne heure; l'énergie peut accomplir de grandes choses; bien que cependant.... ajouta-t-il avec un soupir; mais c'est égal, il faut essayer. Si peu de valeur qu'ait cette vie, lorsqu'on en fait un mauvais usage, elle vaut néanmoins qu'on la défende, puisqu'il en coûte de la quitter.

— Je pars, dit M. Manette; je vais voir le président, les juges, l'accusateur public; j'en verrai d'autres, j'écrirai...., mais il y a fête nationale; ils sont tous dehors et je ne les verrai que ce soir.

— Ne vous en désolez pas, la chose est tellement désespérée, que ce contre-temps ne vous enlève guère de chances. Je viendrai néanmoins savoir le résultat de vos démarches; à quelle heure croyez-vous avoir vu tout votre monde?

— Une heure ou deux après la chute du jour.

— Il fait nuit à quatre heures; ainsi, en allant chez M. Lorry entre huit et neuf, j'apprendrai ce que vous avez fait, soit de la bouche du gentleman, soit de la vôtre?

— Certainement.

— Puissiez-vous réussir! »

M. Lorry accompagna Sydney jusque sur le carré.

« Je n'ai pas d'espoir, dit-il en lui mettant la main sur l'épaule.

— Moi non plus.

— En supposant que les magistrats, les chefs de la Commune lui soient favorables, et c'est une supposition bien gratuite, — qu'est pour eux la vie d'un homme? — je ne crois pas qu'ils aient le courage de l'épargner, après les applaudissements dont la foule a salué la sentence.

— Je pense comme vous; j'ai cru entendre la chute du couteau dans leurs acclamations. »

M. Lorry s'appuya au montant de la porte.

« Ne vous laissez pas abattre, dit Cartone avec douceur; j'ai engagé M. Manette à faire ces démarches, parce que sa fille y trouvera une idée consolante; sans cela elle se dirait qu'on n'a fait aucun effort pour le sauver, et cette conviction pourrait troubler son repos.

— Assurément, répondit le vieillard en s'essuyant les yeux, mais il mourra, je n'ai vraiment aucun espoir.

— Aucun, » dit machinalement Cartone ; et il descendit l'escalier d'un pas ferme.

CHAPITRE XII.

Ténèbres.

Lorsqu'il se trouva dans la rue, Cartone s'arrêta, indécis de savoir où il devait aller. « Je dois être à neuf heures à la banque, dit-il d'un air pensif ; en attendant, ne ferais-je pas bien de me montrer quelque part ? Oui, certes ; il n'est pas mal que ces gens-là me connaissent ; c'est une précaution qui peut être nécessaire ; toutefois cela demande que l'on y réfléchisse. »

Au lieu de suivre le chemin qu'il avait pris, il fit deux ou trois tours dans la rue qui commençait à s'assombrir, et après avoir examiné son projet sous toutes les faces, confirmé dans sa première résolution, il se dirigea vers le quartier Saint-Antoine.

Defarge avait déclaré devant le tribunal qu'il était marchand de vin dans ce faubourg ; il devait être facile de trouver sa boutique. S'étant donc orienté, Sydney Cartone passa la rivière, entra chez un restaurateur, et s'endormit après avoir dîné. Pour la première fois depuis bien longtemps, il s'était passé de liqueur forte ; la veille au soir, il avait répandu son verre d'eau-de-vie dans la cheminée du gentleman, comme un homme qui rompt pour toujours avec une vieille habitude.

Il pouvait être sept heures lorsqu'il sortit du restaurant. Quand il approcha du quartier Saint-Antoine, il s'arrêta devant la fenêtre d'une boutique où était une glace, refit le nœud de sa cravate, replaça le collet de son habit, et arrangea ses cheveux qui étaient tout en désordre. Cette opération terminée, il se rendit chez les Defarge.

Par hasard le seul étranger qui se trouvât dans la salle était Jacques Trois, l'homme à la figure de tigre, à la main inquiète, à la voix croassante, qui le matin faisait partie du jury ; il buvait sur le comptoir, tout en causant avec le marchand de vin, la femme de celui-ci, et la Vengeance, qui paraissait être de la maison.

Cartone, s'étant posé de manière à être en vue des causeurs, demanda une chopine de vin et le fit en mauvais français.

La cabaretière lui jeta d'abord un coup d'œil indifférent, puis la regarda d'une façon de plus en plus attentive, et enfin s'approcha de lui pour demander ce qu'il fallait lui servir.

Il répéta sa demande.

« Vous êtes Anglais? » reprit Mme Defarge en relevant les sourcils.

Il la regarda comme s'il avait eu de la peine à la comprendre, et avec un accent très-prononcé :

« Oui, madame, oui, moi Anglais, » répondit-il.

Puis il s'empara d'un journal jacobin, et tout en feignant d'être absorbé par sa lecture, comme si elle était pour lui d'une extrême difficulté, il entendit Mme Defarge qui, revenue à sa place, disait à ses amis :

« On jurerait que c'est Évremont. »

Le cabaretier alla le servir, et lui souhaita le bonsoir.

« Comment?

— Je vous dis bonsoir.

— Oh! bonsoir; très-bon le vin; je bois à la République.

— En effet, dit le mari de Mme Defarge lorsqu'il se retrouva dans le petit groupe, il y a quelque ressemblance.

— Énormément! reprit la femme d'un ton sévère.

— Tu l'as tellement dans la tête, que tu le vois partout, citoyenne, fit observer Jacques Trois, dans un but de conciliation.

— C'est ma foi vrai, ajouta la Vengeance, sans compter le plaisir qu'elle aura demain à le voir une dernière fois. »

Carton, penché sur son journal, en suivait les lignes d'un index attentif, et d'un visage absorbé par l'étude. Les quatre amis, les bras croisés sur le comptoir, et la tête en avant, continuaient à causer à voix basse. Après un instant de silence, pendant lequel ils avaient regardé l'Anglais, sans parvenir à le distraire de sa lecture, ils reprirent l'entretien qu'ils avaient interrompu.

« La citoyenne a raison, dit Jacques Trois; pourquoi s'arrêter? La chose est sans réplique.

— Fort bien, repartit Defarge; mais il faudra s'arrêter quelque part : toute la question est de savoir où?

— Après extermination complète, répondit sa femme.

— Elle est superbe! croassa le juré.

— Bravo! dit la Vengeance.

— L'extermination est bonne en principe, ma femme, reprit le cabaretier un peu ému, je l'approuve en général; mais il a tant souffert, ce pauvre docteur! vous avez remarqué sa figure, quand on lisait ce papier.

— Oui, riposta la citoyenne avec mépris et colère; oui, j'ai remarqué sa figure, et je vous dis que ce n'est pas celle d'un patriote; qu'il y prenne garde à sa figure blême.

— Tu as vu la douleur de sa fille, répliqua Defarge d'une voix suppliante, ce devait être pour lui une effroyable torture.

— Oui, j'ai vu sa fille, reprit la citoyenne, et plus d'une fois encore; je l'ai vue souvent au coin de la petite rue qui est derrière la prison : que je lève seulement un doigt.... »

Carton entendit la main de Mme Defarge retomber sèchement sur le comptoir, comme le couteau de la guillotine.

« Elle est superbe! croassa le juré.

— C'est un ange, dit l'autre femme en l'embrassant.

— Quant à toi, poursuivit la cabaretière en regardant son mari, si tu en avais le pouvoir, ce qui heureusement n'est pas, tu sauverais même le gendre.

— Non! protesta le cabaretier; mais je n'irais pas plus loin, je m'arrêterais là.

— C'est que vois-tu, Jacques, reprit Mme Defarge avec une fureur concentrée, vois-tu, ma petite Vengeance, écoutez tous les deux : il y a longtemps que j'ai inscrit le nom de cette race maudite, comme étant condamnée à une entière destruction, et non pas seulement pour leurs crimes de tyrannie générale; demandez plutôt à mon mari. »

Defarge fit un signe affirmatif.

« Au commencement des grands jours, lorsque tomba la Bastille, il y trouva ce papier, l'apporta chez nous, et quand tout le monde fut parti, que la boutique fut fermée, nous l'avons lu ensemble, là, sur ce comptoir, à la lueur de cette lampe. Est-ce vrai?

— Oui, répondit Defarge.

— Lorsque la lecture en fut achevée, la lampe venait de s'éteindre, le jour paraissait au-dessus des volets, entre les barreaux des fenêtres, je dis à mon mari que j'avais un secret à lui confier; il peut vous le dire. »

Nouveau signe affirmatif de la part du cabaretier.

« Je posai mes deux mains sur ma poitrine, comme je les pose maintenant, et je lui dis : « Defarge, ce sont des pêcheurs
« du bord de la mer qui m'ont accueillie; ces malheureux,
« dont le papier raconte l'histoire, cette famille si horriblement
« victime de ces deux Évremont, c'est ma famille. Cette sœur
« du jeune homme qu'ils ont tué était la mienne, le mari qu'ils
« ont fait mourir, l'enfant qu'ils ont étouffé dans le sein de sa

« mère, étaient le mari et l'enfant de ma sœur; cet homme dont
« ils ont brisé le cœur était mon père; ces morts sont les miens,
« et c'est à moi que revient l'obligation d'en demander compte; »
est-ce vrai, Defarge?

— Très-vrai, murmura-t-il.

— Dis alors au vent et à la flamme de s'arrêter, mais ne me
le dis pas à moi, » répliqua sa femme.

Le lecteur n'eut pas besoin de la voir pour sentir combien elle
était pâle.

Jacques Trois et la Vengeance éprouvaient une horrible satisfaction de la source mortelle de sa haine, et la félicitèrent vivement. Defarge, qui constituait une faible majorité, invoqua la mémoire de la marquise, et rappela ses intentions généreuses; mais il n'obtint qu'une répétition des paroles de sa femme :

« Dis au vent et à la flamme de s'arrêter, mais non à moi. »

Plusieurs personnes entrèrent, et le groupe se dispersa; Cartone paya ce qu'il avait pris, compta d'un air embarrassé l'argent qu'on lui rendait, et pria Mme Defarge de lui indiquer le chemin du Palais National. La cabaretière l'accompagna jusqu'à la porte, lui posa la main gauche sur le bras et lui montra de la main droite la direction qu'il devait prendre. Cartone se dit en lui-même que ce serait une bonne action de saisir le bras qui s'appuyait sur le sien, de le lever et d'enfoncer une lame aiguë sous l'aisselle qu'il abritait; mais il s'éloigna et disparut dans l'ombre. A l'heure convenue, il se présenta chez M. Lorry, qu'il trouva parcourant sa chambre avec agitation. Le gentleman arrivait de chez Lucie, et ne l'avait quittée que pour être au rendez-vous que lui avait donné Cartone. Quant à M. Manette, personne ne l'avait vu depuis le moment où il était sorti de la banque, c'est-à-dire depuis quatre heures. Sa fille en concevait quelque espoir, supposant que ses premiers efforts l'avaient encouragé à faire de nouvelles démarches; mais les autres se demandaient où il pouvait être.

Dix heures sonnèrent; il n'était pas revenu, et le gentleman ne voulant pas que Lucie restât seule plus longtemps, partit pour aller la rejoindre, en disant qu'il reviendrait à minuit, et en priant Cartone de recevoir le docteur en son absence.

L'horloge marqua onze heures, minuit sonna, le docteur n'était pas de retour; le gentleman revint sans qu'on pût lui en donner des nouvelles, sans que lui-même en rapportât aucune. Où donc pouvait-il être.

Cartone et M. Lorry discutaient le fait et commençaient à bien augurer de sa longue absence, quand ils crurent entendre des pas dans l'escalier. C'était bien lui ; mais dès qu'il entra, les deux amis comprirent que tout était perdu.

On ne sut jamais s'il était allé voir quelqu'un, ou s'il avait erré au hasard depuis qu'il était parti : ces messieurs ne lui adressèrent pas de question, sa figure leur apprenait tout ce qu'ils devaient savoir.

« Je n'ai pas pu le trouver, dit-il en regardant autour de la chambre ; il me le faudrait pourtant ; où l'a-t-on mis ? »

Il n'avait plus ni chapeau ni cravate, et pendant que ses yeux erraient sur le plancher, il ôta son habit et le laissa tomber à terre.

« Mon banc, où est-il ? je l'ai cherché partout. Qu'ont-ils fait de mes outils, de mon ouvrage ? Le temps presse ; il faut que je finisse ces souliers. »

Les deux amis se regardèrent et sentirent leur cœur défaillir.

« Je vous en prie, dit-il d'une voix plaintive, rendez-moi mon ouvrage ; il faut bien que je travaille. »

Ne recevant pas de réponse, il se tira les cheveux et frappa du pied, comme un enfant que l'on contrarie.

« Ne tourmentez pas un pauvre misérable, s'écria-t-il d'une voix déchirante ; donnez-moi mon ouvrage. Que deviendrai-je si mes souliers ne sont pas finis ? »

Perdu, perdu sans ressources !

MM. Lorry et Cartone le firent asseoir devant le feu, et lui promirent que bientôt il aurait son ouvrage. Il s'affaissa dans son fauteuil, regarda le brasier d'un œil fixe, et des larmes coulèrent sur ses joues. Tout ce qui s'était passé depuis dix-huit ans parut n'avoir été qu'un rêve, et M. Lorry se retrouva en face du malheureux que Defarge abritait dans son grenier.

Quelle que fût néanmoins la douleur que les deux amis ressentissent d'un pareil spectacle, ce n'était pas le moment de se livrer à l'émotion qu'ils éprouvaient. Le souvenir de la pauvre femme, qui perdait à la fois son dernier espoir et son unique soutien, les rappelait trop vivement à ce qu'ils avaient à faire.

« La dernière chance est perdue ; c'était si peu de chose, qu'elle n'est pas à regretter, dit Cartone. Je crois que vous ferez bien de le conduire auprès de sa fille ; mais veuillez auparavant m'entendre. Ne m'interrogez pas au sujet des recommandations que je vais vous faire, et de la promesse que j'ai à vous demander : j'ai pour cela un motif, un excellent motif.

— Je n'en doute pas, dit le gentleman ; je vous promets tout d'avance. »

Pendant ce temps-là, M. Manette se balançait en gémissant. Les deux autres parlaient à voix basse, comme s'ils avaient été près d'un malade.

Cartone ramassa l'habit qui était par terre et qui embarrassait les pieds de M. Manette ; au moment où il relevait cet habit, un portefeuille sortit de la poche et tomba sur le parquet.

« Nous pouvons l'ouvrir ? » dit Cartone au gentleman, qui fit un signe affirmatif.

Il y trouva un papier qu'il déplia.

« Dieu soit loué ! s'écria-t-il.

— Qu'est-ce que c'est ? demanda M. Lorry.

— Je vous le dirai tout à l'heure, reprit-il en tirant de sa poche un papier semblable à celui qu'il tenait à la main. Ceci est mon passe-port ; gardez-le jusqu'à demain matin ; je dois aller voir M. Darnay ; il vaut mieux que je n'aie pas ce papier sur moi.

— Pourquoi cela ?

— Je n'en sais rien ; si vous le gardez, je serai plus tranquille. Ce que je viens de trouver dans le portefeuille du docteur est un laisser-passer pour lui, sa fille et sa petite-fille, qui leur permet à tous les trois de quitter Paris, lorsque bon leur semblera, et de se rendre à la frontière. Mettez-le soigneusement avec le vôtre et le mien ; j'ai de bonnes raisons pour croire qu'il nous sera fort utile.

— Rien ne les menace pourtant ?

— Au contraire ; Mme Defarge est sur le point de les dénoncer ; je le tiens de sa propre bouche. Elle a dit devant moi différentes choses qui m'inspirent des craintes sérieuses. Je suis allé immédiatement trouver Barsad, qui m'a confirmé dans mon opinion. Il paraît qu'un scieur de bois, logé derrière la Force, et qui est sous l'autorité de Mme Defarge, a raconté à cette dernière qu'il l'avait vue (jamais Cartone ne proférait le nom de Lucie) faire des signes aux prisonniers. Il est aisé de prévoir une accusation de complot contre la République, accusation qui entraîne la peine de mort, et qui pourrait s'étendre à son père et à sa fille.... n'ayez par peur, nous les sauverons.

— Dieu le veuille ! mais comment faire ?

— Cela dépend de vous, et c'est dire que le succès est assuré. La dénonciation de Mme Defarge n'aura pas lieu avant après-demain ; il est même probable qu'elle ne sera faite que vers la fin de la semaine. C'est un crime, vous le savez, de pleurer les malheureux qui périssent sur l'échafaud ; le docteur et sa fille s'en rendraient assurément coupables, et la dénonciatrice, dont la haine invétérée ne saurait se décrire, attendra quelques jours afin d'ajouter ce nouveau grief aux charges précédentes. Vous suivez ce que je vous dis ?

— Avec une si grande attention que je l'en avais même oublié, dit le gentleman en désignant M. Manette.

— Vous avez de l'argent, et pouvez gagner la côte aussi rapidement que possible. Vos préparatifs sont faits pour retourner en Angleterre ; demandez demain matin des chevaux de poste, et partez à deux heures.

— Ce sera fait. »

L'entraînement qu'il mettait dans ses paroles inspirait au vieillard une ardeur qui n'était plus de son âge.

« Vous êtes un noble ami, reprit Cartone ; je savais que nous pouvions compter sur vous. Allez tout de suite lui apprendre le danger qui la menace ; dites-lui bien que son père et sa fille périraient avec elle ; faites surtout valoir cette considération, car elle serait heureuse de poser sa belle tête sur l'échafaud en même temps que son mari. » Sa voix s'altéra en prononçant ces paroles, mais il reprit avec fermeté : « Par amour pour elle, pour sa fille et pour son père, faites-lui comprendre la nécessité de partir immédiatement. Dites-lui que c'est la dernière volonté de celui qui l'aime. Croyez-vous que, dans l'état où il est, son père lui obéisse ?

— Entièrement.

— Fort bien. Faites sans bruit tous les préparatifs nécessaires ; que la voiture soit dans la cour à une heure, et montez-y d'avance, afin qu'elle puisse partir dès mon retour de la prison.

— La chose est convenue. Je dois vous attendre, quoi qu'il arrive, n'est-ce pas ?

— Assurément ; vous avez mon passe-port, tous mes effets ; gardez-moi une place, ne partez pas sans qu'elle soit occupée ; mais que les chevaux s'ébranlent aussitôt qu'elle le sera.

— A la bonne heure, dit le gentleman en lui serrant la main ; tout ne reposera pas sur un vieillard ; j'aurai pour me soutenir un homme jeune et dévoué.

— Je l'espère ; mais promettez-moi qu'aucune influence ne vous fera modifier les dispositions que je viens de vous dire, et que nous nous engageons mutuellement à garder.

— Je vous le promets, Cartone.

— Je vous en conjure : pas d'hésitation, pas de retard ; abandonnez celui que rien ne pourrait sauver, afin de ne pas sacrifier tant de vies précieuses.

— Je ne l'oublierai pas, soyez tranquille ; je remplirai ma mission.

— Et moi la mienne. Maintenant je vous dis adieu. »

Bien qu'il eût proféré cette parole d'un air à la fois souriant et grave, et qu'il eût porté la main du vieillard à ses lèvres, il ne s'en alla pas immédiatement. Il aida M. Lorry à faire lever l'ancien captif, qui gémissait toujours devant les charbons éteints, il enveloppa chaudement ce pauvre docteur, lui mit un chapeau, et lui persuada de venir avec eux, en lui disant qu'ils allaient voir où l'on avait caché son ouvrage.

Puis soutenant M. Manette, il se dirigea vers l'endroit où veillait l'affligée, qui était si heureuse à l'époque où il lui avait ouvert son cœur. Il resta quelques instants dans la cour, leva les yeux vers la chambre qu'elle occupait, et avant de partir lui adressa une bénédiction, et un fervent adieu.

CHAPITRE XIII.

Cinquante-deux têtes.

Ceux qui devaient mourir ce jour-là attendaient leur sort au fond de la Conciergerie. Leur nombre égalait celui des semaines de l'année : cinquante-deux personnes, emportées par le courant, allaient être jetées dans l'océan éternel, et sans rivage. Elles n'avaient pas quitté leurs cellules, et leurs successeurs étaient désignés ; avant que leur sang se fût mêlé au sang qui avait coulé la veille, celui qui le lendemain irait rejoindre le leur était déjà mis à part.

Cinquante-deux condamnés ! depuis le fermier général, plus que septuagénaire, dont l'immense fortune ne pouvait racheter la vie, jusqu'à l'ouvrière de vingt ans, qu'une vie pauvre et obscure n'avait pas protégée. Les maladies pestilentielles qui résultent des vices et de l'incurie des hommes, prennent leurs morts dans tous les rangs de la société ; l'atroce délire qu'engendre la misère, l'oppression, la dureté du cœur frappent également en aveugle, et choisissent partout leurs victimes.

Seul dans sa cellule, Charles n'avait pas eu depuis la veille un instant d'illusion ; à chacun des mots dont le président avait fait la lecture, il avait senti qu'aucune influence ne l'arracherait au supplice; qu'il était virtuellement condamné par des millions de suffrages, et que des unités ne prévaudraient pas contre un pareil total.

Néanmoins, les yeux remplis d'une image adorée, il lui était difficile d'accepter l'arrêt de ses juges; des liens puissants l'attachaient à la vie; ce qui était arrivé depuis deux jours en avait décuplé la force, en lui rendant la liberté; et quand toute son énergie était employée à ressaisir le bonheur, on lui arrachait brusquement l'existence. Des courants tumultueux se pressaient dans son cœur et dans sa pensée, d'où la révolte éloignait l'esprit de résignation; venait-il à écouter cette dernière, sa femme et sa fille protestaient contre son égoïsme.

Tels furent dans le principe les sentiments du condamné; puis il pensa qu'il n'y avait pas de honte à subir la peine qui l'attendait, que chaque jour une foule d'innocents étaient envoyés à l'échafaud, et qu'ils y montaient d'un pas ferme, que ce serait dans l'avenir une consolation pour les êtres chéris qui devaient lui survivre, de savoir qu'il était mort avec sérénité; puis se calmant peu à peu, il éleva plus haut son esprit, et la paix descendit dans son âme.

Le jour allait finir, lorsqu'il eut recouvré la possession de lui-même; on lui permit d'acheter de la lumière, tout ce qu'il fallait pour écrire, et il en fit usage jusqu'au moment où l'on éteignit les lampes.

Dans la lettre qu'il adressait à sa femme, il dit à cette dernière qu'il avait ignoré l'incarcération du docteur, jusqu'à l'époque où elle-même la lui avait racontée, et qu'il n'avait su que par la lecture que le président avait faite, la part que son oncle et son père avaient prise à cette infamie. S'il lui avait caché son véritable nom, c'était, lui disait-il, pour obéir à M. Manette qui en avait exigé la promesse le matin de leur mariage. Il lui recommandait de ne pas chercher à savoir si le docteur avait oublié l'existence des lignes qu'il avait écrites, ou si elles lui avaient été rappelées par la découverte qu'on avait faite à la Tour de Londres; et que lui, Charles, avait racontée un dimanche soir qu'ils étaient sous le platane. En supposant que le docteur eût gardé le souvenir de cet écrit, il avait dû croire qu'on ne l'avait pas trouvé lors de la prise de la Bastille, puisqu'il n'en était pas question dans les divers comptes rendus, où les moindres vestiges, laissés par les captifs, avaient été minutieusement relatés.

Bien qu'elle n'eût pas besoin d'en être priée, ce qu'il savait, disait-il, Charles conjurait Lucie d'employer tous les moyens que lui suggérerait sa tendresse pour démontrer au docteur qu'il n'avait rien fait dont il eût à se repentir; pour lui rappeler qu'au contraire il s'était toujours sacrifié à ses enfants, et que ceux-ci lui en avaient une profonde reconnaissance. Enfin, après l'avoir remerciée du bonheur qu'elle lui avait donné, après l'avoir adjurée de surmonter son chagrin pour se consacrer à leur fille, il la chargeait de consoler son père, et la suppliait de ne pas manquer à cette tâche filiale, en considération du jour qui devait les réunir.

Il écrivit au docteur dans le même sens, lui recommanda sa femme et sa fille, lui rappela qu'elles n'avaient d'autre appui que celui qu'il pouvait leur donner, et le répéta plusieurs fois, dans l'espoir que cette pensée aiderait son beau-père à triompher d'un accablement dont il prévoyait les suites, et l'arracherait à des souvenirs qui lui deviendraient funestes.

Il les confia tous les trois aux soins de M. Lorry, auquel il expliqua ses affaires; adressa quelques paroles chaleureuses d'affection et de gratitude à l'excellent vieillard, et tout fut terminé.

Pas un mot pour Cartone; absorbé par les autres, il ne lui donna pas même un souvenir.

Lorsqu'il eut achevé ses lettres, Charles s'étendit sur sa paillasse, et pensa qu'il en avait fini avec les choses de la terre.

Mais il y fut rappelé dans son sommeil, où ce bas monde prit à ses yeux des formes séduisantes. Il était libre, il se retrouvait dans la maison de Soho, qu'il reconnaissait, bien qu'elle ne ressemblât pas à ce qu'elle était réellement. Échappé à la mort, par un prodige qu'il ne s'expliquait pas, il revoyait Lucie; elle lui disait que tout cela était un rêve, qu'il n'était jamais venu en France, et ne l'avait pas quittée. Survint une pause; l'arrêt fatal avait été mis à exécution; il n'en était pas moins auprès de ceux qu'il aimait, il jouissait d'un bonheur paisible, et bien qu'il fût mort, il n'avait subi aucun changement. Tout disparut une seconde fois, sans qu'il en eût conscience; puis il s'éveilla, et se demanda où il était, jusqu'au moment où cette pensée lui revint à la mémoire : c'est aujourd'hui mon dernier jour.

Maintenant qu'il était calme, et n'avait plus à lutter contre lui-même, un nouvel ordre d'idées s'empara de son esprit et lui causa une singulière obsession.

Il n'avait jamais vu l'instrument qui devait lui trancher la tête. A quelle hauteur s'élevait l'échafaud? combien aurait-il de marches à monter? les mains qui le toucheraient ne seraient-elles pas couvertes de sang? comment serait-il placé? l'expédierait-on le premier, ou le dernier de la série? et bien d'autres questions du même genre, qui se représentaient sans cesse en dépit de ses efforts. Non pas qu'elles fussent empreintes d'un sentiment de tiédeur; elles provenaient du désir de savoir ce qui lui resterait à faire lorsque le moment serait arrivé; désir étrange, hors de toute proportion avec la rapidité des préparatifs auxquels il se rattachait, et qui semblait moins appartenir au détenu qu'à un esprit étranger qu'il renfermait en lui-même.

Tandis qu'il parcourait sa prison, en s'efforçant d'imposer silence à cette voix importune, les heures suivaient leur marche ordinaire, et l'horloge frappait le nombre de coups qu'il ne devait plus entendre. Neuf! passés pour toujours. Dix, onze! passés pour toujours!

Il allait être midi; Charles avait enfin triomphé des questions qui l'obsédaient; il ralentit sa promenade, redit tout bas les noms aimés, et libre de toute préoccupation irritante, pria pour lui-même et pour ceux qui restaient.

L'horloge sonna midi. C'était pour trois heures; Charles ne l'ignorait pas; sachant en outre qu'il faudrait partir assez tôt pour que les charrettes mortuaires puissent arriver à leur destination, il envisagea deux heures comme l'instant définitif, et résolut d'employer l'intervalle qui l'en séparait à fortifier son âme, afin de pouvoir soutenir les autres pendant le trajet funèbre.

Marchant d'un pas ferme, les deux bras croisés sur la poitrine, l'esprit calme et réfléchi, il écouta sonner l'horloge sans éprouver d'étonnement; cette heure avait eu pour lui la même durée que la plupart de celles qu'il avait connues jadis. Il n'y en a plus qu'une, pensa-t-il; et rendant grâces au ciel d'avoir recouvré son empire sur lui-même, il se retourna pour continuer sa marche.

Des pas retentirent dans le corridor, la clef tourna dans la serrure, et au moment où s'ouvrait la porte, Charles entendit ces mots, qu'on disait en anglais et à voix basse :

« J'ai eu soin de ne pas me montrer; il ignore que je suis ici. Entrez seul; je reste dans le voisinage; surtout ne perdez pas de temps. »

La porte se referma, et Charles fut vis-à-vis de Cartone, qui, les traits éclairés d'un sourire, portait le doigt à ses lèvres pour lui recommander le silence.

Il y avait quelque chose de si remarquable dans le rayonnement de son visage, que Darnay crut d'abord à une apparition. Mais c'était bien Cartone qui avait parlé, Cartone qui lui prenait la main et la serrait avec force.

« Vous ne m'attendiez pas, dit celui-ci.

— Je ne pouvais pas croire que ce fût vous; c'est à peine si j'en ai la certitude. Vous n'êtes pas arrêté, j'espère?

— Non; j'ai par hasard une certaine influence dans la prison, je m'en suis servi, et me voilà. C'est votre femme qui m'envoie, cher Darnay. »

Le condamné se tordit les mains.

« Je viens vous transmettre une requête de sa part.

— Laquelle?

— Une prière; elle vous l'adresse de cette voix touchante que vous n'avez pas oubliée. »

Charles détourna la tête.

« Je n'ai pas le temps de vous en expliquer le motif, ne me le demandez pas; mais faites ce qu'elle désire : ôtez vos bottes, et prenez les miennes. »

Une chaise se trouvait dans la cellule, Cartone s'y était assis avec la rapidité de l'éclair, et, les pieds nus, était maintenant en face du condamné.

« Mettez mes bottes, dépêchez-vous, le temps presse.

— La fuite est impossible, Cartone, c'est une folie d'y penser.

— Et qui vous parle de fuir? donnez-moi votre cravate, prenez la mienne, changez d'habit avec moi; permettez que je dénoue ce ruban, et que j'écarte vos cheveux. »

Avec une promptitude merveilleuse, une énergie physique et morale qui ne lui étaient pas naturelles, il imposa ces conditions au prisonnier, qui se laissa faire comme un enfant.

« C'est une folie, Cartone, je vous le répète; la chose est impossible, on l'a tentée plus d'une fois, elle a toujours échoué. N'ajoutez pas le chagrin de votre mort à l'amertume de la mienne; je vous en conjure.

— Est-ce que je vous prie de me suivre? Il y a du papier sur cette table, une plume et de l'encre; avez-vous la main ferme?

— Elle l'était encore lorsque vous êtes venu.

— Dominez votre émotion, et écrivez ce que je vais vous dire; vite, mon ami, vite! »

Darnay alla s'asseoir devant la table, et se pressa la tête avec force. Cartone, la main droite passée dans son gilet, s'approcha, et se tint debout à côté de lui.

« Je commence; écrivez.

— A qui s'adresse....

— A personne.

— Faut-il mettre la date?

— Non. « Si vous vous rappelez ce que je vous ai dit un jour, redicta Sydney, vous comprendrez immédiatement ces lignes. J'ai la certitude que vous vous souvenez de mes paroles; il « n'est pas dans votre nature de les avoir oubliées. »

Au moment où surpris de ce qu'on lui faisait écrire, le condamné relevait les yeux pour interroger Cartone, celui-ci, qui retirait sa main droite de son gilet, s'arrêta brusquement.

« Êtes-vous armé? lui demanda Charles.

— Non.

— Qu'avez-vous dans la main?

— Vous le saurez tout à l'heure. Écrivez; je n'ai plus qu'un mot à dire. « Je suis heureux d'avoir l'occasion de vous prouver « la sincérité de mes paroles. Ce que je fais aujourd'hui est « tellement simple, que personne ne doit en éprouver ni regrets « ni douleur. » Comme il terminait cette phrase, sa main droite passa lentement devant la figure de l'écrivain; Darnay laissa tomber la plume et promena autour de lui des regards effarés.

« Quelle est cette vapeur? demanda-t-il.

— Une vapeur?

— Quelque chose a passé devant moi.

— Je n'ai rien vu; je ne sens rien. Reprenez la plume et finissons; le temps presse, ami. »

Charles fit un effort pour dominer l'étrange sensation qu'il éprouvait; sa pensée était confuse, sa respiration haletante; son regard vitreux se dirigea vers Cartone, dont la main droite était replacée dans le gilet.

« Hâtons-nous, » dit celui-ci.

Charles se pencha pour écrire. « Si je ne profitais pas de la circonstance, poursuivit Cartone, l'occasion serait manquée pour toujours; » la main effleura de nouveau la figure du prisonnier.

« L'avenir, croyez-le, ne ferait qu'augmenter les fautes dont je suis appelé à répondre. Si je ne profitais pas....

Charles ne traçait plus que des caractères inintelligibles. Il se leva tout à coup, jeta un regard furieux à Sydney, qui de la main gauche se fermait les narines, et qui de la droite saisit le condamné, dont il entoura la taille. Un instant après la lutte avait cessé, et Charles, complétement insensible, gisait sur le carreau.

Cartone, dont la main était aussi ferme que prompte, endossa les vêtements du prisonnier, rejeta ses cheveux en arrière, les attacha avec le ruban qu'avait porté Darnay; et entre-bâillant la porte : « Vous pouvez venir, » dit-il à voix basse. John Barsad entra dans la cellule.

« Vous le voyez, poursuivit Cartone, en glissant entre l'habit et la poitrine de Darnay, le papier où étaient les lignes qu'il venait de lui faire écrire, vous ne risquez pas grand'chose.

— Ce n'est pas lui qui m'inquiète, monsieur Cartone, répondit l'espion d'une voix timide; le gros de l'affaire est que vous teniez votre parole jusqu'au bout.

— J'y serai fidèle, n'ayez pas peur.

— Il faut pour cela qu'il n'y ait personne de moins; si, vêtu comme vous l'êtes, vous complétez les cinquante-deux, je n'ai absolument rien à craindre.

— Soyez tranquille; bientôt je ne pourrai plus vous nuire, et à ce moment-là, grâces à Dieu, ils auront quitté Paris. Maintenant, ayez la bonté de me prendre et de me mettre en voiture.

— Vous? dit l'espion d'une voix tremblante.

— Celui qui me remplace; vous vous en irez par le chemin que vous m'avez fait suivre.

— Naturellement.

— Je ne me sentais pas bien quand vous m'avez introduit; l'impression des adieux m'a fait évanouir, la chose est arrivée souvent, trop souvent dans ces murs. — Votre vie est entre vos mains; et je m'en rapporte à vous. Appelez quelqu'un pour qu'on vous aide.

— Vous ne me trahirez pas, vous le jurez?

— Je l'ai déjà fait, répondit Cartone en frappant du pied avec impatience; ne perdons pas des instants précieux. Mettez-le vous-même en voiture, accompagnez-le jusqu'à l'endroit que vous savez, remettez-le à M. Lorry, en recommandant à ce dernier de ne pas s'occuper de le faire revenir, le grand air suffira; surtout dites bien au gentleman de se rappeler la promesse qu'il m'a faite hier au soir, et de partir immédiatement. »

L'espion sortit et rentra presque aussitôt avec deux hommes qu'il avait été chercher. Sydney, assis devant la table, avait la tête appuyée sur ses mains, qui lui couvraient la figure.

« En voilà un qui est affligé de ce que son ami a tiré un bon numéro, dit l'un de ces hommes en contemplant Darnay.

— Un fameux patriote! reprit l'autre; il ne pourrait guère être plus triste si l'aristocrate avait échappé. »

Ils placèrent Darnay sur un brancard qu'ils avaient laissé à la porte, et se mirent en devoir de l'emporter.

« L'heure approche, Évremont, dit Barsad.

— Je le sais, répondit Cartone ; ayez soin de mon ami, je vous en conjure, et laissez-moi.

— Allons, mes enfants ! dit le faux porte-clefs, enlevez-le et partons. »

Resté seul, Cartone rassembla toutes ses facultés auditives pour saisir le moindre bruit qui pût indiquer le soupçon. Des clefs grinçaient dans les serrures, des portes claquaient, des pas retentissaient au loin dans les couloirs ; mais pas des cris, pas de course précipitée ; rien qui annonçât l'alarme. Cartone respira, alla se rasseoir auprès de la table, et prêta de nouveau l'oreille jusqu'au moment où il entendit sonner deux heures.

Des bruits s'élevèrent de différents côtés ; mais il ne s'en effraya pas, car il en devinait le sens. Plusieurs portes s'ouvrirent dans le voisinage, et finalement la sienne ; un geôlier, qui tenait une liste à la main, jeta un regard dans la cellule.

« Évremont, suis-moi, » dit-il.

C'était par une sombre journée d'hiver, et la brume extérieure augmentant l'obscurité de la prison, Cartone ne put voir que d'une manière confuse les individus qui se trouvaient avec lui dans la salle où le geôlier les avait conduits, afin de leur attacher les bras.

Les uns étaient assis, les autres debout ; un petit nombre s'agitait, en proférant des plaintes ; mais c'était l'exception. Presque tous étaient calmes, avaient les yeux baissés et gardaient un profond silence.

Tandis qu'on amenait les dernières victimes, un individu s'arrêta, en passant, et embrassa Cartone, comme un ami que l'on retrouve. Ce fut pour celui-ci un moment de terreur ; mais l'homme, qui croyait le reconnaître, suivit le geôlier sans rien dire, et Cartone fut rassuré. Quelques instants après, une jeune fille, petite et frêle, au visage pâle et délicat, aux grands yeux, largement ouverts et pleins de douceur, quitta la place où elle était assise et vint auprès de Cartone.

« Citoyen Évremont, dit-elle en lui touchant la main de ses doigts glacés, je suis la petite ouvrière qui était avec vous à la Force.

— C'est vrai, murmura Cartone ; mais je ne me souviens plus de quoi vous êtes accusée ?

— De complot ; Dieu sait pourtant que j'en suis bien innocente :

qui aurait voulu conspirer avec une pauvre créature comme moi? »

Le pâle sourire qui accompagna ces mots toucha tellement Carton, que des larmes s'échappèrent de ses yeux.

« Je n'ai pas grand'peur, citoyen Évremont; je ne refuse pas de mourir, si la République, qui doit faire tant de bien au pauvre monde, doit profiter de ma mort; mais je ne vois pas comment cela pourra lui être utile; je suis si peu de chose! »

C'était la dernière fois ici-bas qu'il lui était donné de s'attendrir : son cœur s'émut et s'échauffa pour encourager cette pauvre enfant.

« J'avais entendu dire qu'on vous avait acquitté, citoyen Évremont; je l'avais cru, et je m'en étais réjouie.

— Effectivement ; j'ai été mis en liberté; et réemprisonné le soir.

— Si je fais la route avec vous, citoyen Évremont, voulez-vous permettre que je vous tienne la main? Je n'ai pas grand'-peur; mais je suis faible, et cela me donnera du courage. »

La douce figure se leva vers la sienne, et dans les grands yeux qui le regardèrent se peignirent le doute et la surprise. Il serra la petite main flétrie par le travail, et mit un doigt sur ses lèvres.

« Vous mourez à sa place ? murmura-t-elle.

— Il a une femme et un enfant, chut !

— Oh! mon bon monsieur, vous me laisserez vous donner la main, n'est-ce pas?

— Oui, pauvre sœur; mais appelez-moi Évremont. »

L'ombre, qui enveloppait la Conciergerie, tombait en même temps sur la barrière où se pressait la foule, quand une voiture, sortant de la ville, s'arrêta devant le corps de garde.

« Vos papiers? Alexandre Manette, docteur en médecine, Français : où est-il?

— Le voici. »

On désigne un vieillard replié sur lui-même, qui profère des mots inarticulés et sans suite.

« Il paraît que le citoyen n'a plus sa tête; la fièvre révolutionnaire a été trop forte pour lui.

— Beaucoup trop forte.

— Il n'est pas le seul qui en ait souffert. Lucie Darnay, sa fille, Française : où est-elle?

— La voilà.

— Bien ; c'est la femme d'Évremont, n'est-ce pas?

— Précisément.

— Il a pris un autre chemin, lui. Lucie, fille de l'autre : cette enfant-là, je suppose?

— Oui.

— Embrasse-moi, fille d'Évremont; tu peux te vanter d'avoir embrassé un bon républicain ; c'est nouveau dans ta famille, ne l'oublie pas. Sydney Cartone, avocat, Anglais : où est-il?

— Ici, dans le fond de la voiture.

— Il s'est donc trouvé mal.

— Ce ne sera rien; le grand air va le remettre; il est d'une faible santé, sujet à s'évanouir, et vient de se séparer d'un ami intime, qui a eu le malheur de déplaire à la République.

— Il y en a bien d'autres qui lui déplaisent, et qui, à cause de cela, regarderont par la lucarne. Jarvis Lorry, banquier, Anglais : où est-il ?

— C'est moi, puisque je suis le dernier de tous. »

C'est également lui qui a répondu aux questions précédentes, lui qui a quitté sa place, et qui les pieds dans la boue, la main sur la portière, continue de répondre à un groupe de patriotes et d'employés. Ceux-ci font plusieurs fois le tour de la voiture, montent sur le siége, examinent à loisir les bagages qui se trouvent sur l'impériale. Les paysans qui vont et viennent, se pressent aux deux portières, et plongent des regards avides dans l'intérieur.

Un petit enfant est sur les bras de sa mère ; on lui fait allonger la main pour qu'il puisse toucher la veuve d'un aristocrate, envoyé à la guillotine.

« Voilà tes papiers, Jarvis Lorry.

— Pouvons-nous partir ?

— Oui; fouette, postillon! et bon voyage.

— Je vous salue, patriotes. Le premier péril est passé!» continue le gentleman en croisant les mains et en levant les yeux au ciel.

L'effroi est dans la voiture, on y entend des sanglots étouffés, la voix gémissante d'un vieillard, et la respiration difficile d'un homme accablé par le sommeil.

« Les chevaux ne pourraient-ils pas aller plus vite? demande la jeune femme en prenant les mains de son vieil ami.

— Nous aurions l'air de fuir, cher ange, une allure trop rapide éveillerait les soupçons.

— Penchez-vous, regardez : peut-être sommes-nous poursuivis.

— La route est déserte, ma toute belle ; aussi loin que je puisse voir je ne découvre personne. »

Auprès d'eux passent des groupes de deux ou trois chaumières, des fermes isolées, des ruines d'anciens édifices, des avenues de grands arbres, dépouillés de leur feuillage, des tanneries, des fours à chaux, de grandes plaines découvertes. Le pavé inégal se déploie sous la voiture ; de temps en temps ils quittent la chaussée raboteuse pour les bas côtés, où la boue est épaisse, et n'évitent les cahots que pour s'embourber dans les ornières. L'impatience devint alors si vive, que dans leur angoisse ils veulent descendre, fuir au loin, se cacher dans les buissons, faire une chose ou l'autre, peu importe ; mais non pas s'arrêter !

Les champs s'éloignent ; des fermes solitaires, des châteaux détruits par les flammes, des tanneries, des groupes de masures, des avenues aux branches dépouillées, passent de nouveau près d'eux.

« Ces postillons nous trompent ! ils nous ramènent par un chemin de traverse où nous étions tout à l'heure. N'avons-nous pas vu ces ruines, ces deux ou trois chaumières ? non, grâces à Dieu, c'était moi qui me trompais. Un village ! Regardez bien si nous sommes poursuivis.

— Silence, nous arrivons à la poste. »

Les quatre chevaux sont emmenés avec une lenteur exaspérante ; la voiture, privée de son attelage, est immobile devant la porte de l'auberge, d'où rien n'annonce qu'elle doit s'éloigner. Les quatre chevaux de relais apparaissent enfin, l'un après l'autre, suivis de leurs postillons, qui sucent tranquillement l'extrémité de leur fouet, dont ils refont la mèche.

Ceux qu'ils remplacent comptent leur argent sans se hâter ; se trompent dans l'addition, recommencent leurs calculs et ne sont pas plus heureux.

Nos pauvres cœurs, saisis de crainte, ont, pendant ce temps-là, des battements plus rapides que le galop du cheval le plus vite.

Enfin les postillons sont en selle ; on traverse le village, on gravit la colline avec lenteur, on la descend au pas, la voiture se traîne sur un chemin défoncé, où elle rampe avec peine. Des cris se font entendre, les postillons échangent des paroles animées, gesticulent avec force, ils arrêtent leurs chevaux.

« Seigneur ! on nous poursuit !

— Holà ! hé ! vous autres de la voiture ! nous avons à vous parler.

— Que voulez-vous ? demande M. Lorry en mettant la tête à la portière.

— Combien ont-ils dit qu'il y en avait?
— Je ne vous comprends pas.
— Combien de guillotinés aujourd'hui?
— Cinquante-deux.
— J'en étais sûr! les autres pariaient pour quarante-deux; dix têtes de plus, ça vaut la peine. La guillotine va joliment. C'est bon, merci! »

La nuit est profonde. Le voyageur qui dormait depuis le départ s'agite de plus en plus; il s'éveille et prononce quelques paroles d'une voix haletante :

« Cartone, dit-il, se croyant toujours en prison, qu'avez-vous dans la main, est-ce une arme?

— Ayez pitié de nous, Seigneur! Il va se trahir! regardez si l'on ne vient pas! »

Le vent et les nuages se précipitent derrière eux, la lune prend part à la course, les ténèbres les suivent et les enveloppent; mais la route est déserte, et personne ne cherche à les atteindre.

CHAPITRE XIV.

Mme Defarge.

Tandis qu'on faisait l'appel des cinquante-deux victimes, Mme Defarge tenait conseil avec Jacques trois et La Vengeance. Ce n'était pas dans la boutique de la rue Saint-Antoine qu'avait lieu cette réunion; mais dans l'échoppe du scieur de bois, notre ancien cantonnier. Celui-ci, aposté dans le voisinage, en guise de sentinelle, ne devait prendre part à la séance qu'au moment où ses explications deviendraient nécessaires, et n'aurait pas même alors voix délibérative.

« Defarge est certes un bon républicain, dit Jacques trois.

— Il n'y en a pas de meilleur, s'écria la Vengeance avec volubilité.

— Paix! ma petite, répliqua Mme Defarge en mettant la main sur la bouche de sa lieutenante; mon mari est un bon patriote, aussi brave que sincère, il a bien mérité de la République, dont il possède la confiance; mais il a son côté faible et se laisse toucher par ce docteur.

— C'est grand dommage, croassa Jacques en portant ses doigts à sa bouche cruelle; ce n'est pas d'un bon citoyen.

— Quant à moi, je me soucie peu de ce docteur; il peut garder sa tête ou la perdre, cela m'est absolument égal. Mais la race des Évremont doit disparaître, et il faut que la femme et l'enfant suivent de près celui qui va mourir.

— Une belle tête à ramasser, grogna Jacques trois. Les yeux bleus et les cheveux à reflet d'or font à merveille entre les mains de Samson. »

L'ogre avait des raffinements d'épicurien. Mme Defarge, les yeux baissés, paraissait réfléchir.

« La petite fille aussi a les cheveux blonds et les yeux bleus, fit observer Jacques en savourant ses paroles; il est rare d'ailleurs que nous ayons un enfant; ces petites têtes sont charmantes !

— En un mot, reprit Mme Defarge, dont les yeux noirs se relevèrent tout à coup, je ne peux pas, dans cette circonstance, me fier à mon mari. Non-seulement j'aurais tort de lui faire part de mon projet; mais si je ne me presse pas, il est homme à les avertir de ce qui les menace, et à faire qu'ils nous échappent.

— Cela ne doit pas être, s'écria Jacques; personne ne doit échapper; nous n'avons pas notre compte : il nous faut la centaine par jour.

— En somme, continua la cabaretière, Defarge n'a pas les mêmes raisons que moi pour s'acharner après cette famille, et je n'ai pas les siennes pour me sensibiliser à l'égard de ce docteur. Je dois donc ne pas compter sur lui, et agir seule dans cette affaire. »

Elle appela le scieur de bois, à qui elle avait toujours inspiré autant de respect que de terreur, et qui se présenta immédiatement, son bonnet rouge à la main.

« Tu es prêt, lui dit-elle d'un air sombre, à faire aujourd'hui même ta déposition, relativement aux signaux dont tu m'as parlé?

— Et pourquoi pas! répliqua le petit homme. Elle venait tous les jours, par tous les temps, quelquefois avec la petite, mais plus souvent toute seule, et des signes! ah! fallait voir; je sais ce que je sais; je l'ai vu de mes yeux; et je ne demande qu'à le dire. »

Le scieur de bois, tout en parlant, avait gesticulé de manière à imiter les signaux politiques dont il était question, et qu'il n'avait jamais vus.

« Elle conspirait, dit Jacques trois; c'est évident.

— On peut compter sur le jury? lui demanda la cabaretière avec un sourire sinistre.

— N'en doute pas, chère citoyenne ; je réponds de tous mes collègues.

— Voyons, reprit Mme Defarge d'un air pensif, dois-je faire à mon mari le sacrifice du docteur ? Je n'ai à cet égard aucune idée ; qu'il vive ou non, cela m'intéresse si peu....

— Ce serait toujours une tête, fit observer Jacques trois.

— Il lui désignait la prison, et gesticulait avec elle, au moment où je les ai vus tous deux, poursuivit la cabaretière, dès lors je ne vois pas pourquoi on accuserait la fille sans le dénoncer lui-même ; nous verrons cela une fois que j'y serai. Je ne peux pas abandonner à ce petit homme une affaire aussi importante, et comme je suis un bon témoin, ma déposition confirmera la sienne. »

Jacques trois et la Vengeance s'écrièrent qu'elle était un admirable, un merveilleux témoin, et le petit homme, brochant sur le tout, déclara qu'elle était céleste en toute chose.

« Il s'en tirera comme il pourra, continua Mme Defarge sans écouter les éloges dont elle était l'objet ; toute réflexion faite, je ne peux pas l'épargner. Seras-tu là-bas à trois heures, citoyen ? »

L'ex-cantonnier s'empressa de répondre affirmativement, et profita de la circonstance pour ajouter qu'il était un ardent patriote, et serait le plus malheureux des hommes s'il était privé du plaisir de fumer sa pipe en admirant l'adresse du barbier national. Il fut tellement chaleureux dans ses protestations, qu'on aurait pu le soupçonner d'avoir de vives inquiétudes personnelles ; peut-être même les yeux pénétrants de Mme Defarge, qui le regardaient avec mépris, avaient-ils découvert ses terreurs, qui pouvaient le faire mettre au nombre des suspects.

« Tu m'y verras, dit la cabaretière ; viens ensuite me trouver dans le faubourg, n'y manque pas, afin que nous allions à ma section dénoncer les trois autres. »

Le petit homme répondit qu'il serait fier d'accompagner la citoyenne ; celle-ci lança un regard qu'il évita, en se détournant d'un air confus ; et honteux comme un chien pris en faute, il alla, en rampant, se cacher derrière ses bûches.

Quant à Mme Defarge, ayant fait signe à la Vengeance et au juré de se rapprocher de la porte, elle leur communiqua ses intentions dans les termes suivants :

« La femme d'Évremont doit être chez elle, en attendant l'heure du supplice ; elle doit gémir, se désespérer, verser des larmes, être en un mot dans un état qui la met sous le coup de la loi : il est défendu de sympathiser avec les ennemis de la République ; et je m'en vas la trouver.

— Elle est admirable ! dit Jacques trois avec enthousiasme.

— Ah ! ma chérie ! s'écria la Vengeance en l'embrassant.

— Garde-moi mon tricot, reprit Mme Defarge en mettant son ouvrage dans les mains de sa lieutenante, tu le poseras sur ma chaise ; va tout droit là-bas, et ne t'amuse pas en route ; il y aura aujourd'hui plus de monde qu'à l'ordinaire et l'on prendrait nos places.

— Sois tranquille, je t'obéirai fidèlement ; est-ce que tu n'es pas mon chef ? répondit la Vengeance en l'embrassant une seconde fois ; tu n'arriveras pas trop tard ?

— J'y serai avant que l'on commence.

— Il faut voir l'arrivée des tombereaux, es-tu bien sûre d'y être, ma chérie ? » cria la lieutenante en courant après son chef, car Mme Defarge avait déjà tourné le coin de la rue. Celle-ci agita la main en faisant signe qu'elle entendait, et qu'on pouvait être sûr qu'elle serait là-bas à temps. Elle s'éloigna d'un pas rapide, laissant Jacques trois et la Vengeance dans l'admiration de sa belle taille, et de ses facultés morales.

Un grand nombre de femmes se trouvaient alors affreusement dénaturées par la fureur contagieuse de l'époque ; néanmoins la plus à craindre, parmi les plus redoutables, était celle que nous voyons se diriger vers la maison du docteur. D'un caractère à la fois prudent et audacieux, d'une volonté inflexible, d'un esprit déterminé, d'une pénétration que rien ne mettait en défaut, d'une beauté virile qui imposait au spectateur l'aveu de sa puissance, Mme Defarge aurait, dans tous les cas, surgi du flot révolutionnaire ; mais imbue du souvenir des iniquités dont sa famille avait été victime, nourrissant depuis l'enfance une haine invétérée contre les nobles, attendant sans cesse le moment de se venger, l'occasion l'avait tranformée en tigresse, et lui avait arraché la pitié, si jamais cette vertu s'était trouvée dans son cœur.

Que lui importait qu'un homme fût décapité pour les fautes de ses pères ? ce n'était pas l'innocent qu'elle voyait, mais ceux dont il recueillait l'héritage. Il ne lui suffisait pas que cette mort fît une veuve et une orpheline ; l'enfant et la femme qui portaient le nom abhorré étaient sa proie naturelle, et n'avaient pas le droit de vivre. On aurait en vain essayé de l'émouvoir : comment se serait-elle attendrie ? elle était sans pitié pour elle-même. Elle serait tombée dans la rue, au milieu des combats, où elle s'était mêlée tant de fois, qu'elle n'aurait pas eu l'idée de se plaindre; on l'aurait envoyée à l'échafaud, qu'elle y serait montée, sans regretter autre chose que de ne pas assister au supplice de ses juges.

Tel était le cœur qui battait sous la robe de Mme Defarge. D'une étoffe commune, cette robe flottante, jetée négligemment, comme une draperie de magicienne, allait bien à la grande taille de cette femme, dont les cheveux d'un noir brillant et d'une rare opulence, s'échappaient à flots d'un grossier bonnet rouge. Son ample fichu recouvrait un pistolet, et sa ceinture renfermait un poignard. Marchant avec la fermeté dont elle faisait preuve en toute chose, et avec la souplesse d'une femme qui dans son enfance a été pieds nus sur la grève, la cabaretière franchissait rapidement l'intervalle qui la séparait de la maison du docteur.

La difficulté de donner à la gouvernante une place dans la voiture avait, dès la veille, attiré l'attention de M. Lorry. Non-seulement il ne fallait pas surcharger le vieux carrosse, déjà trop lourd, mais il était bon de réduire autant que possible le temps que prendrait à la barrière l'examen des voyageurs, car il ne fallait qu'un retard de quelques minutes pour faire échouer leur entreprise. Le gentleman avait donc, après mûre réflexion, proposé à la gouvernante, qui pouvait partir quand bon lui semblerait, d'attendre jusqu'à trois heures, et de monter avec Jerry dans une voiture légère qu'on se procurerait d'avance. Ils rejoindraient facilement le carrosse, prendraient les devants et feraient préparer les chevaux sur la route, immense avantage, surtout la nuit où le moindre délai pouvait être fatal.

Miss Pross, comprenant le service que cet arrangement devait rendre aux fugitifs, l'avait accepté avec joie, et n'attendait plus que le moment de le mettre à exécution. Elle avait assisté, avec M. Cruncher, au départ de Lucie, avait reconnu la personne qu'avait amenée Salomon, avait passé dix minutes dans une inquiétude impossible à décrire, et tandis que la tricoteuse approchait, elle tenait conseil avec Jerry au sujet des dernières mesures qui leur restaient à prendre.

« Qu'en pensez-vous, monsieur Cruncher? disait miss Pross dont l'agitation était si profonde qu'elle pouvait à peine parler, ne ferions-nous pas mieux d'aller au-devant des chevaux que de les laisser venir dans la cour? Deux carrosses de voyage partant du même endroit, cela pourrait donner l'éveil.

— Mon opinion, miss, est que vous avez raison; d'ailleurs vous ne l'auriez pas, que je n'en dirais pas moins comme vous.

— Je suis tellement troublée à propos de ces chères créatures, dit la gouvernante en sanglotant, que je suis incapable de former un projet; pouvez-vous prendre un parti, monsieur Cruncher?

— Relativement à l'avenir tous mes projets sont arrêtés, miss; quant à présent il me serait impossible de faire le moindre usage de mon intelligence. Voudriez-vous m'accorder la faveur de noter ce que je vais vous dire?

— Au nom du ciel, parlez vite, et occupons-nous de ce qui nous reste à faire.

— Premièrement, je fais vœu de renoncer pour toujours s'il n'arrive rien aux chères créatures dont vous parlez, miss Pross....

— J'en suis convaincue, monsieur Cruncher, et vous prie de ne pas désigner le fait plus particulièrement.

— Je ne le nommerai pas, soyez tranquille; je m'engage, en outre, à laisser à mon épouse la liberté de se mettre à genoux, et de prier tant qu'elle voudra.

— La direction de votre intérieur doit appartenir à votre femme, répondit la gouvernante en s'essuyant les yeux. Oh! mes pauvres amis!

— Je vais plus loin, continua M. Cruncher; mes opinions sont tellement changées à cet égard, que j'espère que ma femme invoque le ciel au moment où je vous parle.

— Que Dieu l'entende! s'écria miss Pross avec un redoublement de sanglots.

— Puisse-t-il, retourna Jerry avec une tendance alarmante à prolonger son discours, et à proférer ses mots avec la solennité qui appartient à la chaire, puisse-t-il ne pas me châtier de mes fautes en méprisant les vœux que je forme pour le salut des fugitifs. Puisse-t-il permettre qu'ils sortent sains et saufs de cet affreux danger; puissiez-vous, miss! (je me trompe.) Puisse-t-il.... Qu'il le puisse! et voilà ce que je demande! »

Après s'être efforcé vainement d'en trouver une meilleure, Jerry fut obligé de s'en tenir à la péroraison précédente.

Mme Defarge poursuivait sa course et approchait de plus en plus.

« Si jamais nous rentrons dans notre pays natal, retourna miss Pross, croyez bien que je rapporterai à votre digne épouse, autant que je pourrai me le rappeler, tout ce que vous venez de dire d'une manière si touchante; quoi qu'il arrive, je témoignerai de l'intérêt que vous avez ressenti pour ces chères créatures, dans cette horrible épreuve. Et maintenant, mon brave monsieur Cruncher, avisons, je vous en prie, avisons! »

Mme Defarge approchait de plus en plus.

« Si vous alliez au-devant de la voiture, dit miss Pross, vous l'empêcheriez de venir ici, et j'irais vous rejoindre tout à l'heure; cela ne vaudrait-il pas mieux ? »

C'était l'avis de M. Cruncher.

« A quel endroit m'attendrez-vous ? »

Le pauvre homme était si bouleversé qu'il lui fut impossible de penser à autre chose qu'à Temple-Bar. Hélas! il en était à des centaines de milles, et Mme Defarge était maintenant bien près.

« Si vous alliez m'attendre à la porte de la cathédrale, est-ce que cela vous ferait faire un grand détour ?

— Non miss.

— Dans ce cas-là, mon cher monsieur, courez vite à la poste, et faites changer la direction que devait prendre la voiture.

— Cela me tourmente de vous laisser toute seule, répliqua Jerry en hochant la tête; on ne sait pas ce qui peut arriver.

— Ne vous inquiétez pas de cela, monsieur Cruncher; soyez à trois heures à la porte de la cathédrale, j'y arriverai en même temps que vous; cela vaut bien mieux ainsi. Dépêchez-vous donc! au lieu de penser à moi, songez aux personnes dont la vie est entre nos mains. »

Ces paroles, proférées avec désespoir, décidèrent enfin Jerry à quitter miss Pross, et à faire ce qui lui était demandé. Restée seule, la gouvernante, délivrée de l'inquiétude que lui causait l'arrivée de la voiture, essuya ses larmes, et pensa qu'il était nécessaire d'en effacer les traces pour ne pas attirer l'attention des passants. Effrayée de la solitude de ces chambres désertes, que son esprit malade peuplait d'individus, cachés derrière les portes, elle prit de l'eau froide et se lava les yeux, relevant la tête et se retournant à chaque seconde pour regarder si personne ne l'espionnait. Tout à coup elle poussa un cri, laissa échapper la cuvette qui se brisa sur le parquet, et le contenu s'en répandit sur les pieds de Mme Defarge.

Par quelles voies mystérieuses, et à travers quels flots de sang, les pieds de la cabaretière étaient-ils venus au-devant de cette eau limpide?

« Où est la femme d'Évremont ? » demanda la tricoteuse.

Une idée subite frappa l'esprit de la vieille fille; les portes ouvertes pouvaient faire soupçonner le départ des fugitifs; elle alla d'abord les fermer, et vint s'appuyer contre celle de la chambre qu'avait occupé la jeune femme.

Mme Defarge suivit des yeux la gouvernante, et arrêta son regard sur la figure de celle-ci, dès qu'elles se retrouvèrent face à face. Miss Pross était loin d'être belle ; le temps n'avait pas rendu ses traits plus doux, ni ses formes plus gracieuses ; mais elle aussi était brave, et du regard elle toisa l'inconnue avec autant d'impassibilité qu'en avait cette dernière.

« Vous pourriez être la femme de Satan, pensa la gouvernante ; mais ce n'est pas une raison pour que vous ayez le dessus ; je suis Anglaise et nous allons bien voir. »

Malgré la froideur méprisante qu'exprimait son visage, il était évident que Mme Defarge avait conscience de la détermination de son adversaire. Elle savait parfaitement que cette grande femme, au poignet masculin, dont le fourreau collait sur une charpente anguleuse, était entièrement dévouée aux gens qu'elle voulait perdre. Miss Pross, de son côté, ne doutait pas que Mme Defarge ne fût l'ennemie acharnée de ceux qu'elle aimait.

« En me rendant là-bas, dit la cabaretière qui étendit la main dans la direction de l'endroit fatal, je suis passée par ici pour lui faire mes compliments, et je désirerais lui parler.

— Tu ne peux avoir que de mauvaises intentions, riposta la gouvernante ; aussi compte bien que je m'opposerai de tous mes efforts à ce que tu réussisses. »

Chacun employait sa propre langue, et ne comprenait rien à ce que lui disait l'autre ; mais toutes deux se regardaient fixement, et cherchaient à deviner, d'après la physionomie de leur adversaire, le sens des mots inconnus qui vibraient à leur oreille.

« A quoi bon se cacher ? reprit Mme Defarge ; on n'en sait pas moins ce qu'elle fait ; va lui dire que je suis là, entends-tu !

— Quand tes yeux seraient des étaux et qu'ils me tiendraient dans leurs mâchoires, tu aurais beau serrer : je ne te céderais pas davantage. »

Les détails de cette observation furent probablement perdus pour Mme Defarge, qui cependant en comprit le sens.

« Vieille imbécile ! s'écria-t-elle en fronçant les sourcils. Il n'y a donc pas moyen de t'arracher une réponse ! Je veux la voir ; va lui dire, ou bien laisse-moi passer. »

Le geste énergique dont elle accompagna ces mots, les expliqua suffisamment.

« Je ne croyais pas, répliqua miss Pross, avoir jamais le désir de comprendre ton baragouin ; mais je donnerais tout au monde pour savoir si tu soupçonnes la vérité. »

La cabaretière, qui jusque-là n'avait pas bougé, fit un pas en avant.

« Je suis Anglaise et réduite au désespoir, s'écria la vieille fille ; je me soucie autant de la vie que d'une pièce de deux pence ; plus je te ferai perdre de temps, plus ma fauvette en gagnera ; et si tu oses me toucher, seulement du bout du doigt, tu ne garderas pas sur ta tête une poignée de tes cheveux noirs. »

Ainsi parla miss Pross, dont les yeux flamboyaient ; elle n'avait jamais donné une chiquenaude à personne, et cependant elle était prête à exécuter ses menaces.

Toutefois son courage prenait sa source dans un sentiment d'une nature attendrissante, et il lui fut impossible de réprimer ses larmes. Mme Defarge, à qui toute émotion était complètement étrangère, prit ces larmes pour un signe de faiblesse.

« Te voilà donc rendue ! s'écria-t-elle en riant ; pauvre folle, va ! mais je n'ai pas de temps à perdre : citoyen docteur ! citoyenne Évremont ! répondez-moi, je suis la citoyenne Defarge ! »

Peut-être le silence qui suivit ses paroles, peut-être la physionomie de la gouvernante, ou quelque pressentiment ; toujours est-il que, pour la première fois, elle pensa qu'ils pouvaient s'être enfuis. Elle ouvrit les trois portes qu'avait fermées la vieille fille.

« Ces trois pièces sont en désordre, on y a fait des paquets ; y a-t-il quelqu'un dans cette chambre ? ajouta-t-elle en désignant la porte où l'Anglaise était appuyée.

— Je ne t'y laisserai pas regarder, » répliqua la gouvernante, qui avait compris la question, tout aussi bien que son adversaire entendit la réponse.

« S'ils ne sont pas là, c'est qu'ils sont partis, dit Mme Defarge ; mais on peut les poursuivre, les ramener....

— Aussi longtemps, pensa l'Anglaise, que tu te demanderas s'ils ne sont pas dans cette chambre, tu ne sauras que faire, et c'est autant de gagné ; d'ailleurs quand tu n'aurais plus d'incertitude à cet égard, tu ne bougeras pas d'ici tant que j'aurai la force de t'y retenir.

— Je te mettrai en pièces s'il le faut ; mais j'ouvrirai cette porte, reprit Mme Defarge.

— Nous sommes seules au dernier étage d'une maison qui a peu de locataires, la cour est déserte, personne ne nous entendra ; que je sois assez forte pour t'empêcher de sortir, et chaque minute de retard vaut des millions de guinées pour ma Lucie. »

Au même instant Mme Defarge, qui s'élançait vers la porte, fut saisie par les deux bras de la gouvernante, qui lui entourèrent le corps. En vain elle essaya de lutter. L'amour, bien plus puissant que la haine, centuplait la vigueur de miss Pross. En vain elle frappa l'Anglaise de ses deux poings fermés ou lui déchira le visage : l'excellente fille ne relâchait pas son étreinte, et se cramponnait à l'ennemie plus fortement qu'un noyé à l'objet qu'il rencontre.

Tout à coup la citoyenne cessa de frapper, et porta la main à sa ceinture.

« Il est sous mon bras, dit miss Pross d'une voix sourde ; mais tu ne le tireras pas ; je suis plus forte que toi, Dieu merci ! »

Mme Defarge porta les mains à sa poitrine, miss Pross leva les yeux, vit un pistolet, s'en empara, en fit jaillir la foudre, et demeura seule, aveuglée par la fumée.

Un silence effrayant succéda à la détonation qu'on venait d'entendre, le nuage s'éclaircit et passa dans l'air en même temps que le dernier souffle de la tricoteuse, dont le corps inanimé gisait sur le parquet.

La première impulsion de la gouvernante fut de se précipiter vers l'escalier pour aller chercher du secours ; mais elle songea heureusement aux conséquences de cette démarche avant qu'il fût trop tard. Malgré l'horreur que lui inspirait cette chambre, elle s'empressa d'y revenir, mit son châle et son chapeau, ferma la porte à double tour, en ôta la clef, s'arrêta sur la première marche pour reprendre haleine, et s'éloigna en toute hâte.

Par bonheur elle avait un voile épais, et elle était assez laide pour que rien ne pût la défigurer ; sans cela il lui aurait été difficile de ne pas attirer l'attention : les doigts de son adversaire avaient laissé des traces profondes sur son visage, des mèches de cheveux lui avaient été arrachées, et bien que d'une main tremblante elle eût essayé de remettre un peu d'ordre dans sa toilette, ses vêtements n'en étaient pas moins tordus et déchirés d'une façon compromettante.

Lorsqu'elle fut sur le pont, elle jeta dans la Seine la clef qu'elle avait prise, et se dirigea vers la place de Notre-Dame. Arrivée la première au rendez-vous, et forcée d'attendre quelques minutes qui lui parurent des heures, elle se dit que peut-être avait-on déjà repêché la clef, qui avait pu tomber dans un filet, qu'on l'avait sans doute reconnue, que la porte allait être ouverte, qu'on verrait le cadavre, qu'elle serait arrêtée à la barrière, jetée en prison, et condamnée comme assassin ! C'est au milieu de ces pensées délirantes que la trouva Jerry, qui la fit monter en voiture, et dit au postillon de se rendre à la barrière.

« Est-ce qu'il y a du bruit dans les rues ? demanda-t-elle à son compagnon de voyage.

— Comme tous les jours, répondit celui-ci, non moins étonné de cette question que de l'aspect de la vieille fille.

— Qu'est-ce que vous dites? »

Ce fut en vain que M. Cruncher répéta ses paroles; et ne pouvant se faire entendre il fit un signe de tête.

« Il y a du bruit dans la rue? »

Nouveau signe affirmatif.

« Je n'entends rien.

— Devenue sourde en moins d'une heure! Qu'est-ce qui lui est arrivé? se demanda Jerry d'un air pensif.

— Il paraît, dit la gouvernante, que cette détonation est la dernière chose que j'entendrai dans ma vie.

— Dieu me bénisse, elle est folle, dit Cruncher de plus en plus troublé. Que pourrai-je lui dire qui la rappelle à la raison? Écoutez, miss! Entendez-vous ce roulement?

— Je n'entends rien, repartit miss Pross qui lui voyait remuer les lèvres. Oh! mon cher monsieur! un silence de mort a succédé à cette détonation, et tant que je vivrai, il ne sera jamais rompu.

— Si elle n'entend pas rouler ces horribles tombereaux, dit Cruncher, m'est avis, en effet, qu'elle n'entendra plus rien. »

Et l'excellente femme n'entendit plus rien ici-bas.

CHAPITRE XV.

Derniers échos.

De funèbres voitures grincent et roulent pesamment dans les rues; six charrettes mortuaires conduisent à l'échafaud sa ration quotidienne. Tous les monstres altérés de sang que l'imagination de l'homme a jamais inventés, sont fondus en un seul, et réalisés dans la guillotine. Mais sur la terre de France, à la fois si féconde et si variée dans ses richesses, pas un fruit, pas une feuille, une graine ou un brin d'herbe ne se développe et ne mûrit par des lois plus certaines que les conditions impérieuses qui produisent cette horreur. Forgez encore l'humanité avec de pareils marteaux, elle se tordra sous vos coups, et vous rendra les mêmes monstres. Semez de nouveau le privilége rapace, l'oppression tyrannique, et vous êtes assurés de recueillir les mêmes fruits.

Six tombereaux conduisent à la guillotine sa ration quotidienne. Siècles passés, montrez-les sous la forme qu'ils avaient autrefois, et, à la place du funèbre cortége, on verra les carrosses de monarques absolus, les équipages de nobles féodaux, les toilettes d'éblouissantes Jésabels, les églises qui, au lieu d'être la maison du divin Père, sont des cavernes de voleurs; on verra les masures où des millions de paysans meurent de faim. Mais le temps, qui obéit aux lois immuables du Créateur, ne revient jamais sur les transformations qu'il a opérées. « Si tu n'as été changé de la sorte que par un magicien, dont la puissance est passagère, disent les voyants des contes arabes, reprends ta forme primitive; mais si tu l'as perdue par la volonté de Dieu, demeure tel que tu es aujourd'hui. »

Et les tombereaux, chargés de victimes, se dirigent vers leur but, sans espoir de retour à ce qui fut autrefois. Leurs roues sinistres fendent la populace, où elles ouvrent un sillon tortueux; une crête de figures humaines, rejetées à droite et à gauche, se forme des deux côtés de la raie profonde, et la charrue suit fermement la route qui lui est assignée. Les habitants des maisons qui se trouvent sur son passage ont tellement l'habitude de la voir, qu'il y a peu de monde aux fenêtres, et que chez quelques-uns des spectateurs les doigts n'ont pas même suspendu leur travail, tandis que l'œil examine les visages qui sont dans les tombereaux. Çà et là des curieux sont en visite chez des habitués qui, avec la complaisance d'un curateur antique, ou du maître d'une exhibition, leur désignent telle ou telle charrette, et semblent leur dire qui l'emplissait hier, et qui s'y trouvera demain.

Parmi ceux qu'emportent les tombereaux, quelques-uns voient d'un air indifférent tout ce qui les environne; il en est plusieurs dont la vue s'attache aux manifestations de la vie; d'autres baissent la tête avec un morne désespoir, tandis que, préoccupés de la figure qu'ils doivent faire, certains de leurs compagnons, jettent sur la foule des regards qu'ils n'ont trouvés qu'au théâtre, ou dans les tableaux d'histoire. La plupart ferment les yeux et cherchent à se recueillir. Un seul est tellement ébranlé par la perspective du supplice, qu'ayant perdu la raison, il chante, et essaye de danser; mais il n'y en a pas un qui, par son regard ou par ses gestes, fasse appel à la pitié du peuple.

Des cavaliers précèdent le convoi, et sont fréquemment interrogés par des curieux. La question qu'on leur adresse paraît toujours la même, car à chacune de leur réponse, la foule se presse à la rencontre de la troisième charrette, où ils désignent quelqu'un du bout de leurs sabres. On se demande quel est cet individu ; la curiosité devient générale, et tous les regards se dirigent vers un homme qui, la tête baissée, cause avec une humble jeune fille, dont il presse les mains entre les siennes. La foule qui l'entoure n'excite pas plus son intérêt que sa frayeur. Quand il passe dans la rue Saint-Honoré, différentes voix s'élèvent contre lui ; mais il accueille ces injures avec un sourire, et baisse un peu plus la tête pour cacher son visage.

Sur les marches d'une église, un espion attend avec impatience l'arrivée des tombereaux ; il regarde avidement dans le premier : ce n'est pas là ; dans le second : pas davantage. « M'a-t-il sacrifié ? » se dit Barsad en lui-même, quand apercevant la troisième charrette, sa figure s'éclaircit tout à coup.

« Où est Évremont ? lui demande un homme qui est placé derrière lui.

— C'est le dernier du tombereau ; le vois-tu ?

— Celui qui tient la main de cette jeune fille ?

— Précisément.

— A bas Évremont ! crie l'homme de toutes ses forces. A la guillotine les aristocrates ! A bas Évremont !

— Silence ! dit timidement Barsad.

— Et pourquoi me tairais-je, citoyen ?

— Il va expier ses fautes ; dans cinq minutes il aura payé sa dette ; ne le tourmentons pas ! c'est inutile. »

Mais le patriote n'en crie que plus fort. « A bas Évremont ! A bas les aristocrates ! »

Celui qu'on insulte relève la tête, aperçoit l'espion, le regarde fixement, et continue sa route.

Trois heures vont sonner ; les tombereaux se détournent, et creusent leur sillon sur la place où est dressée la guillotine ; la foule se referme derrière eux, car chacun de ceux qui la composent se dirige vers l'endroit du supplice. Au premier rang, sur des sièges, placés comme pour une fête publique, des femmes sont assises et tricotent avec activité. La Vengeance, debout sur sa chaise, regarde si elle apercevra son amie.

« Thérèse ! crie-t-elle de sa voix la plus stridente ; qui a vu Thérèse Defarge !

— Elle n'a pas encore manqué, dit l'une des tricoteuses.

— Et ne manquera pas aujourd'hui, riposte la Vengeance. Thérèse !

— Crie plus fort, lui conseille la voisine.

— Plus fort donc, plus fort! »

La Vengeance ajoute à ses cris des jurons retentissants; mais Thérèse n'arrive pas. Des femmes sont envoyées à sa recherche : elle se sera attardée quelque part; qu'on la trouve et qu'on lui dise de venir.

Si intrépides que soient les émissaires qu'on lui dépêche, il est douteux qu'ils aillent assez loin pour la ramener.

« Quel guignon ! s'écrie la Vengeance en trépignant sur sa chaise. Les tombereaux qui arrivent! Il va être expédié en moins d'un instant; et dire qu'elle ne sera pas là ! J'ai son tricot; sa place est retenue.... c'est à en pleurer de rage ! »

Tandis que la Vengeance met pied à terre, et s'assied en pleurant, les tombereaux commencent à vider leur contenu. Les ministres de la sainte Guillotine sont en costume, et prêts à fonctionner. Un coup bref se fait entendre : la tête est présentée à la foule. Une ! disent les tricoteuses qui l'ont à peine regardée lorsqu'elle était vivante.

Le second tombereau a déposé sa charge et s'éloigne; on fait approcher le troisième. Nouveau bruit: Deux ! comptent les tricoteuses dont les doigts poursuivent leur travail avec la même sûreté.

Le prétendu Évremont, qui n'a pas quitté la main de la jeune fille, place la pauvre enfant de manière qu'elle ne puisse pas voir fonctionner l'horrible machine.

L'humble créature a les yeux fixés sur les siens et le remercie avec effusion.

« Sans vous, cher monsieur, dit-elle, je n'aurais pas été si tranquille; je ne suis pas forte de ma nature; mon pauvre cœur s'en va, quand j'ai la moindre crainte, et je n'aurais jamais pu élever mon âme vers celui qui est mort pour que nous soyons consolés. Vous m'avez été envoyé par le ciel, cher monsieur.

— Je pourrais vous en dire autant, chère sœur. Regardez-moi, ne détournez pas les yeux, ne pensez pas à autre chose.

— Je n'y pense pas, tandis que j'ai ma main dans la vôtre, et lorsqu'elle me quittera, s'ils vont bien vite....

— Très-vite, chère enfant ; n'ayez pas peur. »

Ils étaient au milieu du groupe de victimes qui s'éclaircissait rapidement ; mais ils parlaient comme s'ils avaient été seuls.

Le regard, la main et le cœur unis, ces deux enfants de la mère universelle, dont le point de départ était si différent, se rejoignaient sur la route obscure, pour revenir ensemble où les attendait cette mère féconde et généreuse.

« Voulez-vous me permettre de vous faire une question, mon excellent ami ? je suis si ignorante ; et il y a une chose qui m'inquiète.

— Qu'est-ce que c'est, chère enfant ?

— J'ai une cousine qui, toute petite, a perdu, comme moi, ses père et mère, et que j'aime de tout mon cœur, elle a quinze ans et se trouve en service, dans une ferme de Touraine. C'est la misère qui nous a forcées de nous quitter. Elle ne connaît pas mon sort ; car je ne sais pas écrire ; et quand même je l'aurais su, à quoi bon lui faire de la peine ? Mais depuis que nous sommes dans la charrette, il y a une idée qui m'est venue : si la République empêche que le pauvre monde soit aussi malheureux, si l'on n'a pas si grand'faim, et que de toute manière les souffrances diminuent, ma cousine pourra vieillir.

— Eh bien ! chère sœur, qu'y a-t-il à cela qui vous inquiète ?

— Croyez-vous (les larmes remplirent ses grands yeux d'une résignation touchante, et ses lèvres tremblèrent) croyez-vous que le temps me paraisse bien long pendant que je l'attendrai ?

— Rassurez-vous, pauvre ange ; il n'y a plus là-bas ni temps ni inquiétudes.

— Que vous êtes bon de me consoler ainsi ! je suis tellement ignorante. Puis-je vous embrasser à présent ? est-ce que le moment est venu ?

— Oui, pauvre sœur. »

Ils s'embrassent, ils se bénissent.

La petite main desséchée ne tremble pas, et sur le doux visage de l'humble créature, on ne voit autre chose qu'une fermeté radieuse. Elle passe immédiatement avant lui. Elle a passé : vingt-deux ! comptent les femmes qui tricotent.

« Je suis la résurrection et la vie, dit le Seigneur ; et quiconque vit en moi est assuré de vivre à jamais. »

Un murmure de voix nombreuses, un mouvement de tous les regards, qui se dirigent vers l'échafaud, une ondulation de la foule qui se resserre, et se porte en avant, puis s'écarte et s'abaisse : vingt-trois ! comptent les tricoteuses.

Le soir, on disait dans la ville que sa figure avait été la plus calme de toutes celles qu'on avait contemplées au même endroit ; plusieurs ajoutaient que l'expression en était sublime et prophétique.

Une femme avait, quelque temps avant, demandé, au pied de l'échafaud, qu'on lui permît d'écrire les pensées qui l'inspiraient. Si Cartone avait exprimé les siennes, et il eût été prophète, voici quelles auraient été ses paroles :

« Je vois Barsad, la Vengeance, Defarge, les magistrats et les jurés, une longue file de nouveaux oppresseurs qui ont remplacé les anciens, périr par cet instrument rétributif avant même qu'il ait été déplacé.

« Je vois une cité splendide, une nation glorieuse et prospère, sortir de cet abîme ; et par ses luttes pour conquérir la liberté, par ses triomphes et ses défaites, je vois cette nation expier graduellement, puis effacer à jamais les crimes de cette époque sanglante, et ceux des temps anciens qui ont engendré ces fureurs.

« Je vois les êtres vénérés pour lesquels je vais mourir, mener en Angleterre une vie calme, utile et heureuse. Je vois celle dont le bonheur m'est plus précieux que l'existence, ayant dans les bras un enfant qui porte mon nom. Je vois son père, courbé par les années, mais sain d'esprit et de corps, fidèle et dévoué à ceux qui souffrent. Je vois ce bon vieillard, qui les aime, vivre dix ans près d'eux, leur donner sa fortune, et quitter ce monde pour aller chercher sa récompense.

« Je vois le sanctuaire qu'ils m'ont fait dans leur cœur, et dans celui de leurs descendants. Je la vois dans sa vieillesse, pleurant encore à l'anniversaire de ce jour. Elle et son mari, je les vois s'éteindre ensemble, après une longue carrière ; et j'ai la certitude qu'ils n'étaient pas plus sacrés l'un à l'autre, que ma mémoire ne l'était pour tous deux.

« Je vois l'enfant qui porte mon nom, grandir et faire son chemin dans la vie, où je me suis égaré ; je le vois noble de cœur et d'intelligence, vaincre les obstacles avec tant de succès, que mon nom se purifie et devient illustre par l'éclat du sien. Je le vois, à la tête de la magistrature de son pays, honoré de tous, père d'un fils qui est également appelé comme moi, qui a ces cheveux d'or, ce front si expressif, dont mes yeux sont remplis. Je le vois prenant l'enfant sur ses genoux, et lui racontant mon histoire d'une voix émue et tremblante.

« Ce que je fais aujourd'hui est infiniment meilleur que tout ce que j'aurais fait dans l'avenir, et je vais enfin goûter le repos que je n'ai jamais connu. »

FIN.

TABLE DES MATIÈRES.

LIVRE I.

RÉSURRECTION.

Chapitres.		Pages.
I.	En 1775	1
II.	La malle-poste	4
III.	Les ombres de la nuit	9
IV.	Préliminaires	13
V.	La boutique du marchand de vin	25
VI.	Le cordonnier	35

LIVRE II.

LE FIL D'OR.

I.	Cinq ans plus tard	45
II.	Spectacle	51
III.	Débats	58
IV.	Félicitations	73
V.	Le chacal	79
VI.	Par centaines	85
VII.	M. le marquis à la ville	97
VIII.	M. le marquis à la campagne	106
IX.	La tête de la Méduse	111
X.	Deux promesses	121
XI.	Une confidence	128
XII.	Un homme plein de délicatesse	132
XIII.	Un homme dépourvu de délicatesse	139
XIV.	Un honnête commerçant	143
XV.	La tricoteuse	152
XVI.	Toujours tricotant	163

Chapitres.	Pages.
XVII. Un soir	173
XVIII. Neuf jours	178
XIX. Une consultation	184
XX. Un plaidoyer	193
XXI. Échos	195
XXII. Le flot monte toujours	206
XXIII. Les flammes s'élèvent	211
XXIV. Attiré vers l'abîme	218

LIVRE III.

LA TEMPÊTE.

I.	Au secret	229
II.	La meule à aiguiser	240
III.	L'ombre	246
IV.	Le calme au milieu de la tempête	250
V.	Le scieur de bois	256
VI.	Triomphe	262
VII.	On frappe à la porte	269
VIII.	Partie de cartes	274
IX.	Partie gagnée	285
X.	La substance de l'ombre	296
XI.	Dernier espoir	309
XII.	Ténèbres	313
XIII.	Cinquante-deux têtes	320
XIV.	Mme Defarge	331
XV.	Derniers échos	341

FIN DE LA TABLE.

COULOMMIERS. — Imprimerie PAUL BRODARD.

www.ingramcontent.com/pod-product-compliance
Lightning Source LLC
Chambersburg PA
CBHW050805170426
43202CB00013B/2568